HEYNE
BÜCHER

DAMIAN THOMPSON

# DAS ENDE DER ZEITEN

## Apokalyptik und Jahrtausendwende

Aus dem Englischen von Gerold Dommermuth-Gudrich

WILHELM HEYNE VERLAG
MÜNCHEN

HEYNE SACHBUCH
19/696

Titel der Originalausgebe
THE END OF TIME. FAITH AND FEAR IN THE SHADOW OF THE MILLENNIUM
erschien 1996 bei Sinclair-Stevenson Ltd., London

*Umwelthinweis:*
Dieses Buch wurde auf
chlor- und säurefreiem Papier gedruckt.

Taschenbuchausgabe 9/99

Wilhelm Heyne Verlag GmbH & Co. KG, München,
http://www.heyne.de
Printed in Germany 1999
Umschlagillustration: Bildagentur Mauritius/AGE, Mittenwald
Umschlaggestaltung: Atelier Bachmann & Seidel, Reischach
Gesamtherstellung: Ebner Ulm

ISBN: 3-453-16357-5

# Inhalt

# Einleitung

Ein angelsächsischer Mönch namens Byrhferth schrieb kurz nach dem Jahr 1000, diese Zahl, oder vielmehr M, das römische Zahlzeichen für eintausend, müsse als vollkommen betrachtet werden. Er stützte sein Argument auf die Theorie, die Weltgeschichte sei von Gott in aufeinanderfolgende Perioden von je tausend Jahren eingeteilt worden. Aber, so fügte er hilfreich hinzu, »diese Zeitalter bestehen nicht aus einer vollkommenen Anzahl von Jahren.« Einige Jahrtausende seien länger als andere.[1]

Unklarheit über das, was »Jahrtausend« oder »Millennium« genau bedeutet, ist eine Konstante der westlichen Zivilisation, und das voraussehbare Wiedererwachen des Interesses an diesem Thema während der neunziger Jahre hat wenig dazu beigetragen, Klarheit zu schaffen. Die meisten Menschen sind sich bewußt, daß es um mehr geht als um den bloßen Ablauf von tausend Jahren. Man braucht ihnen nicht zu sagen, daß das Überschreiten einer solchen Grenze psychologische Auswirkungen hat, und sie fühlen vielleicht schon ein leichtes Kribbeln jener angstvollen Unruhe, die von den Medien als »prämillenare Spannung« bezeichnet worden ist. Sie wissen auch, daß man diese Unruhe mit dem befremdlichen Verhalten derer in Verbindung bringt, die man als »Millenaristen« bezeichnet.

Aber viele sind überrascht zu erfahren, daß »Millennium« von den Theologen und Sozialwissenschaftlern als bloßer Fachausdruck benutzt wird und für sie mit dem Datum nichts zu tun hat. Außerdem sind nur sehr wenige der Bewegungen, die man in der Geschichtswissenschaft als »millenaristisch« bezeichnet, durch das Herannahen der Jahre 1000 oder 2000 hervorgerufen worden.

Also was ist, genau gesagt, ein Millenarist? Im strengen

Sinn bezieht sich das Wort auf Menschen, die in der täglichen Erwartung leben, jenes »Millennium« oder »Tausendjährige Reich« werde anbrechen, das in der Offenbarung des Johannes beschrieben wird. Dieser Text, auch als Apokalypse bekannt, ist das letzte und umstrittenste Buch des Neuen Testaments: Er besteht aus einer Reihe von phantastischen Endzeitvisionen, in denen die Streitkräfte Christi und des Satans miteinander kämpfen, in schwer erträglichen Szenen von Grausamkeit und Gewalt. Gegen Ende des Buches hört die Schlacht für einen Zeitraum von tausend Jahren auf, während derer der Teufel eingesperrt ist und Christus mit seinen Heiligen auf Erden regiert. Das also ist das Millennium, und die Gläubigen, die erwarten, daß dieses Tausendjährige Reich jeden Augenblick heraufdämmern könne, sind Millenaristen.

Obwohl der Glaube an eine unmittelbar bevorstehende neue Welt zu spezifischen Verhaltensmustern führt, ist dieses Phänomen nicht auf das Millennium der christlichen Offenbarung beschränkt. Einige Sozialwissenschaftler bevorzugen das Wort »Chiliasmus« (nach dem griechischen Wort für »tausend«), um den direkt von der Apokalypse beeinflußten christlichen Millenarismus zu bezeichnen. Wir brauchen uns um diese Unterscheidung nicht besonders zu kümmern, sollten aber im Blick behalten, daß der Millenarismus Gedanken fast jeder Religion einschließen kann und auch natürlich die jeder weltlichen Ideologie. Moderne Soziologen wenden den Begriff fröhlich auf eine Vielheit von Gruppen an, von den islamischen Mahdisten bis zu den malinesischen Cargo-Kult-Anhängern. Es gibt auch weitverbreitete Unterstützung für Norman Cohns Annahme, daß der Marxismus wie auch der Nationalsozialismus Formen des säkularen Millenarismus darstellen. Ganz gewiß erfüllen sie die Definition der *American Encyclopedia of Religion* als eines »Glaubens, daß das Ende der Welt nahe ist, und daß im Gefolge dieses Weltendes eine Neue Welt erscheinen wird, von unerschöpflicher Fruchtbarkeit, harmonisch, geheiligt und gerecht.« (Millenaristische Gerechtigkeitsbegriffe, das muß wohl kaum gesagt werden, sind nicht unbedingt die des Internationalen Gerichtshofs für Menschenrechte.)

Menschen, die daran glauben, daß die Welt unaufhaltsam auf eine totale und wunderbare Umwandlung zusteuert, in der alte Rechnungen beglichen und die Auserwählten belohnt werden, reagieren alle ziemlich ähnlich, wie die Geschichte der letzten zweitausend Jahre zeigt. Alle millenaristischen Strömungen unterscheiden sich von ihrer Umgebung durch das abnorme Verhalten ihrer Anhänger, das vom Rückzug in die Wildnis, wo sie das Weltende erwarten, bis zu unvorstellbarer Gewalt reicht, um dieses Ende herbeizuführen. So oder so findet eine ungeheure Freisetzung von emotionaler Energie statt, die ihnen ein missionarisches Gepräge verleiht. Das gleiche Muster taucht in räumlich und zeitlich weit auseinanderliegenden Bewegungen auf. Es gibt zum Beispiel eine ausgesprochene Tendenz solcher Gruppen, in extremes sexuelles Verhalten abzudriften: Sex wird entweder verboten oder wahllos genossen. Auch das millenaristische Identitätsgefühl ist unverwechselbar: Es besitzt unweigerlich eine narzißtische, selbstgerechte Note – kein Wunder, denn diese Gruppen glauben ja, daß sie, und nur sie, das Ende erleben und *überleben* werden. Es ist auch von Paranoia geprägt. Denn, wie der amerikanische Historiker Richard Landes erläutert: »Jeder Mensch und jede Gruppe, für die der Endkampf so entscheidend ist, müssen natürlich damit rechnen, daß die allgegenwärtigen Kräfte des Bösen sie besonders aufs Korn nehmen.«[2]

Das fanatische Verhalten der Millenaristen ist deshalb auf das engste mit ihren spezifischen Glaubensüberzeugungen verbunden. Aber Soziologen und Historiker sind oft mehr daran interessiert herauszufinden, warum solche Bewegungen entstehen, als an den (für sie) unappetitlichen Einzelheiten ihrer eschatologischen Phantasien. Und genau an diesem Punkt können sie sich nicht einigen. Es hat Versuche gegeben, die Millenaristen in die Rolle von vorrevolutionären Bewegungen zu pressen. Die Phrase »relatives Elend« wird gebraucht, um das ökonomische Ungleichgewicht zu beschreiben, das die Besitzlosen dazu führt, unkontrollierbare Ressentiments gegen die etablierte Ordnung zu entwickeln, die dann nicht zu politischer Aktivität führen, sondern in Unverwundbarkeitsphantasien und Wirklichkeitsflucht. Es gibt eine andere Schule, die darauf besteht, daß der Millenarismus immer aus einem Zusammenprall von Kulturen entspringt, von denen eine der anderen technisch überlegen ist. Eine dritte Theorie konzentriert sich auf natürliche und ökonomische Katastrophen, die, wie sie behauptet, die einzigen Phänomene seien, die einen hinreichenden Grund für die Entstehung von Millenarismus abgeben.

Alle diese Theorien führen Beweismaterial aus sehr verschiedenartigen Kulturen ins Feld. Die Katastrophenschule zum Beispiel verweist auf das wiederholte Auftreten von Umzügen revolutionärer Geißler direkt nach dem Ausbruch des Schwarzen Todes und auf die militärische Niederlagen und die Vertreibungen, die dem Erscheinen der Geistertänze bei den amerikanischen Indianern vorausgingen. Aber dieses Phänomen paßt ebenso gut in die Theorie vom Zusammenprall der Kulturen. Der Punkt ist, daß sich diese angeblich widerstreitenden Theorien nicht immer gegenseitig ausschließen. Und außerdem muß man sagen, daß keine von ihnen für sich ganz befriedigend ist. Warum wurden millenaristische Bewegungen von der Dürre ausgelöst, die gegen Ende des 19. Jahrhunderts in Brasilien herrschte, aber nicht von der unendlich schlimmeren Hungersnot in Irland fünfzig Jahre vorher? Warum bewirkte das Erdbeben von 1923 in Tokio den Ausbruch einer solchen Bewegung, nicht aber der Zweite Weltkrieg?

Trotzdem wäre es lächerlich zu leugnen, daß politische und ökonomische Veränderungen der wichtigste Faktor in der Entstehung dieser merkwürdigen Geistesverfassung sein können. Psychologische Studien über Anhänger millenaristischer Bewegungen legen nahe, daß diese keineswegs einen wesentlich größeren Prozentsatz psychisch Kranker anziehen als konventionelle Religionen oder politische Parteien. Wir können deshalb kaum leugnen, daß Millenarismus oft aus Gefühlen der Entrechtung in bezug auf Status, Wohlstand, Sicherheit oder Selbstachtung entsteht. Außerdem entsteht er vorwiegend in Krisenzeiten, die, nach den Worten eines Kommentators, so »kraß und akut sein können wie die Plünderung einer Stadt, aber auch so schleichend und subtil wie der Übergang von einer isolierten Landgemeinde zu einer industriellen Megalopolis«.[3] Mit anderen Worten: Er kann fast zu jeder Zeit und an jedem Ort entstehen.

Das eigentliche Problem mit den Millenarismus-Theorien ist die Enge des Begriffs. Er ist verwandt, aber nicht identisch mit dem der Apokalyptik, in dem sich der Glaube ausdrückt, daß das Ende der Menschheit bevorstehe, so wie wir sie kennen, aber nicht notwendigerweise durch eine plötzliche oder gewaltsame Veränderung. Jeder Millenarismus ist apokalyptisch (vom griechischen Wort für ›enthüllen‹ oder ›offenbaren‹), aber nicht jeder apokalyptische Glaube ist millenaristisch, weit gefehlt.

Klassische Millenaristen, von den mittelalterlichen Geißlern bis zu den Geisttänzern der Sioux, sind sehr oft Menschen, die zwar nicht im klinischen Sinn geisteskrank sind, aber doch jenen Zustand erreicht haben, den George Rosen als die »wilderen Gestade der seelischen Gesundheit« bezeichnet hat. Sie sind relativ leicht von der übrigen Gesellschaft zu unterscheiden, heute leichter als jemals zuvor. Wir sehen dies in den beunruhigenden Erscheinungen von Sekten und Kulten des Jüngsten Tages, die zum Ende des zweiten christlichen Jahrtausends hin immer mehr an Bedeutung gewinnen. Die Welt versucht immer noch den Gasangriff auf die Untergrundbahn in Tokio zu verstehen, der von dem unbezweifelbar millenaristischen Aum-Shinriko-Kult ausging. Die erschreckende Aussicht von Kultanhängern, die Giftgas auf die Nervenzentren unserer Städte loslassen, verstärkt unsere Vorstellung von den Millenaristen als Außenseitern, gleichsam außerirdischen Eindringlingen. Sie verstärkt den ebenso beruhigenden wie irrigen Eindruck, daß es zwischen diesen Fanatikern und dem Rest der Menschheit keine Gemeinsamkeiten gebe.

In Wirklichkeit aber gibt es zunehmende Belege für das Fortdauern und Anwachsen apokalyptischer Glaubensvorstellungen. Sie blühen unter Menschen, bei denen man beim besten Willen nicht von »relativem Elend« sprechen kann. Wir können sicher sein, daß von den etwa 5000 Verletzten des Gasangriffs in der U-Bahn von Tokio mehr als nur ein paar selbst an das bevorstehende Zeitenende glaubten: Viele der in Japan höchst erfolgreichen neuen religiösen Bewegungen sind stark apokalyptisch orientiert. In der ganzen Welt haben solche Bewegungen zur Zeit unerhörten Zulauf. Jedes Jahr konvertieren Millionen zu fundamentalistischen christlichen Gruppierungen, die das Herannahen der »Zweiten Ankunft Christi« lehren. In traditionalistischen katholischen Kreisen von Argentinien bis Japan steigt die Aufregung über weltweite Erscheinungen der Jungfrau Maria, die den »Zusammenbruch des Bösen« und den Triumph des Papsttums noch vor dem Jahr 2000 verkünden. Und es gibt Anzeichen, daß die Beschäftigung der New Age-Bewegung mit »Erdkatastrophen« und »außerirdischen Botschaften« allmählich auf die Gesamtbevölkerung übergreift. Bücher, die drohende Katastrophen prophezeien, stehen regelmäßig auf den ersten Plätzen der Bestsellerlisten; und außerdem sagen fast alle von ihnen voraus, daß diese Umwälzungen ihren Höhepunkt in den Jahren direkt um das Jahrtausendende herum erreichen werden.

Was am Jahr 2000 treibt Millionen in apokalyptische Glaubensvorstellungen? Warum sollten Christen, die genau wissen, daß Christus nicht im Jahr 1 unserer Zeitrechnung geboren wurde, diesem Stichtag solche Bedeutung zumessen? Und was noch viel seltsamer ist: Warum sollte die Aussicht auf ein neues Jahrtausend den Puls von Millionen Nichtchristen beschleunigen? Dieses Buch versucht, solche Fragen zu beantworten, indem es eine Reihe von schwerwiegenden Veränderungen untersucht, die im letzten Jahrzehnt dieses Jahrtausends anstehen. Aber vorher ist es notwendig, die oft unerkannte Rolle zu untersuchen, die apokalpyptische Gedankengänge in der Entwicklung der westlichen Zivilisation gespielt haben. Der Glaube ans Ende der Zeiten ist, wie wir entdecken werden, nicht das Reservat transparenteschwingender Unheilspropheten. Er ist vielmehr eine der treibenden Kräfte der Geschichte.

*Teil I*

# Eine kurze Geschichte der Endzeit

1

# Die Wurzeln der Apokalypse

Zeitmessung ist unlösbar mit dem Glauben an das Übernatürliche verbunden. Das zeigen allein schon die religiösen Erweckungsbewegungen und die Ängste, die in den Religionsgemeinschaften der Welt mit dem Herannahen des Jahres 2000 um sich greifen. Die amerikanischen Evangelikalen, deren verrückte Bibelarithmetik auf die Wiederkunft Christi in diesem Jahr verweist, haben sich in eine Aktivität verwickelt, die seit dem zweiten nachchristlichen Jahrhundert die Stabilität der christlichen Kirche bedroht hat: Sie versuchen Gottes Kalender mit dem des Menschen in Übereinstimmung zu bringen. Liberale Leitartikler, die sie als fundamentalistische Spinner abtun, äußern Verwirrung und manchmal Furcht über die untergründige Anziehungskraft ihrer Ideen, weil sie sie nicht verstehen.

Die Entzifferung heiliger Schriften mit dem Ziel, das Datum der Wiederkunft Christi festzustellen, mögen westliche Zyniker sie auch äußerst komisch finden, ist der Ausdruck eines Bedürfnisses, das weit älter ist als das Christentum. Die Existenz eines göttlichen Plans für die Menschheit, der sich sichtbar manchen läßt, indem man menschliche Erfahrung in Epochen einteilt, wurde in jeder Gesellschaft für selbstverständlich gehalten, die über eine Geschichtsschreibung verfügte; ja diese Überzeugung ist die Erklärung dafür, warum diese Kulturen mit der Aufzeichnung ihrer Geschichte begannen. Aber die Verbindung zwischen Zeit und Glauben geht tiefer. In vorgeschichtlichen Zeiten und in primitiven Gesellschaften bis weit in dieses Jahrhundert hinein waren das Übernatürliche und der Verlauf der Zeit, wie er sich im Ablauf der Jahreszeiten darstellt, so eng miteinander verbunden, daß sie sich praktisch nicht unterscheiden ließen. Und genau diese Tatsache, die sich für den modernen Menschen so schwer nachvollziehen läßt, ist der richtige Ansatzpunkt für eine Untersuchung der Magie, die von der Jahrtausendwende ausgeht.

Fast überall waren Priester die ersten Spezialisten für Zeitmessung. Da sie von der Notwendigkeit befreit waren, selbst für ihre Nahrung zu sorgen, konnten sie die wechselnden Lichter des Himmels genau genug betrachten, um die ›richtige Zeit‹ für die Aussaat und die Aufhebung des Erntetabus zu finden und die Zeremonien festzulegen, die mit dem landwirtschaftlichen Jahreszyklus verbunden waren. Aber es wäre falsch anzunehmen, diese ursprüngliche Liturgie sei nichts anderes gewesen als eine Kette von Erntedankfesten. In jeder dieser Gesellschaften registrierte das Zeremoniell auch die Wirkung des Jahresablaufs auf die menschliche Psyche: Es gab unweigerlich einen bestimmten Zeitpunkt im Jahreszyklus, an dem Dämonen, Krankheiten und Sünden ausgetrieben wurden – durch Fasten, Reinigungsrituale, rituelles Ausgestoßenwerden aus der Gemeinschaft oder das Auslöschen und Wiederanzünden von Feuer. Vielfach fielen diese Riten mit dem Neujahrsfest zusammen und stellten so eine Verbindung zwischen der Erneuerung der Zeit und der der menschlichen Seele her. Und selbst wenn beides nicht zusammenfiel, so macht doch die schlichte Tatsache, daß die Reinigungsriten jährlich stattfanden, eines deutlich: Viele Kulturen reservierten ganz naturwüchsig bestimmte intensive spirituelle Erfahrungen für einen bestimmten Zeitpunkt des Jahreszyklus. Das Entscheidende an diesen Erfahrungen war allerdings wohl weniger, die Zeit zu feiern, als ihr zu entfliehen. Mircea Eliade, der einflußreichste Religionsanthropologe dieses Jahrhunderts, sah in den Bekenntnis- und Reinigungszeremonien »das Bedürfnis des primitiven Menschen, sich von der Erinnerung an die Sünde zu befreien, von einer Aufeinanderfolge persönlicher Ereignisse, die, zusammengenommen, Geschichte konstituieren«.[1]

Wenn die Religion ein Entkommen von der Zeit ermöglichte, so erfüllte sie andererseits auch die notwendige Funktion, ihr Voranschreiten zu sichern. Solange noch kein geschriebener Kalender existierte, war die Quelle der Autorität des Priesters oft sein Recht, den Zeitpunkt des Neumonds zu bestimmen, ohne den das landwirtschaftliche Jahr nicht fortschreiten konnte, was Hunger bedeutete. Exakt diese Situation wird in Chinua Achebes Roman *Der Pfeil Gottes* beschrieben, der in einem Ibo-Dorf in Nigeria zu Beginn des Kolonialzeitalters spielt. In diesem Buch besteht die besondere Verantwortlichkeit des Oberpriesters Ezeulu darin, die zarte Neumondsichel am Himmel zu erspähen – was in der Regenzeit nicht leicht ist – und die Zeit für solche Feste festzulegen wie das Kürbisfest, an dem sein Ritualtanz die Menschen von ihren Sünden reinigt. Es ist auch sein Vorrecht, nachdem er die Stimme seines Gottes gehört hat, die Yamswurzel-Ernte einzuleiten, deren Beginn unserem Neujahrsfest entspricht. Aber die Geschichte spielt zu einer Zeit, in der die alten Lebensformen sich aufzulösen beginnen. Ezeulus Autorität wird von seinen Rivalen bestritten, und er antwortet, indem er die Stimme seines Gottes überhört, der ihm den Zeitpunkt der Ernte ankündigt. Das Resultat ist, daß die Lebensmittelvorräte zur Neige gehen und die Gemeinschaft eine Zeit großer Not durchmacht. Sie ist »im alten Jahr gefangen«.[2]

Achebes Roman beschreibt eine Gesellschaft, in der das Erscheinen des Mondes noch nicht als ein natürlicher, mechanischer Vorgang gesehen wird, sondern als etwas, daß die Intervention eines Priesters erfordert. Sogar in komplexeren Kulturen, die einige astronomische Kenntnisse besaßen und deren Kalender eines der mächtigsten Kontrollinstrumente des Staates geworden war, war die Kunst der Zeitfeststellung immer noch das Vorrecht der Priesterschaft. Das ist nicht überraschend: Kalender waren eng verknüpft mit dem Glauben der Menschen und mit der Kollektivseele. Wo immer sie erschienen, besaßen sie die Kraft, die Gemüter der Menschen zu verändern. Die Mayas Mittelamerikas zum Beispiel verspürten ein Gefühl der Furcht am Ende jedes Zwanzig-Tage-Monats, denn die letzten fünf Tage galten als unheilbringend; und, wie wir später sehen werden, vervielfachten sich diese Ängste am Ende längerer Kalenderperioden.

Kalender und Zeit mußten mit Respekt und großer Vorsicht behandelt werden. In Assyrien benachrichtigten die Priester in den Observatorien den König, wenn sie die Sichel des Neumondes ausgemacht hatten; Julius Caesar mußte den Pontifex Maximus für seine Kalenderreform zu Rate ziehen. Das Wort ›Kalender‹ selbst kommt vom lateinischen Verb *calendare*, das ›ausrufen‹ bedeutet, und bewahrt die Erinnerung an die römische Praxis, einen Ausrufer durch die Straßen zu schicken, um den neuen Monat zu verkünden, nachdem die Priester den Mond gesichtet hatten. Bis heute werden in der katholischen Kirche am Dreikönigstag, dem Fest der Erscheinung des Herrn (Epiphanie), an dem einmal das Kirchenjahr begann, die beweglichen Feste des kommenden Jahres in einem feierlichen Cantus von der Kanzel verkündet.

Man kann die Bedeutung des Jahreszyklus für die Struktur und weitgehend auch für die Theologie der alten Religionen im Nahen Osten kaum übertreiben. Die Vorstellung, daß sich die jüdische Religion durch ihren unerschütterlichen Monotheismus und eine eher lineare als zyklische Geschichtsvorstellung von den Nachbarreligionen scharf abhebt, wird keineswegs mehr allgemein geteilt. Anthropologen haben sich sogar von der Vorstellung verabschiedet, daß die Juden ein einzigartiges Selbstbild als das »auserwählte Volk« hatten: Eine bestimmte Forschungsrichtung geht davon aus, daß sie sich darin nicht von ihren Nachbarvölkern unterschieden. Nach einer neueren Veröffentlichung durch eine Autorität auf diesem Gebiet »teilen Hebräer, Babylonier und Assyrer eine bestimmte Sicht auf Zeit und Geschichte, die fast identisch ist«.[3]

Alle drei Staaten bauten auf der rituellen Beobachtung von Sonnen- und Mondzyklus auf. Die Einteilung des jüdischen Volkes in zwölf Stämme zum Beispiel wird heute als eine bewußte Widerspiegelung der zwölf Monate des Jahres gewertet.

Weiterhin waren alle drei stark beeinflußt von dem chaldäischen Konzept des Großen Jahres, das die Bewegung der Sonne zum Modell der gesamten menschlichen Geschichte erklärte. Es verbreitete sich in der gesamten griechischsprechenden Welt. Im 3. Jahrhundert v. Chr. machte der babylonische Astrologe Berossos eine Version dieser Lehre bekannt, nach der das Universum zwar ewig ist, aber in jedem Großen Jahr zerstört und wieder neu erschaffen wird. Er lehrte, daß im Großen Winter, wenn sich die sieben Planeten im Sternbild des Krebses treffen, eine große Flut stattfinden wird; treffen sie sich hingegen im Sternbild des Steinbocks, in der Sommersonnenwende des Großen Jahres, so wird der ganze Kosmos durch Feuer verzehrt werden.

Die Babylonier und die Griechen glaubten, wie viele Kulturen im Verlauf der Geschichte, daß sich historische Zyklen ohne Ende wiederholten. Die Juden waren ungewöhnlich (wenn auch wiederum nicht einzigartig) darin, daß sie an nur einen Zyklus glaubten. Aber sie teilten mit der großen Mehrheit der Zivilisationen die Annahme, daß die Geschichte durch einen vorbestimmten Prozeß von Geburt und Verfall fortschreitet, mit einer Sintflut zu Beginn und einer Feuersbrunst zum Ende hin. Warum Flut und Feuer gerade in dieser Reihenfolge auftreten sollten, ist ein Geheimnis; aber daß sie eine solche Rolle spielen, belegt die mächtige Wirkung von Katastrophen auf das kollektive Gedächtnis. Katastrophen: Krieg, Überflutung, Vertreibung oder totale kosmische Zerstörung scheinen eine lebenswichtige Funktion für Gesellschaften zu haben, die an einen vom Göttlichen bestimmten Verlauf der Weltgeschichte glauben, wiederholbar oder nicht. Sie sind die Marken, die ihnen helfen, diesen Verlauf in Phasen einzuteilen und ihren eigenen Platz in der Ordnung der Ewigkeit zu bestimmen.

Die Vorstellung aufeinanderfolgender Epochen, die durch Katastrophen voneinander getrennt sind, ist übrigens nicht unvereinbar mit einer Konzeption der Weltgeschichte als eines unendlich ausgedehnten Jahrs. Die Einteilung der Geschichte in vier Zeitalter findet sich in anscheinend nicht miteinander in Verbindung stehenden Kulturen wie Griechenland, Mesopotamien und Indien wieder, gleich ob sie als die klassische Abfolge der ›metallenen‹ Zeitalter (des goldenen, silbernen, ehernen und eisernen) erscheint oder als das System der vier Yugas bei den Hindus. Diese Viereinteilung leitet sich wahrscheinlich von den vier Jahreszeiten ab und hat möglicherweise ihren gemeinsamen Ursprung in einer jungsteinzeitlichen Schöpfungszeremonie; sicher werden wir es nie wissen.

Kein Geheimnis verbirgt sich dagegen hinter dem Ursprung der Großen Woche, einer außerordentlich einflußreichen Theorie der Geschichte als einer Abfolge von sieben Zeitaltern. Sie war jüdischen Ursprungs, wurde jedoch von der klassischen Welt übernommen und sowohl von den frühen christlichen Millenaristen als auch von ihren Gegnern akzeptiert; ihr Einfluß läßt sich noch heute bei einigen ›wiedergeborenen‹ Christen feststellen, die erwarten, daß Christus bald den jüngsten ›Tag‹ der menschlichen Geschichte anbrechen läßt. Die Große Woche basiert natürlich eher auf einer von Menschen vorgenommenen Zeiteinteilung als auf der Beobachtung der Sonnen- und Mondbewegung. Aber man sollte auch bei dieser Feststellung vorsichtig sein; die Wurzeln der jüdischen Obsession mit der Zahl Sieben liegen in Sumer, das gewöhnlich als die erste Hochkultur betrachtet wird. Dort wurde die Sieben als Zahl der Wochentage gerade deshalb gewählt, weil sie göttlich inspiriert war. Teilt man einen lunaren Monat von achtundzwanzig Tagen durch die heilige Zahl Vier, kommt man auf sieben, für die Sumerer auch die Zahl der bekannten Planeten, der Tore zur Unterwelt und der Winde, in denen sich die verwehende Zeit manifestiert.[4]

Obwohl, soweit wir wissen, die Sumerer die Geschichte als eine von vier Zeitaltern begriffen und ihnen die Vorstellung der Großen Woche fremd war, waren sie durchaus mit der

Idee vertraut, daß die Geschichte in einer bestimmten Anzahl von Jahren fortschreitet. Ihre wichtigste Zeiteinheit war das *Sar* von 3600 Jahren, das schon im dritten vorchristlichen Jahrtausend in der sumerischen Königsliste benutzt wurde. Von nicht weniger als sechs ihrer acht Monarchen heißt es, daß sie 3600 Jahre oder ein Vielfaches davon regierten, was selbst an den großzügigen biblischen Begriffen von Langlebigkeit gemessen ziemlich grotesk ist; wichtig ist nur, daß solche Recheneinheiten eine zentrale Rolle in der sumerischen Theologie spielten. Die Vorstellung, daß man historische Ereignisse datieren könne, indem man sie zur Regierungszeit eines Königs in Beziehung setzte, lag noch weit in der Zukunft. Das *Sar* war der höchste Ausdruck der Zahl Sechs, deren Verbindung zur Zeit uns unsere sechzig Minuten und Sekunden beschert hat; 3600, also sechs zum Quadrat mal hundert, scheint die Zahl des Universums selbst zu sein. Sie ist auch zehn mal 360, die Zahl der Tage in einem idealen Jahr. Man hat dies beschrieben als »den ersten Beweis dafür, daß schon die sumerischen Stadtstaaten des dritten vorchristlichen Jahrtausends, also in den Anfängen der geschriebenen Sprache, nach dem kosmischen Gesetz immer wiederkehrender jahreszeitlicher Zyklen organisiert waren.«[5]

Die blühende Zahlenmystik, die zum *Sar* führte, lebte bis weit ins Mittelalter fort, und zwar durch den Einfluß Platons, für den seine Bestandteile – die Sonnenzahl Zwölf und die Mondzahl Dreißig – zugleich die Grundlage für die Bestimmung der Proportionen einer idealen Gesellschaft waren. Die mittelalterliche Welt glaubte, daß Platon im wörtlichen Sinn ein Großes Jahr von 36 000 Jahren gemeint hatte, und über Jahrhunderte existierte der Glaube an historische Zyklen dieser Länge irgendwie neben der Mythologie von der Großen Woche. Er spielt immer noch eine wichtige Rolle in der islamischen Tradition und in der modernen Astrologie. Der Glaube der New Age-Anhänger, daß sich die Welt unaufhaltsam durch eine Reihe von Äquinoktien zum Zeitalter des Wassermanns bewegt, gründet sich auf die Vorstellung des platonischen Jahrs. Es ist unwahrscheinlich, daß Platon seine Zahlenlehre wörtlich nahm; solche Rechnungen drückten für ihn ein Ideal aus, spiegelten eine höhere Wahrheit wider als die historische Wirklichkeit. Daran müssen wir denken, wenn wir das Gewirr der Geschichtstheorien in der Alten Welt betrachten. Praktisch jede Zahl besitzt noch eine andere, verborgene Bedeutung, die es verbietet, sie einfach für bare Münze zu nehmen. Der Zweck dieser Konstruktionen ist es, menschliches Verhalten dem göttlichen Plan anzupassen, und nicht umgekehrt. In diesem Kontext müssen wir auch die periodisch wiederkehrenden Festjahre sehen, wie etwa die jüdischen »Jubeljahre«. Diese, im Buch Leviticus als Gesetz institutionalisiert, wurden nach sieben mal sieben »Jahreswochen« gefeiert und erlaubten es jedermann, der gezwungen gewesen war, das Land seiner Vorfahren zu verkaufen, dieses im fünfzigsten Jahr wieder zurückzufordern. Dies sollte, im Prinzip jedenfalls, die heilige Ordnung wieder herstellen, wie sie früher einmal göttlicher Anordnung entsprungen war. Die Historiker sind sich allerdings nicht sicher, ob das jemals praktisch so gehandhabt wurde; entscheidend ist, daß das Jubiläum – ein Konzept, mit dem wir immer noch vertraut sind und das möglicherweise ein Vorläufer unseres Systems von Jahrhunderten ist – dazu bestimmt war, die Gesellschaft wieder in Übereinstimmung mit der kosmischen Ordnung zu bringen. In unseren Tagen ist dies die Idee hinter der bevorstehenden Feier des Heiligen Jahres Zweitausend durch die Katholische Kirche.

Die Tatsache, daß alle nahöstlichen Kulturen der Alten Welt diese Wiederherstellung als dringend notwendig erachteten, bringt uns zu der Frage, an welcher Stelle genau sie sich selbst in ihren jeweiligen Geschichtszyklen von Geburt und Verfall einordneten. Für Babylonier, Juden, Griechen und Frühchristen war die Antwort mehr oder weniger die gleiche: Die Menschheit hatte, durch ihren Ungehorsam gegenüber dem göttlichen Gesetz, ein ziemlich vorgerücktes Stadium innerhalb einer Zeitenfolge erreicht, die in der Zerstörung der

Welt gipfeln würde, gewöhnlich durch Feuer. Natürlich ist es richtig, daß in einigen dieser Kulturen die endlose Wiederholung von Zyklen im Grunde eine echte Eschatologie, eine Vorstellung vom Weltende, ausschließt: im Hinduismus und Buddhismus gibt es nur ein individuelles Entrinnen aus der Tretmühle von Tod und Wiedergeburt. Aber ihr Glaube an eine abwärtsführende Spirale von Weltzeitaltern, die oft voneinander durch einzelne Katastrophen getrennt sind, denen Brandkatastrophen und Neubeginn folgen, hat doch eine frappierende Ähnlichkeit mit babylonischen, iranischen und einigen griechischen Theorien (und einige Fachleute glauben, daß es da Beziehungen gegeben hat). Und wenn wir für einen Augenblick die Unterscheidung zwischen Einzelzyklus und multiplem Zyklus außer Acht lassen, so kann man sagen, daß die Vorstellung von Epochen, die durch menschliche Verderbtheit ihr Ende finden und die vom bevorstehenden Ende der gegenwärtigen Zeit sich als der gemeinsame Nenner aller historischen Weltreligionen herausschälen.

Zum Glauben an den moralischen Verfall gehört der nahezu universelle Glaube an ein ursprüngliches Paradies von Vollkommenheit, Reinheit und Überfluß. Er erscheint in allen im Nahen Osten entstandenen Religionen und in den meisten Schöpfungsmythen der Welt. Oft ist dieser glückliche Zustand durch irgendeine tragische Verirrung der Menschheit verlorengegangen. Die älteste überlieferte Beschreibung des Paradieses stammt von den Sumerern, die um 4000 v. Chr. ein magisches Land Dilmun beschrieben: »Dieser Ort war rein, dieser Ort war sauber. In Dilmun krächzte der Rabe nicht. Der Milan schrie nicht wie ein Milan. Der Löwe schlug seine Opfer nicht. Der Wolf verheerte die Lämmerherden nicht ... Niemand brachte die Tauben zum Wegfliegen.« All dies geschah vor langer Zeit, »als es Furcht und Schrecken noch nicht gab und der Mensch keine Nebenbuhler hatte.«[6]

Nach Meinung der Sprachforscher vermachten die Sumerer den Juden den Namen ihres Paradieses: Garten Eden. Aber es ist keine weitere Beziehung zwischen den Mythen der beiden Völker entdeckt worden; anscheinend sind alle Paradies-Mythen der Alten Welt unabhängig voneinander entstanden, auch wenn es gemeinsame Motive gibt, wie das des Urgartens. Wenn es eine gemeinsame Wurzel gibt, so könnte sie so weit in vorgeschichtliche Zeiten zurückreichen, daß sie auch die Mythen der Afrikaner, der australischen Ureinwohner und der amerikanischen Indianer hervorgebracht hat. Diese betrachten das Paradies als die Zeit vor einem moralischen Verfall, in dem die Menschen nicht zu arbeiten brauchten und in Eintracht mit den Tieren lebten. Der primitive Glaube an die moralische Überlegenheit der Vorfahren kann seine Wurzel in einer einzigen vorschriftlichen Überlieferung haben; er könnte auch eine angeborene Eigenschaft des Menschen sein. Wie bei der Einteilung der Weltgeschichte in vier Epochen werden wir das nie genau wissen.

Es ist auch nicht klar, warum so viele Kulturen an einen fortschreitenden Verfall glaubten. Aber nachdem sie einmal eine solche Vorstellung entwickelt hatten, ist es nicht überraschend, daß sie sich selbst an einem Zeitpunkt gegen Ende dieser Entwicklung sahen. Die folgende Erklärung mag zu einfach scheinen, aber es ist nun einmal einfacher, sich die Vergangenheit vorzustellen als die Zukunft. Eine detaillierte Beschreibung zukünftiger Phasen der Weltgeschichte kann niemals die Überzeugungskraft einer rückwärtsgerichteten Analyse haben, die den beklagenswerten gegenwärtigen Zustand der Welt beschreibt. Und eine Theorie, die es unternähme, kontinuierlichen moralischen Verfall über einen längeren Zeitraum von der Gegenwart aus zu prognostizieren, würde die Vorstellung vom gegenwärtigen sittlichen Verfall entwerten, aus der notwendigerweise jeder religiöse Glaube seine Kraft schöpft. Sogar indische Traditionen, die als düstere Möglichkeit präsentieren, daß der gegenwärtige Sittenverfall über Tausende von Jahren andauern werde, betonen, daß dieses Weltalter, das *Kali yuga*, das letzte vor der Erneuerung der Schöpfung ist. Jedenfalls ist das Gefühl von Verfall, von angehäuftem moralischem Versagen, dem allenfalls durch richtiges Verhalten abzuhelfen ist, ein hervorstechender Zug vieler alter Texte.

»Lebte ich doch nicht beim fünften Geschlecht von Menschen, wäre ich zuvor gestorben oder später geboren«, schrieb Hesiod, ein griechischer Bauer aus dem 8. Jahrhundert v. Chr., dessen Lehrgedicht »Werke und Tage« die älteste erhaltene Darstellung einer Abfolge von goldenen, silbernen, ehernen (bronzenen) und eisernen Zeitaltern oder Geschlechtern enthält. »Jetzt nämlich ist dieses Geschlecht wahrlich von Eisen«, klagte er. »Nie ruhen sie aus am Tag von Mühe und Leid, und selbst bei Nacht nicht endet die Mühsal. Schlimme Sorgen werden ihnen die Götter verhängen; aber doch wird auch ihnen Edles und Schlimmes gemischt sein. Zeus freilich wird auch dieses Geschlecht der redenden Menschen vertilgen.« Hesiods Geschichtsschema ist vier- oder fünfgeteilt, je nachdem, ob man sein goldenes Zeitalter als das erste der Geschichte oder als vorgeschichtliches Paradies zählt. Nach Hesiod schufen die olympischen Götter ein goldenes Menschengeschlecht; diese lebten, als Zeus' Vorgänger Kronos noch Herrscher im Himmel war. Sie »führten ihr Leben wie Götter, hatten leidlosen Sinn und blieben frei von Not und Jammer; nicht drückte sie schlimmes Alter, sie blieben sich immer gleich an Füßen und Händen, lebten heiter in Freuden und frei von jeglichem Übel und starben wie von Schlaf übermannt.«[7] Das goldene Geschlecht verschwand, als Zeus im Himmel zur Macht kam, und ihm folgte ein silbernes, das, wiewohl heldenhaft, moralisch nicht einwandfrei war. Von da an endet jede Epoche in einer Katastrophe. Das gewalttätige Verhalten des silbernen Geschlechts und der Umstand, daß es seine religiösen Pflichten vernachlässigte, veranlaßten Zeus, es durch ein ehernes (bronzenes) Geschlecht zu ersetzen, das sich jedoch selbst ausrottete. Diesem Geschlecht folgten die Helden der alten Zeit, die eine Verbesserung des Menschengeschlechts darstellten, aber in Kriegen und Abenteuern untergingen und durch die Menschen des eisernen Zeitalters ersetzt wurden.

Die Metallmetapher taucht auch im Iran auf, in einem mazdaistischen Buch, dem *Sudar-nask*, das goldene, silberne und stählerne Zeitalter erwähnt und eines, das mit Eisen vermischt ist. Auch hier ist das Thema moralischer Niedergang, aber am Ende steht hier ein reinigendes Feuer. Hesiod dagegen scheint die Möglichkeit einer Art Erlösung durch richtiges Verhalten anzubieten. »Werke und Tage« kann als eine Anleitung gelesen werden, das Elend des eisernen Zeitalters zu überleben, indem man in Übereinstimmung mit dem göttlichen Willen handelt. Es enthält Ratschläge in scheinbar so weltlichen Angelegenheiten wie der richtigen Zeit zum Pflanzen und Ernten, zum Segelsetzen und zum Wasserabschlagen. (»Schlage dein Wasser nicht zum Sonnengott gewandt im Stehen ab, nach Sonnenuntergang aber pisse bedachtsam ...«, rät Hesiod.) Dahinter steht die Vorstellung, daß es der Menschheit gelingen könne, aus dem Zyklus des Niedergangs auszubrechen, wenn nur genügend Menschen in Übereinstimmung mit der Weltordnung leben. Diese Möglichkeit liegt auch späteren griechischen und römischen Darstellungen des Mythos zugrunde und trägt vielleicht dazu bei, ihre fortdauernde Anziehungskraft zu erklären. Platon zum Beispiel war tief bedrückt von dem Gedanken, in den letzten Stadien des eisernen Zeitalters geboren zu sein, aber er schloß die Möglichkeit der Rettung nicht aus. »Wir müssen alles in unserer Macht Stehende tun, ein Leben zu führen, wie man es vom Goldenen Zeitalter erzählt; und insoweit die göttlichen Elemente uns innewohnen, müssen wir auf sie horchen, sowohl in unserem öffentlichen als auch in unserem privaten Leben.«[8]

In seinem Wunsch, das Goldene Zeitalter wieder zu erlangen, ist das griechische Denken nicht unähnlich der hinduistischen und buddhistischen Vision einer bevorstehenden Rückkehr zum Ersten Zeitalter. Dies ist vielleicht kein Zufall, da indische und griechische Religionen auch den Glauben an die vier Weltalter teilen. Das hinduistische Epos *Mahabharata* beschreibt das *Krita yuga*, das vollkommene erste Zeitalter, in dem die Menschen so heiligmäßig waren, daß von ihnen keine religiösen Zeremonien erwartet wurden. »Das *Krita yuga* war ohne Krankheit; die Zahl der Lebensjahre wurde nicht geringer; es gab keinen Haß, keine Eitelkeit, keinerlei böse Gedanken, noch Sorge, noch Furcht.« Diesem Zeitalter folgen *Treta yuga, Dvapara yuga* und *Kali yuga;* das letzte entspricht dem gegenwärtigen Zeitalter des Verfalls. Wie in anderen Überlieferungen wird das Ende jedes Zeitalters durch besondere Katastrophen beschleunigt. Hinduismus und Buddhismus haben aber ein anderes Verständnis vom moralischen Niedergang als etwa die Griechen; er stellt sich für beide als ein Prozeß dar, in dem der Mensch seine wahre Identität und seinen Lebenssinn vergißt, weil er sich durch die physische Realität ablenken läßt.

Die Ähnlichkeiten in der zyklischen Weltsicht zwischen antiken und östlichen Kulturen haben sich Vertreter der Theorie zunutze gemacht, die jüdisch-christliche Konzeption eines linearen Geschichtsverlaufs stehe nicht in Beziehung zu anderen Zeitsystemen. Die Tatsache, daß diese Behauptung oft von denen aufgestellt wird, die nur Judentum und Christentum als göttlich inspiriert ansehen, ist ein gutes Beispiel dafür, wie sich religiöser Glaube und Zeitmessungssysteme miteinander verquicken. Aber die Unterscheidung linear/zyklisch ist unscharf, um das Mindeste zu sagen. Oft macht es mehr Sinn, von Einzelzyklen und wiederholbaren Zyklen zu reden, obwohl Judentum und Christentum mit ihrem einzigen Geschichtszyklus nicht allein stehen. Auch die persische Religion Zarathustras sieht ein schließliches Ende der Geschichte nach einem kosmischen Endkampf zwischen guten und bösen Seelen vor.

Das jüdische Geschichtsverständnis hat mehr mit zyklisch-heidnischen Geschichtsbildern gemein, als Propagandisten von Judentum und Christentum uns glauben machen wollen. Nicholas Campion sieht in seiner monumentalen Studie historischer Zeitkonzepte, *The Great Year* (1994), die jüdische Geschichtskonzeption als eine wellenförmige Bewegung zwischen sukzessiven Erneuerungen des göttlichen Bundes (mit Adam, Noah, Abraham, Jakob, Moses und David) und göttlichen Strafen für Ungehorsam (Sintflut, Zerstörung von Sodom und Gomorra, Exil in Ägypten, Bedrückung durch die Philister und babylonisches Exil). Das ist zwar keine Geschichte fortschreitenden sittlichen Niedergangs; aber für das jüdische Volk ebenso wie jedes der alten Völker war die Triebkraft hinter der Geschichte die Katastrophe, die durch unmoralisches Verhalten verursacht wird.[9]

Doch im zweiten vorchristlichen Jahrhundert lag etwas Neues in der Luft. Um es einfach auszudrücken: Die Juden dachten nicht mehr so sehr in Begriffen der Erneuerung ihres alten Ideals, des Königtums Davids, als in denen einer glorreichen neuen Welt. Es war eine Akzentverschiebung, die den Lauf der menschlichen Geschichte verändern sollte. Das Christentum wäre ohne sie nicht möglich gewesen.

Wie wir gesehen haben, sah die frühe jüdische Religion moralisches Verhalten – das heißt Gehorsam gegenüber Gott – als den Schlüssel zur Erneuerung des davidischen Königreiches. Darin ähnelte sie stark dem griechischen Glauben an Verhaltensregeln, die eine Rückkehr zum Goldenen Zeitalter bewirken sollten. Es gibt sogar eine Parallele zu östlichen Schriften, die Vorschläge enthielten, wie das Ende des *Kali yuga* beschleunigt und die Rückkehr des *Krita yuga* bewirkt werden könne – wobei das Wort Rückkehr wichtig ist. Aber das radikale Judentum der letzten Jahrhunderte vor Christus, und in der Folge das Christentum, boten eine erregendere Perspektive an. Wenn wir dem Gedanken von Eliade folgen, der von einem universellen Verlangen spricht, der Zeit zu entrinnen, so können wir sagen, daß sie einen neuen Ausweg boten, der vorwärts führte statt zurück. Dieser Weg wurde in einem neuen literarischen Genre beschrieben, der *Apokalypse* (von dem griechischen Wort *apokalýptein,* enthüllen, offenbaren). Die apokalyptische Literatur nimmt die Form einer Offenbarung über das Ende der Geschichte an. Gewaltsame und groteske Bilder stehen neben Visionen einer verwandelten Welt; das Leitmotiv ist ein Titanenkampf zwischen Gut und Böse, obwohl die eigentliche Erzählung oft durch komplexe Allegorien verdunkelt ist, die in Zahlenmystik wurzeln. Apokalyptik ist als ein aus der Krise geborenes Genre religiöser Literatur bezeichnet worden, das dazu bestimmt ist, die Entschlossenheit einer Gemeinschaft im Kampf zu stärken, indem man ihr die Vision einer plötzlichen und dauerhaften Befreiung vor Augen führte. Sie ist Untergrundliteratur, Trost der Verfolgten.

Das galt ganz gewiß für die Juden, deren Geschichte bis zur Zerstörung des Tempels im Jahre 69 n. Chr. eine Geschichte von Prüfungen und Enttäuschungen war: Zusammenbruch des davidischen Königtums, Babylonisches Exil, Unterdrückung durch die Seleukiden und Besetzung durch die Römer. Und als Antwort auf dieses Gefühl wiederholten Mißlingens verlagerte sich die Vision der Zukunft im hebräischen Schrifttum allmählich von der Prophetie zur Apokalypse. Die Apokalyptik unterschied sich in entscheidenden Punkten von der älteren jüdischen Tradition der Prophetie. Die alten jüdischen Propheten beschäftigten sich hauptsächlich mit dem Triumph des jüdischen Volkes über seine Feinde; die apokalyptischen Texte stellen den Kampf als eine Auseinandersetzung zwischen Gut und Böse, Hell und Dunkel dar. Zudem tragen sie diesen Kampf in den Bereich des Überirdischen. Das Buch Daniel, die einzige entwickelte Apokalypse innerhalb der jüdischen Bibel, wurde um 168 v. Chr. verfaßt, als Jerusalem von den griechischen Seleukiden besetzt war. Es enthält das revolutionäre Konzept der Auferstehung von den Toten: Das muß ein machtvoller Ansporn für das Fortdauern des Widerstands zu einer Zeit gewesen sein, als Juden für ihren Glauben getötet wurden. Das Buch Daniel weist sogar auf einen Zeitpunkt für die schließliche Errichtung des Gottesreiches hin. (Diese Tatsache erklärt sowohl seinen fragwürdigen Status als kanonische Schrift in der rabbinischen Tradition, die eher antiapokalyptisch ist, wie seinen großen

Einfluß auf Generationen von Christen mit einem wörtlichen Verständnis der Bibel.)

Was stand hinter dieser erstaunlichen Veränderung? Die Antwort ist wichtig, denn in ihr liegt der Ursprung des modernen Verständnisses vom Weltende. Eine einflußreiche Forschungsrichtung, angeführt von Professor Norman Cohn, sagt, daß der apokaplyptischen Glaube – das heißt der Glaube an eine neue Welt, die von den Gerechten bewohnt wird, nach einer Epoche der Krise und des Gerichts – nicht von den Juden stammt, sondern von den Persern. Nach Cohns Meinung manifestiert sich die Apokalyptik zuerst in den Schriften Zarathustras, eines Propheten aus Zentralasien, der wahrscheinlich um 1400 v. Chr. lebte. Seine Lehre über einen bevorstehenden Kampf zwischen Gut und Böse wurde zur offiziellen Staatsreligion des Persischen Reiches. Zarathustra, ursprünglich ein Priester der traditionellen Religion, sprach von einer kommenden Veränderung, der »Verklärung«, in der eine allgemeine Auferstehung der Toten stattfinden werde. Auf sie werde eine große Zusammenkunft folgen, in der alle Menschen gerichtet würden. Die Bösen würden vernichtet, die Gerechten würden unsterblich werden. In dieser neuen Welt würden die Jungen immer fünfzehn Jahre alt bleiben, die Erwachsenen vierzig. Aber das ist keine Rückkehr zum ursprünglichen Paradies; nichts in der Vergangenheit reicht an die Vollkommenheit des Neuen heran. Es ist das Ende der Zeit.[10]

Da wir wenig über Zarathustra wissen, wissen wir auch nicht genau, warum er diesen ersten eschatologischen Glauben entwickelte. Vielleicht war er eine Antwort auf die tiefe Veränderung der Welt, in der er lebte, der eines friedlichen Hirtenvolks zu einer rastlosen und kriegerischen Gesellschaft, in der militärische Tapferkeit über alles gestellt wurde. Zarathustra, sagt Cohn, »ist das früheste bekannte Beispiel eines bestimmten Prophetentypus – der im allgemeinen als millenaristisch bezeichnet wird –, und die Erfahrungen, die den Inhalt seiner Lehre bestimmten, scheinen auch typisch gewesen zu sein. Propheten, die eine totale Transformation der Existenz, eine Vervollkommnung der Welt versprechen, beziehen ihre Inspiration oft aus dem Anblick nicht einfach des Leidens, sondern einem bestimmten Typus des Leidens, das bewirkt wird durch die Zerstörung einer althergebrachten Lebensweise, mit ihren vertrauten Gewißheiten und Sicherheiten.«[11]

Mit anderen Worten: das Ende der Zeiten spricht vor allem die Desorientierten an, diejenigen, deren Identität bedroht ist; Menschen wie zum Beispiel die Juden. Zarathustras Visionen von Auferstehung, Weltgericht und Belohnung, mit denen die Juden zweifellos vertraut waren, müssen einem Volk verlockende Aussichten geboten haben, dessen Selbstbild so stark und gleichzeitig so häufig auf die Probe gestellt wurde. Es ist kaum ein Wunder, daß sie sich diese Visionen allmählich zu eigen machten, und daß diese während einer Periode von außerordentlicher Angst und Bedrohung dramatische Formen annahmen.

Das Buch Daniel wurde zu einer Zeit schrecklicher Demütigung für das jüdische Volk geschrieben. Der hellenistische Seleukidenkönig Antiochos Epiphanes hatte brutal den überlieferten Gottesdienst im Tempel unterdrückt, den Tempel seines Goldes beraubt und eine Zeusstatue in ihm aufgestellt. Die Beachtung des Sabbats und die Beschneidung waren verboten. Diese Verfolgung erinnerte die Juden stark an die Babylonische Gefangenschaft, so sehr, daß das Buch Daniel den Anspruch erheben konnte, damals geschrieben worden zu sein, also etwa 400 Jahre vor seiner tatsächlichen Entstehung. Seine »Prophezeiungen« waren deshalb seinerzeit schon Geschichte – vielleicht ein billiger Trick, aber offenbar sehr wirksam, denn er wird von den meisten apokalyptischen Schriftstellern benutzt. Im ersten Teil des Buches wird Daniel, ein junger Jude, zum König Nebukadnezar gerufen, um einen Traum zu deuten, der diesen beunruhigt. Er hatte von einer großen Statue geträumt, deren Kopf aus reinem Gold war; Brust und Arme waren aus Silber, Bauch und

Lenden aus Bronze; die Füße aus Eisen und Lehm. Die Füße wurden von einem Stein zerschmettert, und Lehm, Eisen, Bronze, Silber und Gold wurden »wie die Spreu auf den Dreschplätzen im Sommer, und der Wind verwehte sie«. Aus dem Stein wurde indessen ein großer Berg, der die ganze Erde erfüllte. Gold, Silber, Bronze und Eisen der Statue erinnern an Hesiod, und Daniels Deutung des Traums macht das noch deutlicher.

Gold, Silber, Bronze und Eisen gemischt mit Lehm stellen vier Reiche dar, von denen das erste das des Nebukadnezar ist, das nächste ein »geringeres« Königreich, das dritte, bronzene, ein noch schwächeres. Das letzte ist zu Beginn so stark wie Eisen, aber weil es mit Lehm gemischt ist, ist es in sich selbst uneinig und wird von dem letzten, ewigen Reich besiegt, das der Stein darstellt. Später wurden die vergänglichen Reiche als die der Babylonier, der Meder, der Perser und der Griechen identifiziert. Der entscheidende Punkt liegt aber darin, daß Daniel das babylonische Konzept der vier Reiche entlehnt und sie in »Reiche des Bösen« verwandelt hat. (Als Ronald Reagan diesen Ausdruck für die Sowjetunion gebrauchte, dachte sein Publikum von wiedergeborenen Christen, für die er bestimmt war, zweifellos sofort an Daniel.) Nichts Böses ist hingegen am Fünften Reich, dem Reich Gottes auf Erden. Eintausendachthundert Jahre nach Daniel inspirierte diese Vision die radikalen englischen Millenaristen in der Zeit des Bürgerkriegs im 17. Jahrhundert, die sich »Männer des Fünften Reiches« nannten.

Es ist leicht zu sehen, warum Daniels Visionen von Ereignissen, die zur Errichtung des Gottesreiches führen sollten, eine Faszination auf politische Radikale ausübten. Nach komplizierten dynastischen Streitigkeiten erscheint ein »König des Nordens«, der den Tempel schändet und den »unheilvollen Greuel errichtet«. Aber sein Schicksal ist besiegelt: zur »Zeit des Endes« findet eine gewaltige Schlacht statt, der Tyrann wird vernichtet. Dann erscheint ein großer Fürst namens Michael, und »dann kommt eine Zeit der Not, wie noch keine da war, seit es Völker gibt, bis zu jener Zeit. Doch Dein Volk wird gerettet, jeder, der im Buch verzeichnet ist. Von denen, die im Staub der Erde schlafen, werden viele erwachen, die einen zum ewigen Leben, die andern zur Schmach, zu ewigem Abscheu. Die Verständigen werden strahlen, wie der Himmel strahlt; und die Männer, die viele zu rechtem Tun geführt haben, werden immer und ewig wie die Sterne leuchten«. (Daniel 12, 1-3)

Für Daniels erste Leser und die nachfolgenden Bibelgelehrten gab es kein Geheimnis um die wahre Identität des »Königs aus dem Norden«: Es handelte sich um Antiochos Epiphanes, und der »unheilvolle Greuel« war die Zeusstatue, die er im Tempel aufgestellt hatte. Wir können die Entstehungszeit dieses Teiles des Buches Daniel bis auf ein oder zwei Jahre genau datieren, da sie zwischen dem Beginn des Makkabäer-Aufstands gegen die Seleukidenherrschaft und deren erfolgreichem Abschluß geschrieben worden sein muß. Aber sie ist weit mehr als Propaganda. Diese außergewöhnliche Textpassage hält die Hoffnung auf ein ewiges Leben für die gläubigen Juden wach und setzt sie an die Stelle der düsteren Lehre vom *Sheol*, einem Schattenreich, in dem sich alle Toten versammeln, wie immer auch ihr Verhalten gewesen sein mag. Die neue Ordnung wird von Juden regiert werden, geht aber weit über all das hinaus, was die Propheten über die Wiederherstellung des davidischen Königtums geweissagt hatten. Es erstreckt sich über die ganze Welt und wird von den wiederauferstandenen Toten und den Lebenden bevölkert.

Und es *steht unmittelbar bevor.* Es ist entscheidend für die vom Buch Daniel intendierte Wirkung der moralischen Stärkung, daß sie die Vernichtung der seleukidischen Macht als etwas darstellt, das greifbar nahe ist. Aber der Verfasser geht weiter, indem er einige verwirrende und anscheinend widersprüchliche Angaben darüber macht, wann dies geschehen wird. Die Zeit vom »Erlassen des Gebots, Jerusalem wieder aufzurichten« bis zur Zeit der immerwährenden Rechtschaffenheit wird siebzig Wochen dauern. Aber es wird auch an einen Text von Jeremias erinnert, in dem es heißt, daß siebzig Tage soviel wie siebzig Jahre bedeuten; das heißt: siebzig Wochen gleich 490 Tage müssen 490 Jahre bedeuten. Und um das Ganze noch komplizierter zu machen, fragt Daniel am Ende des Buches, wie lange es dauern wird bis zum »Ende dieser unbegreiflichen Geschehnisse« und erhält die kryptische Antwort, »eine Zeit, zwei Zeiten und eine halbe Zeit«. Es werden 1290 Tage vergehen nach der Schändung des Tempels; aber »es sei gesegnet der aushält und 1395 Tage erreicht«.

Diese Hinweise haben endzeitgläubige Christen über zweitausend Jahre lang beschäftigt, und beim Nahen des Jahres 2000 wird das Buch Daniel genauer durchforscht als jemals zuvor. Aber das soll uns im Augenblick nicht beschäftigen. Im Kontext seiner eigenen Zeit gesehen, ist das Buch Daniel außerordentlich innovativ. Es ist ein Beweis dafür, daß sich im zweiten vorchristlichen Jahrhundert das Judentum durch seine Berührung mit dem mystischen Dualismus der persischen Religion und durch die Dynamik von Bedrückung und Revolte verändert hatte. Das uralte, vielleicht jungsteinzeitliche Schema von einem vierfältigen Rhythmus der Geschichte ist immer noch erkennbar, aber der Takt hat sich beschleunigt: Ein neues Zeitalter nähert sich rasch, das die Rechtschaffenen aus der gegenwärtigen Gefangenschaft und sogar aus ihren Gräbern erlösen wird: »Gesegnet, der harret« auf diesen Tag, aber er mag nicht mehr lange warten müssen. Und, als sei diese Mischung nicht explosiv genug, liefert Daniel noch einige zahlenmystische Hinweise, die, korrekt angewendet, den Schleier heben und enthüllen werden, was verborgen ist: die Apokalypse.

Diese intensive Beschäftigung mit einer neuen Weltordnung, wie sie sich bei Daniel zeigt, blieb nicht auf jüdische Aktivisten beschränkt. Im 1. Jahrhundert v. Chr. war die römische Republik hin- und hergerissen zwischen Besorgnis und Zuversicht. Glaube an die Unzerstörbarkeit Roms fand sich neben der stoischen Lehre wiederkehrender historischer Zyklen, aus der sich ergab, daß Rom untergehen müsse. Nach Mircea Eliade stürzte sich Rom bei jeder Krise zwanghaft in Spekulationen, die Existenz der Stadtrepublik sei auf eine bestimmte Anzahl von Jahren begrenzt, eine »mystische Zahl«, die Romulus durch zwölf Adler enthüllt worden sei und die nun erreicht sei; es schien sogar möglich, daß das Große Jahr vorüber sei. Als Rom gerade 120 Jahre alt war, gab es Befürchtungen, jeder der Adler stelle zehn Jahre im Leben der Stadt dar, und als 365 Jahre seit der Stadtgründung vorüber waren, machte man sich Sorgen, daß Rom nun das Ende des Großen Jahres erreicht habe, in dem jedes Jahr einem Tag entsprach.[12]

Wenn all dies zutrifft (was keineswegs sicher ist), dann handelt es sich um die ersten Beispiele für kollektive Ängste beim Herannahen eines bestimmten Datums. Es läßt sich jedenfalls nicht leugnen, daß sich in den Jahrhunderten vor und nach Christi Geburt in römischen und jüdischen Kreisen prophetische Aktivitäten verstärkten, die sämtliche Bilder von Transformation durch Zerstörung und/oder die Geburt einer neuen Welt beschworen. Bei dem Vulkanausbruch, der Pompeji zerstörte, dachte man weithin, er kündige ein Feuer an, das die Welt vernichten werde. Vergils sogenannte messianische Ekloge, die 42 v. Chr. entstand, erstaunte spätere christliche Leser mit der Voraussage, daß mit der »Geburt eines Kindes« ein goldenes Geschlecht auf der Erde entstehen werde. In Wirklichkeit sagte Vergil nicht das Kommen des Messias voraus, sondern demonstrierte, wie außergewöhnlich empfänglich seine Zeit für religiöse Ideen war. Dies galt besonders für die jüdische Welt, in der eine apokalyptisch orientierte Theologie rasch jene messianischen und millenaristischen Züge entwickelte, mit denen man sie seitdem in Verbindung bringt. Die Aussicht auf eine neue Welt des Friedens und der Gerechtigkeit ist normalerweise untrennbar verbunden mit der eines charismatischen Führers, der verspricht, sie herbeizuführen. Es ist nicht immer klar, was zuerst kommt, aber im ersten nachchristlichen Jahrhundert stoßen wir auf seitdem vertraut gewordene Ereignisverläufe. Um

55 n.Chr. führte ein ägyptischer Jude eine Menge von fast 30 000 Menschen in die Wüste und kündigte die Absicht an, mit ihnen nach Jerusalem zu marschieren; er behauptete, auf seinen Befehl hin würden die Mauern der Stadt zusammenstürzen. Wir wissen nicht genau, was aus ihnen geworden ist, aber nach Josephus war es ganz üblich, daß »Schwindler und Betrüger« Massen in die Wüste führten unter der Vorspiegelung, Gott werde sie befreien.[13]

Das waren klassische millenaristische Bewegungen mit einem apokalyptischen und eschatologischen Geschichtsverständnis. Sie lebten in täglicher Erwartung eines göttlichen Eingriffs, wie die Wüstengemeinde in Qumran, in der die Schriftrollen vom Toten Meer gesammelt wurden, und der Prediger, der im Neuen Testament Johannes der Täufer genannt wird. Selten, wenn überhaupt je, hatten so viele Juden gefühlt, daß sie in den letzten Tagen lebten.

Diese Beschäftigung mit dem herannahenden Ende wurde auch von den Anhängern des Jesus von Nazareth geteilt. Es besteht kaum ein Zweifel daran, daß die Urchristen – und vielleicht auch Jesus selbst – in der täglichen Erwartung des Weltendes lebten. Vor Jesu Tod erwarteten viele seiner Anhänger, durch seine glorreiche Machtergreifung in Jerusalem werde die Geschichte ihr Ende finden. Nach seiner Hinrichtung, als Geschichten über sein geheimnisvolles Wiedererscheinen kursierten, wandte sich die Aufmerksamkeit seinem »zweiten Erscheinen« zu, von dem Jesus selbst mehrfach angedeutet hatte, es werde noch zu ihren Lebzeiten geschehen. Die üblichen Übersetzungen des Vaterunsers verschleiern seinen eschatologischen Charakter. Die meisten heutigen Christen haben keine Ahnung davon, daß sie jedesmal, wenn sie es aufsagen, für das Ende der Welt beten. Die Bitte, von der »Versuchung« befreit zu werden, ist, wie viele Bibelgelehrte glauben, eine Bitte, vom Jüngsten Gericht verschont zu werden. Sie ist ein Indiz für die Furcht der christlichen Urgemeinde vor der letzten Weltkrise, aber sie spiegelt auch den Glauben wider, daß ihnen diese furchtbare Erfahrung erspart werden kann. In diesem Licht gesehen stellt das Urchristentum eine radikale Veränderung des Glaubens an das nahe Weltende dar, der den Mittleren Osten im ersten nachchristlichen Jahrhundert ergriff. Es ist die erste Religion, die ihren Anhängern die Möglichkeit eröffnet, den Flammen zu entgehen, in denen die übrige Welt untergehen wird. Und da ursprünglich die zweite Ankunft zu Lebzeiten der Gläubigen kommen sollte, etablierte der neue Glaube ein höchst zwiespältiges Verhältnis zum weltlichen Staat. Die Briefe des heiligen Paulus betonen häufig, wie wichtig es ist, sein Leben innerhalb der weltlichen Ordnung zu leben; aber, wie Nicholas Campion betont hat, waren ihre Auswirkungen keineswegs immer konservativ. ›Wenn der Einzelne durch eine Handlung, die eher Gott als dem Kaiser Loyalität bewies, zum nächsten Stadium der Geschichte vordringen konnte, waren die Folgen tiefgreifend, denn die normale politische Macht wurde dann bedeutungslos.«[14]

Diese Zwiespältigkeit ist grundlegend für das Urchristentum. Die inneren Widersprüche des Neuen Testaments machen jeden Versuch zunichte, zu einer zusammenhängenden Sicht des Endes der Geschichte zu gelangen. Wir können zum Beispiel nicht eindeutig die Beziehung zwischen dem durch Christus eingeleiteten neuen Zeitalter und seiner Wiederkunft bestimmen. Welches der beiden Ereignisse kommt zuerst? Kann die Befreiung von dem, was Paulus das »gegenwärtige böse Zeitalter« nennt, unmittelbar von den Christen erreicht werden oder müssen sie dazu auf die Wiederkunft Christi warten? Daß Evangelien und Apostelbriefe diesen Punkt nicht klären konnten, führte schließlich zu Spannungen innerhalb der christlichen Gemeinschaft, die bis heute andauern. Aber für Paulus wäre diese Frage fast bedeutungslos gewesen angesichts seiner Überzeugung, daß Christus sehr bald zurückkehren werde. Das wiederholte Verbot in den Evangelien, Zeit und Stunde dieses Ereignisses zu berechnen, bezeugt die tiefe Neugier, die es natürlich unter den ersten Christen erweckte. Es scheint aber, als sei an die Stelle der Neugier Enttäuschung getreten und das Bedürfnis, eine Erklärung für das Nichterscheinen Christi zu finden.

Man hat behauptet, das *Buch der Offenbarung*, von einem Johannes auf der Insel Patmos gegen Ende des ersten Jahrhunderts geschrieben, sei ein Versuch, diese Lücke zu füllen. Auf den ersten Blick erscheint die Vorstellung lächerlich, daß dieser surrealistische Text dazu gedacht ist, irgend etwas klarer zu machen. Seine Visionen von Kreaturen mit vielen Flügeln und Augen, von Engeln, Drachen, gläsernen Seen und »übelriechenden Geistern wie Fröschen« haben eine echte psychedelische Qualität: Sie sind abwechselnd atemberaubend, öde und furchteinflößend. Selbst als Allegorien sind sie fast unverständlich. Wie im Buch Daniel wird man aus den Hinweisen der Offenbarung auf den Zeitpunkt des Endes nicht schlau, aber sie macht deutlich, daß die Endzeit schon begonnen hat, und lädt ihre Leser auf subtile Weise dazu ein, ihre Bilder im Licht ihrer eigenen Zeit zu deuten. Man fragt sich, ob der Verfasser beabsichtigte, immer wieder neue Generationen von Christen in einem Stadium apokalyptischer Erwartung zu erhalten und deshalb Bilder schuf, die irgendwie wiederverwendbar waren. Wenn das so war, ist ihm dies glänzend gelungen, wie die Geschichte seiner kühnsten Schöpfung zeigt, des »Tiers, dessen Zahl 666 ist«. Das Tier, ein Teufel in Menschengestalt, der die Welt unmittelbar vor Armageddon und dem zweiten Erscheinen regieren wird, hat eine erstaunliche Karriere gemacht; es ist zu verschiedenen Zeiten als Kaiser Nero, der britische König Georg III., Napoleon, Hitler und Henry Kissinger identifiziert worden. So komisch das anmutet, so sollten wir die fortwährende Macht dieser Darstellung des Antichrist (wie das Tier auch genannt wird) nicht unterscätzen. Ihre Botschaft ist, daß die Personifikation des Bösen in unserer Mitte erstehen wird als eine beherrschende Figur mit einer internationalen Anhängerschaft. Millionen werden ihrer verführerischen Ausstrahlungskraft erliegen, nur um zu entdecken, daß sie sich dadurch zu einem qualvollen Tod und ewiger Verdammnis verurteilt haben.

Das Buch der Offenbarung wurde von der Ostkirche für mehrere Jahrhunderte aus dem Kanon der Bibel ausgeschlossen, und man kann verstehen warum: Keine andere Schrift der Bibel eröffnet so sehr die Möglichkeit, aus einem politischen Drama eine Endzeitkrise zu machen, indem man in alltäglichen Ereignissen die Hand des Antichrist nachweist. Aber im 2. Jahrhundert n.Chr. war die Offenbarung des Johannes für die Christen weit wichtiger als die Evangelien. Den Christen, die die römische Verfolgung zu erdulden hatten, bot sie eine überwältigende Vision der Belohnung, die sie im Himmel erwartete, wo »Gott alle Tränen von ihren Augen abwischen wird; und es wird keinen Tod mehr geben, keine Trauer, keine Klage, keine Mühsal; denn, was früher war, ist vergangen.« (Apokalypse 21,4) Gleichzeitig bot sie den Ansatz zu einer Erklärung, warum Christi zweites Erscheinen sich verzögerte, indem sie das ganze Grauen des Kampfes zwischen Gut und Böse enthüllte, das dieser Wiederkehr vorausgehen mußte.

Die Schlüsselstelle in der Offenbarung kommt nach der Zerstörung Babylons, als Christus zu Pferde erscheint, mit Augen wie Feuerflammen und in einem Gewand, das in Blut getaucht ist, hinter ihm die Armeen des Himmels »gekleidet in Leinen, weiß und rein«, um Krieg gegen das Tier und seine Armee zu führen. Satans irdische Anhänger werden mit dem Schwert getötet, während er selbst lebend in einen See aus Feuer und Schwefel geworfen wird und in ein bodenloses Loch fällt. Er bleibt dort für tausend Jahre, während Christus und seine Heiligen auf Erden regieren. Dann wird er für den Endkampf mit den Streitkräften Gottes wieder losgelassen, nach dem, in einer der schönsten Stellen der Bibel, die Geschichte der Ewigkeit weicht. Ein neuer Himmel und eine neue Erde ersetzen die alte Ordnung, und ein neues Jerusalem kommt von Himmel herab, »bereit wie eine Braut, die sich für ihren Mann geschmückt hat.«

Das tausendjährige Reich Christi und seiner Heiligen, das

Millennium, ist eines der schwierigsten Konzepte des Christentums. Zweitausend Jahre lang haben die nach ihm benannten Millenaristen es zur Unterstützung für ihre eigenen Visionen vom bevorstehenden Reich Gottes auf Erden beschworen. Dabei mußten sie erhebliche Findigkeit beweisen. Die Abfolge der Ereignisse in der Offenbarung ist in sich selbst verzwickt genug, aber sie mußte außerdem noch in Übereinstimmung gebracht werden mit apokalyptischen Passagen bei Daniel, in den Evangelien und bei Paulus, der in seinem 1. Brief an die Thessalonicher erkennen läßt, daß direkt zu Beginn der Endzeit alle gläubigen Christen zum Himmel erhoben werden in dem, was »Entrückung« genannt wird. Aber wir müssen uns nicht unbedingt mit den Komplikationen miteinander rivalisierender Zeitpläne wie dem prä- und postmillenaren Dispensationalismus auseinandersetzen: es ist sehr viel nützlicher, sich auf die Ursprünge der Idee des *Tausendjährigen Reiches* zu konzentrieren und darzulegen, wie sie die Geschichtskonzeption des Westens beeinflußt hat.

Zunächst: warum tausend Jahre? Die offensichtliche Antwort ist, daß der Verfasser der Offenbarung an Psalm 90 gedacht hat. »Denn vor Dir sind tausend Jahre nur ein Gestern, wenn es vorüber ist.« Aber die Offenbarung entstand nicht in einem Vakuum: sie ist das Produkt des Römischen Reiches, in dem Judentum und Christentum mit anderen östlichen Religionen um Konvertiten rangen. Man hat gemutmaßt, daß Johannes den (lange nach Zarathustra entwickelten) mazdaistischen Glaubenssatz gekannt hat, daß Zurvan, der Gott der Zeit, vor der Schöpfung für tausend Jahre herrschte. Die persische Eschatologie entspricht stellenweise der des Johannes: in einem ihrer Stadien liegt der böse Geist Ahriman 3000 Jahre lang am Boden. Diese Phase ist jedoch nur Teil einer genau ausgearbeiteten überwölbenden Struktur, in der jede aufeinanderfolgende Epoche entweder 1000 oder 3000 Jahre dauert. Wir befinden uns wieder im Reich der Zahlenlehre, in der eine gewisse Anzahl von Jahren, wie zum Beispiel das mesopotamische *Sar* von 3600 Jahren, sich als Teil eines göttlich sanktionierten Gechichtsmusters enthüllen. Im Falle des *Sar* ist ein Teil der Erklärung, daß für die Sumerer ein Jahr 360 Tage hatte. Die Zahl Eintausend dagegen ist ein unmittelbares Ergebnis des Dezimalsystems. Aber natürlich liegen die Ursprünge dieses Systems wiederum in einem Naturphänomen begründet – den zehn Fingern der menschlichen Hand, die in den römischen Zahlen ja tatsächlich abgebildet sind. Wären wir mit zwölf Fingern statt mit zehn geboren worden, würden wir nicht in Jahrhunderten oder Jahrtausenden denken.

Das heißt nicht, daß Zivilisationen vor dem Römischen Reich und dieses selbst automatisch die Geschichte in Zeiteinheiten von je hundert Jahren eingeteilt hätten. Wir müssen uns davor hüten, eine anachronistische Zeitmessung in Dekaden, Jahrhunderten und Jahrtausenden auf Gesellschaften anzuwenden, die, obwohl mit der Vorstellung von zehn, hundert oder tausend Jahren vertraut, diese Zahlen nicht wie wir zur Zeitmessung verwendeten. In der hebräischen Bibel zum Beispiel wird die Zahl 1000 meist aus Gründen des Effekts verwendet; bei Daniel und Enoch gibt es tausend mal tausend, zehntausend mal tausend und sogar zehntausend mal zehntausend, aber es ist unwahrscheinlich, daß diese Zahlen wörtlich gemeint waren. Zur Zeit der jüdischen Apokalypsen nach Daniel hatte die Zahl 1000 oder eines Vielfachen davon eine starke eschatologische Färbung angenommen: Das messianische Zeitalter sollte – je nach den Berechnungen verschiedener Autoren – in 2000 oder 7000, meist aber mit 1000 Jahren kommen.[15] Das sollten moderne Kommentatoren bedenken, die mit ungläubigem Erstaunen auf den Mangel an Logik verweisen, die darin liegt, daß »die bloße Existenz einer Zahl mit drei Nullen in einer Jahreszahl«, wie es oft heißt, das Denken der Menschen auf das Zeitenende hin lenkt. Unlogisch mag das wohl sein, aber die Verbindung der Zahl Tausend mit den letzten Dingen hat eine lange Vorgeschichte.

Wir können nicht sagen, ob das Tausendjährige Reich der Heiligen in der Offenbarung nur als Allegorie gemeint ist;

aber wir können sicher sein, daß der Verfasser die Interpretationstechniken nicht vorausgesehen hat, mit denen man in der Folge versuchte zu bestimmen, wann es beginnt. Abgesehen von allem anderen, würde er unsere Vorstellung von einem ›Datum‹ wohl nicht verstanden haben. Wir müssen für einen Moment von den überhitzten Visionen der apokalyptischen Schriftsteller zurücktreten und betrachten, wie frühe Kulturen den Kalender benutzten, um die Chronologie festzulegen. Die Babylonier, Hebräer, Griechen und Iraner konstruierten komplexe Systeme aufeinanderfolgender Geschichtsepochen, sie wiesen diesen Epochen sogar symbolische Zahlenwerte zu. Aber wenn jemand zu irgendeinem Zeitpunkt damals zwei Bewohner von Nachbarstädten gefragt hätte, welches Jahr gerade sei, wären seine Chancen ziemlich gering gewesen, daß er die gleiche Antwort bekommen hätte. In der gesamten Alten Welt gab es eine Tendenz, die Jahre von einem großen Ereignis in der Geschichte des eigenen Gemeinwesens an zu datieren, wie etwa der Befreiung von einem Unterdrücker (oder umgekehrt, dem Beginn einer Okkupation). Sogar innerhalb eines Gemeinwesens gab es oft keine Übereinstimmung darüber, an welchem Tag das historische Jahr begann oder wie lange es dauerte: Historische Jahre, d.h. Zeiteinheiten, die zusammengefaßt wurden, um ein spezifisches Ereignis zeitlich festzulegen, waren nicht das gleiche wie die von den Jahreszeiten bestimmten Jahre. Es ist eine Tatsache, daß die Alte Welt keinen besonderen Wert darauf legte, verschiedene historische Ereignisse in Bezug aufeinander zu datieren. Bei Gelegenheiten, wo Historiker darum nicht herumkamen, ist das Fehlen eines allgemein akzeptierten Zeitsystems oft geradezu bestürzend auffällig: Der griechische Chronist Polybios, als er den Kelteneinfall in Rom im Jahre 387 v. Chr. beschrieb, notierte mühsam, daß dieser zeitgleich mit dem Frieden des Antalkidas und der Belagerung von Rhegion durch Dionysios war, daß er neunzehn Jahre nach der Schlacht von Aigospotamoí und sechzehn Jahre vor der Schlacht bei Leuktra stattfand.[16]

Selbst die Römer, die das System der Datierung *ab urbe condita* (nach der Gründung ihrer Stadt) erfanden, benutzten es nur für den begrenzten Zweck, die Zeit von einem Ereignis zum nächstfolgenden zu messen; und sie konnten sich keinesfalls darauf einigen, wann genau Rom gegründet worden war; die Schätzungen reichten von 759 bis 729 v. Chr. Aber man kann sicher sein, daß darum niemand schlecht schlief. Die Praxis, nach den Amtszeiten der Konsuln zu datieren, oder später nach den Kaiserjahren, reichte offenbar für die Bedürfnisse des Reiches vollkommen aus. Kalenderreformen sind immer eine Antwort auf dringende Bedürfnisse, und es gab einfach kein Bedürfnis nach einem universalen Kalendersystem; man vergleiche das mit dem ewigen Problem, den Kalender an das Sonnenjahr anzupassen, das erhebliche Auswirkungen auf das römische Leben hatte und deshalb eine von Caesars politischen Prioritäten war.

Das Fehlen eines allgemein gebilligten Ausgangspunktes für ein chronologisches System bedeutet natürlich praktisch, daß es keinen Konsens darüber geben kann, welche Dekade oder welches Jahrhundert man erreicht hat; die ganze Vorstellung, daß man in einem bestimmten Jahrzehnt oder Jahrhundert lebt, gehört einer viel späteren Zeit an. Aber in einer Gesellschaft, die ein Dezimalsystem zum Zählen benutzt, ist es ganz unvermeidlich, daß Gruppen von zehn, hundert oder tausend Jahren eine gewisse abstrakte Kraft ausüben. Im Fall des Jahrhunderts fügt die Tatsache, daß hundert Jahre die äußerste Grenze menschlicher Lebenserwartung sind, noch eine Extranuance hinzu. Die Römer haben anscheinend die Vorstellung des Jahrhunderts von den Etruskern übernommen, für die eine *Ära* zu ihrem Ende kam, wenn das älteste lebende Mitglied einer Generation starb. Am Ende einer Generation – das heißt, grob gerechnet, nach einem Jahrhundert – gestalteten Seher das Epitaph für die abgelaufene Ära, und vielleicht wurden diese Ären zu einer Weltwoche verbunden. Im Jahre 44 v. Chr. verkündete ein etruskischer Seher in Rom eine neunte Ära, auf die, wie er prophezeite, eine zehnte folgen werde, und in dieser würden alle Etrusker sterben außer den Sehern selbst.[17]

Die etruskische Ära mag das Vorbild für die römischen *saecula* gewesen sein, die Zeitspannen im Leben Roms, die, je nach Laune des regierenden Kaisers, entweder 100 oder 110 Jahre dauerten. Die *saecula* gaben ihren Namen den Säkular-Spielen, den ersten Ereignissen in der Geschichte, die regelmäßig die widersprüchlichen Emotionen aufnahmen, die wir mit dem Ende eines Jahrhunderts verbinden: Trauer oder Erleichterung am Ende einer Ära, Optimismus und Sorge am Beginn einer neuen. Es liegt etwas Vertrautes in der Art und Weise, wie die römischen Kaiser die Spiele benutzten, um ihr Image aufzupolieren, obwohl sie noch zusätzlich über den Luxus verfügten, eine Ära auch vor der Zeit enden lassen zu können. Die ersten Säkularspiele, die in großem Ausmaß durchgeführt wurden, veranstaltete Augustus im Jahre 17 v. Chr. – er hatte die sibyllinischen Bücher konsultiert, um sicherzustellen, daß ein *saeculum* 110 Jahre dauerte und daß dieses das fünfte seit der Gründung Roms war. Das hinderte Claudius nicht daran, die nächsten Spiele 47 n. Chr. zu veranstalten und so die Auflage ad absurdum zu führen, daß die letzten Säkularspiele länger zurückliegen sollten als Menschengedenken. Aber Claudius spielte nach anderen Regeln: er ging von Ären von 100 Jahren aus, und seine Spiele feierten den 800. Geburtstag Roms.

Die Säkularspiele im Jahre 248 n. Chr. wurden zur Tausendjahrfeier Roms abgehalten. Wie die Spiele unter Claudius akzeptierten sie Varros Datierung von 753 v. Chr. für die Gründung Roms, obwohl es, wie wir gesehen haben, auch noch andere konkurrierende Daten gab. (So ist es möglich, daß die Spiele unter dem Murren jener Art von Pedanten stattfanden, die in unseren Tagen sich ein Vergnügen daraus machen darzulegen, daß Christus nicht im Jahre 1 n. Chr. geboren wurde, und daß das neue Millennium ohnehin erst im Jahre 2001 beginnt.) Tatsächlich waren die Spiele ein Jahr im Verzug, denn 247 war der Kaiser noch nicht vom Kampf mit den Barbaren zurück; das gibt einen Hinweis auf die ziemlich verzweifelte Begleitmusik des Ereignisses. Die Spiele waren immer von den Kaisern dazu benutzt worden, das Vertrauen des römischen Volkes in die Zukunft seiner Stadt zu stärken. Im Jahre 248 war das nicht einfach. Über viele Jahre hatten Römer die Vergangenheit mit nostalgischen Gefühlen betrachtet, die sich aus dem Bewußtsein des Verfalls speisten. Das Reich, das durch die Massierung von feindlichen Heeren an den meisten seiner Grenzen sowie durch spektakuläre Geldentwertung geschwächt war, hing von einer stetig wachsenden Armee ab, die nötig war, um es zu schützen. Das römische Bürgerrecht war ebenso abgewertet wie die Währung; es stand nun jedem freien Mann im Reich zu. Der Kaiser selbst war ein Araber, Philippus, und eher von der Armee als vom Senat gewählt. Sogar die römischen Götter waren aus der Mode gekommen, an den Rand gedrängt von der Leidenschaft für die nahöstlichen »Mysterienreligionen«.

Doch ein Beobachter der Spiele hätte das nicht unbedingt gemerkt. Sie waren anscheinend in einer glänzenden Inszenierung daraufhin angelegt, die Selbstachtung nicht nur der Stadt, sondern auch seiner traditionellen Religion wiederherzustellen.

Roms heiliges Kollegium, Wächter der sibyllinischen Bücher, präsidierte den Zeremonien, die mehrere Tage und Nächte dauerten. Der Kaiser, als Oberster Priester gekleidet, führte uralte Rituale an den Altären aus:

»Entlang dem Tiber verbrannte er Lämmer und schwarze Ziegen für die Schicksalsgöttinnen, die den Menschen Wohlergehen oder Mißerfolg zuteilen. Er opferte dem Jupiter Optimus Maximus, dem König der Götter und Schutzherrn Roms, weiße Stiere; eine trächtige Sau der Mutter Erde, die dem Reich Nahrung in Fülle gab oder solche zurückhielt und die Menschen Hungers sterben ließ. Er opferte Kuchen und verbrannte Weihrauch der Eileithyia, der Göttin der Geburt, ohne deren Hilfe die Bevölkerungszahl des Reiches sinken würde. Matronen knieten vor Juno nieder und erflehten ihren

Segen. Siebenundzwanzig Jünglinge aus edlem Hause und siebenundzwanzig hochgeborene Jungfrauen, deren Leben noch unbefleckt war vom Tod der Eltern, sangen alte Hymnen an Apollo und seine keusche Schwester Diana.«[18]

Für einige Tage wenigstens scheint die Bevölkerung von Rom entsprechend reagiert zu haben. Weizen, Gerste und Bohnen wurden ausgeteilt, und die Menge tanzte und trank. Tausende hielten Fackeln, während auf dem Marsfeld historische Spiele ausgetragen wurden. Es gab wohl ein wenn auch vorübergehendes »Gefühl der freudigen Erregung, das tausendste Jahr der größten Stadt auf Erden zu erleben.«[19]

Ganz gewiß gab es in bestimmten Kreisen eine Sehnsucht nach einem neuen Zeitalter der Stabilität und der Verehrung der alten Götter, und für diese Traditionalisten waren die Tausendjahrfeiern offensichtlich wichtig. Man könnte einwenden, daß der nostalgische Ton der Festlichkeiten eher auf das Ende als auf den Beginn einer Ära hindeutet; aber das hieße, mit dem Vorteil dessen zu urteilen, der hinterher alles besser weiß. Vielleicht löste die Tausendjahrfeier auch Angst aus, daß mit dem Ablauf von tausend Jahren die Stadt das Ende der ihr zugemessenen Lebensspanne erreicht haben könnte; aber wenn das so war, so ist uns nichts darüber überliefert. Was wir allerdings wissen ist, daß ein oder zwei Jahre nach diesen Feiern Decius, der Nachfolger von Philippus Arabs, die erste reichsweite Christenverfolgung auslöste, in der diejenigen, die sich weigerten, den römischen Göttern zu opfern, »gepeitscht wurden, bis ihre Haut wie Lumpen herunterhing, mit Stöcken geprügelt wurden, bis sie bewußtlos waren, oder langsam auf einer Folterbank gestreckt wurden, bis ihre Gelenke sich voneinander lösten«.[20]

Diese Kampagne war von grundsätzlich anderer Art als die lokalen Verfolgungen, in denen die ersten christlichen Märtyrer starben. Ihr umfassender Charakter und ihre Intensität weisen auf eine neue Entschlossenheit seitens der Behörden hin; sie mag sehr wohl durch die Erfahrung des Übergangs in ein neues Millennium verursacht worden sein.

Die Christen hatten sich inzwischen zu einer Kirche entwickelt, die genügend Ressourcen besaß, um auch eine heftige Verfolgung überleben zu können. Es gab noch immer den Wunsch, den genauen Zeitpunkt von Christi Wiederkunft in Erfahrung zu bringen, aber es gab auch eine Organisation von Bischöfen, die daran interessiert waren, die Einheit des Glaubens zu bewahren. Lange Zeit waren diese beiden Dinge nicht unvereinbar gewesen, weil niemand in der Kirche, vom römischen Bischof abwärts, daran glaubte, daß die Wiederkunft sich noch lange verzögern würde. Aber im 2. Jahrhundert war das Störpotential, das von der Endzeitspekulation ausging, schon schmerzlich spürbar. Eine »Montanismus« genannte Häresie, die lehrte, das neue Jerusalem werde demnächst im wahrsten Sinne des Wortes in einer obskuren Gegend in Phrygien vom Himmel herunterschweben, drohte zeitweilig, das rechtgläubige Christentum zu verdrängen. Der Montanismus war millenaristisch orientiert und führte zu derselben Art von närrischem Verhalten, das wir heute mit Endzeitkulten assoziieren. Sein Gründer, Montanus, und eine Priesterin namens Maximilla starben wohl freiwillig den Märtyrertod, als sich das Tausendjährige Reich nicht einstellte. Seitdem sind apokalyptische Enttäuschung und Selbstmord im Bewußtsein der Menschen miteinander verbunden. Und die apokalyptische Orientierung, die für die Urchristen eine Kraftquelle gewesen war, wurde von der Amtskirche mehr und mehr mit verständlichem Mißtrauen betrachtet.

Das Grundgerüst des christlichen Endzeitglaubens war denkbar einfach. Einige jüdische Radikale im ersten Jahrhundert v. Chr. glaubten, daß die Ankunft des Messias 5000 oder 6000 Jahre nach der Schöpfung eine Große Woche beenden werde. Die Urchristen teilten dem Millennium der Offenbarung ganz klar seinen Platz in einer Großen Woche von sieben Tagen zu. Der Barnabasbrief, um etwa 120 n. Chr. entstanden, sagt es kurz und bündig: »Hört sorgfältig zu, meine Kinder: Gott beendete sein Werk in sechs Tagen ... Dies bedeutet, daß er in 6000 Jahren alle Dinge zu Ende bringt, denn

›ein Tag des Herrn ist wie 1000 Jahre‹ … Deshalb, meine Kinder, wird die Welt in sechs Tagen, das heißt in 6000 Jahren, zu Ende gebracht werden. ›Am siebenten Tage aber ruhte Gott‹ …«[21]

Das ist im Kern die Idee, die über die Jahrhunderte tausend verschiedene Theorien über den Zeitpunkt der Wiederkunft entstehen lassen sollte. Man beachte, daß der Barnabasbrief ein wesentliches Element ausläßt: Obwohl er das erste christliche Dokument ist, in dem das Alter der Welt erwähnt wird, benennt er es nicht. Denn sobald dieses Detail bekannt ist, ist auch das Datum der Wiederkunft Christi bekannt und damit der Anbruch des siebten und letzten Jahrtausends.

Ein eigenartiger Zug der christlichen Theorie der großen Woche ist, daß sie sowohl von den Anhängern als auch von den Gegnern der Apokalyptik verwendbar war. Für die Millenaristen war die Welt ständig am Rand ihres 6000. Geburtstags; für die Konservativen war dieser Tag immer jenseits der Lebenserwartung der gerade Lebenden. Die konservativste Position in diesem Punkt war die des heiligen Augustinus, Bischofs von Hippo, der sich über die Versuche lustig machte, das Ende zu berechnen: »Vergeblich versuchen wir daher zu rechnen und den Jahren Grenzen zu setzen, die dieser Welt verbleiben, da wir doch aus dem Munde der Wahrheit selbst hören, daß es uns nicht bestimmt ist, sie zu wissen. Und doch haben einige gesagt, daß vierhundert, andere, daß fünfhundert, und wieder andere, daß tausend Jahre vergehen müßten zwischen der Auferstehung und der Wiederkunft des Herrn.« Seinen trockensten Ton hob er sich jedoch für diejenigen auf, die ständig im Gegenwartsgeschehen nach Endzeitbedeutungen suchten. Er warnte davor, in Panik zu verfallen über das gegenwärtige Geschehen, »als sei dies das äußerste und extremste von allem, damit wir nicht von denen verlacht werden, die von mehr und schlimmeren Ereignissen in der Weltgeschichte gelesen haben.«[22]

Der Ratschlag des Bischofs von Hippo an die Endzeitmathematiker, den die offizielle Kirche seitdem ständig wiederholt hat, sollte beruhigend wirken. Aber es gibt wenige Anzeichen dafür, daß sein Rat auf fruchtbaren Boden fiel. Augustinus berichtet von einer Panik im Konstantinopel des Jahres 398 n. Chr., dem Jahr, das seiner Meinung nach das 365. Jahr nach Christi Kreuzigung war. Aber diese Angst hatte nichts mit der Wiederkunft zu tun; im Gegenteil, sagt Augustinus; vielmehr kursiere eine bösartige heidnische Legende, die behaupte, der heilige Petrus habe einen Pakt mit dem Teufel geschlossen, demzufolge die Kirche nur 365 Jahre bestehen werde. Dann aber habe sich ein Erdbeben ereignet, und die Menschen seien zur Kirche geflüchtet. »Alle«, so berichtet Augustinus weiter, »verlangten, fast mit Gewalt, die Taufe, von wem auch immer sie konnten. Nicht nur in den Kirchen, sondern auch in ihren Häusern, auf den Straßen und Plätzen ertönte der Schrei nach dem erlösenden Sakrament, auf daß sie dem Gericht entgehen möchten.«[23]

Eine Panik der eher üblichen Art entstand nach der Plünderung Roms durch die Vandalen im Jahre 410. Augustinus berichtet, daß einige ausgerufen hätten: »Sehet, die Jahre seit Adam sind nun vorbei, und sehet, 6000 Jahre sind vollendet.« Diese Verbindung der Plünderung Roms mit dem Schicksalsjahr muß eine rein instinktive Reaktion auf die Ereignisse gewesen sein. Sie liefert deshalb eine nützliche Einsicht, wie Menschen damals auf Gewalt und Verwüstung reagierten. Sie folgerten nicht einfach, wie man meinen könnte, daß das Weltende gekommen sei. Sondern sie konstruierten, gestützt auf eine etablierte Tradition, eine ad-hoc-Chronologie, die erklärte warum. Sie folgten dem tiefverwurzelten menschlichen Bedürfnis, große – auch schreckliche – Ereignisse – mit der Zahlenkonfiguration eines göttlichen Plans in Übereinstimmung zu bringen.

Obwohl die Endzeitbedeutung des sechsten Jahrtausends allgemein anerkannt war, gab es keinen allgemein akzeptierten Kalender, der das Jahr 410 als Endpunkt annahm. Es gab allerdings schon eine ernstzunehmende christliche Chronologie, derzufolge die Welt 5500 Jahre vor der Geburt Christi geschaffen worden sei. Das Ende der Welt war also für das Jahr 500 n. Chr. angesetzt. Hippolytus von Rom, ein Theologe des 3. Jahrhunderts, unterstützte diese Behauptung mit einer großen Anzahl von Schriftbelegen, die mit den Ausmaßen der Bundeslade begannen (fünfeinhalb Ellen): Diese Weltära, *aera mundi,* unter Historikern als AM I bekannt, wurde nicht allgemein zur Datierung benutzt; das römische System der Datierung nach den Amtszeiten der Konsuln dauerte bis weit in die christliche Ära an. Trotzdem war AM I weitgehend akzeptiert, wenn auch wenige Schriftsteller in ihren Folgerungen so weit gingen wie Hippolytus: »Von der Geburt Christi an muß man weitere 500 Jahre zählen, und erst dann wird das Ende kommen.«[24]

Aber die bloße Tatsache, daß er dies annahm, macht ihn noch nicht zum Apokalyptiker. Im Gegenteil, er führte ja aus, das Weltende sei noch 200 Jahre entfernt. AM I war mit anderen Worten eine Waffe, die gegen Millenaristen eingesetzt werden konnte, die das Jahr 6000 noch zu ihren Lebzeiten erwarteten, eine Waffe allerdings, die von selbst veraltete. Im 5. Jahrhundert n. Chr. – also dem letzten nach der AM-I-Rechnung – war die frühere Verzögerungstaktik zum Countdown geworden.

Aber AM I brach vor dem Jahr 6000 ab, jedenfalls in Westeuropa. Wie der amerikanische Mittelalterforscher Richard Landes gezeigt hat, wurde es wunderbarerweise kurz vor dem Fristablauf durch eine neue *aera mundi* ersetzt, AM II, durch die Christi Menschwerdung auf das Jahr 5200 nach der Schöpfung datiert und so die Welt um 300 Jahre verjüngt wurde.[25]

Für 500 n. Chr. gibt es kein Dokument, das den Beginn des Jahres 6000 erwähnt und keine Geschichtsschreibung, die nach AM I datiert. Es gibt auch keine Anzeichen apokalyptischer Panik, obwohl es interessante Spuren ungewöhnlicher Aktivität gibt. Nach einem Text wurden das Jahrzehnt vor 500 zweimal durch »unwissende« und »wahnsinnige« Propheten gestört, die das Nahen des Antichrist verkündeten, das ist alles, was wir wissen. Landes ist der Meinung, daß die frühere, gefährliche Chronologie von der Kirche unterdrückt wurde, die entschlossen war, die Konsequenzen einer millenaristischen Panik zu verhindern. Das klingt nach Verschwörungstheorie, aber es gibt keine andere Möglichkeit, das Verschwinden von AM I zu einem so passenden Zeitpunkt zu erklären. Und Landes wartet mit einem Beleg auf, den man nicht als zufällig abtun kann: Mit AM II passierte vor Ablauf der Frist genau das gleiche.

Die Frage des Alters der Welt war im frühen Mittelalter, wie man heute annimmt, ein Gegenstand von »überragender Bedeutung« für diejenigen, die sich mit Geschichte befaßten. Unzweifelhaft handelte es sich um ein Gebiet, dessen Erforschung gefährlich war; denn jedesmal, wenn ein Chronist irgendeine der vielen möglichen Varianten von AM II beschwor, gab er damit denjenigen, die an die Große Woche glaubten, ein Datum für die Wiederkunft. Die meisten Autoren jener Epoche bemühen sich tatsächlich, sich von der 6000-Jahre-Theorie zu distanzieren, geben aber das große Ausmaß öffentlichen Interesses an ihr zu. Einige verurteilen zwar eschatologische Rechnungen, liefern aber gleichzeitig selbst eine Zahl für die bis 6000 noch verbleibenden Jahre. Beda Venerabilis beklagt sich, daß er ständig von *rustici* (Ungebildeten) gefragt werde, wieviele Jahre noch vom laufenden Millennium übrig seien, was er recht ärgerlich fand. In seiner Schrift *De tempore ratione* verurteilt er diejenigen, die glauben, die Wiederkunft solle schon am Ende des 6. Jahrtausends stattfinden, wie auch den Glauben, das tausendjährige Reich der Offenbarung werde ein irdisches Reich sein.[26]

Während die Uhr der AM II unbarmherzig weiter tickte, fand sich die Kirche in einem Dilemma. Mochte sie auch noch so sehr versuchen, die vernünftige Argumentation des Augustinus zu propagieren, so hatte sie doch Jahrhunderte vorher einen Kalender unterstützt, der die zweifelhafte (wenn auch nicht offiziell häretische) Vorstellung der großen Weltwoche implizit zu begünstigen schien. Zwar war auch um 700 die *aera mundi* immer noch nicht das, was man heute unter einem »Kalender« versteht; datiert wurde immer noch meist nach Regierungszeiten. Aber da verschiedene Schätzungen des Alters der Welt auf die magische Zahl 6000 zuliefen, gab es ein dringendes Bedürfnis nach einer Alternative. Die Antwort lieferte Beda, der schon zu seinen Lebzeiten in ganz Europa bekannt war und dessen Ansehen während des 8. Jahrhunderts ständig wuchs. Seine Tabellen zur Berechnung des Osterfestes benutzten ein altes und wenig benutztes System, das die kalendarische Zeitbombe entschärfte, indem es das Alter der Welt ignorierte und die Jahre von Christi Geburt an zählte: Anno Domini – im Jahre des Herrn.

Genaugenommen war Anno Domini die Schöpfung eines skythischen Mönchs namens Dionysius Exiguus (»der Kleine«), den Papst Johannes I. im Jahre 525 um eine neue Berechnung des Osterzyklus gebeten hatte. Er benutzte den Kalender des Kaisers Diokletian, der das Jahr mit dem 1. Januar begann, zögerte aber, die Jahre nach der Regierungszeit eines »gottlosen Christenverfolgers« zu zählen. So datierte er *ab incarnatione* – von der Menschwerdung Christi an. Christi Geburt datierte er auf den 25. Dezember, unmittelbar vor den 1. Januar des Jahres 1 n. Chr., wobei dieses Jahr dem Jahre 754 *ab urbe condita* – nach Gründung Roms – entsprach. Damit legte er die Grundlagen für den ersten weltweiten Kalender. Aber er war auch für zwei Anomalien verantwortlich, die beim Ziellauf auf das Jahr 2000 noch zu mancher pedantischen Mäkelei führen werden.

Zunächst verlegte Dionysius, darin einer bestehenden Tradition folgend, die Geburt des historischen Jesus um vier bis sieben Jahre nach hinten. Das wirkliche Ende des zweiten christlichen Jahrtausends hat also irgendwann Mitte der neunziger Jahre schon stattgefunden. Zweitens gibt es zwischen 1 v. Chr. und 1 n. Chr. keinen Lücke. Die moderne Vorstellung, daß es dazwischen ein Jahr 0 hätte geben müssen, lag Dionysius fern; er lebte zu einer Zeit, als der Begriff der 0 noch nicht über die arabische Welt nach Europa gekommen war. Wenn man bedenkt, daß wir das Jahr nicht Weihnachten, sondern im Januar beginnen, steht *nach Christus* nun Rücken an Rücken mit *vor Christus* an einem Datum, das sieben Tage nach dem traditionell angenommenen Geburtstag Christi liegt. Dementsprechend würde Jesus seinen ersten Geburtstag erst nach dem Anbruch des Jahres 2 n. Chr. haben feiern können. Eine Periode von 2000 Jahren nach Christi Geburt (in traditioneller Rechnung) würde also nicht zu Beginn des Jahres 2000 ablaufen, sondern mit seinem Ende.

Es ist nicht klar, warum der *Anno Domini*-Kalender nicht sofort Erfolg hatte. Er taucht von Zeit zu Zeit im 6. und 7. Jahrhundert auf – die Synode von Whitby im Jahre 664 ist ein Beispiel –, aber erst mit der Übernahme von Bedas Ostertafeln durch die Karolinger wurde er zur Norm.

Der Übergang zum Datierungssystem der »Jahre des Herrn« ist eines der großen Ereignisse in der Geschichte der Geschichtsschreibung. Die nun apokalyptische AM II verschwand in den fünfzig Jahren vor der Vollendung ihres sechsten Jahrtausends fast vollständig aus den Dokumenten – also um 800 n. Chr. Ob das bedeutet, daß die Vorstellung vom Jahr 6000 die Phantasie der Menschen jener Zeit weniger beflügelte, ist eine andere Frage. Im Jahrzehnt vor dem Jahr 6000 nach AM II gab es ein verdächtiges Anschwellen von Zeichen und Wundern. Im Jahr 786 (5985 nach AM II) »erschien das Zeichen des Kreuzes in den Kleidern von Menschen, und Blut strömte aus Himmel und Erde, und andere Zeichen erschienen, so daß große Furcht und heilsamer Schrecken das Volk ergriff und viele ihren Wandel verbesserten.«[27]

Drei Jahre später gab Karl der Große ein Edikt heraus, das sich für eine bessere Ausbildung der Kleriker aussprach, »da wir wissen, daß in den letzten Tagen falsche Lehrer kommen werden ...«[28]

War der Beginn des millenaren Jahres 6000 nach AM II ein Nicht-Ereignis oder ein offenes Geheimnis? Wir werden einem ähnlichen Problem im Jahr 1000 begegnen. Festzuhalten bleibt, daß kein zeitgenössisches Argument auch nur darauf hinweist, daß die Krönung Karls des Großen am Weihnachtstag des Jahres 800 mit dem Beginn des Schlußkapitels der menschlichen Geschichte zusammenfiel. Doch das Datierungssystem, demzufolge dies ein »großartiges Zusammentreffen«[29] gewesen wäre, war gerade erst aus dem Blickfeld geraten. Das Wort Verschwörung ist zu stark, aber es sieht so aus, als ob weltliche und geistliche Autoritäten mit Absicht Zuflucht zu einem neuen System gesucht hätten, mit dem sich das Gespenst einer apokalyptischen Bewegung bannen ließ.

Apokalyptische Bewegungen wären in diesem Stadium noch keine radikalen millenaristischen Revolten wie im späteren Mittelalter. Wir wissen so wenig über die Bevölkerung zu dieser Zeit, daß wir nicht sagen können, wie sie reagiert hätte, wenn ein allgemein akzeptiertes Jahr 6000 hätte anbrechen dürfen. Aber da apokalyptische Erwartungen per definitionem die radikale Veränderung weltlicher und geistlicher Institutionen beinhalten, hatten Staat und Kirche in Westeuropa guten Grund, das anscheinend ungefährliche System der Datierung nach *Anno Domini* zu propagieren. Und für die Kirche stand mehr auf dem Spiel als für den Staat. Wir kommen hier wieder zurück auf die unentwirrbare Verbindung von Religion und Zeitmessung. Hätte die Kirche die Kontrolle über die Zeitmessung verloren – und damit gewissermaßen über die Struktur der Geschichte – hätte sie sich in der Situation des Priesters Ezeulu aus Nigeria gefunden, der seine Autorität verlor, weil er den Neumond nicht finden konnte. *Anno Domini* war wichtig, weil es den apokalyptischen Glauben für eine Weile in seine Schranken verwies. Das Problem, das entstehen mußte, wenn dieses System an sein eigenes Millennium stieß, konnte man getrost einer zukünftigen Generation überlassen.

2

# Das Mysterium des Jahres 1000

Im Frühling des Jahres 1000 feierten Mönche in Lothringen gerade die Passion und Auferstehung des Herrn, als sie spürten, wie »die ganze Erde in einer gewaltigen und allgemeinen Erschütterung bebte«. Kurz danach erschien ein Komet am millenaren Himmel und blieb dort drei Monate lang sichtbar. »Er schien so hell, daß sein Licht den größten Teil des Himmels auszufüllen schien, dann verschwand er beim Hahnenschrei«, schrieb ein Zeitgenosse.

»Aber ob es sich um einen neuen Stern handelt, den Gott in die Welt entsandt hat, oder ob er nur die normale Helligkeit eines anderen Sterns erhöhte, das weiß nur Er, der in der geheimnisvollen Abgeschlossenheit seiner Weisheit alle Dinge bereitet. Im höchsten Grade gesichert ist, daß sich diese Erscheinung niemals am Himmel zeigt, ohne sicheres Zeichen eines geheimnisvollen und schrecklichen Ereignisses zu sein. Und in der Tat hat ein Feuer die Kirche des heiligen Erzengels Michael zerstört, die, auf einem Vorgebirge im Ozean erbaut, stets Gegenstand besonderer Verehrung in der ganzen Welt gewesen ist.«[1]

Feuer am Himmel und auf Erden: kein Wunder, daß die Menschen das Jüngste Gericht nahe spürten. Jahrhundertelang wurden wohlbezeugte Naturerscheinungen wie der Komet von Historikern als Unterstützung für ihre Theorie zitiert, daß die Christenheit das Jahr 999 in einem Zustand von Todesangst erlebte, überzeugt, daß mit dem Anbruch des tausendsten Jahres seit Christi Geburt die Geschichte an ihrem Ziel angelangt war. »Die Schrecken des Jahres 1000«, wie sie genannt wurden, sollen Tausende von Menschen dazu gebracht haben, ihre Freunde und Familien zu verlassen und nach Jerusalem zu eilen, um bei der Wiederkunft gegenwärtig zu sein. »Die Zahl der Pilger war so groß, daß sie mit einer verheerenden Armee verglichen wurden«, schrieb ein Historiker des 19. Jahrhunderts. »Man ließ Gebäude aller Art verfallen. Man hielt es für nutzlos, sie instandzusetzen, wenn das Ende der Welt so nahe war. Ritter, Bürger und Gesinde reisten gemeinsam ostwärts, nahmen ihre Frauen und Kinder mit, sangen unterwegs Psalmen und schauten mit angstvollen Augen zum Himmel. Jeden Augenblick erwarteten sie, daß er sich öffne, und daß der Gottessohn in seiner Glorie herabsteige.«[2] Zu Hause hätten sich Herren und Bauern am 31. Dezember in die Kirche geflüchtet, mit ihren Frauen und Kindern, oder sich um Kruzifixe unter freiem Himmel versammelt. Reiche hätten Wagenladungen von Juwelen dahingegeben, in der Hoffnung, von Christus im Stand der Gnade gefunden zu werden. Schulden seien erlassen, Gefangene aus dem Gefängnis entlassen worden. Ein populärer moderner Autor spricht sogar von einer Selbstmordwelle unter denen, die den Druck nicht aushalten konnten, aufs Jüngste Gericht zu warten.[3]

Der große französische Historiker des 19. Jahrhunderts, Michelet, fand Hinweise auf Schrecken und Sehnsucht in der Plastik der Zeit um 1000. »Seht, wie sie jenen ersehnten und gefürchteten Augenblick mit gefalteten Händen herbeiflehen ...der sie von ihren unaussprechlichen Sorgen erlösen wird«, schrieb er. Michelet stellte einen »allgemeinen Glauben« daran fest, das tausendste Jahr nach Christi Geburt werde das Ende der Welt sein. Aber als guter Sozialist glaubte er, daß es mit ebensoviel Erregung wie Angst erwartet wurde, besonders unter den Elenden und Bedrückten (Kategorien, unter die er den größten Teil der Bevölkerung rechnete). »Der Gefangene erwartete es in seinem düsteren Kerker ... Der Knecht erwartete es, während er im Schatten der verhaßten Burg seines Fronherrn seine Furchen zog. Der Mönch erwartete es unter den Entbehrungen seines Klosters, im einsamen Aufruhr seines Herzens, unter Versuchungen und Rückfällen, unter Reue und seltsamen Visionen.« Und während Michelet sich an seinem Thema erwärmte, spekulierte er darüber, daß für alle diese Menschen selbst ein »Feuerbett« im Leben nach dem Tod ihrem Los auf Erden vorzuziehen war. »Auch konnte dieser Augenblick nicht ohne seinen eigenen Reiz sein, wenn der schrille, vernichtende Ton der Posaune des Erzengels in den Ohren der Tyrannen klingen würde. Denn dann würde aus Kerker, Klostermauern und Ackerfurchen ein einziges, ungeheures Gelächter gellen, das der Geschlagenen und Unterdrückten.«[4]

In Wirklichkeit erscholl es an einer ganz anderen Stelle: bei den Historikern des 20. Jahrhunderts, und es war ein höhnisches Gelächter. Denn, so scheint es, es gab kein Schreckensjahr 1000. Es ist eine romantisierende Erfindung, nicht älter als das 16. Jahrhundert. Einige moderne Historiker – vor allem die französischen Marxisten, die lange das Feld beherrschten – finden es unter ihrer Würde, das Ende des Jahrtausend überhaupt zu erwähnen, es sei denn in einer verächtlichen Fußnote. In ihrer distanzierten Sicht ist es eine Abwertung der Männer und Frauen des späten 10. Jahrhunderts anzunehmen, sie hätten zum Jahrtausend der Geburt Christi das Weltende erwartet: sie hatten wichtigere Probleme, zum Beispiel die Entwicklung der Feudalstrukturen. Andere Historiker behandeln zwar das Thema ausführlicher, aber nur, um zu zeigen, wie absolut ohne Fundament die Vorstellung eines apokalyptischen Jahres 1000 ist. Mit den Worten eines französischen Historikers: »Man muß dieser Legende den Hals umdrehen«.[5]

In der Theorie scheint das nicht schwer zu sein: die antiapokalyptische Schule hat starkes Beweismaterial auf ihrer Seite. Es ist eine unbestreitbare Tatsache, daß nicht eine einzige unter der begrenzten Anzahl von Quellen, die aus dem späten zehnten und frühen elften Jahrhundert erhalten sind, weitverbreitete Furcht vor dem Weltende im Jahre 1000 erwähnt. Im Gegenteil, viele machen deutlich, daß die Menschen ein zweites christliches Jahrtausend ins Auge faßten. Es gibt eine reiche Anzahl von Übertragungsurkunden und Testamenten aus der Zeit kurz vor der Jahrtausendwende, deren

Bestimmungen weit über das Jahr 1000 hinausreichen. Im Jahre 998 erlegte das Konzil von Rom dem französischen König Robert II. eine Buße von sieben Jahren auf; im folgenden Jahr bewilligte der Papst dem Erzbischof von Reims das Privileg, künftige französische Könige zu krönen, ein Beweis für seine Annahme, weitere Krönungen würden stattfinden.

Der einzige Autor des 10. Jahrhunderts, der die Wiederkunft Christi mit dem Jahr 1000 in Verbindung bringt, tut das nur, um diese Vorstellung zurückzuweisen. Der Theologe Abbo von Fleury schrieb 995, er erinnere sich, einen Prediger in Paris gehört zu haben, der angekündigt hatte, »sobald die Zahl von tausend Jahren erfüllt sei, werde der Antichrist kommen, und bald darauf das Jüngste Gericht«. Diese Behauptung konnte der makellos rechtgläubige Abbo durch Schriftbelege leicht zurückweisen.[6] Denn nirgends in den Evangelien oder in der Apokalypse steht oder wird auch nur angedeutet, die Wiederkunft werde eintausend Jahre nach der Geburt Christi stattfinden. Während der gesamten Geschichte des Christentums ist die am weitesten verbreitete Meinung unter den Apokalypsegläubigen, das in der Offenbarung des Johannes beschriebene Tausendjährige Reich der Heiligen, *das* Millennium, werde *nach* der Wiederkunft Christi beginnen; sie wird als *Prämillenarismus* bezeichnet, weil Christus *vor* dem Millennium kommen wird. Zugegeben, das war nicht die offizielle Lehre der Kirche am Ende des zehnten Jahrhunderts; aber die Kirche lehrte auch nicht das Gegenteil, als *Postmillenarismus* bekannt, nach dem Christus am Ende des Tausendjährigen Reiches erscheint. Katholische Lehre war und ist, gestützt auf den heiligen Augustinus, daß die Zahl 1000 ion keiner Weise wörtlich gemeint ist und daß das Reich der Heiligen in mancher Hinsicht auch schon begonnen hat. Nach Ansicht der meisten Historiker sollte uns deshalb das Fehlen millenarer Ängste zum Jahr 1000 nicht wundern. Die katholische Kirche, die einzige religiöse Autorität im Westen, hatte niemals gelehrt, die Welt werde zu diesem Zeitpunkt enden, und wehrte sich im Gegenteil heftig gegen jeden

Versuch, das Datum des Weltendes zu enthüllen. Der Bauer oder Edelmann, der sich am 31. Dezember 999 furchtsam in eine Kirche verkrochen hätte, würde damit öffentlich seinen fehlenden Glauben an die Lehre der Kirche bezeugt haben.

Aber selbst wenn es eine Begründung für den Glauben an Christi Wiederkunft zum 1. Januar 1000 in der Bibel gegeben hätte, so wäre dieser Tag doch – davon sind die meisten Fachleute überzeugt – ereignislos verstrichen, und zwar aus dem einfachen Grund, daß die überwältigende Mehrheit der Menschen nicht einmal gewußt hätte, in welchem Jahr sie gerade lebten. Dieses Argument wird häufig von Anhängern der antiapokalyptischen Schule vorgebracht. Die Datierung nach *Anno Domini* war zu dieser Zeit keineswegs allgemein anerkannt, sagen sie; die meisten gebildeten Menschen datierten aktuelle Ereignisse immer noch nach Herrschaftsjahren. Auf jeden Fall war das absolut kein Thema für die Bauern des zehnten Jahrhunderts, deren Dasein vollkommen von dem unwandelbaren Aufeinanderfolgen der Jahreszeiten bestimmt war. Der arme Kerl steckte noch immer in der zyklisch bestimmten Zeit primitiver Gesellschaften. Für ihn und für die meisten Historiker war das Jahr 1000 – auf diesen Ausdruck stößt man häufig – »ein Jahr wie jedes andere«.

Und doch, während das dritte christliche Jahrtausend näherkommt, zeigt sich, daß die Legende vom Jahr 1000 fröhliche Urständ feiert. Die Regale der Buchhandlungen quellen über von populären Büchern voll millenarer Prophetie, und viele von ihnen beschreiben, wie Bauern und Adelige in Kirchen dem Schicksalstag entgegenzittern. Stephen Skinner, Autor eines 1994 erschienenen reich illustrierten Paperbacks mit dem Titel *Millennium Prophecies*, gerät bei diesem Thema ins Schwärmen. »Der Dezember [999] sah, wie der Fanatismus neue Höhen erklomm, als Gemeinden versuchten, sich der Gottlosen in ihrem Bereich zu entledigen, damit der Engel des Gerichts nicht bei ihnen erscheinen müsse«, heißt es da. »Horden von Flagellanten strichen durch die Lande; der Pöbel forderte die Hinrichtung angeblicher Hexer oder unbeliebter Mitbürger, und sogar Vieh wurde losgelassen und streunte durch die Straße der Städte und gab dem Ganzen einen leicht surrealistischen Anstrich.«[7] Skinner scheint gar nicht zu merken, daß es sich hier um moderne Alltagsmythen handelt, die, wie die Geschichte vom verschwundenen Anhalter und die vom Pudel in der Mikrowelle, ein Eigenleben gewonnen haben. Kein Tischgespräch über das Thema Jahrtausendwende ohne eine Prophezeiung, die Welt werde einen Ausbruch von Massenhysterie erleben, »ganz wie beim letzten Mal«.

Historiker, die vom apokalyptischen Jahr 1000 nichts halten, können solches Geschwätz natürlich zurückweisen und sich ein Vergnügen daraus machen, die Dinge richtigzustellen. Was ihnen weniger Spaß macht, ist der Versuch von Fachkollegen, ihre orthodoxe Sicht vom Jahr 1000 als eines »Jahrs wie jedes andere« in Frage zu stellen. Aber genau das geschieht zur Zeit. Seit den späten achtziger Jahren beschäftigen sich junge Mittelalterforscher ganz unabhängig voneinander mit der Möglichkeit, daß die Jahrtausendwende sehr wohl mit apokalyptischer Bedeutung aufgeladen war. Auch sie räumen zwar ein, daß das romantische Bild vom Schreckensjahr im wesentlichen ein Mythos ist, sehen aber trotzdem, daß die Jahre 1000 und 1033 (jeweils tausend Jahre nach Christi Geburt und Auferstehung) bestimmende Momente der Geschichte jener Zeit waren. Für sie können gewisse merkwürdige Ereignisse jener Jahre, wie die großen Gottesfriedenstreffen in Südfrankreich und die Umbettung der Gebeine Karls des Großen durch den deutschen Kaiser zum Pfingstfest des Jahres 1000, nur verstanden werden, wenn man sie in einem apokalyptischen Sinn sieht. Was das Fehlen zeitgenössischer Hinweise auf die Bedeutung des Datums betrifft, so kann man auf den berühmten Hund hinweisen, der in der Nacht *nicht* bellte: Es handelt sich um einen merkwürdigen Umstand, der auf eine Verschwörung des Schweigens hinweisen könnte.

In einem Punkt allerdings herrscht Übereinstimmung: In dieser Epoche entschied sich weitgehend, wie die Welt von heute aussehen würde. Aber gleichzeitig wissen wir sehr wenig über sie. Daß über die Bedeutung des Jahres 1000 überhaupt diskutiert wird, liegt daran, daß es für uns weitgehend im Dunkeln liegt. Guy Bois nennt diese Ära »eine der geheimnisvollsten in unserer Geschichte, regiert von Königen, die als bloße Schatten ihrer karolingischen Vorgänger erscheinen«.[8] Felipe Fernández-Armesto hält den lateinischen Westen für die »vielleicht am wenigsten zivilisierte Zivilisation dieser Epoche um das Jahr 1000, wenn man sie mit China, Japan, Indien, Südostasien und dem orthodoxen Christentum im Osten vergleicht.«[9] War Europa noch im dunklen Zeitalter? Die Dokumente jener Zeit geben widersprüchliche Signale; sie verweisen zuweilen auf die Spätantike, zuweilen auf das Mittelalter. *Servi* und *ancillae* (Sklaven und Sklavinnen), die unmittelbar einem Lateinbuch entsprungen scheinen, arbeiten auf dem Feld neben der idealtypischen mittelalterlichen Figur des unfreien Bauern. Die Landschaft weist verwirrende Züge auf: Emissäre der Wikinger spazieren in Byzanz herum wie Komparsen, die sich ins falsche Filmstudio verirrt haben; russische Christen werden im muslimischen Spanien als Sklaven versteigert.

Westeuropa war in vieler Hinsicht der arme Verwandte von Byzanz. Der Hof in Konstantinopel, großartig und verlottert, bankettierte noch immer im Liegen und betrachtete die fränkischen und sächsischen Ansprüche auf die römische Erbschaft mit amüsierter Verachtung. Westliche Besucher in Konstantinopel waren eingeschüchtert von der puren Größe der Stadt – mit ihren Läden, ihren Faktoreien und Palästen war sie die einzige der damaligen Welt, die eine Ähnlichkeit mit einer modernen Großstadt aufwies – aber auch abgestoßen von ihrer orientalischen Dekadenz. Eines der aufschlußreichsten Dokumente ist der Bericht von einer Reise nach Konstantinopel, die der Langobarde Liutprand als Gesandter Ottos des Großen 969 unternahm. Liutprand beschrieb den oströmischen Kaiser Nikephoros (»König der Romäer«) als ein schweinchenähnliches Geschöpf mit Maulwurfsaugen, mit dunkler Hautfarbe wie ein Äthiopier; er lag auf seiner Couch, schlau und erbarmungslos, aß Knoblauch und Lauch und, schlimmer, trank Badewasser. Nikephoros verspottete Liutprand mit dem Satz: »Ihr seid keine Römer, sondern Langobarden«, worauf sein Besucher replizierte, daß Langobarden, Sachsen und Franken gleichermaßen das Wort Römer mit Ausschweifung und Laster gleichsetzten.[10]

Von heute aus gesehen stand Europa an der Schwelle dessen, was wir Mittelalter nennen. Die heutige Sprachgrenze zwischen Frankreich und Deutschland nahm Gestalt an: Als Kaiser Otto II. den französischen König Hugo Capet traf, brauchten sie einen Übersetzer. In Nordfrankreich war das Feudalsystem schon so fest etabliert wie zweihundert Jahre später. In Frankreich und England hatte eine Erneuerung des Mönchtums begonnen. Im Norden Europas schleifte das Christentum die letzten Bastionen der Religion Thors und Odins; das Jahr 1000 sah die Bekehrung Islands, während Dänemark und Norwegen von ihren ersten christlichen Königen regiert wurden, und auch in Schweden machte das Christentum Fortschritte. Im Osten waren die Herrscher Ungarns und der Ukraine soeben getauft worden; im Süden wurde der Zusammenbruch des Kalifats von Cordoba im Jahre 1010 von den Christen begrüßt, die gerade ihren fünfhundertjährigen Feldzug zur Vertreibung der Mauren aus Spanien begannen. Diesen Ereignissen lag ein stetiger Bevölkerungsanstieg zugrunde, der zur Basis des Wirtschaftswachstums im Mittelalter werden sollte.

Aber die Bewohner Europas im Jahre 1000 konnten natürlich den ökonomischen Boom des 12. Jahrhunderts oder die Blüte der Kultur im Zeitalter des Rittertums nicht voraussehen und ebensowenig die Entwicklung der Städte und die Entstehung einer Gesellschaft, die auf der Geldwirtschaft basierte. Im Gegenteil – und hier fängt die Vorstellung eines »Jahres wie jedes andere« an, etwas fadenscheinig auszusehen – gab es ein weitverbreitetes Gefühl, daß die Welt dabei sei, unwiderruflich ins Chaos abzugleiten. Die letzten Jahre des 10. Jahrhunderts sahen einen unerwarteten und schreckenerregenden Anstieg der dänischen Überfälle auf England, und in Frankreich herrschten Hungersnot und Anarchie. Und da es sich um das 10. Jahrhundert handelte, lag eine Erklärung auf der Hand, und zwar die, nach der die Christen seit der Entstehungszeit des Neuen Testaments immer wieder begierig gegriffen hatten: Die Welt sei in das vom Buch der Offenbarung prophezeite Zeitalter des Antichrist eingetreten.

Die Schrecken des Jahres 1000 mögen ein Mythos sein, aber man kann das Gefühl von Verhängnis nicht leugnen, das aus so vielen Dokumenten der Zeit spricht. Während des zehnten und frühen elften Jahrhunderts versicherten Prediger und Chronisten ihrem Publikum regelmäßig, daß ihr Unglück die Erfüllung von biblischen Prophezeiungen über die letzten Tage sei. Zwar beschworen sie damit eine Tradition, die so alt war wie das Christentum selbst. Aber die Häufigkeit, mit der sich zeitgenössische Quellen auf das Weltende beziehen, und ihre Manie, in allem das Wirken des Teufels zu sehen, legen doch nahe, daß damals Lebende das Ende des Jahrtausends als eine eschatologische Krise erlebten. In England etwa beziehen sich die Predigten von Wulfstan, Erzbischof von York, häufig auf den Antichrist, wenn sie die Gläubigen ermahnen, vor dem nahenden Tag des Jüngsten Gerichts zu bereuen. Wulfstan versichert seinen Zuhörern, daß Englands Nöte die Strafe für ihre Sünden sind und identifiziert die dänischen Einfälle mit der Warnung vor dem Ende in Kapitel 24 des Matthäusevangeliums: »Denn ein Volk wird sich gegen das andere erheben und ein Reich gegen das andere, und an vielen Orten wird es Hungersnöte und Erdbeben geben.«

In Frankreich schuf indessen der Zusammenbruch der Karolingerdynastie ein Machtvakuum, in dem der Kleinadel es vermochte, seine Unabhängigkeit zu sichern – eine wichtige Verlagerung in der Machtstruktur, die tiefe und positive Folgen für die europäische Gesellschaft haben sollte. Den Mönchen hingegen, die von diesen Veränderungen berichteten, schien es, die Gesellschaft gehe einer finalen Krise entgegen.

»Da die Welt ihrem Ende entgegengeht und die Menschen kürzer leben, brennt eine um so furchtbarere Gier in ihnen«, schrieb 995 ein Mönch im Kloster St. Hildaire zu Poitiers. »Daher kommt es, daß sie die Güter der heiligen Kirche rauben, sei es mit Gewalt, sei es durch Erpressung, sei es durch die Forderungen ungerechter Minister, so daß der heiligen Kirche nur der Name verbleibt.«[11] Eine ähnliche Beobachtung machte Raoul Glaber, der geschwätzige burgundische Mönch, dessen fünfbändige *Historiae* (»Geschichten«) eine der wichtigsten Quellen für Ereignisse in Westeuropa um die Jahrtausendwende sind. In seiner Beschreibung des Jahrzehnts vor 1000 erinnert Glaber seine Leser daran, daß »das Heilige Evangelium als offensichtliche Tatsache offenbart, daß in den letzten Tagen die Nächstenliebe abkühlen und die Bosheit unter den Menschen blühen wird.« In einer solchen Zeit gehen Lust zur Schamlosigkeit und Zügellosigkeit bei den Laien und religiöse Laxheit beim Klerus Hand in Hand: »Wenn die Frömmigkeit der Bischöfe nachläßt und die Strenge der Äbte wankt, wenn die Härte der mönchischen Disziplin aufweicht und bei so üblem Beispiel das übrige Volk die Gebote Gottes bricht, scheint es dann nicht, daß die gesamte Menschheit in den alten Abgrund des Verderbens zurückfällt?«[12]

Allerdings ist es eine Sache zu zeigen, daß apokalyptische Gefühle in Westeuropa am Ende des 10. Jahrhunderts im Schwange waren, wie in jeder Zeit rascher Veränderung, und eine ganz andere Sache zu beweisen, daß dies so war, weil das Jahrtausend zu Ende ging. Aber genau das hat sich die schon erwähnte revisionistische Schule von Historikern vorgenommen. Der Hauptfürsprecher dieser Richtung ist Professor Richard Landes von der Boston University, der gezeigt hat, wie wir im ersten Kapitel sahen, daß zwei Versionen des *Aera Mundi*-Datierungssystems mysteriöserweise aus dem Westen verschwanden, kurz bevor das langerwartete Jahr 6000 nach Erschaffung der Welt erreicht worden wäre, einmal im Jahr 500, das andere Mal im Jahr 800. Die katholische Kirche, sagt Landes, war ängstlich bestrebt sicherzustellen, daß ihr

Kalender nicht benutzt werden konnte, um eine apokalyptische Panik hervorzurufen. Wir wissen von Abbo, daß es einige Jahrzehnte früher Leute gab, die an das Ende der Welt im Jahr 1000 glaubten; aber die Kirche war entschlossen, jede derartige Spekulation zu unterdrücken, die an Häresie grenzte und furchtbare Folgen für die Stabilität der Gesellschaft haben konnte. Daher die komplette Abwesenheit von zeitgenössischen Quellen, in denen eine ausdrückliche Verbindung zwischen der Apokalypse und dem Jahr 1000 hergestellt wird. Wohl durften Kleriker die Figur des Antichrist beschwören und sogar andeuten, die Letzten Tage seien gekommen, um die Menschen zur Reue zu bewegen; aber keinesfalls durften sie die Aufmerksamkeit auf ein Datum in der nahen Zukunft lenken. Für einen Priester wäre es tollkühn und sogar gefährlich gewesen, sich über die eschatologische Bedeutung des Jahres 1000 auszulassen. Und doch, argumentiert Landes, wenn wir zwischen den Zeilen der zeitgenössischen Chroniken lesen, wird eines deutlich: Obwohl die Kirche die Bedeutung des Millenniums von Christi Geburt und seines Todes 33 Jahre später herunterspielen konnte, fanden diese Daten ihren Widerhall in allen Schichten der Bevölkerung, und zwar so sehr, daß zuweilen politisches und soziales Geschehen in ihrem Umfeld als Teil eines sich entfaltenden apokalyptischen Dramas gesehen wurde.[13]

Der liebenswürdige Raoul Glaber, der uns manchmal allerdings auch zur Verzweiflung bringen kann, ist die zentrale Figur für die apokalyptische Interpretation des Jahres 1000. Antiapokalyptische Historiker neigen dazu, Glaber als »unzuverlässig« zu betrachten, und es gibt Anzeichen dafür, daß auch seine Mitmönche so dachten: er arbeitete während seines Lebens in wenigstens zehn Klöstern und wurde immer wieder wegen regelwidrigen Verhaltens hinausgeworfen. Um es mit den Worten von Henri Focillon zu sagen, des einzigen bedeutenden französischen Historikers in diesem Jahrhundert, der die vorherrschende Lehre vom Jahr 1000 als eines »Nichtereignisses« in Frage stellt, war Glaber ein »kruder apokalyptischer Genius ...ohne Ordnungsprinzipien oder Kritikfähigkeit«. Aber er besitzt – und das ist in den Augen moderner Historiker das größere Manko – eine ausgesprochene künstlerische Begabung.[14] Glaber berichtet zum Beispiel von einer schaurig-schönen Begegnung mit dem Teufel, der erscheint, wenn die Glocke zur Matutin läutet. Er steht am Fußende seines Bettes, eine schwarze Gestalt mit flacher Nase, riesigem Maul, Ziegenbart, Hundezähnen und Buckel, und pflanzt subversive Gedanken in den Geist des Schläfers: »Warum müht ihr Mönche euch mit Wachen, Fasten und Demütigungen ..., wenn zahllose Laien, in schändliche Taten verstrickt, die gleiche Ruhe finden wie ihr? Ein Tag, eine Stunde der Reue könnten genügen, die ewige Seligkeit zu erlangen ... Also warum mühst du dich, beim Klang der Glocke aufzustehen, wenn du weiterschlafen könntest?«[15] Phantasievolle, einen apokalyptischen Geist atmende Geschichten wie diese haben es einigen Historikern leichtgemacht, Glaber abzutun, obwohl sie das nicht daran hindert, die Abwesenheit offenkundiger apokalyptischer Schreckensszenen in seiner Arbeit als Beweis dafür zu zitieren, daß im Jahre 1000 nicht viel passierte. Den Revisionisten kommt das so vor, als wollten ihre Gegner Widersprüchliches miteinander vereinbaren: Sie argwöhnen, der eigentliche Grund für die Ablehnung Glabers sei, daß sein Werk die herrschende Meinung unterminiert, das Millennium des Jahres 1000 sei von geringer Bedeutung.

Glaber bezeichnet seine *Historiae*, geschrieben in den dreißiger Jahren des 11. Jahrhunderts, als »Geschichte der Ereignisse und Wunder, die um das tausendste Jahr nach der Menschwerdung des Erlösers und danach geschahen«. Als er im zweiten Buch auf die verschiedenen Katastrophen zu sprechen kommt, die im Jahrzehnt vor 1000 n. Chr. geschahen, datiert er sie in Bezug auf dieses Jahr: »Im siebenten Jahr vor dem Jahrtausend ... wurden beinahe alle Städte in Italien und Gallien durch gewaltige Feuersbrünste verheert und Rom selbst weitgehend durch Feuer dem Erdboden gleichgemacht ...stieß [das Volk] wie mit einer Stimme einen schrecklichen Schrei aus und stürzte zum Fürsten der Apostel, um seine Sünden zu bekennen.« Der Eindruck, daß diese Katastrophen mit dem Nahen des Millenniums verknüpft sind, wird verstärkt, wenn Glaber kurz das Aufkommen einer Häresie in Sardinien erwähnt. »Alles das stimmt mit der Prophezeiung des heiligen Johannes überein, der Teufel werde nach 1000 Jahren freigesetzt werden«, sagt er.[16] Das ist eine faszinierende Bemerkung, die, wenn man sie in Verbindung mit Abbos Bericht über die Predigt in Paris sieht, die Existenz eines verbreiteten Glaubens an das Weltende zu Jahre 1000 zu bestätigen scheint. Aber Glaber führt das nicht weiter aus und kehrt niemals zu diesem Thema zurück. Sein düsterer Ton indessen bleibt. Während das »Millennium der Geburt des lebenspendenden Worts« herannahte, erinnert er sich, »erlitt fast die ganze Welt den Verlust großer Männer, edelgeborener Laien und Kleriker.«

Nachdem er den Kometen beschrieben hat, geht Glaber zum Jahre 1003 über, in dem etwas Wunderbares geschieht: »Kurz vor dem dritten Jahr nach dem Millennium begannen Menschen in der ganzen Welt, besonders aber in Italien und Gallien, Kirchen wieder aufzubauen, obwohl die existierenden ordentlich gebaut waren und nicht im geringsten unwürdig. Aber es schien, als strebe jede christliche Gemeinde danach, mit allen anderen im Glanz des Baus zu wetteifern. Es war, als schüttle die ganze Welt die Last der Vergangenheit ab und kleide sich in einen weißen Mantel von Kirchen. Fast alle Bischofs- und Klosterkirchen, die den verschiedenen Heiligen geweiht sind, und auch kleine Dorfkirchen wurden von den Gläubigen neu gebaut, besser als sie jemals gewesen waren.«[17]

Die von Glaber beschriebene Ereigniskette hat etwas sehr Eindeutiges: Katastrophen, geheimnisvolle Zeichen, und dann das Gefühl, alles sei neugeschaffen. In der Form ist das nicht unähnlich dem finalen apokalyptischen Drama, in dem die Welt vor der Wiederkunft in Chaos verfällt. Sie spiegelt auch die Ereignisfolge, von der alle Millenaristen glauben, daß sie in naher Zukunft ablaufen werde, abgesehen davon natürlich, daß sie eine vollständige Erneuerung von Himmel und Erde erwarten. Aber was sollen wir damit anfangen? Ist die Leidenschaft für den Neubau von Kirchen ein schlichtes Zeichen für die Erleichterung, daß die Welt doch nicht untergegangen ist – oder ist sie ein Ausdruck tieferen Vertrauens in die Zukunft? Richard Landes hält diese Abfolge von Ereignissen nicht für einen Zufall, da sich ein anderes, neues christliches Millennium ankündigte; ebensowenig wie das Verschwinden des AM II-Kalenders kurz vor Ablauf des Jahres 6000 ein Zufall gewesen war. Denn in beiden Fällen wiederholt sich ein merkwürdiges Ereignis oder eine Ereigniskette, wenn die Bedingungen sich wiederholen. Wie sein älterer Bruder AM I verschwindet AM II kurz vor seinem 6000. Geburtstag; und ebenso verblaßt das Drama des Jahres 1000 im Angesicht des Jahres 1033 – des Millenniums von Christi Tod.

Außerdem legt Glaber nahe, daß beim Nahen des zweiten Millenniums einige Menschen für ein Gefühl von *déjà vu* vorbereitet waren. »Nach den vielen Prophezeiungen, die über die Welt hereingebrochen waren zum Millennium der Geburt unseres Herrn Christus, gab es viele Männer von durchdringendem Geist, die andere, ebenso große Vorzeichen beim Nahen des Millenniums der Passion des Herrn kommen sahen, und solche Wunder wurden bald offenbar.« Diesmal sind die Katastrophen wirklich erschreckend. Eine Hungersnot zwingt die Menschen, Töpferton zu essen, und die Wölfe weiden sich an den Toten. »Die Menschen fürchteten, daß der geordnete Ablauf der Jahreszeiten ... und die Gesetze der Natur in ewiges Chaos zurückgefallen seien, und sie fürchteten das Ende der Menschheit«, sagt Glaber, der nun das Jahr 1033 als Bezugsdatum benutzt. Häresie bricht unter den Langobarden aus: »Wie die Heiden, verehrten [die Häretiker] Idole, und, wie die Juden, brachten sie vergebliche Opfer.« Im Jahr 1033 hätten sich die Wege nach Jerusalem mit einer nie dagewesenen Anzahl von Pilgern gefüllt. Und wenn sie gefragt worden seien, warum das geschah, dann »antworteten die Ehrlicheren jener Tage ... vorsichtig, daß dies nichts anderes vorhersage als das Kommen des Verlorenen, des Antichrist, der nach dem Zeugnis der göttlichen Autorität bereit steht zu kommen am Ende der Tage. Dann werde der Weg nach dem Osten, aus dem er kommen werde, allen Nationen geöffnet werden, so daß alle gehen könnten, ihn zu treffen.«[18] Das scheint ein eindeutiges Zeugnis für Erwartungen zu sein, die zum Millennium von Christi Tod auftraten *und* von diesem verursacht waren. Es ist so klar, daß man sich zu fragen beginnt, ob die Legende des Jahres 1000 nicht am Ende doch auf Tatsachen beruht. Es gibt keine Berichte über Massen, die im Jahre 1000 nach Jerusalem flohen, aber wenn es 1033 so war, ist man versucht zu spekulieren, ob an dem düsteren Schauspiel der »Armee von Verzweifelten«, die ihre Augen erhoben, um den vom Himmel herabsteigenden Christus rechtzeitig zu sehen, nicht doch etwas dran ist? Oder wäre es möglich, daß die populäre Legende Ereignisse des Jahres 1033 auf das frühere und berühmtere Millennium übertrug?

Schließlich beschwört Glabers Darstellung des Millenniums von 1033 das Bild einer erleichterten Bevölkerung herauf, die Gott für die Erneuerung der Schöpfung Dank abstattete.

»Zum tausendsten Jahrestag des Leidens unseres Herrn klärten sich die Wolken im Gehorsam gegenüber der göttlichen Gnade und Güte, und der leuchtende Himmel begann zu lachen, und sanfte Lüfte wehten«, schreibt er. »Damals begannen in der Region Aquitanien Bischöfe, Äbte und andere Männer, die der heiligen Religion ergeben waren, Treffen des ganzen Volkes einzuberufen ... Als die Nachrichten von diesen Versammlungen sich verbreiteten, strömte das ganze Volk freudig herbei, einmütig bereit, den Anordnungen der Kirchenhirten zu folgen. Denn alle standen immer noch unter der Wirkung der vorherigen Nöte und fürchteten den zukünftigen Verlust der Fülle«.[19]

Glaber beschreibt die »Gottesfriedensbewegung«, in der sich der allgemeine Unwille gegen sich gegenseitig bekriegende Adelige wandte. Sie wurde vom Klerus ins Leben gerufen und dauerte in der einen oder anderen Form mehrere Jahrzehnte an. Die Bewegung, die im letzten Jahrzehnt des 10. Jahrhunderts begonnen hatte, wird von proapokalyptischen Gelehrten als wichtig für ihre These betrachtet. Aber Glaber ist keineswegs die einzige zeitgenössische Quelle, deren Bezugnahme auf das Jahr 1000 benutzt werden kann, um die These zu unterhöhlen, daß es ein Jahr war wie jedes andere. Ein anderer Chronist, Thietmar von Merseburg, beschreibt es als »das beste Jahr, seit die unbefleckte Jungfrau unseren Erlöser zur Welt brachte«, »als eine strahlende Morgenröte gesehen wurde, um über der Welt zu strahlen«. Der Autor der *Annales Hildesheimenses* schrieb Ende der dreißiger Jahre des 11. Jahrhunderts: »Unter der Regierung Ottos III. überschritt das tausendste Jahr die Zahl der üblichen Rechnung, von der geschrieben steht: Das tausendste Jahr übertrifft alle Jahre.« Und der Mönch aus St. Amand de Lobbes in Lothringen, der sorgfältig das Erdbeben »im Jahr der Inkarnation 1000 im 13. Indiktionsjahr in der 12. Epakte im 1. Konkurrenten, dem 3. Osterzyklus dem 4. Tag in den Kalenden des April, am 6. Tag der Woche« notiert, fügt die kryptischen Worte hinzu: »Denn diese und andere Zeichen, die vorhergesagt wurden als notwendig, haben sich erfüllt, und deshalb wird unsere Hoffnung gewisser auf die Dinge, die noch erfüllt werden müssen in der Ordnung.«[20] Landes, ›*Giant with Feet of Clay*‹ Mit den Worten von Richard Landes: »Nur wenn man einerseits darauf besteht, daß wir kein Recht haben, über die Bedeutung von ›diese und andere Zeichen‹ und ›unsere Hoffnung‹ zu spekulieren, und andererseits die ungewöhnliche Genauigkeit übersieht, mit der hier datiert wird, kann man behaupten, dieser Text sei kein Zeichen apokalyptischer Betroffenheit im Jahre 1000.«[21]

Landes glaubt, daß die Gottesfriedensbewegung, deren frühe Phase von den neunziger Jahren des 10. bis zu den dreißiger Jahren des 11. Jahrhunderts dauerte, den Stempel einer echten millenaren Bewegung trägt. Seine Theorie stützt sich auf neue Forschungen in den Dokumenten der Zeit und auf die soziologische Analyse millenarer Glaubensbewegungen im allgemeinen. Diese haben ihn seit seinen Studententagen in den späten sechziger und frühen siebziger Jahren beschäftigt – als er beobachtete, wie sich viele Zeitgenossen in einen Zustand fiebriger Erregung steigerten, in der Annahme eines bevorstehenden Zusammenbruchs der existierenden Ordnung, und dann eine schmerzvolle Epoche der Wiederanpassung durchlebten, als diese Ordnung überlebte. Konnte etwas Ähnliches in Frankreich um das Jahr 1000 passiert sein?

Der Gottesfriede liefert einige der denkwürdigsten Bilder in der mittelalterlichen Geschichte. Ungeheure Menschenmassen sammeln sich unter freiem Himmel, um Reliquien zu verehren und ihre Wunderkraft zu erleben; als man die Überreste des heiligen Martial bei einer Versammlung in Limoges erhebt, wird die gesamte Menge von ihren Gebrechen geheilt. Heilige Banner flattern im Wind, während die Angehörigen des Kleinadels – der neuen, mächtigen Kriegerelite – Friedenseide schwören. Das geschieht nicht spontan: sie reagieren auf eine öffentliche Meinung, die geschickt von Angehörigen des hohen Klerus manipuliert worden ist, weil diese sich Sorgen um die Sicherheit ihres Landbesitzes machen. Das ist letzten Endes der Grund, warum die Bischöfe diese Versammlungen überhaupt einberiefen. Aber dabei zapften sie offensichtlich eine Ader religiöser Begeisterung im Volk an, die mit dem Näherrücken des Millenniums zu tun hat; das ist jedenfalls die Meinung einiger Historiker, die auf diesem Gebiet arbeiten. Daniel Callahan hat in seiner Studie über Heiligenverehrung in Aquitanien herausgefunden, daß Gründungsurkunden dieser Zeit häufiger als vorher oder nachher die Furcht vor dem Jüngsten Gericht erwähnen.[22] Bernhard Töpfer hat das außerordentliche Wachstum von Reliquienkulten kurz vor 1000 untersucht.[23] Um die Friedensversammlungen zu verstehen, sagt Landes, müssen die Mittelalterforscher die

Dynamik apokalyptischen Verhaltens zu verstehen suchen und lernen, ihre Spuren in den Quellen zu identifizieren. Seine Studie der Ereignisse in Limoges im Jahre 994, als in Reaktion auf den Ausbruch einer »Feuerpest« Bischof, Abt und Herzog ein dreitägiges Fasten ausriefen, gefolgt von einer Versammlung, sieht einen klassischen millenaren Ablauf. Zunächst gab es das wesentliche Ingredienz der meisten millenaren Szenarien – eine Katastrophe. Die »Feuerpest« war möglicherweise der Ausbruch von Ergotismus, einer Erkrankung, die durch den Befall von Roggen mit einem giftigen Pilz hervorgerufen wird und sich mit der Ausbreitung des Roggenanbaus verbreitete. Sie kann ganze Gruppen ergreifen und Halluzinationen erzeugen, »von schrecklichen Höllenvisionen bis zu ekstatischen Himmelsgesichten«. Dergleichen ist noch in den fünfziger Jahren in Frankreich passiert. Auf diese Katastrophe folgte ein massenhafter Ausbruch von religiösen Gefühlen des Schreckens und der Schuld, eine Euphorie, die Wunder produzierte, und schließlich eine Allianz von Frieden und Gerechtigkeit, die von allen anwesenden adeligen Herren beschworen wurde. Dieser Ablauf von Ereignissen, wie diejenigen, die Glaber beschrieben hat, entspricht vollkommen dem millenaren Szenario, wie es in der Bibel beschworen wird: »vom gottgesandten Schrecken und der Zerstörung zu Reue und Bekehrung, zur kollektiven Erlösung, zu einer neuen Gesellschaft auf Erden.«[24]

Man vergleiche diesen Ablauf mit Raoul Glabers anschaulicher Beschreibung eines Friedenstreffens im Jahr 1033, bei dem Wunder »solche Begeisterung erregten, daß die Bischöfe ihre Stäbe zum Himmel erhoben und alle Anwesenden ihre Hände zu Gott ausstreckten und mit einer Stimme riefen: ›Frieden! Frieden!‹«[25] Das klingt verdächtig nach millenarer Inbrunst. Man spürt keinen apokalyptischen Schrecken, aber schließlich sind millenare Bewegungen nicht allein von Furcht motiviert. Schon das Wort *Gottesfrieden* spricht für messianische Hoffnungen auf eine Umgestaltung dieser Welt in ein Königreich des Friedens und der Gerechtigkeit. Menschen, die ein unmittelbar bevorstehendes Weltende erwarten, sind nicht immer von Schrecken gelähmt, sondern handeln oft konstruktiv und kraftvoll. Und wenn sich ihre ursprünglichen Prophezeiungen als falsch erwiesen haben, dann passen sie ihren millenaren Glauben eher an die Gegebenheiten an als ihn aufzugeben. Es ist eigenartig, daß apokalyptische Enttäuschung einen großen Energieschub hervorrufen kann – genug vielleicht, um einen »weißen Mantel von Kirchen« zu errichten angesichts der Tatsache, daß die Menschheit einen Augenblick größter Gefahr überwunden hat und nun in ein neues Millennium eingetreten ist. Einige jedenfalls mögen so gedacht haben; andere haben vielleicht ihre Ängste und Hoffnungen und die ihrer Kinder auf das Jahr 1033 übertragen. Wir sollten nicht annehmen, daß die Reaktion auf das Jahr 1000 überall gleich war. Das millenare Fieber der Gottesfriedens-Bewegung – wenn es das gewesen ist – hat sehr viel mit den weitreichenden gesellschaftlichen Veränderungen zu tun, die zu dieser Zeit noch auf Frankreich beschränkt waren. Es sollte uns deshalb nicht überraschen, daß es keinen Hinweis auf eine ähnliche Erregung in England, Italien oder Deutschland gibt. Aber es gibt noch andere Hinweise auf ein apokalyptisches Jahr 1000.

Das plötzliche Wiedererscheinen von Häresien in Westeuropa nach einer Pause von mehreren Jahrhunderten kann in der Tat mit der Jahrtausendwende zusammenhängen, wie Glaber nahelegt. Ganz gewiß hat die allgemeine Furcht vor Häretikern etwas mit dem Glauben zu tun, nach tausend Jahren werde der Teufel losgelassen. Eine zeitgenössische Quelle sagt uns, daß die Häretiker »sich nachts in einem vorbestimmten Hause trafen, jeder mit einem Licht, und in der Form einer Litanei die Namen des Teufels sangen, bis sie ihn plötzlich in Gestalt eines Tiers unter sich erscheinen sahen. Alle Lichter wurden sofort ausgelöscht, und sie gaben sich unaussprechlicher Ausschweifung hin. Jeder Mann bemächtigte sich der nächsterreichbaren Frau und fragte nicht, ob sie seine Mutter, seine Schwester oder eine Nonne sei. Das aus dieser unreinen

Vereinigung geborene Kind wurde acht Tage nach seiner Geburt dargebracht, ein großes Feuer angezündet und das Kind nach heidnischer Art den Flammen übergeben. Die Asche dieses armen Geschöpfes wurde aufgehoben und mit der gleichen Verehrung aufbewahrt, mit der Christen den Leib Christi bewahrten.«[26]

Was an diesem Bericht außergewöhnlich scheint, ist seine Ähnlichkeit mit Schauergeschichten, die zu Ende des 20. Jahrhunderts im Westen zirkulieren, in denen »Zuchtstuten« Kinder gebären, die dann mißbraucht und verzehrt werden. Man hat vermutet, daß diese Geschichten, die von evangelikalen Christen verbreitet werden, eine unbewußte Reaktion auf das Nahen des Jahres 2000 sind. Wir wissen nicht sicher, ob entsprechende Geschichten über kindertötende Ketzer aus dem zehnten Jahrhundert in Zusammenhang mit der Nähe des Millenniums kursierten, obwohl Glaber das nahelegt. Aber wir sind auf sicherem Grund, wenn wir annehmen, daß beide Typen von Geschichten apokalyptischen Charakter tragen, d.h. daß sie sich aus dem Glauben herleiten, Satan werde in den Jahren vor dem Endkampf zwischen Gut und Böse schreckliche Greueltaten inspirieren.

Ein anderer auffälliger Hinweis auf das apokalyptische Jahr 1000 läßt sich ausgerechnet am Hof des deutschen Kaisers finden. Das geheimnisvolle Verhalten des jungen Kaisers Otto III. um die Jahrtausendwende ist schwer zu erklären, es sei denn als Rollenspiel in einem imaginären Endzeitdrama. Die Ottonen, trotz oder vielleicht gerade wegen ihrer barbarischen Vorfahren, waren von der Idee durchdrungen, ein erneuertes Römisches Reich zu beherrschen. Otto, der von Geburt halb Sachse, halb Grieche war, folgte seinem Vater Otto II. mit drei Jahren auf den Thron und übernahm die Regierung im Jahre 994 im Alter von vierzehn Jahren. Er war unter Klerikern aufgewachsen, die fasziniert waren von der apokalyptischen Metaphorik des Buches der Offenbarung, an einem Hof, der die Tradition sehr ernst nahm, das Römische

Reich sei das letzte und größte der prophezeiten Weltreiche. Otto war entschlossen, sich als ein echter Römer zu zeigen, bis zu dem Punkt, daß er die alte Gepflogenheit wieder aufnahm, derzufolge der Kaiser alleine speiste.

Kurz vor der Jahrtausendwende gelang es Otto in der Tat, die Herrschaft über die Stadt Rom zu übernehmen und seinen Mentor Gerbert als Papst einzusetzen; seine Absicht war, die geistliche Vorherrschaft der Römischen Kirche zugleich mit der weltlichen des Kaisertums auszubreiten; sie sollte auch Ungarn, Rußland und Skandinavien umfassen. Er nahm ein Siegel an, das die Worte *Renovatio Imperii Romanorum* enthielt; dies implizierte die Vorstellung, unter seiner Herrschaft habe die Weltgeschichte ihren ruhmvollen Höhepunkt erreicht. Im Jahr 1000 besuchte Otto Aachen, die ehemalige Hauptstadt Karls des Großen. »Er war in Zweifel darüber, wo die Gebeine Karls des Großen lagen«, schreibt Thietmar von Merseburg, »so ließ er den Boden der Basilika heimlich aufbrechen und befahl dort zu graben, wo er sie vermutete. Tatsächlich fand man die Gebeine auf dem königlichen Thron sitzend. Otto entfernte das goldene Kreuz, das um Karls Hals hing, und die noch nicht vermoderten Kleiderreste und ließ das übrige mit großer Frömmigkeit bestatten.«[27] Diese Wiederbestattung, die am Pfingstfest stattfand, ist eindeutig ein symbolischer Akt, und das wird noch deutlicher, wenn wir bedenken, daß Karl der Große im Jahr 800 gekrönt wurde, das zu diesem Zeitpunkt als der Beginn eines siebenten und letzten Jahrtausends angesehen wurde. Der Kaiser des Jahres 1000 zollt dem Kaiser des Jahres 6000 Tribut: Das weist auf eine machtvolle Symmetrie hin. Aber da die Kirche apokalyptischen Terminsetzungen feindlich gegenüberstand, konnte diese Parallele nicht offiziell unterstrichen oder erklärt werden, und so entgeht uns die genaue Bedeutung von Ottos Geste.

Keinen Zweifel darüber, daß der junge Kaiser glaubte, eine Rolle in einem apokalyptischen Drama zu spielen, erlaubt seine Reaktion auf seine Vertreibung aus Rom kurz nach der

Jahrtausendwende. Seine Träume von einem ewigen Reich wurden anscheinend sofort von einem anderen Glauben abgelöst, der ebenfalls durch die Überlieferung geheiligt war: daß die Auflösung des Römischen Reiches durch die Herrschaft des Antichrist abgelöst werde. Nach Adso von Montier-en-Der, einem gefeierten apokalyptischen Schriftsteller des 10. Jahrhunderts, würde ein fränkischer Kaiser, »der letzte und größte der Herrscher« Roms, am Ende seiner Regierung nach Jerusalem gehen und sein Zepter und seine Krone auf dem Ölberg ablegen; dies wäre das Ende und die Vollendung des christlichen Kaisertums und der Beginn einer Regierung des Antichrist. Diese Legende vom letzten Weltkaiser war schon zu Ottos Tagen Jahrhunderte alt und erschien immer wieder, in Abständen, bis zum Ende des Mittelalters. Aber wenige Herrscher nahmen sie so ernst wie Otto, der nach dem Verlust der Herrschaft über die Stadt Rom beschloß, öffentlich seinen Titeln zu entsagen, nach Rom zu reisen und Mönch zu werden – Handlungen, die, glaubte man der Legende, nicht nur das Ende des Reiches herbeiführen würden, sondern auch das Ende der Geschichte. Kaiser Otto hatte, mit anderen Worten, seinen Versuch, das Ende hinauszuschieben, indem er über ein ewiges Reich regierte, durch den anderen ersetzt, dieses Ende herbeizuführen. Er starb im Jahre 1002, bevor er eines der beiden Programme ausführen konnte. Aber der entscheidende Punkt ist, daß um die Jahrtausendwende der mächtigste Herrscher der Welt geradezu zwanghaft seine Handlungen an einer eschatologischen Elle mißt und vollkommen mit dem Ende der Zeiten beschäftigt ist.

Natürlich wußte Kaiser Otto, daß sich das Schicksalsjahr 1000 näherte. Es bleibt aber die unangenehme Frage, wie viele Menschen außer ihm in Westeuropa Zugang zu dieser Information hatten, und ob diese sich überhaupt für solche Fragen interessierten. Es ist klar, daß Apokalyptiker und Antiapokalyptiker unter den Historikern an diesem Punkt unterschiedlicher Meinung sind. Die ersteren geben zwar zu, daß der Kalender nach *Anno Domini* noch nicht allgemein eingeführt war, bestehen aber darauf, daß er in den Klöstern Westeuropas fest etabliert war. Jeder, der in Berührung mit Mönchen kam, weil er entweder auf ihren Gütern arbeitete oder ihnen auf ihren häufigen Reisen begegnete, hätte das aktuelle Datum »nach Christus« feststellen können; er hätte nur zu fragen brauchen. Aber die antiapokalyptischen Historiker weisen, vollkommen richtig, darauf hin, daß der ganze Begriff des »Datums« sich in dieser Zeit noch gar nicht voll entwickelt hatte. Die überwältigende Mehrheit der Menschen in Europa brauchte gar nicht zu wissen, in welchem Jahr sie lebten; und es herrschte noch nicht einmal Einigkeit darüber, wann das Jahr begann und endete. An vielen Orten fiel zwar der Neujahrstag auf den 1. Januar, aber in Rom begann das Jahr an Weihnachten, in Florenz am 25. März, in Venedig am 1. März und in Frankreich zu Ostern.[28]

Aber mußte man notwendigerweise in Begriffen von Zeitrechnung und Daten denken, um sich des Anbruchs eines neuen Millenniums bewußt zu sein? Wir sind wieder einmal in Gefahr, einer früheren Epoche ein anachronistisches Zeitverständnis aufzupfropfen. Der Begriff des Millenniums war nicht dasselbe wie »in ein neues Jahrhundert eintreten« – das bedeutete damals überhaupt nichts. Und die Tatsache, daß sich das Kalenderjahr von der Zahl CMXCIX zur Zahl M änderte (wenn auch an verschiedenen Orten Europas zu verschiedenen Zeiten) scheint niemanden sonderlich beeindruckt zu haben. Wenn man Glaber liest, wird klar, was ihm vor allem wichtig war: die simple Tatsache, daß seit der Geburt des Erlösers 1000 Jahre verflossen waren. Daraus folgte für ihn, daß die nächsten dreiunddreißig Jahre die Jahrtausendfeier seines Lebens sein würden, und daß sie ihren Höhepunkt finden würde in der glorreichen Feier seines Erlösertodes und seiner Auferstehung. Für die Massen, die auf den Feldern Frankreichs »Frieden! Frieden!« riefen, scheinen Beginn und

Ende dieser 33 Jahre hochgespannte millenare Erwartungen auf einen neuen Himmel und eine neue Erde geweckt zu haben, und das gleiche galt wohl für die Pilger, die im Jahr 1033 nach Jerusalem eilten. Andererseits muß es viele Menschen gegeben haben, in Gegenden, wo sich die Zeitrechnung nach *Anno Domini* noch nicht durchgesetzt hatte, vor allem am Westrand Europas und im größten Teil der Ostkirche, für die das Jahr 1000 wirklich ein Jahr war wie jedes andere.

Es ist jedoch wahrscheinlich, daß die millenaren Erfahrungen der meisten Menschen irgendwo zwischen diesen beiden Extremen lagen. Auf der ersten Seite seiner *Historiae* spricht Glaber über »die zahlreichen Ereignisse [Tode, Katastrophen, Kirchenbau], die sich mit ungewöhnlicher Häufigkeit um das Jahrtausend der Inkarnation zugetragen hatten«, ohne zu erklären, *warum* das so war; wahrscheinlich, weil er es nicht wußte. Obwohl er impliziert, daß es eine Verbindung zwischen diesen aufregenden Geschehnissen und dem Millennium gab, gibt er nicht vor, die Absichten Gottes zu verstehen. Andere Quellen der Zeit spielen auf verbreitete Ängste vor beiden millenaren Daten an, und auf die Festlichkeiten und die Erleichterung danach; aber beides wird weder erklärt noch im Detail beschrieben. Das könnte so sein, weil es den Verfassern, die fast alle Mönche waren, verboten war, über solche Dinge zu spekulieren. Aber vielleicht lag es auch daran, daß sie sich über ihre Gefühle nicht so im klaren waren, daß sie darüber hätten sprechen können. Und wenn das der Fall ist, scheint die Kluft zwischen unseren Wahrnehmungen vom Millennium und denen der Männer und Frauen vor tausend Jahren doch nicht mehr ganz so unermeßlich.

3

# Das Ringen um das Tausendjährige Reich

Das Bild, das man sich im Mittelalter vom Ende der Zeit machte und von den übernatürlichen Kräften, die es bewirken würden, scheint in vielem sehr weit entfernt von dem, was wir unter Zeit und dem, was wir unter etwas Schrecklichem verstehen. Normalerweise begegnen wir der mittelalterlichen Apokalypse nur in der Gestalt von Kunstwerken: Gemälden, Plastiken und Holzschnitten von Sterblichen, die sich angstvoll vor dem Weltenrichter ducken, oder von den vier Apokalyptischen Reitern. So dramatisch sind diese Darstellungen, daß wir glauben möchten, sie entsprängen eher der künstlerischen Inspiration als dem einfachen, schlichten Glauben. Aber in Wahrheit zweifelte niemand im Mittelalter daran, daß die Welt nach einer schreckensvollen irdischen Konfrontation zwischen den Mächten des Guten und des Bösen enden werde. Die Details dieses Dramas und die Aufeinanderfolge der Akte wechselten von Land zu Land, von Jahrhundert zu Jahrhundert; das Weltende mochte sich vielleicht noch lange hinauszögern, es mochte morgen kommen oder gar schon begonnen haben; aber es wäre undenkbar gewesen zu leugnen, daß es unvermeidlich kommen müsse; dies hätte bedeutet, die Wahrheit der christlichen Religion zu leugnen.

Es ist schwer zu begreifen, daß auch die intelligentesten Menschen des Mittelalters die kirchlichen Lehren vom Jüngsten Tag und die dazugehörige Folklore im Wortsinn glaubten, und man kann diesen Glauben leicht als längst vermoderten Aberglauben abtun, der keine Bedeutung mehr für uns hat. Aber die Explosion fundamentalistischen Christentums seit dem Zweiten Weltkrieg ist ein deutliches Zeichen für die

Macht eines Endzeitglaubens, der durch die Rolle, die er dem Antichrist zuschreibt, eine starke Ähnlichkeit mit den apokalyptischen Vorstellungen des Mittelalters hat. Nach Meinung liberaler Christen und nichtchristlicher Kommentatoren bestätigt das lediglich den primitiven, von Ängsten gespeisten Charakter des Fundamentalismus. Aber diese Kritiker irren sich, wenn sie glauben, das Erbe der mittelalterlichen Eschatologie beschränke sich auf die Welt der Fernsehevangelisten und Wunderheiler. Die Ironie liegt darin, daß vieles von dem, was wir für modern im Gegensatz zu »mittelalterlich« halten, etwa der Glaube an Fortschritt und die Verheißungen von Utopien, seine Wurzeln in religiösen Vorstellungen des Mittelalters hat, und zwar gerade in seinem Endzeitglauben. Die Rolle, die apokalyptische Glaubensinhalte in der Entwicklung der westlichen Gesellschaft spielen, ist komplex, subtil und umfassend; und wenn man das einmal ganz begriffen hat, werden die unbezähmbaren Leidenschaften, die hinter den destruktivsten Konflikten des zwanzigsten Jahrhundert stehen, sehr viel verständlicher.

Wir betreten eine fremde und schreckenerregende Welt, in der nichts vorhersagbar ist außer dem schließlichen Triumph des Guten über das Böse, nach einer Schlacht von kosmischen Ausmaßen. Die christliche Apokalypse hat sich über Jahrhunderte hinweg immer viel darauf zugute getan, daß sie sich streng an die Prophezeiungen der Bibel hielt. In der Praxis aber ist die heilige Schrift oft nur der Grundbaß für wilde Improvisationen über das Thema Endzeit. Selbst die gewissenhaftesten christlichen Gelehrten mußten einen ziemlichen Einfallsreichtum aufbieten, wenn sie aus den Hinweisen bei Ezechiel und Daniel, in den Evangelien, den Paulusbriefen und natürlich der Offenbarung des Johannes ein stimmiges Szenario der letzten Tage der Menschheit zusammenstellen wollten. Prophetie-Interpreten mit weniger Hemmungen neigten eher dazu, der Phantasie freien Lauf zu lassen. Wir besitzen buchstäblich Tausende von Texten vom zweiten Jahrhundert bis heute, in denen nicht nur ein aktuelles Geschehen als die Erfüllung von

Prophezeiungen dargestellt wird, sondern die Prophezeiung auch dazu benutzt wird, die Art, die Reihenfolge und den Zeitpunkt der Ereignisse vor dem Jüngsten Gericht festzulegen. Die biblische Apokalypse, selbst in hohem Maße rhetorisch und allegorisch, erhält noch einmal einen höheren Grad von Komplexität, wenn prophetische Schriftsteller neue Gestalten und allegorische Bilder erfinden.

Das gilt besonders vom Mittelalter, als Endzeitprophezeiungen eine lebenswichtige Orientierungshilfe für Menschen aller Schichten waren. Ihr Inhalt und ihr Stil ist sehr unterschiedlich; viele sind unter Pseudonymen verfaßt wie das Buch Daniel und arbeiten mit dem alten Trick, Ereignisse vorauszusagen, die bereits eingetreten sind; andere sind das Werk von Visionären, denen merkwürdigerweise ein Blick auf das Weltende oft dann verstattet wurde, wenn sie gerade im Bett lagen. Aber das vorherrschende Thema ist das des Konfliktes. Getreu den Ursprüngen des Genres im Dualismus der persischen Religion sehen diese Texte alle irdischen Dramen als Teil der Schlacht zwischen den Mächten des Lichts und der Finsternis. Das Böse wird durch den Antichrist repräsentiert, die menschliche Inkarnation des Satans und eine der machtvollsten Ikonen der Geschichte. Einer hartnäckigen Tradition zufolge kann keine menschliche Instanz ihn jemals besiegen, nicht einmal der letzte Kaiser, eine mächtige Gestalt, die, wie einige Autoritäten prophezeiten, Krone und Zepter auf dem Ölberg bei Jerusalem niederlegen werde, um dem Antichrist den Antritt seiner in der Schrift geweissagten Herrschaft des Bösen zu ermöglichen. Aber alle diese Prophezeiungen sehen auch eine Periode des Friedens auf Erden vor; entweder eine glorreiche Ruhe vor dem Ansturm des Antichrist oder das Tausendjährige Reich nach seiner Niederlage.

Das Nebeneinander von Schrecken und Glück ist eines der wichtigsten Charakteristika des apokalyptischen Glaubens, im Mittelalter und auch in unseren Tagen. Vielen Prophezeiungen gelingt es, beides in einer Ereignisabfolge zu vereinen; aber man sollte nicht meinen, daß auch alle Gläubigen immer in der Lage sind, damit zurechtzukommen. Die Koexistenz von Zerstörungs- und Friedensvisionen ist eine dauernde Quelle von Instabilität. Individuelle Erwartungen schlingern zwischen beiden Polen in einer Weise hin und her, die auf den psychischen Aufruhr verweist, der mit der Vorstellung vom Weltende verbunden ist. Im Extremfall ist es für die Gläubigen unabwendbar, sich in einen Kampf auf Leben und Tod mit einem satanischen Feind zu verwickeln, bevor sie ihren herrlichen Lohn genießen dürfen.

Das Mittelalter liefert uns unvergeßliche und makabre Beispiele apokalyptischer Bewegungen: isolierte Gruppen, die nicht nur an eine Endzeit glaubten, sondern wirklich millenaristisch waren. Eigentümlicherweise fehlen solche Gruppierungen im ersten christlichen Jahrtausend fast ganz. Wir haben schon die Montanisten des 2. Jahrhunderts kennengelernt, klassische Millenaristen in dem Sinn, daß sie in täglicher Erwartung des Tausendjährigen Reiches lebten, wie es im Buch der Offenbarung prophezeit wird: sie waren überzeugt, das Neue Jerusalem könne jeden Augenblick vom Himmel herunterfallen. Es gibt Berichte über ekstatische Kulte unter den Montanisten und sogar von Selbstmorden, als die Apokalypse sich nicht einstellen wollte; aber wir wissen wenig über die Bewegung und ihre Einstellung zur Gesellschaft im allgemeinen. Und nach ihrem Verschwinden verliert sich die Spur des Millenarismus für fast tausend Jahre, nicht zuletzt deshalb, weil die Kirche entschiedenen Widerstand gegen alles leistete, was nach apokalyptischer Inbrunst roch. Solche Inbrunst wird erst wieder in der Gottesfriedensbewegung erkennbar und deutlich sichtbar mit dem Volkskreuzzug am Ende des 11. Jahrhunderts. Der Volkskreuzzug war eine massenhafte und ungeplante Reaktion auf den Aufruf Papst Urbans II., ein Heer zur Befreiung Jerusalems von den Sarazenen aufzustellen. Der Heilige Vater hatte an eine disziplinierte Streitmacht von Rittern gedacht, die, wie er andeutete, mit prächtigen Landgütern im Mittleren Osten belohnt werden sollten. Aber sein Ruf wurde auch von Tausenden von Bauern in Westeuropa gehört, die – und das ist typisch – gerade eine Welle von Naturkatastrophen hinter sich hatten: Trockenheit, Mißernten und eine besonders virulente Form der Pest, die ganze Dörfer ausgelöscht hatte. Diese Bauern bildeten ihr eigenes Kreuzfahrerheer und begannen, ostwärts zu ziehen. Nach und nach vermischte sich ihr Bild des realen Jerusalem mit dem des neuen, himmlischen Jerusalem der Bibel. Gerüchte gingen um von einem wunderbaren Reich, in dem die Armen wie Fürsten lebten. Das ist klassischer Millenarismus, zweifellos das Resultat »relativen Elends«, verursacht von Hungersnot und Pest. Und nun wird auch die dunkle Seite der millenaren Vision sichtbar: Die Bauern und Vagabunden, die den Kreuzzug begleiteten, waren auch für ein Massaker an vier- bis achttausend Juden verantwortlich, den ersten derartigen Massenmord in der europäischen Geschichte. Die Verbindung zwischen Genozid und millenarer Phantasie sollte sich als beständig für die nächsten Jahrhunderte erweisen – einschließlich des zwanzigsten. Tatsächlich läßt sich die systematische Tötung von Millionen Menschen nur als Ergebnis einer apokalyptischen Ideologie erklären, die ihre Opfer, wie schutzlos auch immer, in die Rolle eines dämonischen Feindes drängt, eines Feindes, dessen Vernichtung wesentliche Vorbedingung für die Errichtung der millenaren Herrschaft ist, ob sie nun Neues Jerusalem, Tausendjähriges Reich oder Diktatur des Proletariats heißt.

Im 13. Jahrhundert waren Ausbrüche von Millenarismus eine unangenehm vertraute Erscheinung im Westen geworden. Sie sind Gegenstand des einflußreichsten Buches, das jemals über den apokalyptischen Glauben geschrieben wurde, *Das Ringen um das Tausendjährige Reich* von Norman Cohn. Prozessionen von halbverhungerten Schafhirten, entlaufenen Mönchen und Banditen ziehen sich seit Erscheinen des Buches vor vierzig Jahren durch alle akademischen Diskussionen über den Millenarismus. Zum Teil liegt das daran, daß Cohn auf brillante Weise das Grauenvolle seines Gegenstandes deutlich macht. Man kann nur schwer die Bilder von halbwahnsinnigen Bauern vergessen, die sich durch Selbstgeißelung in einen Zustand der Raserei versetzen, bevor sie Städte stürmen und Juden und Kaufleute abschlachten. Der zweite Grund für seine Nachwirkung liegt darin, daß es die Verbindung aufzeigt, die zwischen millenaristischem Glauben und Massenängsten besteht, besonders den Ängsten, die durch gesellschaftliche und wirtschaftliche Entwurzelung hervorgerufen wurden. Den Höhepunkt des Buches bilden die revolutionären millenaristischen Bewegungen im Böhmen des 15. und im Deutschland des 16. Jahrhunderts, in denen ganze Kommunen sich zu Bollwerken gegen die Streitkräfte des Antichrist machten. Obwohl diese Aufstände durch die Offenbarung des Johannes inspiriert waren, deren Szenen von barbarischer Grausamkeit sie anscheinend zu wiederholen entschlossen waren, liegt ein betäubender Geruch von Klassenkampf in der Luft. Cohn ist allerdings nicht der Ansicht, daß die Triebkraft hinter millenaristischen Bewegungen immer der ökonomische Wandel ist. Er glaubt, daß ihr gemeinsamer Nenner in einer psychischen Desorientierung liegt, die durch Marktkräfte verursacht werden kann, aber auch durch so etwas Ungreifbares wie den Verlust des Glaubens an die Kirche. Beides war, wie er zeigt, der motivierende Faktor für die radikalen apokalyptischen Bewegungen des späten dreizehnten und frühen vierzehnten Jahrhunderts, wie die der franziskanischen Spiritualen.

Was immer ihre grundlegenden Motive waren, die von Cohn beschriebenen Gruppen haben vieles gemeinsam: Sie haben sich von ihrer Umwelt separiert in dem Glauben, daß die Welt, die sie kennen, durch eine welterschütternde Katastrophe zugrunde gehen wird. Doch ist ihr Weltbild nicht so weit entfernt von dem der mittelalterlichen Gesellschaft insgesamt, wie man annehmen möchte. Cohn hatte nicht vor, einen Überblick über das gesamte Spektrum mittelalterlicher Apokalyptik zu geben. Er war sich bewußt, daß seine mörderischen mystischen Anarchisten einer Gesellschaft entsprungen waren, die sich ständig mit der Frage des Weltendes auseinandersetzte. Eine der bemerkenswertesten Erscheinungen des Mittelalters im katholischen Europa ist die Art und Weise, wie sich der apokalyptische Glaube , der immer ein Teil der kirchlichen Lehre gewesen war, aber jahrhundertelang an den Rand gedrängt worden war, nach und nach seinen Weg zum politischen und kulturellen Machtzentrum bahnte.

Dieser Rehabilitierungsprozeß zwischen 1000 und 1400 ist ein Beweis dafür, daß der Endzeitglaube in Kreise eindringen kann, von denen man nicht glauben möchte, daß er dort willkommen geheißen oder auch nur ernst genommen würde. Aber vielleicht ist das gar nicht so überraschend. Zunächst einmal sollten wir die Empfänglichkeit des menschlichen Geistes für apokalyptische Gedankengänge nicht unterschätzen, vor allem in Zeiten raschen Wandels. Zweitens ist apokalyptisches Denken erstaunlich wandlungsfähig. Endzeitszenarien haben die Fähigkeit, sich ihrer Umgebung durch rasche Mutation anzupassen: von gelehrtem und feierlichem Prophetentum zu fanatischen millenaristischen Phantasien – und wieder zurück. Jedenfalls erstarb der apokalyptische Glaube nicht mit dem Verstreichen des Jahrtausends nach Christi Geburt und Tod. Statt dessen nahm er eine neue Dynamik an, während Westeuropa versuchte, mit so bedeutsamen Entwicklungen zurechtzukommen wie den Kreuzzügen, der Reform des Papsttums, dem Kampf zwischen Kaiser und Papst und dem Großen Schisma der Kirche, die alle auf das Ende hinzudeuten schienen. Der Versuch des heiligen Augustinus, die grellen Szenarien der Apokalypse durch eine rein spirituelle Interpretation der biblischen Eschatologie zu ersetzen, war weitgehend in Vergessenheit geraten, selbst in Rom. Während des ganzen Mittelalters wurden die Menschen, vom Papst bis zum Fronbauern, bis in ihre Alpträume von der schreckeneinflößenden Gestalt des Antichrist verfolgt. Geschichtsschreiber nahmen oft die prophetische Überlieferung ebenso ernst wie die Heilige Schrift. Ein typisches Beispiel dafür sind die Schriften von Guibert de Nogent (1064-1125), der zukünftige Kreuzfahrer allen Ernstes darüber informiert, daß sie Jerusalem erobern müßten, damit es schließlich dem Antichrist anheimfallen könne. »Das Ende der Welt ist schon nahe«, erklärte er. »Nach den Prophezeiungen muß zunächst die christliche Herrschaft in diesen Teilen der Welt erneuert werden, so daß das Haupt allen Übels [der Antichrist], das seinen kaiserlichen Thron dort errichten wird, etwas Nahrung im Glauben finden kann, gegen den er dann kämpfen mag.«[1]

Daß ein rechtgläubiger französischer Abt solch eine eindeutig apokalyptische Interpretation der Ereignisse im Mittleren Osten bietet, ist ein Beweis für das erneuerte Ansehen der Endzeitspekulation. Guibert hat wenig gemein mit den Banden leichterregbarer Bauern, die Kreuze auf ihre Kittel nähten und sich zusammenrotteten, um nach Jerusalem zu ziehen. Er war ein hochgebildeter Priester, der die apokalyptischen Schriften dazu benutzte, aktuelle Ereignisse zu interpretieren, so wie ein moderner Kommentator politische oder ökonomische Theorien.

Wir sollten dabei den Kontrast zur Kenntnis nehmen zwischen Guiberts selbstbewußtem und eindeutigem Gebrauch der Endzeitmetaphorik und der zögernden Art, mit der eine Generation früher Raoul Glaber die Figur des Antichrist beschworen hatte, um die Pilgerfahrten nach Jerusalem im Jahre 1033 zu erklären. Im zwölften Jahrhundert wurde apokalyptischer Glaube nicht mehr als an sich gefährlich betrachtet. Die in dieser Zeit formulierten Prophezeiungen hatten keine Beziehung zu revolutionären Massenbewegungen. Sie waren, wie Bernard McGinn es ausdrückt, »Versuche gebildeter Kleriker, gesellschaftliche Umwälzungen mit Hilfe des weltgeschichtlichen Plans zu erklären, den sie dem apokalyptischen Schrifttum entnahmen.«[2]

Das ist ein wichtiger Punkt. Obsessive Auseinandersetzung mit dem Weltende geht oft Hand in Hand mit der Einteilung der Geschichte in Zeitalter, und da viele Autoren im Mittelalter glaubten, daß die schrecklichen Ereignisse, die sich auf der Weltbühne abspielten, den Anfang vom Ende bezeichneten, gab es ein starkes Bedürfnis, sie zu einem göttlichen Plan in Beziehung zu setzen. Seit der Übernahme des Datierungssystems nach *Anno Domini* war man nicht mehr auf das Jahr 6000 fixiert. Der Akzent verlagerte sich von der Großen Woche auf die Geschichtsperiode, die mit der Inkarnation begonnen hatte. Geschichtsschreiber versuchten, sie in gottgewirkte Zeitalter einzuteilen. Ein klassisches Beispiel ist das Ordnungsschema von sieben Zuständen im Leben der Kirche, das Anselm von Havelberg (etwa 1100-1158) sich ausdachte und auf die sieben Siegel im Buch der Offenbarung gründete. Anselms Einteilung beginnt mit dem weißen Roß der Offenbarung, »dem ersten Zustand der Kirche, strahlend und sehr schön im Glanz der Wunder«; sie endet mit dem Erdbeben der Offenbarung, das mit »einer sehr starken Verfolgung im Zeitalter des Antichrist« einhergeht, gefolgt von einem siebenten Zustand der vollkommenen Stille und schließlich der glorreichen Wiederkehr Christi. Aber noch auffälliger ist, was dazwischen passiert: die Zustände überschneiden sich, so daß nicht klar ist, welcher Zustand gerade herrscht. Und zwischen Warnungen vor der tödlichen Gefahr von falschen Brüdern, »von denen es eine unzählbare Menge gibt«, ist plötzlich ein neuer Ton zu vernehmen. »Fromme Männer« und Liebhaber der Wahrheit erscheinen auf der Bildfläche, und »die Jugend der Kirche wird erneuert wie die des Adlers. Deshalb ist es sowohl möglich, sich höher in der Betrachtung zu erheben und fast ungeblendet die Strahlen der wahren Sonne zu erblicken.«[3]

Anselm glaubte, daß der Triumph des Antichrist sicher war, wieviele fromme Männer auch auftreten würden; doch dieses schreckliche Vorwissen scheint seine Laune nicht getrübt zu haben. Während des Mittelalters und in der frühen Neuzeit trifft man auf ein regelrechtes Verlangen nach der Erscheinung des Antichrist, das ganz logisch erscheint, spielt es doch die entscheidende Rolle für den schließlichen Triumph Christi. Es hat etwas von der freudigen Erregung, mit der die Zeugen Jehovas den Ausbruch des Ersten Weltkrieges begrüßten;

diese schrecklichen Dinge mußten geschehen. Bei Anselm aber gibt es einen unverkennbar optimistischen Ton, der sich nicht auf die grenzenlose Seligkeit der Herrschaft Christi nach der Niederlage des Antichrist bezieht, sondern auf die kommenden Errungenschaften der Kirche. Wir befinden uns an der Schwelle von etwas Neuem. Wenn man es mit den Augen des 20. Jahrhunderts sieht, ist es das absolute Gegenteil von apokalyptischem Glauben an das unausweichliche Verhängnis: das künftige Goldene Zeitalter *innerhalb der Geschichte*.

Die Ausarbeitung dieser Konzeption geht fast ausschließlich auf einen Mann zurück: Joachim von Fiore (etwa 1135-1202), einen kalabrischen Abt und halben Einsiedler, der sehr komplexe Visionen hatte, in denen sich alle Stränge von Offenbarung und Geschichte verbanden. Joachim war ein apokalyptischer Denker, der überzeugt davon war, die Angriffe der Sarazenen auf die Kreuzfahrer entsprächen der Öffnung des sechsten Siegels im Buch der Offenbarung; deshalb konnte er Richard Löwenherz wenig Trost spenden, als der englische König ihn auf dem Wege nach Jerusalem aus seiner Klause in den Bergen holte und ihn um einen Blick auf die Zukunft bat. »Was für schwarze Nachrichten verbergen sich unter dieser Kutte!« soll ein Zeitgenosse ausgerufen haben – eine Bemerkung, die, wenn man sie im nachhinein betrachtet, nicht falscher sein könnte. Denn obwohl Joachim glaubte, daß er in einem Zeitalter einzigartiger Krisen lebte und der Antichrist bald erscheinen werde, sah er dessen schließliche Niederlage als den Eintritt in ein neues Zeitalter der Geschichte, in dem eine geläuterte Kirche die vollkommene Gesellschaft bilden werde: das Zeitalter des (Heiligen) Geistes. Wenn Abt Joachim über Geschichte nachdachte, sah er kaleidoskopische Zahlenmuster, ähnlich denen der antiken Zahlenmystik, nur noch komplexer. Das für die mittelalterliche Welt so charakteristische, aber in Wirklichkeit uralte Prinzip, daß jedes Ereignis in der Geschichte einem Geschehen in einer anderen

Dimension von Raum und Zeit entspricht, steigerte Joachim zum Extrem. Nach seinem Schema waren Altes und Neues Testament in sieben jeweils parallele Zeitabschnitte geteilt, und zwar so, daß jeder Abschnitt im Alten Testament seine zahlenmäßige Entsprechung im Neuen hatte. Den drei wichtigsten Patriarchen Abraham, Isaak und Joseph entsprachen einerseits Zacharias, Johannes der Täufer und Christus und andererseits die drei Personen der Dreifaltigkeit. Die wichtigste Joachim-Forscherin, Marjorie Reeves, hat diese Art der Geschichtsbetrachtung, die dem modernen Geist so konstruiert erscheint, sehr schön zusammengefaßt: »Es ist, als ob jedes Geschehnis einen vertikalen Bezugspunkt hätte, einen ›Faden‹ in der Hand Gottes, der alle Fäden zu Mustern auf der Innenseite der Geschichte zusammenfaßt, während wir nur nach den horizontalen Verknüpfungen schauen und nach dem Muster sichtbarer Verbindung von Ursache und Wirkung, wie es in der ablaufenden Zeit sichtbar wird.«[4]

Wir sollten die unglaubliche Differenziertheit des Denkens von Joachim von Fiore nicht vergessen, wenn wir uns seiner berühmtesten Idee zuwenden, der Vorstellung von den drei Zeitaltern des Vaters, des Sohnes und des Heiligen Geistes. Joachim glaubte, daß die gesamte Geschichte in diesen drei sich überschneidenden Epochen oder »Weltzuständen« *(status mundi)* eingeschlossen sei. Inspiriert von der Idee der Dreieinigkeit, benutzte er dreigliedrige Analogien, um die Beziehungen zwischen den Zeitaltern zu beschreiben: sie verhalten sich zueinander wie Winter, Frühling und Sommer oder wie Sternenlicht, Morgendämmerung und lichter Tag; wie Gras, gewöhnliches Korn und Weizen oder wie Nesseln, Rosen und Lilien. Das Zeitalter des Sohnes gehe zu Ende, aber es werde nicht plötzlich von dem des Heiligen Geistes abgelöst. Joachim rechnete so: wie es zweiundvierzig Generationen von Adam bis zu Christus gegeben habe, so werde es auch zweiundvierzig Generationen von Christus bis zum neuen Zeitalter geben.[5] Das Jahr 1200 fiel nach seiner Berechnung mit vierzig Generationen zusammen; danach sollte also das Dritte

Zeitalter etwa um 1260 beginnen. Allerdings werde es nicht auf einmal offenbar werden; es werde eine schwierige Übergangsperiode des Kampfes mit dem Antichrist geben, in der eine neue Generation »geistiger Männer« *(viri spirituales)*, Einsiedler und Prediger, den Streitkräften des Guten zu Hilfe kommt. Dann endlich werde das Neue Zeitalter beginnen.

Joachim sah das Zeitalter des Geistes als eine Ära erhabenen Glücks an, in der eine erneuerte Kirche jeden Aspekt des Lebens regelt; es handelte sich also um eine völlig kirchentreue Vision der Zukunft. Aber so ist sie nicht in die Geschichte eingegangen. Denn obwohl sich Joachim als vollkommen rechtgläubig sah, sollte diese herrliche neue Ära *innerhalb der Geschichte* anbrechen, war also mehr Utopia als Millennium – und sie schloß die Entstehung bisher nicht existenter gesellschaftlicher Strukturen ein. Er mag dabei an katholische Orden und Gemeinschaften gedacht haben, aber die Tatsache bleibt, daß sie *neu* waren. Dies hat dazu geführt, daß man Joachim für jedes gescheiterte utopische Experiment verantwortlich gemacht hat, von Savonarolas Regime in Florenz bis zum Sowjetkommunismus. Obwohl das unfair ist, enthält der Vorwurf ein Körnchen Wahrheit. Joachims dreischrittiges Schema scheint spätere Revolutionäre beeinflußt zu haben. Einige von ihnen sahen ja tatsächlich ihr irdisches Paradies als ein drittes Stadium der Menschheitsgeschichte. Das *Dritte Reich* ist ein naheliegendes Beispiel. Natürlich war Joachim nicht der erste Denker, von dem der Zahl Drei spirituelle Bedeutung zugewiesen wurde; die frühesten Kulturen, die über eine Schrift verfügten, waren von Ehrfurcht vor der symbolischen Macht der Drei als der Summe von Eins und Zwei erfüllt. Aber in einem allgemeineren Sinn hat der Abt von Fiore tatsächlich eine irreversible Veränderung im menschlichen Denken bewirkt. Obwohl er das nicht unbedingt beabsichtigte, hatte er die entscheidende Verknüpfung zwischen apokalyptischer und politischer Umwälzung geleistet. Vom 13. Jahrhundert ab ließen sich diese beiden Vorstellungen nie mehr ganz voneinander trennen.

Vom Augenblick seines Todes an wurden Joachims Ideen öffentliches Eigentum.

Sie wurden von seinen Anhängern vergröbert und verzerrt, von der Kirchenhierarchie abwechselnd verurteilt und angenommen und mit der Legende vom letzten Kaiser verbunden, um die dynastischen Ansprüche europäischer Herrscher zu legitimieren. Die Spuren joachitischen Denkens in den Schriften von Päpsten, antipäpstlichen Polemikern, apokalyptischen Sekten, Jesuiten, millenaristischen englischen Protestanten und französischen Sozialisten sind nicht nur Zeugnisse für die Macht seiner Vision einer erneuerten, gottesfürchtigen Gesellschaft, sie zeigen auch die Fähigkeit von Endzeitideen zur Mutation, so daß verschiedene Versionen einer apokalyptischen Vision gleichzeitig dazu verwendet werden können, eine politische Elite zu stützen, maßvolle Reformen durchzuführen und eine blutige Revolution zu rechtfertigen.

Joachims elegante Formulierungen fanden sofort bei Anhängern einer friedlichen Reform Anklang. Die Kirchenreform, ein Problem, das sich seit dem Beginn des 13. Jahrhunderts immer deutlicher abzeichnete, war auch eines von Joachims zentralen Anliegen. Er schrieb den »spirituellen Männern« große Bedeutung zu, die an der Umwandlung der Kirche im Dritten Zeitalter arbeiten würden. Sie würden von großer Gelehrsamkeit sein, aber ihre Unterhaltung werde »leicht und geistvoll sein wie eine Wolke«. Indem er ihre Rolle betonte, kritisierte er implizit die Weltlichkeit der Kirche durch das Medium der Prophetie, immer eine sicherere Methode als direkte Kritik. Es war eine nützliche Eigenschaft des apokalyptischen Genres, daß sich Unzufriedenheit mit dem Status quo in einer subtileren und für den Verfasser weniger gefährlichen Weise ausdrücken ließ als durch offene Polemik. Aber der im Grunde konservative Joachim wäre entsetzt gewesen zu erfahren, daß seine Vision von *reformatio* bittere Zwistigkeiten innerhalb des »Leibes Christi«, der Kirche, auslösen und sogar zur Häresie führen sollte. Doch das geschah, und zwar gerade deshalb, weil Joachim ganz in der Terminologie der Apokalypse dachte. Wie immer wir auch die komplexe Rolle apokalyptischen Denkens in der europäischen Geschichte betonen mögen – seine Nützlichkeit als analytisches Instrument für die Elite der Gebildeten und als unauffälliges Mittel zur Veröffentlichung von Reformideen –, so können wir seine Brisanz nicht leugnen. Indem Joachim die herrliche Aussicht eines Goldenen Zeitalters nach der Niederlage des Antichrist formulierte, hat er das herrschende System möglicherweise destabilisiert. Die Vision des Dritten Weltalters war von so blendender Intensität, daß es sich für künftige Reformer als unmöglich erwies, sich innerhalb der Grenzen zu halten, die ihnen die kirchliche Lehre und die gesellschaftliche Ordnung auferlegten.

Das Bild eines Ordens geistiger Männer, die in den Letzten Tagen ein Leben spartanischer Heiligkeit leben, erwies sich als unwiderstehlich für den radikalen Flügel der Franziskaner, der es für seine Kampagne zugunsten einer Rückkehr zur ursprünglichen schlichten Vision des Ordensgründers benutzte. Die Berufung auf Joachim gab diesem Kampf etwas Dringliches; denn diese Reinigung sollte nicht eine nostalgische Rückkehr zur Vergangenheit sein, sondern ein Schritt nach vorne zur Erfüllung des göttlichen Plans, ein Zeitalter zu beenden, eines Plans, in dem der heilige Franziskus eine christusähnliche Rolle übernahm. Petrus Olivi, der Führer der franziskanischen Puristen, gab dem joachitischen Gedanken, daß die sieben Weltalter den sieben Zeitaltern der Kirche entsprechen, eine neue Wendung: »Ebenso wie im sechsten Zeitalter [der Welt], als das fleischliche Judentum das Altern jener Ära ankündigte, dieses keinen Bestand hatte, so werden die fleischliche[6] Kirche und das Altern der Kirche in diesem sechsten Zustand [der Kirche] keinen Bestand haben. Deshalb erschien uns zu seinem Beginn Franziskus, gezeichnet mit Christi Wunden, ganz und gar in Christus verwandelt und mit ihm gekreuzigt.«[7] Es wäre schwer, einen Satz zu finden, der so viele Elemente der Apokalyptik in sich vereint: in ihm finden wir eine zeitgenössische (obwohl kürzlich verstorbene) Gestalt, die eschatologische Bedeutung gewinnt; die Hoffnung auf ein joachitisches Goldenes Zeitalter (also in der *geschichtlichen* Zukunft), bewirkt durch Reform; den »Faden«, der Christus mit Franziskus verbindet; und hinter alledem die Große Woche und die allgegenwärtige menschliche Annahme, daß sich die Menschheit im vorletzten Akt des kosmischen Dramas befindet.

Trotz aller seiner radikalen Folgerungen benutzt Olivi in seiner Analyse die joachitische Metaphorik eher, um die Sache der Reform zu fördern als die der Revolution. Aber schon zu der Zeit, in der er schrieb, am Ende des dreizehnten Jahrhunderts, war es klar, daß diese Bilderwelt in sich das Potential trug, eine weit extremere Vision der Zukunft zu entwerfen, die man ohne Zögern als millenaristisch bezeichnen kann. Die Apostolischen Brüder, gegründet 1260, waren die erste Gruppierung in der Geschichte Europas, die den verhängnisvollen Schritt von der Predigt apokalyptischer Ideen zum bewaffneten Widerstand gegen die Kräfte von Kirche und Staat tat. Die Mitglieder dieser Gruppe, geführt von Fra Dolcino, dem Sohn eines Priesters aus Parma, glaubten, daß die Autorität von der Römischen Kirche auf sie selbst übergegangen sei und daß der Papst, die Kardinäle, die Bischöfe und der gesamte Klerus bald in einer furchtbaren Schlacht durch die Kräfte des Letzten Kaisers ausgelöscht werden würde; danach werde das Zeitalter des Geistes anbrechen. Im Jahre 1304 zogen sich Dolcino und seine Anhänger in die Alpentäler zurück, um den kommenden Weltenbrand zu erwarten. Drei Jahre später, nachdem sie Unterstützung bei den Bauern der Gegend gefunden hatten, griffen sie zu den Waffen und wurden in der Schlacht am Monte Rebello getötet.

Die Apostolischen Brüder nahmen zweifellos eine revolutionäre millenaristische Ideologie vorweg, die ein Jahrhundert später bei den böhmischen Taboriten noch einmal erstehen sollte. Die Taboriten waren wiederum die Vorläufer des radikalen politischen Millenarismus, wie er während des englischen Bürgerkrieges blühte. Und dieser wiederum trug zur Entstehung so verschiedener Erscheinungen bei wie des Anarchismus im 19. Jahrhundert und des modernen Millenarismus in den USA. Aber es wäre falsch, die Apostolischen Brüder nur als Anfangspunkt einer revolutionären Ahnenreihe zu sehen. Sie sind für sich selbst interessant genug als einer der ersten »Weltendkulte«. Von allen apokalyptischen Mutationen ist keine mit so tragischer Regelmäßigkeit immer wieder aufgetreten wie die kleine Gruppe, die sich hinter Festungsmauern verschanzt, in Erwartung glorreicher Befreiung von einem verheerenden Ansturm der Mächte des Bösen. Allzuoft ist dies eine Prophezeiung, die ihre Urheber selbst erfüllen, jedenfalls zum Teil. Die Gläubigen handeln überstürzt, indem sie selbst zu den Waffen greifen, und der Ansturm ist da. Wenn es irgendwann eine Entsprechung zwischen zwei weit auseinanderliegenden historischen Ereignissen gegeben hat, dann zwischen Monte Rebello 1307 und Waco 1992/93.

Was führte die Apostolischen Brüder dazu, mit dem Feuer zu spielen? Wie über die Montanisten wissen wir frustrierend wenig über sie, aber es gibt einige nützliche Hinweise, nicht zuletzt das Datum ihrer Gründung. Das Jahr 1260 ist ein apokalyptischer Meilenstein. Einige Schüler Joachims von Fiore verfaßten in den vierziger Jahren des 13. Jahrhunderts einen Kommentar zu angeblich von ihm stammenden Schriften, die für 1260 das Reifen des göttlichen Plans vorhersagten. (Der wirkliche Joachim war sehr viel vorsichtiger gewesen und hatte nur angedeutet, daß zu dieser Zeit das neue Zeitalter heraufdämmern könnte.) Diese Berechnung fand weitgehende Zustimmung unter den Schülern Joachims, unter denen sich auch eine ultraradikale franziskanische Gruppierung fand; diese erwartete allen Ernstes, im Dritten Zeitalter würden die Schriften des Abtes von Fiore die Bibel ablösen. Aber das Gefühl, daß eine Zeitenwende bevorstehe, war durchaus nicht auf dissidente Kleriker beschränkt. Die Zeit nach 1250 war eine Zeit starker sozialer Spannungen: 1258 hatte es eine Hungersnot gegeben, 1259 einen Ausbruch der Pest; Krieg zwischen den Guelfen und Ghibellinen hatte das Land in einen Zustand von Elend und Unsicherheit gestürzt. Norman Cohn sieht es so, daß diese Bedrängnisse als »Vorspiel zu einer endgültigen und überwältigenden Katastrophe« empfunden wurden. Gruppen von Flagellanten erschienen, die versuchten, für ihre Sünden zu büßen, indem sie sich bis zur Besinnungslosigkeit geißelten. »Unter Hungersnot, Pest und Krieg erwarteten viele Menschen in Italien ungeduldig das Heraufdämmern des Zeitalters des Heiligen Geistes, des Zeitalters, in dem alle Menschen in Frieden leben würden, in freiwilliger Armut, versunken in glückselige Kontemplation. Und während Monat um Monat verstrich, wurden diese millenaren Erwartungen immer angespannter, bis sie sich zum Jahresende hin zu Verzweiflung und Hysterie steigerten und die Menschen begannen, sich an Strohhalme zu klammern.«[8]

Die Gärung um das Jahr 1260 herum ist außerordentlich aufschlußreich. Im Gegensatz zu den Jahren 1000 und 1033, für die wir die Anzeichen millenaristischer Erregung wie in einem Puzzle zusammensuchen müssen, können wir hier die explosive Wirkung eines gesetzten Endpunktes auf die apokalyptischen Erwartungen klar erkennen. Die Rolle sozialen und wirtschaftlichen Zusammenbruchs für diese millenaristische Explosion steht nicht in Frage; aber es ist die Enthüllung des *Datums*, zu dem ein neues Zeitalter anbrechen soll, das diesen Ausbruch von Raserei hervorbringt. Man könnte argumentieren, daß die Geißler nicht gerade wirken, als stünden sie am Beginn eines glorreichen neuen Systems, sondern eher, als ginge die Welt unter; aber das ist eine Unterscheidung, die sich in der Praxis öfter verwischte. Menschen, die glauben, daß die Welt, in der sie ihr ganzes Leben verbracht haben, in einem bestimmten Augenblick in Stücke gehen wird, werden wahrscheinlich auch dann Anzeichen psychischer Störung zeigen, wenn ihnen ihr Glaube sagt, sie selbst würden unbeschadet aus diesem Zusammenbruch hervorgehen.

Wir haben bereits gesehen, daß millenaristische Bewegungen, die von festgesetzten Daten ausgehen, nicht sofort zusammenbrechen, wenn der Termin verstrichen ist. Das Gefühl überwältigender Enttäuschung führt oft zu etwas, das als »kognitive Dissonanz« bekannt ist, das heißt, es hat den paradoxen Effekt, die Widerstandsfähigkeit eines harten Kerns von Gläubigen zu verstärken. Ein neuer Termin wird gesetzt, und wenn dieser vorbei ist, zeichnet sich ein dritter am Horizont ab. Das ist die wahre Geschichte der Apostolischen Brüder, die im Jahre 1260 gegründet wurden, dem Jahr der großen Enttäuschung, und die ihre Hoffnung auf das Jahrhundertende setzten. In einem Brief von 1300 sagt Fra Dolcino den unmittelbar bevorstehenden Übergang der Macht von der Römischen Kirche, *illa Babylon meretrix magna*[9], zu den Brüdern voraus, gefolgt von einem großen Sterben unter dem Klerus. Ein zweiter Brief revidiert diesen Zeitplan und sagt große Ereignisse für das Jahr 1305 voraus; offensichtlich war es dieses Datum, für das sich die Brüder bereithalten wollten, als sie sich in die Alpen zurückzogen. Nicht entmutigt durch das Verstreichen dieses neuen Termins, waren sie 1307 bereit, bis zum Tod zu kämpfen.

Die Konsequenzen einer Terminsetzung können so weitreichend sein, daß man sich fragt, ob noch etwas anderes dazukommen muß, damit eine apokalyptische Weltsicht sich in Millenarismus verwandelt. Natürlich hängt das auch von der Nähe des gesetzten Zeitpunkts ab. In den achtziger Jahren des 12. Jahrhunderts zum Beispiel fand ein antimuslimischer Text, der unter dem Namen Toledobrief bekannt ist, in Westeuropa Verbreitung. Durch die Verwendung astrologischer Deutungen, die in dieser Zeit rasch an Einfluß gewannen, und durch seine alptraumhaften Voraussagen erzeugte der Brief eine ungeheure Erregung. Der Verfasser, der unter dem Pseudonym »der Astrologe Corumphiza« schrieb, sagte eine Konjunktion der höheren und niederen Planeten im September 1186 im Sternbild der Waage voraus.

»Ein starker und mächtiger Wind wird sich in den westlichen Regionen erheben. Er wird die Luft schwärzen und sie mit giftigem Gestank verpesten. Dann werden Tod und Krankheit viele ergreifen; Dröhnen und Schreie werden in den Lüften erschallen und die Herzen derer mit Schrecken füllen, die ihnen zuhören. Ein Wind wird Sand und Staub vom Angesicht der Erde erheben und die Städte bedecken, die in der Ebene liegen, besonders in den Wüstenregionen ... Mekka, Barsara, Bagdad und Babylon werden vollkommen zerstört werden ... Auch im Abendland wird Zwietracht entstehen, und im Volke wird es zu Aufständen kommen. Es wird Einer unter ihnen sein, der wird unzählbare Heere versammeln und Krieg entlang der Küste führen; in diesem Krieg wird ein solches Morden stattfinden, daß die Gewalt des vergossenen Blutes den Flutwellen gleichkommt. Es gilt als sicher, daß die kommende Planetenkonjunktion die Veränderung der Königreiche bedeutet, die Vorherrschaft der Franken, die Zerstörung der sarazenischen Nation, größere Nächstenliebe, größere Anerkennung des Gesetzes Christi und ein längeres Leben für die Nachgeborenen.«[10]

Als der Toledobrief England 1186 erreichte, ordnete der Erzbischof von Canterbury ein dreitägiges Fasten in seiner gesamten Diözese an. Dann verging der Termin, und man sollte denken, daß die daraus resultierende Blamage das Verschwinden des Briefes garantiert hätte. Aber im Gegenteil, er zirkulierte über Jahrhunderte in Europa, mit geänderten Daten und sonstigen Veränderungen, aber im wesentlichen der gleichen Botschaft. Ist das wirklich verwunderlich? Der Historiker Robert Lerner drückt es so aus: »Einen prophetischen Text aus dem Mittelalter zu isolieren ist oft wie der Versuch, eine besonders hartnäckige Wurzel aus dem Garten zu entfernen. Man denkt, jetzt hat man es geschafft, und da merkt man, daß sie noch tiefer, noch weiter verzweigt ist.«[11]

Es gibt einen einfachen Grund, warum es in der mittelalterlichen Welt ständig eine Art »millenarer Unterströmung« in Form rasch mutierender Endzeitszenarien gab. Der apokalyptische Glaube bot den idealen Rahmen, religiösen Glauben und die Erfahrung der politische Realität miteinander zu vereinbaren – besonders wenn es sich um die Erfahrung von desorientierenden Veränderungen handelte. Über Jahrhunderte war er der einzige zugängliche Orientierungsrahmen und blieb dies noch lange, nachdem die zunehmende Komplexität der europäischen Welt die gröberen Formen des Glaubens an Propheten bei den Gebildeten weniger attraktiv gemacht hatte. Neue Faktoren kamen ins Spiel, wie die Entwicklung nationaler Bestrebungen, der naturwissenschaftliche Fortschritt und ein differenzierteres Verständnis historischer Prozesse, das es den Menschen erlaubte, künftige Jahrhunderte ohne Schwierigkeit kommen und gehen zu sehen.

Auf den ersten Blick scheinen diese Veränderungen apokalyptischen Bewegungen die Basis zu entziehen, nämlich der Vorstellung vom unaufhaltsamen Nahen des Endes. Aber der traditionelle Glaube an ein heraufziehendes Endzeitdrama wurde keineswegs auf einer Flutwelle von Vernunft weggespült. Seine Marginalisierung in den europäischen Eliten verhinderte nicht, daß er in neuen Formen wieder auftauchte. Die beliebte liberale Vorstellung, daß der Glaube an den »Fortschritt« eine rationale Alternative zur Apokalypse darstelle, hält genauer Untersuchung nicht stand. Im Gegenteil, die Rolle des Apokalyptischen in der Entwicklung unseres Verständnisses von Fortschritt ist von entscheidender Bedeutung. Das läßt sich schlagkräftig demonstrieren an den Theorien des Joachim von Fiore und, um einen Sprung in die Gegenwart zu tun, an der Geschichte des Landes, dessen Weltbild zugleich das optimistischste und das am meisten vom Millenarismus geprägte der modernen Welt ist – der Vereinigten Staaten.

Apokalyptik kann, wie der Kommunikationsforscher Stephen O'Leary aufgezeigt hat, als eine Form der Rhetorik gesehen werden. Die ältesten erhaltenen apokalyptischen Texte dienten als Propaganda für eine jüdische Widerstandsbewegung: Daniels ehrfurchtgebietende Vision der Toten, die aus ihren Gräbern erstehen, war von einem versteckten Aufruf zu den Waffen begleitet. Die Tatsache, daß er an eine unterdrückte Minderheit gerichtet war und mit Genuß beschreibt, wie die Mächtigen vom Thron gestürzt werden, hilft zu erklären, warum Apokalyptik immer wieder die Gesellschaftsordnung in Frage stellt. Aber wir sollten nicht vergessen, daß sie ursprünglich gegen einen ausländischen Gegner gerichtet war, die Besatzungsmacht des hellenistischen Herrschers. Deshalb ist es kaum überraschend, daß Prophezeiungen eines Titanenkampfes zwischen Anhängern Gottes und des Satans eine ebenso wichtige Rolle in den Kämpfen zwischen Papst und Kaiser, Franzosen und Deutschen spielten wie in Konflikten, in denen ein theologisches Prinzip auf dem Spiel stand, etwa in den Religionskriegen des 16. und 17. Jahrhunderts oder im Englischen Bürgerkrieg. Der zunehmende Gebrauch apokalyptischer Rhetorik gegen nationale Feinde ist nicht nur ein äußeres Anzeichen für die Entstehung des Nationalismus, sondern selbst ein Faktor, der zu seiner Entstehung beigetragen hat. Die Identifikation eines ausländischen Herrschers mit dem Antichrist rechtfertigte den nationalen Kampf; Joachims Versprechen eines goldenen Zeitalters innerhalb der Geschichte lieferte den Anreiz. Religiöse und politische Ziele wurden nahtlos in eine kosmische Tapisserie verwoben.

Wir können die Entwicklung des Nationalbewußtseins dadurch verfolgen, daß wir einfach untersuchen, wo apokalyptische Prophetie für politische Zwecke zurechtgeschneidert wurde. Der Ton wurde durch den bittersten aller Kämpfe zwischen *sacerdotium* und *imperium*, Priesterherrschaft und Kaiserherrschaft, angegeben, in den Kaiser Friedrich II. (1194-1250) und die Päpste seiner Zeit verstrickt waren. Papst und Kaiser bezeichneten sich gegenseitig hämisch als stinkende Ausgeburten aus dem Buch der Offenbarung. »Das mit den Namen der Gotteslästerung angefüllte Tier ist aus dem Meer aufgestanden«, schrieb Papst Gregor VII., »mit den Füßen eines Bären, dem Maul eines Löwen und dem Rest seiner Gliedmaßen wie ein Leopard hat es in seiner Wut den Mund geöffnet, um den göttlichen Namen zu lästern. Es schleudert sogar Pfeile gegen Gottes Tabernakel und gegen die Heiligen, die im Himmel wohnen.«[12]

Friedrich stand mit seiner Antwort nicht zurück: »Er, der nur dem Namen nach Papst ist, hat gesagt, daß Wir das Tier sind, das aus dem Meer steigt, voll von Lästernamen, und gefleckt wie ein Leopard. Wir stellen fest, daß er selbst das Tier ist, von dem wir lesen: Da erschien ein anderes Pferd, das war feuerrot. Und der, der auf ihm saß, nahm den Frieden von der Erde, so daß die Menschen einander abschlachteten« (Offenb. 6.4). Die Diskussion dauerte in ähnlicher Form bis in das Pontifikat des Papstes Innozenz IV., als einer der Propagandisten des Kaisers die apokalyptische Trumpfkarte ausspielte. Einem gut eingespielten Berechnungssystem folgend, schrieb er: »Der Buchstabe I bedeutet 1, N bedeutet 50 und noch einmal 50, O ist 70, C gleich 100 ...«, und INNOCENTIUS PAPA ergibt, was uns schon kaum mehr überrascht, zusammen die Zahl 666.[13]

Friedrich und seine Nachfolger hatten keine Bedenken, die apokalyptische Stereotype des Letzten Kaisers zur Unterstützung ihrer dynastischen Ambitionen zu benutzen. Während des 14. und 15. Jahrhunderts wurde diese mythische Figur, die schon im Jahr 1000 verehrt worden war, zum Brennpunkt nationalistischer Ziele. Die Gestalt eines wieder auferstandenen Kaisers Friedrich II. spielte eine wichtige Rolle in den Phantasien der radikalen Bauernbewegungen, die von Zeit zu Zeit in Deutschland entstanden. Eine *Gamaleon* genannte Prophezeiung, die aus dem frühen 15. Jahrhundert stammt, spricht von einem künftigen deutschen Kaiser, der das Große Schisma beenden wird, indem er den Amtssitz des heiligen Petrus nach Mainz verlegt. Die neue Kirche wird dem neuen Kaiser – Caesar – untertan sein, der in einem Europa herrschen wird, in dem die Priester getötet worden sind, die Franzosen, Ungarn und Slawen unterworfene Völker –, und die Juden ausgerottet sind. Die Vorahnung des Nazismus ist zu deutlich, als daß sie erst noch ausgedeutet werden müßte; aber diese Verbindung von populärem Nationalismus und atavistischer Barbarei ist nichts ausschließlich Deutsches, wie wir sehen werden, wenn wir die außerordentlichen Ereignisse des 16. Jahrhunderts in Böhmen betrachten.

Der böhmische millenaristische Nationalismus ist allerdings nicht charakteristisch für die »politische« Prophetie der Zeit, die ein, möchte man sagen, eher gemäßigtes Nationalgefühl ausdrückte. Die meisten Prophezeiungen waren das Werk gebildeter Kleriker und Höflinge, die begierig waren, eine Sicht der Zukunft zu verbreiten, in der das eigene Volk eine große Rolle spielte, und rivalisierende fremde Völker im wahrsten Sinne des Wortes dämonisierten. So war der Letzte Kaiser der Deutschen ein dritter Friedrich, der französische ein zweiter Karl der Große. Was die lebenden Herrscher anbetraf, so schmeichelte man ihnen durch den Hinweis, sie könnten dieser Letzte Kaiser werden, der eine unbegrenzte Zeit irdischen Glücks einleiten werde. Sie ließen sich allerdings im großen und ganzen von apokalyptischer Rhetorik nicht in ihre alltäglichen Regierungsgeschäfte hineinreden.

Aber ohne Zweifel verlieh sie der Außenpolitik eine gewisse Aggressivität. Für den Geist des mittelalterlichen Menschen wie für den heutigen Fundamentalisten legt die Vorstellung einer einzigen Weltmacht unweigerlich ein Endzeitszenarium nahe. Diese Verbindung mag in der Tat die politische Geographie der modernen Welt mitbestimmt haben: die imperialen Unternehmungen einiger europäischer Mächte im 16. Jahrhundert mögen psychologisch in Prophezeiungen wurzeln, in denen die Rolle des Letzten Weltkaisers ihren Herrschern zugeschrieben wurde.

Aber in keinem Stadium der mittelalterlichen oder neuzeitlichen Geschichte war Apokalyptik so keimfrei geworden, daß sie politische Rhetorik war und nichts weiter. Sie blieb ein gefährlich unstabiles Element. Im sechzehnten Jahrhundert benutzten gemäßigte protestantische Reformatoren das Thema Endzeit in ihrem Kampf gegen die katholische Kirche nur vorsichtig; sie waren sich wohl bewußt, daß der Gebrauch solcher Bilder außer Kontrolle geraten konnte. Das furchtbare Beispiel des Experiments der Taboriten zeigte, wie leicht es war, millenaristische Erwartungen auf die Wiederkunft Christi zu entfachen.

Böhmen war zu Beginn des fünfzehnten Jahrhunderts ein fruchtbarer Boden für antipapistische Reformer mit einer nationalistischen Perspektive. Die Hälfte allen Landes gehörte der Kirche. Der höhere Klerus war im allgemeinen deutschsprachig und selbst für die damaligen Verhältnisse ungewöhnlich korrupt. Die Universität Prag hingegen war sowohl stark tschechisch orientiert als auch reformfreudig. Ihr Rektor Johannes Hus lehrte, daß man päpstliche Dekrete ignorieren solle, wenn sie der Lehre Christi zuwiderliefen. Das fiel beim tschechischen Adel auf fruchtbaren Boden und brachte Hus sogar eine Audienz bei König Wenzel von Böhmen ein, mit dessen Beziehungen zum Kaiser es nicht zum besten stand. Als Hus 1414 zum Konzil von Basel reiste, um für Reformen zu plädieren, und trotz einer kaiserlichen Garantie freien Geleits als Ketzer verbrannt wurde, empfanden Wenzel und seine Adeligen das als nationalen Affront. Die weltlichen Mächte Böhmens übernahmen die Kontrolle über die kirchliche Hierarchie. Die Bühne schien bereitet für die Errichtung einer theologisch konservativen Nationalkirche etwa nach dem Muster, das König Heinrich VIII. ein Jahrhundert später in England anwenden sollte.

Aber binnen kurzem fanden sich die gemäßigten hussitischen Reformer von einer mächtigen millenaristischen Unterströmung in die Richtung eindeutiger Häresie gedrängt. Das Ende des 14. Jahrhunderts in Böhmen war eine verstörende Zeit gewesen. Prag war übervölkert, während draußen im Land das Feudalsystem mit seinen Abgaben und Diensten langsam zerbröckelte. Volksprediger, die schon seit Jahren apokalyptische Themen in ihren Predigten verwandt hatten, konnten die hussitische Reform als Erfüllung einer Prophezeiung deuten. Aber letztlich war es ein Versuch, die Reform zu unterdrücken, der aus ihrer Zuhörerschaft von Handwerkern, Slumbewohnern und landlosen Bauern Millenaristen machte. 1419, als Wenzel sich dem Druck des Papstes beugte und versuchte, die Hussiten aus der Regierung in Prag zu entfernen, brach eine offene Revolte aus, in der vom König ernannte katholische Räte aus den Fenstern des Rathauses gestürzt wurden. Der König starb unmittelbar danach an einem Schlaganfall. Von da an wurden die Radikalen in einem apokalyptischen Wirbelwind nach oben getrieben. Riesige Treffen wurden unter freiem Himmel auf Berggipfeln abgehalten, die den Mons Tabor, den Berg der Verklärung Christi, darstellen sollten. Eine verlassene Festung wurde in eine Zitadelle verwandelt und in Tabor umbenannt; eine Anzahl von Kleinstädten wurde zu Kommunen, in denen brüderliche Liebe die alte Herrschaft des Gesetzes ablösen sollte. Die katholische Lehre vom Priestertum wurde aufgegeben.

Die Taboriten, wie die Historiker sie nennen, begannen zu glauben, daß nur sie die Wiederkehr Christi überleben würden. Die ehemaligen Priester, die nun die Bewegung führten, prophezeiten, daß diese zwischen dem 10. und 14. Februar 1420 stattfinden werde. Dann würden alle Städte und Dörfer von Feuer verzehrt werden mit Ausnahme der fünf taboritischen Städte, die unter dem Namen »Berge« bekannt waren. Nach den Worten einer zeitgenössischen Quelle glaubten sie: »Christus wird vom Himmel herabsteigen und mit ihnen [den Taboriten] leiblich zusammenleben. Alle Augen werden ihn sehen. Er wird ein großes Festmahl in den wirklichen Bergen feiern, und wenn er eintritt, um die Gäste zu sehen, wird er das Übel in die Dunkelheit ringsherum werfen. Alle, die vorher außerhalb der Berge lebten, wie diejenigen, die während der Flut nicht mit Noah in der Arche waren, werden in einem Augenblick vom Feuer verzehrt werden.«[14] Bauern verkauften ihr Hab und Gut, strömten in die Städte der Taboriten und legten deren geistlichen Führern ihr Geld zu Füßen.

Als der Termin verstrich, trat das Experiment lediglich in eine neue und aggressivere Phase ein. Eine neue Lehre tauchte auf: Christus sei *heimlich* zur Zeit der Gründung von Tabor zurückgekehrt. (Die Behauptung, die Wiederkehr habe in verdeckter Form bereits stattgefunden, sollte zur klassischen Lösung des Problems der kognitiven Dissonanz werden; sie wurde zum Beispiel von den Zeugen Jehovas mit Bezug auf das Jahr 1914 benutzt.) Der ursprüngliche Pazifismus der Taboriten wich einem unglaublichen Blutdurst, der es ihnen ermöglichte, sich zu einer schlagkräftigen militärischen Einheit zusammenzufinden: 1420 kamen sie den gemäßigten Hussiten zu Hilfe, als sie die kaiserlichen Truppen vor den Toren Prags besiegten; dieses Bündnis war allerdings nur von kurzer Dauer. Von da an bis 1434, als sie von einem böhmischen Heer praktisch ausgerottet wurden, verwüsteten taboritische Truppen immer wieder Mitteleuropa. Nach den offiziellen katholischen Dokumenten, in denen sie verdammt wurden, sahen sie sich selbst als »das Heer, das von Gott in die Welt gesandt wurde, um die Plagen zur Zeit der Rache[15] zu vollstrecken ... Jeder der Getreuen müsse seine Hände im Blut der Feinde Christi waschen.«

Und doch gab es Grenzen, die nicht einmal die Taboriten überschritten. Obwohl sie in der absoluten Gewißheit lebten, daß Christus jeden Augenblick erscheinen werde, um das Tausendjährige Reich zu begründen, das zugleich das Zeitalter des Heiligen Geistes war, entstand bald so etwas wie eine normale soziale Hierarchie in den taboritischen Städten. Die Abschaffung der Feudallasten, die das frühe, euphorische Stadium des Experimentes gekennzeichnet hatte, wurde rasch widerrufen.

Die Taboriten gingen daran, tatkräftig Abgaben von den Bauern der Gegend einzutreiben; und als sie sich mit einer ultraradikalen apokalyptischen Gruppierung in den eigenen Reihen konfrontiert sahen, unterdrückten sie diese brutal. Dies waren die Adamiten oder Pikarten; sie wurden aus der Hochburg der Taboriten vertrieben, als sie lehrten, sie seien die Heiligen der Letzten Tage und deshalb unfähig zur Sünde. Die Adamiten gaben sich der freien Liebe hin und tanzten nackt um Lagerfeuer. Sie besetzten eine Insel im Nezarka-

Fluß und unternahmen von dort nächtliche Überfälle auf nahegelegene Dörfer. Ihr aus der Heiligen Schrift entnommener Schlachtruf lautete: »Und um Mitternacht erscholl ein Ruf: Siehe, der Bräutigam kommt!«[16] Dieser Satz gab ihnen, wie sie glaubten, das Recht, jeden, den sie antrafen, zu töten, Mann, Frau oder Kind. Im Oktober 1421 wurde eine Truppe aus 400 militärisch ausgebildeten Taboriten gegen sie ausgeschickt. Auf ihrer Insel verschanzt, glaubten die Adamiten, ihre Feinde würden von Gott mit Blindheit geschlagen. Sie kämpften tapfer bis zum letzten Mann; dieser wurde absichtlich verschont, damit er einen Bericht über die Lehren der Adamiten geben konnte, bevor er auf dem Scheiterhaufen starb.

Die taboritische Episode, die sich bis zur Zerstörung des Mons Tabor durch hussitische Truppen im Jahre 1452 hinzog, ist mehr als nur ein Schulbeispiel für Millenarismus. Die Taboriten sind die einzige große millenaristische Bewegung vor der Reformation, die erfolgreich der Staatsautorität trotzte und eine apokalyptische Gemeinschaft mit ihrer eigenen sozialen Hierarchie schuf. Und es gibt einiges an dieser Entwicklung von egalitärer Euphorie zu verbitterter Abgrenzung und zur Ausrottung von Andersdenkenden, das an Orwells »Farm der Tiere« denken läßt und uns andere gescheiterte Experimente in Erinnerung ruft. Es scheint in der Tat so, daß extreme apokalyptische Bewegungen mit Revolutionen, die von weltlichen Zukunftsvisionen angetrieben werden, eine unentrinnbare Dynamik teilen. Es gibt in der Tat eine Denkschule, die in der Entwicklung einer revolutionären Mentalität unter den Millenaristen einen wichtigen Schritt auf dem Weg von Montanus zu Marx sieht, einem Weg, auf dem die Vision einer vollkommenen Gesellschaft immer säkularer, allumfassender und irdischer wird.

Es gibt gewiß gute Gründe für die Annahme, daß der revolutionäre Sozialismus im Grunde ein säkularer Millenarismus ist. Aber dieser ist nicht unbedingt die bedeutsamste Hinterlassenschaft der apokalyptischen Tradition; noch ist die grausige Episode der Taboriten die wichtigste Erscheinung der apokalyptischen Gärung während des 15. Jahrhunderts. Wir können ebenso Bedeutsames erfahren, wenn wir die Wirkung des Glaubens an Prophezeiungen auf eine komplexe, reiche und hochzivilisierte Stadtgesellschaft kennenlernen: auf das Florenz der Renaissance.

Der Begriff der Renaissance – einer Wiedergeburt, die zu einem goldenen Zeitalter führt – scheint mehr dem Denken der antiken Klassiker verbunden als dem mittelalterlicher Unheilspropheten. Petrarca (1304-1374), dem man die Erfindung zuspricht, zwischen alt und modern zu unterscheiden, sah die Geschichte als eine Abfolge von Zeitaltern, die eher durch menschliche Anstrengung gestaltet wurden als durch den Willen Gottes. Sein goldenes Zeitalter sollte eine Rückkehr zum klassischen Glanz des Altertums sein, bewirkt durch die Befreiung des menschlichen Geistes aus den Fesseln der Kontrolle durch die Kirche. Dieser Gedanke wurde von den Neuplatonikern im Florenz des 15. Jahrhunderts wiederaufgenommen. Sie träumten von einem Ausweg aus einem Zeitalter der Unwissenheit durch Bildung und kehrten damit bewußt zu den zyklischen Theorien zurück, die mehr als tausend Jahre vorher durch apokalyptische Gedankengänge abgelöst worden waren. Aber die millenaristische Gegenströmung war niemals tief unter der Oberfläche. Wenn man es genauer ansieht, war das Goldene Zeitalter der Renaissance nichts anderes als Joachims Drittes Zeitalter in klassischer Kostümierung. Das übliche Bild von der italienischen Renaissance, in der eine kultivierte Elite sich vom Aberglauben ab- und dem Studium der Kunst, Architektur, Musik und Astronomie zuwendet, ist ziemlich selektiv. Wir sehen darin nicht die Propheten, die durch Rom und Florenz wanderten und das Ende eines Zeitalters verkündeten; noch erblicken wir die Figur des Antichrist, die hinter den dorischen Säulen der Erneuerung lauert.

Das Ende des fünfzehnten Jahrhunderts in Italien war eine

Periode, in der große Hoffnungen und große Ängste nebeneinander existierten. Die Exponenten der Idee eines humanistischen goldenen Zeitalters stellten sich häufig vor, daß diesem Zeitalter furchtbare Konflikte vorausgehen würden. Obwohl sie sich Platoniker nannten, waren sie wie hypnotisiert von der Gestalt des Antichrist. Prophetie war, wie die Astrologie und das Okkulte, eine der Weisen, auf die Gott die grundlegenden Geheimnisse der Existenz enthüllte. Wenn die Himmelskörper dabei waren, eine Konstellation zu bilden, die ein neues Zeitalter auf Erden ankündigte, dann sollte man dies zugleich als die Erfüllung biblischer Prophezeiungen betrachten. Die Wiederentdeckung des klassischen Goldenen Zeitalters wäre das klarste Anzeichen dafür, daß der christliche Weltsabbat begonnen hatte. Aber wer konnte schon sagen, was für ein schreckliches Drama sich abspielen würde, bevor diese glorreiche Ära heraufdämmerte? Unruhig und voller Anspannung suchte der Mensch der Renaissance den Horizont nach Zeichen für die Endzeit ab, nicht weniger intensiv als sein Vorgänger im Mittelalter.

Diese Zeichen waren nie so unheilverkündend wie im Herbst 1494, als der junge König Karl VIII. von Frankreich die Alpen überquerte, um seiner eigenen Vorstellung von einem apokalyptischen Weltreich nachzugehen. Karl, wie Kaiser Otto III. genau fünfhundert Jahre vor ihm, war das seltene Beispiel eines Herrschers, der die Prophezeiungen ernst nahm, in denen ihm die Rolle des Letzten Kaisers zugewiesen wurde. Überzeugt davon, ein zweiter Karl der Große zu sein, brach er zu einem Feldzug auf, um Neapel zu erobern. Dies sollte der erste Schritt zu einem Kreuzzug mit dem Ziel sein, Jerusalem wiederzugewinnen und erneut ein christliches Reich unter der Herrschaft des Königs von Frankreich zu errichten. »Selten hat es in der Geschichte Westeuropas eine Ereignisfolge gegeben, die so weitgehend als Teil eines prophetischen Dramas gesehen wurde, wie der Italienfeldzug Karls VIII.«, schreibt Marjorie Reeves.[17] Auf französischer Seite bedurfte es nur der Wiederkehr des magischen Namens Karl, um die Träume von Karl dem Großen wiederzuerwecken; auf italienischer Seite war Florenz inzwischen in den Bann eines außerordentlichen Predigers geraten; dieser riet der Stadt, die Invasion als eine göttliche Züchtigung anzusehen, mit der die Tür zum Goldenen Zeitalter aufgestoßen würde.

Die Laufbahn von Girolamo Savonarola (1452-1498) ist ein perfektes Beispiel dafür, wie sich rationale Hoffnungen auf eine Wiedergeburt der Antike mit Endzeitangst mischen konnten. Von 1490 an zog dieser Dominikanermönch mit seinen visionären Prophezeiungen vom Erscheinen des Antichrist große Menschenmassen an. Daran war nichts Ungewöhnliches: Italien war am Ende des 15. Jahrhunderts äußerst empfänglich für eschatologische Ängste. Der Chronist Tizio aus Siena fand, daß dieses eine Zeit der »Vorzeichen, Phantome und astrologischen Konjunktionen von furchtbarer Bedeutung« sei, Wanderpropheten, die von Zerstörung kündeten, fanden willige Zuhörer. Savonarola hielt sich zunächst an vertraute Themen wie Strafe und Prüfung. »Das Schwert des Herrn wird rasch und bald auf die Erde niederfallen«, prophezeite er, und Florenz werde zerstört werden, falls es sich nicht unverzüglich besserte. Aber irgendwie hob das Näherrücken eines zweiten Karls des Großen an der Spitze seines Kreuzfahrerheeres Savonarolas Stimmung. Er war nun überzeugt, sein Volk werde zum auserwählten Volk Gottes werden, vor der Vernichtung bewahrt, um eine herrliche neue Rolle zu spielen. »Du, o Florenz, wirst die neue Ordnung ganz Italiens sein, und von hier aus wird sich die Erneuerung überallhin verbreiten«, sagte er. Der ungläubige Türke werde sich zum Christentum bekehren, die Sonne die Welt erleuchten und die Kirche so voller Liebe sein, daß die Engel mit Menschen verkehrten.[18]

Dank Savonarola unterwarf sich Florenz friedlich dem französischen König, vertrieb seine Medici-Herrscher und wurde für kurze Zeit das, was McGinn eine »protomessianische Republik« genannt hat. Savonarolas Lehre, Florenz sei das auserwählte Zentrum göttlicher Erleuchtung, fußte auf älteren Überlieferungen, nach denen die Stadt Haupt und Herz Italiens sei, das über alles geliebte Kind der Stadt Rom, und dazu bestimmt, deren Nachfolgerin zu werden. Sie verstärkte auch die joachitische Vorstellung von den *viri spirituales*, die eine moralische Revolution anführen, nur daß diesmal das Volk von Florenz diese Rolle spielte. Aber die Erhebung von Florenz zu einem Neuen Jerusalem sollte sich als Ursache für Savonarolas Sturz erweisen; denn dieser Status implizierte, daß Rom der Antichrist war, und Florenz der Sitz eines reformierten Papsttums sein sollte. Das spielte dem notorisch korrupten Papst Alexander VI. in die Hände, der Savonarola vernehmen ließ und dann exkommunizierte. Seine Basis in Florenz schmolz angesichts der Gegnerschaft des Papstes und der Niederlage der französischen Armee, und im Mai 1498 wurde Savonarola öffentlich verbrannt.

Die messianische Republik hielt sich nur drei Jahre, viel kürzer als die apokalyptische Zitadelle Tabor. Und was das fanatische Verhalten der Protagonisten anbetrifft, spielt Savonarolas Florenz offensichtlich nicht in der gleichen Klasse wie Tabor. Aber vielleicht ist die Bedeutung dieser Episode dennoch größer. Es ist das erste Mal, daß einer ganzen Gesellschaft Wohlstand, internationaler Einfluß und moralische Überlegenheit versprochen wird, wenn sie bereit ist, ihre apokalyptische Funktion zu erfüllen und das Goldene Zeitalter einzuführen. Was das im einzelnen mit sich bringt, ist nicht immer klar: Es muß eine »Reformation der Moral« stattfinden, und es ist nötig, daß der Antichrist erscheint und besiegt wird. Aber für die Anhänger Savonarolas war das Entscheidende die kommende Größe der Stadt Florenz: »Alle Völker und Religionen werden sich der wahren Religion von Florenz anschließen, und es wird eine Herde und ein Hirt sein. Florenz wird seine Hegemonie zu einem wohlwollenden *imperium* ausweiten. Der Geruch ihrer Heiligkeit wird sich durch die ganze Welt verbreiten, und die Menschen werden ihr Glück sehen und wünschen, ihre Regierung und ihre Gesetze zu teilen«.[19]

Es ist diese letzte Behauptung, die den heutigen Leser aufmerken läßt. Deutlicher kann man den Glauben an ein »manifest destiny«, eine offenbare Bestimmung, nicht formulieren. Der imperiale Geist der Briten und Amerikaner scheint so eng verbunden mit dem protestantischen Unternehmergeist, daß es erstaunt, ihn so klar im Italien der Renaissance vorgeformt zu finden. Doch die Werte der Zivilisation, die Britannien und die USA in andere Länder zu exportieren suchten, waren oft gestützt von einem Geschichtsverständnis, das dem von Savonarolas Florenz überraschend ähnelt. Sie sollten eine Ära nie dagewesener menschlicher Errungenschaften einleiten, die Apotheose der Geschichte, ein Zeitalter, das dem Tausendjährigen Reich Christi und seiner Heiligen gleichen sollte, vielleicht gar dazu werden könnte.

Das ist nicht geradezu Millenarismus, aber sicher das, was Historiker und Soziologen eine millenare Vision nennen, eine Vision, die von der Vorstellung einer glorreichen Endzeit getragen ist. Eine Gesellschaft, die von dem Gefühl einer offenbaren Bestimmung ergriffen ist, hat keine Zeit, zum Himmel aufzuschauen. Im Gegenteil, sie mag glauben, Christus werde erst erscheinen, wenn sie das Millennium aus eigener Anstrengung geschaffen hat. Die millenare Vision mag sich sogar so verweltlichen, daß die Wiederkunft Christi oder der Weltenbrand am Ende der Zeit als ein fernes Ereignis oder als bloße Mythologie erscheinen. Aber wenn die Idee eines Höhepunkts der Geschichte einmal beschworen worden ist, kann die Aussicht auf das Ende niemals mehr aus der Phantasie verbannt werden.

4

# Ein neues Jerusalem

Man kann den Einfluß der Reformation auf die Endzeithoffnungen und Endzeitängste kaum überschätzen. Im Zeitraum von zwei Jahrzehnten wurde die Bibel in der Volkssprache für Millionen Menschen in Nordeuropa zugänglich. Dem Laien, der ohne Anleitung diesen Text das erste Mal las, war es unmöglich, nicht ins Sinnen über das Weltende zu geraten. Die Apokalypse wirft einen drohenden Schatten über die meisten Teile des Neuen Testaments, und obwohl heutige Christen die Augen davor verschließen, mußte das für die ersten bibellesenden Laien absolut unübersehbar sein. Die Flutschleusen der Amateurprophetie waren damit geöffnet.

Dies war nicht ganz das, was Martin Luther beabsichtigt hatte, als er das geistliche Monopol der katholischen Kirche brach. Die Verbreitung des Protestantismus sollte nicht mit einem Umsturz der sozialen Ordnung oder mit der Berechnung des Jüngsten Tages in Verbindung gebracht werden. Der Rat des Heiligen Augustinus, davon die Finger zu lassen, wirkte immer noch. Als Luther den Papst Antichrist nannte, benutzte er die apokalyptische Metaphorik, wie es seit langem der Brauch war, lediglich als politische Rhetorik. Die biblischen Endzeitsequenzen waren allenfalls ein Rahmen, innerhalb dessen man die ungeheuren politischen und theologischen Umwälzungen der Reformation analysieren konnte. Luther wäre froh gewesen, das Buch der Offenbarung ganz aus der Bibel entfernen zu können. Er war sich der Rolle wohl bewußt, die es zu Beginn des 15. Jahrhunderts in Böhmen für den Zusammenbruch der vertrauten Lebensordnung gespielt hatte. Er fürchtete, daß dieses Drama leicht noch einmal im Aufruhr des politischen Verfalls gespielt werden könnte, und er mußte nicht lange warten, um recht zu behalten.

Es ist hier nicht der Raum, die Ereignisse des Bauernaufstandes von 1525 im einzelnen zu beschreiben, als schlecht bewaffnete Anhänger des Millenarismus von einem halbverrückten Intellektuellen namens Thomas Müntzer in eine aussichtslose Schlacht gegen die Streitkräfte des Staates geschickt wurden. Der Aufstand als solcher war nicht vom millenaristischen Typ: es handelte sich um eine klassische Bauernrevolte. Aber in Thüringen gerieten die Aufständischen unter den Einfluß von Müntzer, der wie besessen von der bluttriefenden Bilderwelt der Offenbarung war und ihnen versprach, ihre Kämpfe würden das Glück des Tausendjährigen Reiches herbeiführen. Die Parallelen zu den Taboriten drängen sich auf. Beide Tragödien entstanden aus etwas, das man als theologische Orientierungslosigkeit bezeichnen könnte. Sobald die konservativen Reformatoren, wie die gemäßigten Hussiten ein Jahrhundert früher, den Stützpfeiler der Kirchenautorität beseitigt hatten – das bisher exklusive Recht des Klerus, die Bibel auszulegen – fanden sie es unmöglich, Spekulationen über die Endzeit unter Kontrolle zu halten. In beiden Fällen führte der ursprüngliche theologische Protest gegen Rom zu jener Art von politischer und gesellschaftlicher Desorientierung, auf deren Boden millenaristische Bewegungen gedeihen. Im Grunde genommen sind sie parasitär: sie hängen sich immer wieder an größere Bewegungen an, wie die Bauernaufstände es waren. Bei der extremen Natur des millenaristischen Glaubens, der unstabile Persönlichkeiten und Marginalisierte anspricht und nur schwer über längere Zeit aufrechtzuerhalten ist, können diese Bewegungen intensive und kurzlebige Dramen hervorbringen, in denen sich die Gläubigen von der Gesamtgesellschaft abschließen. Es mag ihnen sogar gelingen, ein bestimmtes Gebiet unter ihre Kontrolle zu bringen und so auch Nichtanhänger in eine Tragödie hineinzuziehen, die für die Auserwählten die langerwartete Erfüllung einer Prophezeiung ist.

Dieses Drama hat niemals ein verzweifelteres Ende gefunden als in der Stadt Münster in den Jahren 1534-35. Die Münsteraner Episode ist ein groteskes Beispiel für die unkontrollierbare und doch vorhersagbare Dynamik des apokalyptischen Glaubens. Hintergrund ist die Verwirrung und ein nur mühevoll unterdrücktes Gewaltpotential in Deutschland zu dieser Zeit. Viele Arme lehnten sowohl den Katholizismus als auch den Protestantismus ab und entschieden sich statt dessen für das Wiedertäufertum, eine lose Ansammlung apokalyptischer Sekten, jede mit ihrem eigenen Propheten. Münster in Westfalen wurde zum Zentrum der radikalsten Anabaptisten. Sie vertrieben Katholiken und Protestanten aus der Stadt und verkündeten, Münster solle das neue Jerusalem werden. Als die Streitkräfte des katholischen Bischofs die Stadt belagerten, errichtete Jan Matthys, der anabaptistische Führer, ein Schreckensregiment innerhalb ihrer Mauern. Alle Bücher außer der Bibel wurden verbrannt und der Dom geplündert. Dann wagte sich Matthys hinaus und wurde in Stücke gehackt, worauf Münster in die Hände eines noch brutaleren und fanatischeren Mannes fiel: Der charismatischen Jan Bockelson[1] war ein früherer Schneider, der seine Herrschaft damit begann, daß er im Zustand der Ekstase nackt durch die Stadt rannte. Dann verkündete er die Aufrichtung einer neuen göttlichen Ordnung, in der jede Übertretung, vor allem außerehelicher Geschlechtsverkehr, mit dem Tode bestraft wurde.[2]

Innerhalb kurzer Zeit wechselte Bockelson vom Puritanismus zur sexuellen Freizügigkeit. Er war bei weitem nicht der erste millenaristische Führer, bei dem das so war: Einen plötzlichen Umschlag von einem Extrem zum anderen hatte es auch bei einer Reihe früherer Sekten gegeben, möglicherweise schon bei den Montanisten, und seitdem ist dies ein vertrautes Charakteristikum millenaristischer Glaubensgemeinschaften. Das ist schwer zu erklären, aber man kann vielleicht eine Parallele ziehen zwischen den Extremen im Sexualverhalten und dem Nebeneinander von Schreckens- und Glücksvisionen in den apokalyptischen Schriften selbst. Jedenfalls wurden die Einwohner von Münster darüber informiert, daß Gott die Polygamie[3] wieder eingeführt habe. Fünfzig Abweichler, die sich widersetzten und zu den Waffen griffen, wurden hingerichtet. Bockelsons Kontrolle über die Stadt war beeindruckend; aus einem Haufen gewöhnlicher Stadtbürger und Söldner wurde eine disziplinierte Kampftruppe, die einen größeren Angriff durch das Heer des Bischofs zurückschlug.

In kurzer Zeit aber degenerierte das Drama von Münster zu einem Horrorspiel. Im September 1534 verwandelte sich Bockelson vom gotternannten Führer in den König und Messias der Letzten Tage – eine wilde Inflation von geistlichen Titelansprüchen, die an das Verhalten von David Koresh während der Belagerung von Waco viereinhalb Jahrhunderte später erinnert. Der neue König von Münster kleidete sich in kostbare Gewänder und umgab sich mit zahlreichen Frauen, von denen keine über zwanzig war, und einem Hofstaat von Bewunderern. Die gewöhnlichen Bürger dagegen wurden gezwungen, in Schmutz und Armut zu leben bis zur Wiederkunft Christi, die erst eintreten werde, so Bockelson, wenn alle Priester, Mönche und Herrscher der Welt erschlagen worden seien. Vorerst wurden Massenenthauptungen von Stadtbewohnern auf dem Markplatz durchgeführt, viele von ihnen durch den König persönlich. Die Belagerung intensivierte sich; Hunger zwang die Leute, Hunde, Katzen und Ratten zu essen; im Spätfrühjahr war die Bevölkerung schon zu schwach, um weiter Widerstand gegen die Angreifer zu leisten, und im Juni fiel Münster bei einem Überraschungsangriff. Alle Führer der Wiedertäufer wurden sofort getötet, mit Ausnahme von Bockelson, der an einer Kette umhergeführt wurde wie ein Bär, bevor man ihn zu Tode marterte.

Die Belagerung von Münster illustriert perfekt, wie verheerend der Millenarismus wirkt, wenn sich die paranoiden Phantasien eines messianischen Führers zu erfüllen scheinen. Nichts eignet sich so gut wie eine Belagerung, um die selbstzerstörerischen Impulse apokalyptischen Glaubens zu verstärken (das scheinen, wie wir sehen werden, die Behörden in Waco nicht begriffen zu haben). Die öffentliche Meinung im 16. Jahrhundert war über diese Episode ebenso entsetzt, wie wir es heute wären. Aber ähnlich wie gewisse millenaristische Ausbrüche im Mittelalter ist auch die Episode von Münster nicht vollkommen losgelöst vom Geist ihrer Zeit. Das millenare Königtum von Jan Bockelson war ein ins Groteske verzerrtes Spiegelbild des Wunsches unter gewöhnlichen Protestanten, ein neues Jerusalem zu bauen, eine von Gott geheiligte Gesellschaft, die den Höhepunkt menschlicher Errungenschaften darstellen würde. Dies war der Ehrgeiz, der im Florenz der Renaissance zuerst lebendig wurde, aber sich nur in einem nichtkatholischen Land vollkommen entfalten konnte.

Der Befreiung von der päpstlichen Herrschaft allein konnte natürlich nicht eine einzige, stimmige protestantische Vision eines neuen Jerusalems hervorbringen. Im Gegenteil, sie sorgte dafür, daß es immer mehr miteinander konkurrierende Visionen millenaren Schicksals gab. Die Ablösung der kirchlichen Überlieferung durch das schlichte biblische Wort, wie es das individuelle Gewissen auslegte, führte unvermeidlich zu höchst eigenwilligen Interpretationen Daniels und der Offenbarung. Eine neue Generation von Möchtegernpropheten, die sich nicht mehr wie ihre mittelalterlichen Vorgänger allein auf die apokalyptische Folklore als Inspirationsquelle verlassen mußten, konnte jetzt direkt über den kryptischen Versen von den 1250 Tagen und »eine Zeit, zwei Zeiten und eine halbe Zeit« brüten und zu ihren eigenen Schlußfolgerungen gelangen, wie sich diese uralten hebräischen Prophezeiungen in ihrer eigenen Gesellschaft erfüllen würden. Zudem konnten diese Propheten das meist ohne Furcht vor Zensur tun. Und falls sie Zugang zu einer Druckerpresse hatten, konnten sie ihre Ideen einem Publikum erklären, das um ein Vielhundertfaches größer war als das, welches sie ein Jahrhundert vorher hätten erreichen können. Es war unvermeidlich, daß jede Krise Amateurexegeten in Bewegung setzte, die ihre Bibeln nach

Erleuchtung durchblätterten. In den Worten eines jungen Walisers, der während der schockierenden Ereignisse von 1640 in London lebte: »Vorher las ich die Schrift als eine Geschichte von Ereignissen, die in einem anderen Land passierten und sich auf andere Menschen bezogen. Aber jetzt sah ich sie als ein Geheimnis, das in dieser Zeit zu entschlüsseln war und auch uns gehörte«.[4]

Aber wenn der Protestantismus das Bewußtsein für das Weltende schärfte, dann auf subtile Art. Wie Ruth Bloch ausgeführt hat, ließ er millenare Hoffnungen erstehen, indem er die zwiespältigen Gefühle gegenüber der Welt verschärfte, die immer eine Quelle von Spannungen innerhalb der Christenheit gewesen waren.[5] Die Abschaffung der »frommen Werke«, der Klöster und des Priestertums machten die alltägliche Welt zur einzig möglichen Arena, in der sich die göttliche Gnade erweisen konnte. Die Protestanten waren aufgerufen, innerhalb der Welt gerechte und produktive Arbeit zu tun, und das ermutigte eine millenare Sicht der Geschichte. Das Werk der Umformung der Welt von einer Provinz des Satans zum Reich Christi war eine Vorbereitung auf Christi Wiederkehr. Anstatt passiv nach dem Weltende zu verlangen, wie Michelets Bauern des Jahres 1000, glaubten viele Protestanten, daß es ihre Pflicht sei, das Ende der Welt zu beschleunigen durch ihre unaufhörlichen Anstrengungen, eine prosperierende und gottesfürchtige Gesellschaft zu schaffen.

Die Entwicklung dieser Ethik kann man am deutlichsten im England des 17. Jahrhunderts bis zur Restauration verfolgen; danach ging die Fackel ans puritanische Amerika. Tatsächlich ist das unterschiedliche Ausmaß, in dem sich Endzeitideen im nationalen Leben dieser beiden Länder durchsetzten, ein entscheidender Faktor für die Entwicklung einer besonderen amerikanischen Persönlichkeit; es erklärt zum großen Teil den Kontrast zwischen dem englischen und dem amerikanischen Nationalcharakter. Aber die millenaristischen Elemente in der amerikanischen Kultur haben ihre Wurzeln in England. Sie hätten nicht Gestalt annehmen können ohne die bizarren Blüten apokalyptischen Denkens in England, die wiederum eine direkte Folge der Reformation waren.

Schon zu Beginn der Regierungszeit der Königin Elisabeth wurde die Identifikation des Papstes mit dem Antichrist ein Fixpunkt im Weltbild eines Engländers. (Christopher Hill nimmt an, daß der Gebrauch des Wortes *animal* für »Tier« sich am Anfang des 17. Jahrhunderts durchsetzte, weil das Wort *beast* ein Synonym für den Papst geworden war, das *Tier* der Apokalypse.[6]) Das traf sich gut mit den politischen Plänen Elisabeths, denn wenn die katholische Kirche das Werkzeug des Teufels war, dann war der Kampf gegen die wichtigste katholische Macht, Spanien, erst recht dringend – und der Sieg über die Armada doppelt glorreich. Während der Regierungszeit Jakobs I. wurde die Gleichsetzung Papst-Antichrist allerdings problematisch. Sie war zum Kennzeichen eines echten Protestanten geworden und schied die Puritaner (das heißt die kalvinistischen Mitglieder der englischen Hochkirche und die Sektierer) von den Anglikanern in der Hochkirche, die diese Vorstellung krude und peinlich zu finden begannen.

Diese Scheidelinie markierte nicht nur unterschiedliche Grade der Feindseligkeit gegenüber Rom. Ihr lag vielmehr eine wachsende Überzeugung unter Puritanern zugrunde, daß, obwohl der Sitz des Antichrist Rom war, das Tier seine Spuren auch in der englischen Hochkirche hinterlassen hatte, in ihrer an Rom orientierten Hierarchie von Bischöfen, und in der tyrannischen Regierung, die diese Hierarchie stützte. Die ständige Beschäftigung mit dem Antichrist hatte bedeutende Konsequenzen für die Art, wie protestantische Hardliner das Thema Weltende angingen. Wieder werden wir mit der Tatsache konfrontiert, daß man die Gestalt des Antichrist nicht beschwören kann, ohne das Gespenst des Jüngsten Tages zu wecken. (Es ist interessant, daß im Französischen der Name des Antichrist *Antéchrist* ist, also der, der vor der Wiederkunft Christi erscheint.) Schon 1589 vermerkt der Höfling

Anthony Marten »die Zahl der Propheten, die Gott täglich sendet, um alle Menschen an den Jüngsten Tag zu mahnen und sie daran zu erinnern, bereit zu sein.«[7] Protestanten in allen Gesellschaftsschichten waren mehr und mehr fasziniert von Geschichtsentwürfen, die ein millenares Drama für die nächste Zukunft in Aussicht nahmen. Nach 1600 treffen wir zunehmend auf den explosivsten Bestandteil dieses Gemischs, das vorhergesagte Datum. Zum ersten und einzigen Mal in der englischen Geschichte sehen wir, daß sich so etwas wie ein Konsens über die Endzeit herausbildet; nicht gerade über die genaue Stunde der Wiederkehr, aber doch darüber, daß der Beginn des letzten Aktes der menschlichen Geschichte unmittelbar bevorstand.

Schon im 15. Jahrhundert hatte der Prophet Johann Hilten das Weltende für 1651 vorausgesagt. Im 17. Jahrhundert konzentrierten sich eschatologische Hoffnungen auf die Jahrzehnte in der Jahrhundertmitte. Viele Zeitpläne sagten voraus, der Beginn des Endzeitdramas würde in den fünfziger Jahren einsetzen, obwohl einige glaubten, sein letzter Akt werde sich bis zum Ende des Jahrhunderts hinziehen. Ein Beobachter notierte 1635, daß viele Menschen 1657 für das kritische Jahr hielten; eine andere Möglichkeit war 1656, denn man nahm allgemein an, daß die Sündflut 1656 Jahre nach der Schöpfung eingetreten war. In den Jahren vor dem Bürgerkrieg gab es unter englischen Protestanten auch eine zunehmend obsessive Beschäftigung mit dem Schicksal der Juden, immer ein sicheres Anzeichen für Endzeitängste, weil die Rückkehr der Juden nach Israel bei vielen als das zweitletzte Ereignis vor der Wiederkehr Christi galt. (In unseren Tagen hat nichts mehr zur Endzeitspekulation beigetragen als die Gründung des Staates Israel 1948.)

Es wäre eine grobe Übertreibung zu behaupten, der englische Bürgerkrieg sei von millenaristischen Hoffnungen ausgelöst worden. Aber unzweifelhaft stieg die eschatologische Temperatur zwischen den dreißiger und den vierziger Jahren des Jahrhunderts stark an. Die Gefühle von Begeisterung und

Furcht, die sich mit dem Nahen des Jüngsten Tages verbinden, fehlen oft in modernen Darstellungen der Bürgerkriegsepoche. Und doch erklären sie vieles an der verwirrenden Fremdartigkeit dieser Jahre, als »die Welt auf dem Kopf stand«. Die politische Dimension des Apokalyptischen und ganz besonders die mit ihm verbundenen Tendenzen sowohl zu maßvoller Reform wie zum Klassenkampf werden wieder einmal äußerst deutlich. Der utopische Puritanismus der vierziger Jahre gründete weitgehend in der Überzeugung, daß der Fall des Antichrist bevorstand, und in den Augen derjenigen Protestanten, die jede tyrannische Regierung als antichristlich ansahen, implizierte dies, daß politische Reformen unmittelbar anstanden. John Goodwin, der Verfasser des *Anti-Cavalierisme* (1642) argumentierte so: Jetzt, da die Niederlage des Tiers bevorstand, werde Gott seinen Dienern »die gerechten Bindungen und Grenzen der Autorität [enthüllen] und damit das gerechte und volle Ausmaß der gesetzmäßigen Freiheiten derjenigen, die in Untertänigkeitsverhältnissen leben«. Andere sahen eine größere Umwälzung der gesellschaftlichen Ordnung: »Die Menschen sind Brüder und Heilige in der Kirche Christi, aber in der des Antichrist Pfarrkinder und Diener«, schrieb 1646 John Saltmarsh, einer der radikalen Kapläne der *New Model Army.*[8]

England war in den vierziger Jahren gesättigt mit Ideen, die von gemäßigt apokalyptischen bis zu fanatisch millenaristischen Gedankengängen reichten. Christen aller Fasson hatten keinen Zweifel daran, daß die Ereignisse des Bürgerkriegs in irgendeiner Weise den biblischen Prophezeiungen entsprachen. Prophetische Zeittafeln, die von der Regierung Königs Karls I. zunächst noch vernünftigerweise zensiert worden waren, erschienen jetzt in großer Zahl; die meisten von ihnen wiederholten die inzwischen allgemein anerkannte Vorhersage, daß große Ereignisse für die Mitte der fünfziger Jahre zu erwarten seien: die Rückkehr der Juden ins Gelobte Land, die Niederlage der Türken, der Fall Roms. Die prophetische Schriftstellerin Mary Cary sagte 1647 die Bekehrung der Juden für 1656 und den Beginn des Tausendjährigen Reiches für 1701 voraus, fügte aber hinzu: »Bevor 20 oder 10 oder 5 Jahre vergangen sind« werde es als Zusatzgratifikation ein irdisches Utopia der Heiligen geben. »Nicht nur Männer, sondern auch Frauen werden prophezeien ..., nicht nur Höhergestellte, sondern auch Niedere, nicht nur solche, die eine Universitätsausbildung haben, sondern auch solche, die so etwas nicht haben, selbst Knechte und Mägde.«[9]

Tatsächlich hatte sich Miss Carys Vorhersage schon weitgehend bewahrheitet. Man sollte nicht glauben, Prophetie sei die ausschließliche Domäne dünnlippiger puritanischer Prediger gewesen. Der Zusammenbruch des Katholizismus auf dem Land führte dazu, daß viele Funktionen des Priesters vor Ort von einem »klugen Mann« übernommen wurden. Propheten und Astrologen fanden sich praktisch in jedem Dorf. Wir haben schon mehrfach darauf hingewiesen, zu welchen bemerkenswerten Mutationen apokalyptische Szenarien fähig sind. Nie war das deutlicher als in England um die Mitte des 17. Jahrhunderts, als biblische Prophetie unentwirrbar mit Volksweisheit, Astrologie und anderen, vorgeblich von Merlin, der Sybille oder Nostradamus stammenden Prophezeiungen vermischt wurde. Die *Prophecy of the White King* (Die Prophezeiung des Weißen Königs) von William Lilly, angeblich auf einer Prophezeiung von Merlin basierend, sagte König Karl I. einen grausigen Tod voraus. Drei Tage nach seiner Veröffentlichung 1644 waren von dem Buch eintausendachthundert Exemplare verkauft.

Apokalyptische Ideen beeinflußten auch die bemerkenswerteste radikale Bewegung der Zeit, die der *Diggers*, deren Traum, die »Erde zu einem gemeinsamen Schatzhaus zu machen«, und deren Ablehnung jeder institutionalisierten Religion sie zu den vielleicht ersten säkularen Revolutionären machen. Die *Diggers* waren nicht Christen in irgendeinem akzeptierten Sinn; ihr Führer Gerrard Winstanley lehnte selbst das Wort »Gott« zugunsten von »Vernunft« ab. Nach Winstanley war Christus die »sich ausbreitende Macht des

Lichts« in der gesamten Schöpfung; jeder, der das verstand, wurde »Sohn Gottes« und suchte nicht länger nach einer äußeren Gottheit.

Aber Winstanley argumentierte innerhalb des Drei-Zeitalter-Schemas von Joachim von Fiore. Er glaubte, daß das Zeitalter des Geistes nun anbrechen werde, und konnte der Vorstellung nicht widerstehen, daß die Geschichte sich auf ihr vorherbestimmtes Ende zubewege. Dasselbe trifft auf alle radikalen Sekten der Zeit zu. Wie Keith Thomas gezeigt hat, war es die Tatsache, daß es für den Bürgerkrieg und die Hinrichtung Karls I. keine Parallele in der englischen Geschichte gab, die so viele Sekten des Bürgerkriegs zu der Überzeugung gelangen ließ, sie lebten in einer Zeit, die »irgendwie der Höhepunkt der menschlichen Geschichte« war, »die Ära, für die alle vorhergehenden Ereignisse nur die Vorbereitung gewesen waren«.[10]

In den fünfziger Jahren hätten Männer, die an ein unmittelbar bevorstehendes christliches Millennium glaubten, beinahe die Kontrolle über das Parlament erlangt. Es handelte sich um die *Fifth Monarchy Men*, die fanatischsten Anhänger des Millenarismus in den Streitkräften, im Klerus und unter dem Armen Londons. Die »Männer der Fünften Monarchie«, die radikal, aber nicht egalitär dachten, wollten alle menschlichen Institutionen abschaffen und solche nach biblischen Vorbildern wie den Sanhedrin der Juden ersetzen[11], in Erwartung des irdischen Endreiches nach Daniels Version. Sobald dieses unter der Herrschaft des Königs Jesus angebrochen sei, werde es weder frühzeitigen Tod noch Hungersnot geben. Die Abgaben würden abgeschafft und die Mächtigen gedemütigt werden; aber den Gerechten würde aller irdische Segen zuteil werden. Die »Heiligen«, wie sie sich selbst nannten, waren niemals mehr als ein paar Tausend. Ein Gegner bezeichnet sie als »Abschaum, die Hefe von Billingsgate«. Es ist richtig, daß die meisten von ihnen ungebildete Handwerker waren und einige sich sogar mit den Wiedertäufern von Münster verglichen. Aber sie hatten ein paar einflußreiche Unterstützer, und als das radikale *Barebones-Parlament* 1653 zusammentrat, übten die Handvoll Abgeordnete der *Fifth Monarchists* einen unverhältnismäßigen Einfluß aus. Es war das einzige Mal in seiner Geschichte, daß das Unterhaus eine Erklärung verabschiedete, die einen ziemlich apokalyptischen Ton anschlug. Darin wurde die Gegenwart mit der Zeit unmittelbar vor Christi Geburt verglichen und die Erwartung seiner »glorreichen Wiederkunft« ausgesprochen. Den Heiligen gelang es, ihre Mitglieder in die meisten Ausschüsse einzuschleusen, und fast hätten sie es geschafft, die Abgaben und das nicht an Präzedenzfälle gebundene Oberste Gericht, den *Court of Chancery,* abzuschaffen. Nichtmillenaristen lief ein Schauder über den Rücken; sie machten düstere Anspielungen auf Münster im Jahre 1535.

Schließlich lief alles doch eher auf eine Farce hinaus als auf eine Tragödie. Das Parlament war die *Fifth Monarchists* bald leid. Cromwell, der einmal mit ihnen geliebäugelt hatte, rückte vom Ideal einer revolutionären Theokratie ab und nahm den Titel eines *Lord Protector* an, worauf ihn die *Fifths Monarchists,* wie vorhersehbar, als Antichrist schmähten. Der Verlauf einer großen Versammlung der Heiligen in Abingdon, die zu dieser Zeit abgehalten wurde, macht deutlich, wie sehr sic mittlerweile auf Distanz gegenüber dem Staat gegangen waren; sie zeigt aber auch die komische Hoffnungslosigkeit ihrer Sache. Abgesandte aus dem ganzen Land diskutierten den Antrag, »ob Gottes Volk ein blutiges Volk sein muß«, und nahmen ihn mit überwältigender Mehrheit an. Es gab jedoch kein Blutvergießen, als fünfzig Soldaten erschienen und die Versammlung auflösten. Während man die Versammlungsteilnehmer abführte, blieb ihnen nichts übrig als auszurufen: »Erscheine, Herr, jetzt oder nie, damit diese Deine und unsere Feinde zuschanden werden!« Währenddessen riefen ihre zum Zuschauen verurteilten Frauen ihnen zu: »Haltet aus, ihr Söhne Zions!«[12]

Im folgenden Jahr, 1657, entschied sich eine militante Gruppe von Londoner Heiligen unter Führung von Thomas

Venner, einem Böttcher, der eine Weile in Amerika verbracht hatte, die Resolution von Abingdon mit einem allgemeinen Aufstand ins Werk zu setzen. Sie schufen eine Geheimorganisation von Zellen und druckten ein Manifest, das erklärte, bald würden die Gesetze des Staates durch biblische Gesetze und durch die Regierung der Heiligen ersetzt. Nachdem sie die Aufmarschpläne der Regierungsstreitkräfte studiert hatten, beschlossen etwa achtzig *Fifth Monarchists,* sich an einem Abend in *Mile End Green* zu treffen, bevor sie nach East Anglia weiterzogen, um dort Rekruten anzuwerben. Aber Regierungstruppen tauchten auf, bevor sich die Heiligen alle versammelt hatten, und setzten ihre Führer im Tower gefangen. Drei Jahre später führte Venner eine Meute von *Fifth Monarchists* durch die Londoner Straßen, die nach dem »König Jesus« riefen. Als sie sich einem Regiment von *Life Guards* gegenüber sahen, kämpften sie mit großer Wildheit, und über vierzig Menschen fanden den Tod. Venner wurde hingerichtet. Bevor er starb, erklärte er nach klassischer Manier, er sei die Personifikation Christi. Und so endete die Geschichte des militanten englischen Millenarismus.

Im großen und ganzen sind die *Fifth Monarchists* von den Historikern vernachlässigt worden; diese sind in der Regel mehr an den politischen Utopien der Levellers und Diggers interessiert. Und es läßt sich nicht leugnen, daß die *Fifth Monarchists* mit ihrem geradezu buchstäblichen Verständnis des Millenarismus im Grunde eine Randgruppe waren. Aber sie sind nicht bedeutungslos: Ihre Pläne, den Staat abzuschaffen, wurden ernsthaft von einem Parlament diskutiert, das, freilich nur für kurze Zeit, ihr Gefühl zu teilen schien, das Ende sei nahe. Sie sind auch deshalb interessant, weil wir über sie, im Gegensatz zu früheren derartigen Bewegungen, eine ganze Menge wissen. Zwei Sammlungen spiritueller Autobiographien von Mitgliedern der millenaristischen Kirchen wurden in den fünfziger Jahren veröffentlicht. Zusammen mit anderen Dokumenten der Zeit stellen sie ein breites Beweismaterial für den psychologischen Druck dar, der mit der Hinwendung zum Glauben an das nahe Weltende verbunden war. Schmerzliche Verluste werden häufig als Ursache erwähnt. Eine Frau wurde fast zum Wahnsinn getrieben, weil sie glaubte, daß ihre Tochter Selbstmord begangen hatte; eine andere war finanziell ruiniert, als ihr Ehemann starb; eine dritte verlor ihr Kind durch die Blattern. Angst vor der Hölle und schlechte Träume spielen eine große Rolle. Ein Mädchen von elf Jahren träumte von einem Feuer, einem brennenden See und sah »den Teufel mit seinen Ketten« auf sie warten. Auch die Schrecken des Krieges bedrohten die Menschen. Ein Rekrut sprach von seiner Panik im feindlichen Feuer und von einer Vision, die ihn bekehrte, als er im Gefängnis die Todesstrafe erwartete. Natürlich waren solche Erfahrungen nicht auf das 17. Jahrhundert beschränkt; sie waren für Jahrhunderte Teil des täglichen Lebens und haben immer das Potential in sich getragen, apokalyptische Erwartungen unter den psychisch und ökonomisch Verwundbaren auszulösen. Aber die englische Geschichte von 1640 bis 1660 zeigt, daß sich solche Erwartungen in einer extremen Krisenperiode ganz plötzlich verbreiten und ebenso plötzlich wieder bedeutungslos werden können, wenn die Krise vorbei ist.

Mit der Restauration von 1660 wurde das Tausendjährige Reich auf unbestimmte Zeit vertagt. Die apokalyptischen Hoffnungen, die schon stark gesunken waren, als in den entscheidenden fünfziger Jahren die Juden unbekehrt und die Türken unbesiegt blieben, konnten die Demütigung nicht überleben, daß der lebenslustige Karl II. an Stelle Jesu zum König gekrönt wurde. Der Antichrist, der immer mehr für den eigenen Staat gestanden hatte, schrumpfte wieder auf die handhabbaren Dimensionen des Buhmanns Papst. Endzeitspekulation kam aus der Mode. »Hüte dich vor Berechnungen«, schrieb ein Gegner der Staatskirche in den achtziger Jahren, »wie jämmerlich haben wir uns darin geirrt.«

Wir stehen nun an einer entscheidenden Weggabelung in der Geschichte des apokalyptischen Denkens. Vom Ende des 17. Jahrhunderts an polarisierte sich in England das Interesse am Weltende. Auf der einen Seite blieben Geistliche und Wissenschaftler der *Low Church* nach wie vor von ihm fasziniert; auf der anderen Seite erstanden nach wie vor Propheten im Volk. Keine dieser beiden Erscheinungen hatte jedoch wichtige Folgen für das öffentliche Leben. Im Falle der Akademiker lag dies an einer neuen, von Vernunft geprägten Vorsicht. Der Impuls, den Kalender des Menschen an den Gottes anzugleichen war zwar so stark wie eh und je; aber der Versuch, Heilsgeschichte und Naturgeschichte zu synchronisieren – der eine Reihe von Intellektuellen, einschließlich des berühmten Isaac Newton dazu führte, über eine Wiederkunft Christi im Jahre 2000 zu spekulieren – blieb weitgehend Privatsache. Apokalyptische Autoren waren sich der Tatsache wohl bewußt, daß ihr Thema durch die Verbindung mit der Englischen Revolution anrüchig geworden war, und verbreiteten ihre Ideen im allgemeinen nicht in Predigten oder in volkstümlichen Schriften. Sie gestatteten sich auch nicht den gefährlichen Luxus, aktuelle Ereignisse im Licht ihrer Theorien zu erklären. Das brauchten sie auch nicht, denn nach Ansicht der meisten dieser Autoren konnte die endgültige Erlösung der Menschheit nur durch die allmähliche und undramatische Akkumulation von wissenschaftlicher Erkenntnis herbeigeführt werden. Ländliche Propheten wiederum trafen immer noch gelegentlich den Nerv des Volkes, aber das politische Establishment nahm sie nicht mehr ernst. 1694 kündigte ein gewisser John Mason an, der Jüngste Tag stehe bevor, und nur die Einwohner von Water Stratford würden überleben. Dort versammelten sich große Menschenmengen, aber man führte ihn nicht ins Gefängnis ab, wie es hundert Jahre früher geschehen wäre. Man riet ihm, zum Arzt zu gehen.[13]

Können wir deshalb die millenaristische Erregung in der Mitte des siebzehnten Jahrhunderts als eine Verirrung ohne bleibende Wirkung abtun? Das stärkste Argument dagegen ist das Fortwirken der puritanischen millenaristischen Vision in Neuengland. Aber bevor wir uns damit näher beschäftigen, sollten wir festhalten, daß die millenaristische Bewegung der vierziger und fünfziger Jahre des 17. Jahrhunderts nach Meinung des marxistischen Historikers Christopher Hill das britische Weltbild für immer verändert hat. Ihr wichtigstes Vermächtnis, so Hill, war es, die Hoffnung auf ein *neues* irdisches Utopia zu erwecken. Sie »verlagerte das goldene Zeitalter in die Zukunft. Sobald sie ihre apokalyptischen Verbindungen abgeschüttelt hatte, konnte sie sich mühelos mit Bacons wissenschaftlichem Optimismus zu einer Theorie des Fortschritts verbinden.«[14] In diesem Lichte betrachtet, stellte der ökonomische Nationalismus der Briten im achtzehnten und neunzehnten Jahrhundert eine säkularisierte Form des Millenarismus dar. Man kann sogar sagen, daß alle westlichen Fortschrittsvisionen Elemente des Apokalyptischen enthalten und sich unbewußt mit ihren Träumen von einem Goldenen Zeitalter auf Joachim von Fiore und für ihre Katastrophenvorstellungen auf das Buch der Offenbarung beziehen. Trotzdem klafft natürlich ein ungeheurer Abgrund zwischen einer Gesellschaft, die sich ausdrücklich auf die millenaristische Tradition des Christentums bezieht, und einer Gesellschaft, in der diese Tradition in eine Ideologie einbezogen worden ist, mit der sie außer der Grundstruktur wenig verbindet. Diese Kluft trennt die Vereinigten Staaten von Großbritannien und noch mehr vom übrigen Europa. Die Marginalisierung apokalyptischen Denkens in England hatte ihre Parallele in einem ähnlichen Prozeß auf dem Kontinent, sowohl in den katholischen als auch in den protestantischen Ländern. Nach einem intensiv von der Apokalyptik geprägten sechzehnten Jahrhundert wurde Prophetie zu einer Angelegenheit von Minderheiten und exzentrischen Einzelnen. Um den fortdauernden Einfluß der christlichen Vorstellung von Endzeit zu untersuchen, müssen wir den Atlantik überqueren.

Das amerikanische Geschichtsverständnis wurde von den Pilgervätern geprägt, deren einzige Inspirationsquelle die englischsprachige Bibel war. Spätere Einwanderungswellen hatten lediglich die Wirkung, die Basis für den Einfluß dieses puritanischen Neuen Jerusalems zu vergrößern. Sogar die amerikanischen Katholiken paßten sich in ihrem Eifer, als ebenso patriotisch zu gelten wie ihre Landsleute, einem Weltbild ein, das im Wesen protestantisch ist.

Von den Pilgervätern aus gesehen war die Gründung der amerikanischen Kolonien in sich selbst ein Zeichen der Endzeit. Sie hatten keinen Zweifel daran, daß ihre Anwesenheit in der Neuen Welt die folgenden Worte des Matthäusevangeliums erfüllte: »Und dieses Evangelium vom Reich wird auf der ganzen Welt verkündet werden, damit alle Völker es hören; dann erst kommt das Ende«(24, 14). Der Glaube an das Millennium, schrieb der Kolonist Cotton Mather im Jahre 1710, »ist in den Kirchen Neuenglands stets als eine Wahrheit empfangen worden.«[15] Auch nach dem Zusammenbruch der millenaristischen Bewegung in England, in die sie so große Hoffnungen gesetzt hatten, beschäftigte es weiterhin die Phantasien der Neuengländer. Nach 1660 war allerdings der Endzeitglaube immer weniger auf ein unmittelbar bevorstehendes Ereignis gerichtet. Die Neuengländer begannen sich in ähnlichem Licht zu sehen wie seinerzeit die Anhänger Savonarolas in Florenz, wo Wohlstand und internationaler Einfluß als Zeichen göttlicher Auserwähltheit galten. Mit dem Scheitern des Gottesstaates in England eröffnete sich die faszinierende Aussicht, Amerika selbst könne zum neuen Israel werden. »Schaut auf unsere Städte und Felder, schaut auf unsere Wohnstätten und Läden und Schiffe, erblicket unsere zahlreiche Nachkommenschaft, und die großartige Vermehrung des Segens zu Lande und zu Wasser«, schreibt Mather. Gott habe sicher »etwas Großes« im Sinn gehabt, als er diese amerikanische Welt erschuf. »Und was anders sollte das sein als ein Plan der Schrift, der sich zur gegebenen Zeit in der ganzen Welt erfüllen wird?«

Diese Vision der Zukunft ist so sonnig und betörend, daß man sich ins Gedächtnis rufen muß: Mather war der Verfasser der *Memorable Providences relating to Witchcraft and Possessions* (1685), des Buches, das so viel zu der grausamen

Wut der Neuengländer vor den Hexenprozessen in Salem beitrug. In Wirklichkeit ist Mathers Mischung von Optimismus und Paranoia absolut charakteristisch für die millenaristische Weltsicht, und der Schlüssel zu ihrem Verständnis ist die Endzeit. Furcht vor Hexen ist vor allem anderen ein Anzeichen für Endzeitängste, denn man glaubte, in den Letzten Tagen würden die Mächte der Finsternis auf schreckliche Weise entfesselt werden. Aber wenn es den Neuengländern gelang, die »Stadt auf dem Berge« vom Bösen rein zu halten, dann konnte dies ein Zeichen für das Anbrechen des Millenniums sein. Auch unter strengen Calvinisten gab es Spielraum für optimistische und pessimistische Auslegungen der komplexen eschatologischen Bibeltexte. Natürlich glaubten sie nicht, daß sie sich Gottes Gnade durch das Errichten einer Festung aus Wohlstand und gottesfürchtiger Herrschaft verdienen könnten; doch durch die erfolgreiche Abwehr der dunklen Mächte, auch durch den Erfolg in Handel und Gewerbe fanden sie das biblische Modell bestätigt, daß die Welt aus einer Provinz des Satans zum Reich Christi umgestaltet werden würde. Gelänge es ihnen jedoch nicht, die Reinheit ihrer Zukunftsvision zu erhalten oder unterlägen sie den Mächten des Antichrist – repräsentiert durch die katholischen Franzosen und die heidnischen Indianer – dann wäre dies das Zeichen, daß die »große Drangsal« des Matthäusevangeliums (24, 7, 11-12) bevorsteht: eine Zeit, in der »ein Volk sich gegen das andere erheben« wird, »falsche Propheten auftreten und viele verwirren« werden und »die Liebe bei vielen erkalten« wird. Gewiß endet diese Drangsal mit so etwas wie einem Happy End, wenn der Menschensohn auf den Wolken des Himmels erscheint (24, 30); aber dies geschieht erst nach einer Ära verzweifelten Leidens, in der viele Gerechte ihren Glauben verlieren.

Während die Nation Gestalt annahm, offenbar mit Gottes Segen, verlor das pessimistische Verständnis des Weltendes allmählich an Kraft. Tatsächlich wurde die amerikanische Revolution zum Teil durch das zunehmende Vertrauen auf die apokalyptische Bestimmung der Nation ausgelöst. Obwohl man sie traditionell als eine Säkularisierung der Pilgervätervision interpretiert, wird zunehmend erkannt, daß eindeutig millenaristisches Gedankengut eine ebenso große Rolle bei der Gründung der Vereinigten Staaten spielte wie die Theorien der Aufklärung und ihre klassischen Ideale. Mehrere der Gründerväter der USA glaubten, daß die Republik den Triumph der Gottesfürchtigen darstelle, wie er in der Offenbarung vorhergesagt war. Es gab allerdings keine klare Trennlinie zwischen denen, die Inspiration aus der Bibel schöpften, und denen, die der Aufklärung verpflichtet waren. Auch die Aufklärung war nämlich, wie der Symbolismus der Freimaurerei zeigt, reichlich apokalyptisch geprägt. Nach Michael Grosso weist das in ein Dreieck eingeschlossene Auge »auf die im Werden begriffene Dreiheit in der Geschichtsphilosophie des Joachim von Fiore hin«, während die Pyramide auf der Dollarnote absichtlich noch im Bau ist und darauf hinweist, daß der Gipfelpunkt der menschlichen Zivilisation noch vor uns liegt.[16]

In den Jahrzehnten nach der Revolution drohte die optimistische Sicht einer Vollendung der Geschichte die Vorstellung der unvermeidbaren Katastrophe ganz zu verdrängen. Die Eschatologie hatte sich klar in zwei Denkschulen gespalten: auf der einen Seite die Prämillenaristen, denen zufolge Christus auf der Höhe des vom Antichrist entfesselten Terrors erscheinen wird, um das Tausendjährige Reich zu errichten; auf der anderen die Postmillenaristen, denen zufolge Christus erst am Ende einer tausendjährigen Herrschaft der Heiligen wiederkommen wird. Diese letztere Schule sah den Sieg über die Briten als das vielleicht letzte Gefecht gegen den Antichrist. Es blieb nur noch die Aufgabe, das Böse und die Tyrannei im eigenen Lande zu besiegen. Und wirklich war die Aussicht auf ein durch den Fortschritt herbeigeführtes friedliches Millennium die stärkste Motivation für die amerikanischen Sozialreformer während der ersten Hälfte des neunzehnten Jahrhunderts. Die Kampagne gegen die Sklaverei wurde mit postmillenaristischem Eifer durchgekämpft, auch wenn die Reformer im Lauf des Jahrhunderts weniger zuversichtlich wurden, daß die Sklaverei mit friedlichen Mitteln abgeschafft werden könnte. Der millenaristische amerikanische Optimismus war in Wirklichkeit von zerbrechlicher Gesundheit; in der ersten Jahrhunderthälfte erschien er unangreifbar, aber nach und nach wurde klar, daß der Drache des Prämillenarismus noch nicht erschlagen war. Es bedurfte nur einer ökonomischen Krise, um den Glauben an die bevorstehende Wiederkunft Christi in eine von Sünden verseuchte Welt wiederzubeleben und die Voraussetzungen für einen der spektakulärsten wie unleugbar komischsten Ausbrüche von Endzeitfieber in der Geschichte zu schaffen: das Milleriten-Fiasko, das auch unter dem Namen »Große Enttäuschung« bekannt ist.

William Miller war ein Farmer aus einem abgelegenen Teil des Staats New York, aus einer Gegend, wo die Feuerbrände religiöser Erweckung sich so rasch und häufig ausbreiteten, daß man von ihr als dem »verbrannten Distrikt« sprach. Miller, ursprünglich Deist, entwickelte eine Obsession für die Eschatologie bei Daniel und in der Offenbarung des Johannes und kam 1822 zu der Überzeugung, daß 1843 sehr wahrscheinlich das Jahr der Wiederkunft sein werde. Seine Argumentation war äußerst gewunden. Er glaubte an die 6000-Jahre-Theorie der Geschichte, bestritt aber die weithin akzeptierten Berechnungen des Erzbischofs Ussher, der im siebzehnten Jahrhundert das Millennium für 1996 ausgerechnet hatte, 6000 Jahre nach Erschaffung der Welt im Jahre 4004 v. Chr. Nach Miller hatte Ussher Fehler in seiner Chronologie des Alten Testaments gemacht, die Länge der Regierungszeiten unterschätzt, ein Interregnum vergessen und so die Schöpfung, und damit das Weltende, um etwa 152 Jahre zu spät datiert. Als Miller seine Schlußfolgerungen 1832 veröffentlichte, waren viele Kritiker von ihrer Argumentationsdichte und Schlüssigkeit beeindruckt. Im folgenden Jahr erhielt er die Erlaubnis, in der Baptistenkirche an seinem Wohnort zu predigen. Er begann Anhänger zu finden, und diese waren erst recht beeindruckt, als am Novemberhimmel des Jahres 1833 ein Meteor auftauchte, der Millers Argumente zu bestätigen schien.

Ende der dreißiger Jahre war die amerikanische Wirtschaft in eine Depression eingetreten, die sowohl die ökonomische Zuversicht als auch die postmillenaristische Erweckungsbewegung beeinträchtigte. Das Thema der Großen Drangsal begann in Predigten zu erscheinen. Vor diesem Hintergrund von Ungewißheit begannen Millers Berechnungen eine Massenanhängerschaft in Boston und in der Stadt New York anzuziehen. Eine Zeitung mit dem Namen *Signs of the Time* (Zeichen der Zeit) wurde gegründet, um seine Ideen zu verbreiten. Angesehene Sozialreformer, die ihren Glauben an den Postmillenarismus verloren hatten, schlossen sich der Bewegung an. Da eine feste Voraussage über die Stunde der Wiederkunft von seiten Millers nicht vorlag, begannen rivalisierende Lager für verschiedene Daten des Jahres 1843 zu votieren. Endlich kündigte Miller an, er habe mit »1843« das jüdische Jahr gemeint, das von einem Frühlingsanfang zum nächsten reiche; er war deshalb »völlig davon überzeugt, daß irgendwann zwischen dem 21. März 1843 und dem 21. März 1844 ... Christus erscheinen und alle seine Heiligen mitbringen wird.«[17] Natürlich stieg die Spannung während dieser Zeitspanne, und als das Weltende bis zum Ablauf des zweiten Datums nicht gekommen war, setzte die Enttäuschung ein. Aber das Drama war nicht vorüber.

Zwischen März und Oktober 1844 kam es zu einer Abfolge von Ereignissen, die Soziologen inzwischen als typisch für die Art von Millenarismus ansehen, die mit Terminen für das Weltende arbeitet. Nach der anfänglichen Enttäuschung verließen die meisten Anhänger Millers die Bewegung. Aber für die engagiertesten Gläubigen gab es nur eine Lösung: man mußte herausfinden, warum das bisherige Datum falsch gewesen war, und dann das wahre Datum für die Wiederkunft herausfinden. Merkwürdigerweise spielte Miller bei diesem Prozeß keine Rolle. Auf einem Treffen verwirrter und unglücklicher Milleriten im August 1844 legte ein gewisser Samuel Snow eine neue Chronologie vor, die die Erscheinung Christi nicht für irgendwann im Verlauf eines Jahres vorhersagte, sondern einen exakten Termin festlegte: den 22. Oktober 1844, den »zehnten Tag des siebenten Monats des jüdischen heiligen Jahrs«. Die neue Berechnung wurde von den am meisten Enttäuschten der Getreuen begierig aufgegriffen, und es gelang ihnen sogar, sie Miller selbst aufzudrängen. Anfang Oktober kündigte er an: »Wenn Jesus nicht innerhalb von 20 oder 25 Tagen kommt, werde ich doppelt die Enttäuschung dieses Frühjahrs fühlen«. Wie Stephen O'Leary in seiner Untersuchung über die Rhetorik Millers gezeigt hat, gab es eine neue Qualität der Verzweiflung in der Rechtfertigung für diesen neuen Termin. Die Sprecher »klammerten sich an Argumente, die nicht auf rationaler Berechnung beruhten, sondern auf göttlichem Einfluß und göttlicher Eingebung innerhalb der Bewegung selbst.«[18] Am Abend des großen Tages versammelten sich die Milleriten auf den Berghängen, um den Herrn zu erwarten. Als er nicht erschien, war ihr Verlustgefühl, wie Miller schon befürchtet hatte, weit größer als vorher. Mit den Worten eines Jüngers: »Unsere liebsten Hoffnungen und Erwartungen waren zerstört, und ein Geist des Weinens kam über uns, wie ich es niemals vorher erlebt habe. Es schien, daß selbst der Verlust aller irdischen Freunde im Vergleich dazu nichts war. Wir weinten und weinten, bis der Morgen graute.«[19]

Das Schauspiel von Apokalypse-Gläubigen, die auf Berghängen warten und ungläubig zum leeren Himmel starren, war nicht so leicht zu vergessen. Ein Vermächtnis der zweiten Milleriten-Episode war die komische Stereotype des Weltendpropheten; denn dies war das erste Mal, daß eine apokalyptische Bewegung mit zahlreichen Anhängern vom größten Teil der Öffentlichkeit als ein großartiger Witz betrachtet worden war. Einem Bericht zufolge waren »die verächtlichen Bemerkungen und das höhnische Lachen der Spötter fast unerträglich. Wenn einer von Millers Anhängern nach draußen ging, machten sie ihn unbarmherzig zum Gespött. ›Was, noch nicht aufgefahren? Wir dachten, du wärst schon oben! Wann geht's denn endlich los? Deine Frau hat dich doch nicht zum Verbrennen hiergelassen, oder?‹«[20] Trotzdem sollten wir den Millerismus nicht als eine komische Affäre mit ein paar hundert Verrückten abtun. Man kann die Große Oktoberenttäuschung natürlich als reines Sektenereignis abtun, aber das stimmte sicher nicht für die Endzeiterregung, die zu dem früheren Datum geführt hatte. Anfang 1844 gab es an die 50 000 Milleriten und vielleicht eine Million Menschen, die zwar nicht Gläubige im engeren Sinn waren, aber sich doch in diesem Jahr ein großes spirituelles Ereignis versprachen. Diese Leute rekrutierten sich auch nicht nur aus den marginalisierten städtischen Armen. Ein hoher Prozentsatz von ihnen waren Kirchengänger aus der Mittelklasse. Man kann sie nicht als Millenaristen bezeichnen, aber sie waren auch nicht einfach bloß Menschen, die an die millenare Bestimmung der USA glaubten; irgendwie standen sie in der Mitte. Man könnte sagen, daß sie eine Art Beinahe-Millenarismus repräsentierten, der charakteristisch ist für Gesellschaften, die ein rasches, aber von Unsicherheit stets bedrohtes Wirtschaftswachstum erfahren haben zu einer Zeit, in der sich die nationale Identität herausbildete. Beide Faktoren erzeugen Desorientierung, freilich eine positive. Man könnte eine Parallele ziehen zu Teilen des Fernen Ostens heute, wo apokalyptische Glaubensinhalte, die ans Millenaristische grenzen, für die außerordentlich aktiven unteren Mittelklassen typisch sind.

Die Große Enttäuschung diskreditierte jedenfalls für über ein Jahrhundert jede an ein spezifisches Datum gebundene Form der Apokalyptik vollkommen. Sie markiert in der Tat den Zeitpunkt, von dem an jede Art von Endzeitglauben nur die Angelegenheit spezifischer Gruppen sein konnte, nicht aber das Rückgrat der Republik. Der postmillenaristische Optimismus wurde im amerikanischen Bürgerkrieg so gut wie ausgelöscht. Die liberalen Protestanten wandten sich von der Eschatologie ab und einem sozialen Evangelium zu, das sich eher an Alltagsrealitäten orientierte; die Konservativen wiederum kehrten zu der prämillenaristischen Vorstellung einer vom Satan beherrschten Welt zurück, die nur durch Christi Wiederkunft aus seinen Krallen befreit werden könne. Aber sie waren entschlossen, sich nie wieder zum Narren zu machen, indem sie ihre Hoffnungen auf ein festes Datum setzten.

In den letzten Jahrzehnten des neunzehnten Jahrhunderts wurden die meisten konservativen Protestanten zu einem neuen Modell geschichtlicher Entwicklung bekehrt, das der englische Evangelikale und Gründer der Plymouth Brethren, John Nelson Darby, entwickelt hatte. Dieses Modell, unter dem Namen »prämillenaristischer Dispensationalismus« bekannt, schlug ein ebenso detailliertes wie glänzend ausgedachtes Verfahren vor, um die verwirrenden und widersprüchlichen Aussagen bei Daniel, in den Evangelien, beim heiligen Paulus und im Buch der Offenbarung miteinander in Einklang zu bringen. Nach dieser Zeittafel war Gottes »prophetische Uhr« zu Beginn des christlichen Zeitalters stehengeblieben. Sie würde erst weiterticken, wenn das Drama der letzten Menschheitstage begonnen hatte. Es gab also keinen Grund für Christen, ihre Zeit mit Versuchen zu vergeuden, aktuelle Ereignisse im Licht biblischer Prophetie zu interpretieren. Andererseits konnten die letzten Tage jederzeit beginnen, und wenn dies geschah, würden die blutrünstigen Prophezeiungen der Offenbarung Wort für Wort erfüllt werden. Wiedergeborene Christen jedoch hatten nichts zu fürchten. Obwohl die menschliche Zivilisation in ihren Todeskampf fiele, würden sie nicht leiden; denn sie würden leiblich über das Kampfgetümmel erhoben. Darby stützte seine Behauptungen auf den ersten Paulusbrief an die Thessalonicher. Dort erklärt der Apostel: »Denn der Herr selbst wird vom Himmel herabkommen, wenn der Befehl ergeht, der Erzengel ruft und die Posaune erschallt. Zuerst werden die in Christus Verstorbenen auferstehen; dann werden wir, die Lebenden, die noch übrig sind, zugleich mit ihnen auf den Wolken in die Luft entrückt, dem Herrn entgegen.« (1. Thess. 4, 16-17) Darby nannte diesen Vorgang »Entrückung« *(rapture)*, und der Name blieb. Es bleibt eines der eindrücklichsten Stücke apokalyptischer Metaphorik, die je ersonnen wurden: mit einem Schlag werden alle Christen der Endzeitschrecken enthoben und können zusehen, wie die Unerlösten im erregenden Drama der großen Drangsal vernichtet werden.

Mit dem Erscheinen des prämillenaristischen Dispensationalismus schien die Geschichte der christlichen Apokalyptik im Westen zu Ende. Im letzten Jahrhundert hat es keine größere biblische Endzeittheorie mehr gegeben, die ihn hätte ablösen können. In gewisser Hinsicht ist Darbys Zeitrechnung schwer zu übertreffen: Kein anderes System erlaubt es, die millenaristische Erwartung so lange am Kochen zu halten und damit die evangelikale Glut zu unterhalten, ohne daß sie in einen offenen Millenarismus überkochen könnte. Man muß allerdings zugeben, daß Darbys System nicht gerade die Massen ergriffen hat; für den größten Teil des zwanzigsten Jahrhunderts blieb sie die Sache einer konservativen und fundamentalistischen Randgruppe in den Vereinigten Staaten, während sich der Rest der USA einem durchaus säkularen Millenarismus hingab. Aber in der zweiten Hälfte des zwanzigsten Jahrhunderts hat sich, wie wir sehen werden, die allmähliche und scheinbar unumkehrbare Marginalisierung apokalyptischer Glaubensüberzeugungen in ihr Gegenteil verkehrt. Der prämillenaristische Drache wagte sich wieder aus seinem Kleinstadtbau, und mit dem Herannahen des Jahres 2000 sind die Geister der Wiedertäufer von Münster, der *Fifth Monarchists* und sogar der Milleriten wieder zurückgekehrt, um den Schlaf der Regierungen in aller Welt zu stören.

5

# Fin de siècle

»Die Leute, die uns erzählen, daß ein Jahrhundert nur eine willkürliche Zeiteinteilung ist, sind schlechte Beobachter«, schrieb der Herausgeber einer Londoner Zeitschrift 1901. »Sonst würden sie eine Naturkatastrophe bemerkt haben, die mit dem Ende des Jahres 1900 zusammenfiel. Plötzlich verschwand die *Frau mit Vergangenheit* von der Bühne. Es ist bemerkenswert. Wir nannten sie *fin-de-siècle.* Das Jahrhundert ist zu Ende, und sie ist nicht mehr.«[1]

Zu diesem Zeitpunkt, scheint es, stießen viele Menschen in ganz Europa einen Seufzer der Erleichterung aus. Die geschwätzigen Klassen der neunziger Jahre hatten sich unaufhörlich mit der Phrase *fin de siècle* beschäftigt, die zuerst in Frankreich 1885 auftauchte und fünf Jahre später schon ein Theaterstück, einen Roman und eine Reihe von gelehrten Analysen über das Wort in seinen Eigenschaften als Adjektiv und vorgebliches Substantiv inspiriert. »Das Wort ist von einer Hemisphäre zur anderen geflogen und hat seinen Weg in alle zivilisierten Sprachen gefunden«, notierte eine Beobachter 1892. Der *Atlantic Monthly* hing das Wort schon 1891 zum Halse heraus: »Überall werden wir mit Abhandlungen über *fin-de-siècle*-Literatur, *fin-de-siècle*-Staatskunst, *fin-de-siècle*-Moralität geplagt,« grummelte die Zeitschrift. »Die Menschen scheinen es für abgemacht zu halten, daß ein sterbendes Jahrhundert Ernüchterung, Gleichgültigkeit, Stumpfheit im literarischen, künstlerischen und politischen Leben beinhaltet – um nicht zu sagen entschuldigt – und 1901 die Welt von neuem anfangen wird.«[2]

Es ist kein Zufall, daß die Welt bis zum Ende des neunzehnten Jahrhunderts warten mußte, bis das *fin de siècle* zum allgemeinen Sprachgebrauch wurde. Die Vorstellung, daß ein neues Jahr eine Erneuerung der Zeit beinhaltet, ist so alt wie die Menschheit; aber die Idee, daß die Gesellschaft mit dem Jahrhundertkalender alt wird und mit der Jahrhundertwende auf geheimnisvolle Weise erneuert wird, ist sehr viel neueren Ursprungs. Das Lebensgefühl des *fin de siècle* konnte sich erst entwickeln, als die Menschen zu fühlen begannen, ihr Leben sei von dem Jahrhundert, in dem sie lebten, irgendwie geprägt. Und das konnte erst geschehen, als sie akzeptierten, daß sie »in« einem besonderen Jahrhundert lebten. Am Ende des zwanzigsten Jahrhunderts halten wir das für selbstverständlich; aber wir halten es jetzt auch für selbstverständlich, daß der Tag in Stunden und Minuten eingeteilt ist. Wir vergessen, daß Jahrhunderte und Minuten als Mittel allgemeiner Orientierung erst spät auftauchten. Das Tagebuch von Samuel Pepys enthüllt, daß er so gut wie niemals regelrechte Verabredungen mit Menschen traf, sondern in Büros und Kaffeehäusern auftauchte, in der Hoffnung, dort die richtige Person zu treffen. Obwohl er ein wichtiger Regierungsbeamter war, besaß er keine Uhr, sondern orientierte sich am Läuten der Kirchenglocken. Noch ein paar Jahrhunderte früher existierte der abstrakte Rahmen einer gleichförmig angeordneten Zeit kaum außerhalb der Klöster. Erst mit dem vollen Erblühen der Geldwirtschaft wurde, um das Wort von Lewis Mumford zu zitieren, das Messen der Zeit zum Sparen von Zeit, und »die Ewigkeit hörte allmählich auf, Maß und Ziel menschlicher Handlungen zu sein.«

Das stimmt sowohl für das Messen größerer Zeitspannen wie für das Feststellen der Uhrzeit. Bis zum fünfzehnten Jahrhundert wurden sich die meisten Menschen nur ab und zu des christlichen Kalenders bewußt; sie wußten vielleicht, in welchem Jahr sie geboren waren, so wir heute vielleicht wissen, unter welchem Sternzeichen wir geboren sind, aber für die tägliche Orientierung brauchte man dieses Wissen nicht. Noch im achtzehnten Jahrhundert erwähnten nur offizielle Dokumente, in welchem Jahr »des Herrn« man sich befand; die meisten Briefschreiber datierten Briefe nach dem Regierungsjahr des Königs. Die allgemeine Anerkennung des christlichen Kalendersystems *Anno Domini* hinkte um einiges hinter dem schlichten Bewußtsein her, daß man in einem chronologischen Jahr lebte. Nachdem es einmal durchgesetzt war, hatte es allerdings weitreichende Folgen für die Beziehung des Individuums zu Geschichte und Zukunft. Es ist bezeichnend, daß der Gebrauch des christlichen Kalenders sich zu einem Zeitpunkt ausbreitete, als der apokalyptische Glaube schon an den Rand gedrängt war. Die unveränderliche, gleichmäßige Vorwärtsbewegung der »Jahre des Herrn« wirkt tendenziell gegen die Annahme, daß die Menschheit am Rande der Apokalypse steht, außer zu Zeiten, wo sie sich auf eine Jahreszahl zubewegen, die ihre eigene apokalyptische Bedeutung hat. Der *Anno Domini*-Kalender schafft eine präzis gemessene Zukunft, die sich in einem ebenmäßigen Schritt entfaltet, im Gegensatz zur verwirrenden Beschleunigung der »apokalyptischen Zeit«; diese geht dem Millennium voraus, das zwar mit der sehr konkreten Vorstellung von eintausend Jahren verbunden, aber im wesentlichen eine Vorbereitung auf die *zeitlose* Ewigkeit ist.

Die Zunahme des öffentlichen Bewußtseins für die christliche Zeitrechnung bedeutete nicht, daß die Menschen die Vorstellung des biblischen Millenniums sofort fallenließen. Aber sie trug zu einem differenzierteren Verständnis der Geschichte bei. Die Wiederkunft Christi war schließlich nur noch der Anhang einer säkularen Periodisierung, die weit in die Zukunft hineinreichte. Im achtzehnten Jahrhundert identifizierten sich die Menschen bereits mit ihrem eigenen Jahrhundert und konnten sich ohne Schwierigkeiten vorstellen, daß weitere Jahrhunderte kommen und gehen würden. Dieses Vertrauen war nicht weit entfernt von der gemäßigten Eschatologie eines Augustinus, die bei vielen Katholiken wie Anhängern der Reformation während der millenaristischen Wellen des Mittelalters und des 16. Jahrhunderts in Vergessenheit geraten war. Zwar war diese anspruchsvolle historische Perspektive nicht so frei von apokalyptischen Einflüssen, wie sie sich darzustellen beliebte, aber ihr Glaube an den »Fortschritt« stand nichtsdestoweniger dem Optimismus nahe, mit dem die Kirche ein Jahrtausend früher versucht hatte, die krude Endzeitspekulation abzulösen. Jemand, der sich eindeutig dem achtzehnten Jahrhundert zugehörig fühlte und gelegentlich darüber nachsann, wie das Leben wohl im zwanzigsten aussehen würde, hätte sich wohl kaum beim Ausrechnen des Termins für den Jüngsten Tag die Finger wundgeschrieben.

Die römisch-katholische Kirche kann viel von dem Verdienst für den schließlichen Sieg einer nichtapokalyptischen Zeitrechnung für sich in Anspruch nehmen. Nicht nur daß sie dem Westen eine nach hinten offene Chronologie auferlegte; vielmehr spielte sie auch eine entscheidende Rolle bei der Verbreitung der Einteilung dieser Chronologie in aufeinanderfolgende und voneinander unterschiedene Jahrhunderte. Man könnte einwenden, dies sei doch so klar, daß es nicht unbedingt einer Propaganda dafür bedurft hätte. Schließlich hat das Auftauchen einer Zeiteinheit von 100 Jahren in einer Kultur, die sich des Dezimalsystems bedient, etwas Unausweichliches, vor allem, wenn diese Einheit gleichzeitig dem maximal erreichbaren menschlichen Lebensalter entspricht. Wie wir gesehen haben, dachten Etrusker und Römer in aufeinanderfolgenden *saecula*. Aber die Jahrhunderte des Kalenders erschienen erst sehr spät auf der Bildfläche. Die apokalyptische Erregung um das Jahr 1000 wurde nicht durch den Wechsel der Zahl als solcher hervorgerufen. Man sah das Vergehen eines Jahrtausends nicht primär im Zusammenhang mit dem christlichen Kalender, und das Jahr 1033 scheint ebensosehr als ein Jahr des Millenniums angesehen worden zu sein wie das Jahr 1000.

Erst Ende des 13. Jahrhunderts treffen wir auf das erste Ereignis, das man mit gutem Gewissen als eine Feier der Jahrhundertwende betrachten kann. Es handelt sich um das päpstliche Jubiläum des Jahres 1300, das allen Pilgern, die bestimmte Basiliken dreißigmal während des Jahres besuchten, einen vollkommenen Ablaß gewährte. In der Bulle, mit der Papst Bonifaz VIII. dieses Jubiläum erklärte, berief er sich auf eine alte päpstliche Tradition von Jahrhundertwende-Feiern. In Wirklichkeit gab es einen solchen Präzedenzfall nicht; Bonifaz hatte diese »Tradition« erfunden. Zwei Jahre später erließ er die Bulle »Unam sanctam«. Niemals zuvor in der Geschichte des Papsttums war dessen geistliche und weltliche Macht energischer vertreten worden. Es ist interessant, daß dieses triumphalistische Dokument päpstlichen Machtanspruchs so kurz nach dem Jubiläum folgte. Nicht weniger als zweihunderttausend Menschen hatten sich zu den Feierlichkeiten in Rom versammelt, und das mag sehr wohl den Papst auf die Macht und den Status des Papsttums hingewiesen haben. Jedenfalls war es ein genialer Schachzug in *public relations*. Moderne Historiker neigen dazu anzunehmen, daß Bonifaz lediglich auf die unausbleibliche Faszination setzte, die von dem Übergang von 1299 auf 1300 ausging. Aber nach dem amerikanischen Historiker Hillel Schwartz läßt man damit das entscheidend Neue an diesem Ereignis außer acht. »Trotz ihrer Verbeugung vor der uralten Tradition basierte die [Jubiläums-] Bulle nicht auf Gewohnheit. Sie etablierte diese Gewohnheit vielmehr. Für die Kirche: ein Jubiläum, das lediglich an die 00 des christlichen Kalenders anknüpfte, ohne Berücksichtigung der Ostertabellen und all der anderen Instrumente, die dem Ritus dienten. Für das christliche Europa: die Erwartung auf eine Gelegenheit, wie sie nur einmal im Leben eines Menschen auftritt.«[3]

Dieses Zitat stammt aus Schwartz' 1990 erschienenem Buch *»Century's End«*, einem Überblick über die Kulturgeschichte »von den Neunhundertneunzigern zu den Neunzehnhundertneunzigern«, in dem zum ersten Mal ernsthaft die Ursprünge des *fin de siècle* untersucht werden. Obwohl die ersten Abschnitte dieses Buches lebendig das Durcheinander in den Neunzigern des zehnten, elften und zwölften Jahrhunderts beschreiben, gesteht der Autor, daß er »sich vom Zufall nährt«: Jedes *fin de siècle* -Gefühl in dieser Zeit ist ein Produkt unserer Phantasie. Nach Schwartz kann man nur die kärglichsten Rudimente einer Jahrhundertwende ausmachen: einen Standardkalender, einen rein additiven, arithmetischen

Sinn für die vergehende Zeit, ein besonderes Interesse an Epochen und Perioden, die Gewohnheit, nach historisch bedeutungsvollen Konjunktionen zwischen Ereignissen zu suchen, tiefe Verzweiflung über den Verfall von Institutionen wie den Verfall einer entschiedenen Moralität und schließlich prophetische Hoffnungen auf ein neues Zeitalter innerhalb der Geschichte. Alle diese Elemente waren zweifellos am Ende des 13. Jahrhunderts vorhanden. Es war schließlich die Ära des Joachim von Fiore. Aber das war im Grunde nicht viel; es gab noch nicht das Gefühl, das alte Jahrhundert gehe zu Ende und das folgende verfüge über Kräfte der Erneuerung.

Wenn wir die Geschichte auf die Jahrhundertwenden zwischen 1300 und 1800 hin anschauen, ist es außerordentlich schwer zu sagen, welche von ihnen man am ehesten als historisches Ereignis an sich werten könnte. Der Anbruch des 20. Jahrhunderts war jedenfalls eine Angelegenheit, die im Westen brennendes Interesse auf sich zog, und zwar in einem Ausmaß, daß manche Leute sagen, die kommenden Jahrtausendfeiern, wie großartig auch immer angelegt, könnten kaum mit der gleichen gewaltigen Wirkung auf die Menschen rechnen. Aber bei den Jahrhundertwenden vor 1900 ist die Sache nicht so klar. Wie zu erwarten ist die Erfahrung der Jahrhundertwende zur Gegenwart hin immer besser dokumentiert. Im ganzen gesehen müssen wir erstaunlich lange warten, bis wir den vertrauten Januskopf der Jahrhundertwende wahrnehmen können, der mit nostalgischen Gefühlen nach hinten blickt und mit vor Erwartung leuchtenden Augen nach vorne. Es gibt Augenzeugenberichte über das Jubiläum von 1300, aber keiner von ihnen grübelt über das Ende des dreizehnten Jahrhunderts oder den Beginn des vierzehnten. Tatsächlich wäre schon der Begriff »vierzehntes Jahrhundert« den zum Jubiläum versammelten Menschenmengen fremd gewesen. Er taucht erst hundert Jahre später auf, als der Humanist Coluccio Salutati aus Florenz sich auf die Suche nach den Schriftstellern machte, die für ihn am besten das »*quartodecimo seculo*« repräsentierten.

Erst zur Reformationszeit wurde die Praxis, Jahrhunderte nach ihren Ordnungszahlen zu benennen, zu einem mentalen Orientierungsmuster, das die Geschichte automatisch in Jahrhunderte einteilte. Feiern zur Jahrhundertwende wurden vom Papsttum eingeführt, aber das Verdienst für die weitere Entwicklung kommt ihren hartnäckigsten Gegnern zu, den deutschen Reformatoren des 16. Jahrhunderts. Tatsächlich war es die Auflistung der angeblichen Abweichungen der römischen Kirche von der christlichen Wahrheit, die zur Einteilung der Geschichte in Jahrhunderte beitrug. 1559 wurde in Basel der erste Band einer Kirchengeschichte veröffentlicht, den eine Gruppe lutherischer Gelehrter in Magdeburg verfaßt hatte und in der die Verderbtheit des Papsttums über die Jahrhunderte hin beleuchtet wurde. Die Reihe wurde unter dem Namen *Magdeburger Centurien* bekannt, weil sie in sechzehn Bänden erscheinen sollte, je ein Band für jedes der »Centurien« (Jahrhunderte) seit Christi Geburt. Obwohl das Projekt nie vollendet wurde (nur dreizehn Bände erschienen), war sein Einfluß enorm. Hillel Schwartz: »Niemals zuvor war im christlichen Westen die lange Zeitspanne [seit Christi Geburt] als eine Abfolge von Jahrhunderten begriffen worden ... Ohne sie [die Centurien] würde es in der englischen Sprache weder das Wort *century* für eine Periode von hundert Jahren geben noch den modernen Begriff des Jahrhundertendes als des Endes der Summe aller Jahre von 01 bis 00 zusammen.[4] Die Wirkung der *Magdeburger Centurien* war selbst in Rom zu spüren. Nachdem der Bibliothekar des Vatikans, Cesare Baronio, sie gelesen hatte, arbeitete er seine Kirchengeschichte, die *Annales Ecclesiastices,* zu einer Gegendarstellung um und trug besondere Sorge dafür, jeweils den Beginn und das Ende eines Jahrhunderts zu betonen. (Jedenfalls ließ er seiner Phantasie voll die Zügel schießen, als er auf das Ende des 10. Jahrhunderts zu sprechen kam: Seine Beschreibung der monumentalen Panik, die Europa zum Schicksalsjahr 1000 befiel, gilt als eigentlicher Ursprung der modernen Legende.)

Das Ende des sechzehnten Jahrhunderts ist ein wichtiger

Moment in der Entwicklung der Orientierung an der gemessenen Zeit. Die Zeitmessung veränderte sich sozusagen an beiden Enden der Skala. Sekundengenaue Chronometer tauchten auf, und das Wort »Sekunde« wurde Teil des allgemeinen Wortschatzes. Die Kalenderreform Papst Gregors XIII. von 1582, die letzte größere bis heute, stellte sicher, daß Ostern sich nicht wieder langsam vom Frühjahr weg und auf den Sommer zubewegte. Gelegentlich tauchen jetzt Gedanken über »unser Jahrhundert« in der zeitgenössischen Literatur auf. Ein Buch des italienischen Visionärs Tommaso Campanella bezieht sich auf »unser gegenwärtiges Jahrhundert, das in hundert Jahren mehr Geschichte hervorgebracht hat als die ganze Welt in den vorangegangenen viertausend Jahren«, eine Bemerkung, die schnell den Status eines geflügelten Worts erhielt.[5] Aber abgesehen vom päpstlichen Jubiläum des Jahres 1600, gab es wenig anzumerken, was das Fortschreiten von einem zum anderen Jahrhundert bezeichnete: Obwohl das Jahrhundertbewußtsein wuchs, fanden wenige Autoren im katholischen oder protestantischen Europa den Augenblick des Übergangs selbst kommentarwürdig.

Ein Jahrhundert später ist das Bild schon sehr verschieden. Während des 17. Jahrhunderts hatte sich die Verbindung von Datum und Ereignis bereits sehr verstärkt, da die Bevölkerung im Westen begann, Kalender für jeden Tag zu benutzen. Das Feiern von Geburtstagen wurde zur Norm, und damit auch eine neue gefühlsmäßige Bindung an das eigene Geburtsjahr, ausgedrückt in Jahren »nach Christus« oder »Jahren des Herrn«. Das Anbrechen des achtzehnten Jahrhunderts war ein Ereignis in einem Sinn, wie es der Beginn des siebzehnten nicht gewesen war. Die gebildeten Klassen in ganz Europa und Amerika sandten sich gegenseitig Wünsche zum neuen Jahrhundert. In London schrieb ein gewisser John Jackson, der zum Papstjubiläum nach Rom zu reisen gedachte, seinem Onkel zum 1. Januar 1700, um ihm ein glückliches neues Jahrhundert zu wünschen. Aber vielleicht war die Gewohnheit des Numerierens von Jahrhunderten doch noch nicht so fest eingewurzelt, denn er irrte sich in der Zahl. Sein Onkel, niemand anderer als Samuel Pepys, wies ihn darauf hin, daß er ihm zum ersten Tag des siebzehnten Jahrhunderts geschrieben habe. Jackson entschuldigte sich: »Ich meinte das 18. Jahrhundert, was immer ich auch geschrieben haben mag.«[6] John Dryden komponierte ein Maskenspiel, um die Gelegenheit zu feiern, das mit folgender Zeile endete: »Nun gut, das Alte Zeitalter ist vorbei / und Zeit, ein neues zu beginnen.« In Amerika bezahlte Samuel Sewall aus Boston vier Trompeter dafür, daß sie beim Tagesanbruch des 1. Januar auf einem öffentlichen Platz spielten, um den »Eintritt des 18. Jahrhunderts zu feiern«.

Bemerkenswert ist, daß Sewalls Trompeten am ersten Tag des Jahres 1701 erklangen, nicht 1700. Wenn es einen zuverlässigen Indikator für öffentliches Interesse an der Jahrhundertwende gibt, dann ist es die Intensität der Diskussion darüber, ob die neue Ära nun mit der Jahreszahl ..00 oder mit ..01 beginnt. Für den Beginn des achtzehnten Jahrhunderts können wir nur vermuten, daß es zwei verschiedene Meinungen dazu gab. Zu Beginn des 19. Jahrhunderts tobte die Debatte über zwei Kontinente und beschäftigte die Kolumnisten unzähliger Zeitungen und Zeitschriften. »Es ist doch merkwürdig«, kommentierte der Herausgeber einer Zeitung in Philadelphia, »daß alle diejenigen, ... die zufällig falsch liegen, was das Jahrhundertende anbetrifft, unweigerlich mit der Erklärung beginnen, die Frage sei doch die klarste der Welt.«[7] Der Verfasser war ein Vertreter der 00-Schule; aber er könnte genauso argumentiert haben, wäre er ein Vertreter der gegenteiligen Richtung gewesen. Ein Anhänger des 31. Dezembers 1800 als Jahrhundertende meinte, die Behauptungen derer, die glaubten, daß Jahrhundert sei mit dem 31. Dezember 1799 erloschen, seien wie »die Träume einer verwirrten Phantasie, die zu unterstützen bisher nichts aufgeboten worden ist als falsche Auffassungen, Lärm und Wutausbrüche.«[8] Aber selbst Anhänger des späteren Datums bekannten sich zu einer gewissen Beschleunigung ihres Pulses beim Wechsel von

1799 zu 1800 (obwohl dies anscheinend die erste Jahrhundertwende war, an der Menschen an diesem Punkt stark reagierten). Der junge Samuel Taylor Coleridge schrieb einem Freund im Januar 1800: »Wieviele Tausende von Briefschreibern werden in den ersten beiden Wochen des Monats zuerst eine 7 schreiben & sie dann in eine 8 verwandeln – im Datum ihrer Briefe!«[9]

Natürlich spiegelte die Debatte über das richtige Datum nur die neue Bedeutung wider, die man in Europa und Amerika der Jahrhundertwende zumaß. Einige Zeitgenossen empfanden anscheinend einen persönlichen Verlust beim Hinscheiden »dieser guten alten Dame, die man als ACHTZEHNTES JAHRHUNDERT kannte, die in der letzten Nacht alle irdischen Ämter niederlegte und in der Familiengruft der Ewigkeit bestattet wurde.« Von solchen Personifikationen des Jahrhunderts ist es nicht mehr weit zu einem ausgewachsenen *fin de siècle;* ob man nun glaubte, daß das Jahr 1800 schon zum neuen Jahrhundert gehörte oder zum alten, man war sich darüber einig, daß es sich um eine Gelegenheit handelte, bei der man zurück und nach vorne blicken sollte. Zum ersten Mal gab es ein deutliches Gefühl, von einem Zeitalter ins andere überzugehen. In gewissem Maße war dies das Ergebnis der Art und Weise, wie die Menschen dazu gekommen waren, die Geschichte in Jahrhunderte einzuteilen; aber es spiegelte auch die außerordentlichen Zeitumstände wider: den plötzlichen und anscheinend unwiderruflichen Zusammenbruch der politischen Ordnung Europas am Ende des Jahrhunderts. Wenn jemals ein Jahrhundert einen Höhepunkt erreicht hat, dann das achtzehnte. Die *London Chronicle* kam in ihrer Rückschau auf das Jahr 1799 geradezu zu dem Schluß, die Zeit selbst habe sich beschleunigt: »Vielleicht niemals haben drei Viertel der Alten Welt in einer so kurzen Zeitspanne so viele außerordentliche Ereignisse jeder Art aufeinanderfolgen sehen; vielleicht niemals war das Geschick ihrer Bewohner so vielen Veränderungen, so vielen Übeln, so vielen Schicksalsschlägen unterworfen.«[10]

Die besonderen Zeitumstände beeinflußten zwangsläufig die Wahrnehmung der Jahrhundertwende – und zwar in einem Ausmaß, daß man sich fragen muß, ob der Übergang vom achtzehnten zum neunzehnten Jahrhundert auf das öffentliche Bewußtsein stärker gewirkt hätte als die Jahrhundertwende zuvor, wäre nicht die Französische Revolution gewesen. Das ist eine Frage von mehr als hypothetischem Interesse für jeden, der sich mit Apokalyptik beschäftigt. In England und Amerika gab es am Ende des achtzehnten Jahrhunderts ein wahrnehmbares Wiedererwachen des Glaubens an Prophezeiungen. Aber hätte dieser Anstieg der eschatologischen Temperatur auch ohne die welterschütternden Ereignisse der Jahre vor dem Jahrhundertende stattgefunden?

Auf den ersten Blick scheint es, als könne man diese Frage mit einem klaren Nein beantworten. Die meisten Prophezeiungen in den neunziger Jahren wurzelten in Interpretationen der Französischen Revolution. In Frankreich verkündete die katholische Prophetin Suzette Labrousse, die Revolution kündige eine Millennium an, das im Jahre 1800 beginnen werde. In London beschrieben Dutzende von Flugschriften die Ereignisse in Frankreich als Erfüllung von Prophetie. Die Hinrichtung Ludwigs XVI. wurde wie die Karls I. von den Bibelexegeten nicht aus republikanischer Überzeugung begrüßt, sondern deshalb, weil sie ein notwendiges Vorspiel zum Jüngsten Tag war.

Diese Unterscheidung interessierte die britische Regierung wenig; sie sperrte die energischsten Pamphletisten ein. In Wirklichkeit ging von dem Anschwellen der prophetischen Aktivität kaum eine Bedrohung aus: ihre hellsten Leuchten waren meist einsame Gestalten, deren Anhängerschaft sich auf ähnlich geartete Exzentriker, auf Dienstboten und Landarbeiter beschränkte. Die einzige Ausnahme war Joanna Southcott, ein Dienstmädchen aus Exeter, das 1792 mit seinen Prophezeiungen anfing und zehn Jahre später diejenigen zu bezeichnen begann, die zu den 144 000 Auserwählten des Jüngsten Tages gehören sollten. Im ersten Jahrzehnt des

19. Jahrhunderts hatte sie einige tausend Anhänger, unter ihnen Geistliche der High Church, aber ihre Jüngerschaft zerstreute sich rasch, nachdem einer der »Auserwählten« wegen Mordes gehängt wurde.

Ist es von irgendeiner Bedeutung, daß eine Prophetin wie Joanna, die in einer Zeit durch die politischen Ereignisse auf dem Kontinent verstärkter eschatologischer Hoffnungen auftrat, ihre Hoffnungen am Jahrhundertbeginn festmachte? Am Ende des 18. Jahrhundert konnte man apokalyptischen Glauben »unter bayrischen Illuminaten, Swedenborgianern aus Skandinavien, polnischen und russischen Okkultisten in Sankt Petersburg, spanischen Jesuiten, amerikanischen *Shakers*[11], Kongregationalisten aus Neuengland, Indianern aus Seneca, Methodisten aus den Appalachen, walisischen Baptisten und den leichter erregbaren unter den Freimaurern ...« finden[12]. Das Vorhandensein solcher Fermente ändert nicht das Geringste an der Tatsache, daß, zumindest in Europa, Apokalyptik intellektuell nicht mehr in Mode und auch nicht mehr die treibende Kraft hinter religiösen Massenbewegungen war. Trotzdem ist es eigenartig, daß so viele Propheten eine Umwälzung ausgerechnet zum Ende des achtzehnten Jahrhunderts im Anzug sahen. Es war, als gehe vom neuen Jahrhundert eine eigene Anziehungskraft aus. Wäre es möglich, daß die bloße Tatsache eines Jahrhundertendes apokalyptische Leidenschaften erregte?

Heutzutage ist ein Gemeinplatz, daß stets am Ende eines Jahrhunderts mysteriöserweise Ängste vor dem Weltende aufkommen. Diese Behauptung geht oft Hand in Hand mit ausufernden Beschreibungen der großen Panik des Jahres 1000, und genauso wie im Fall des Jahres 1000 sieht es mit Beweisen für die allgemeine These schlecht aus. Wie wir gesehen haben, hatten die Menschen jahrhundertelang gar kein Bewußtsein davon, in welchem »Jahr des Herrn« sie lebten, und wenn sie es hatten, dann brachten sie es nicht in Verbindung mit ihrem eigenen Leben und der Gesellschaft, in der sie lebten. Zudem war die Durchsetzung des christlichen Kalenders eher eine Vorbedingung für die Ablösung der Apokalyptik durch säkulare Ideologie im siebzehnten und achtzehnten Jahrhundert.

Und doch können wir die Möglichkeit nicht ausschließen, daß die eschatologische Erregung immer wieder zur Jahrhundertwende zunahm. Verrückterweise gibt es ja Beweise für prophetische Aktivität sogar am Ende von Jahrhunderten, die als solche gar nicht ins allgemeine Bewußtsein eingingen. Das Drama des Jahres 1000 ist dafür ein wichtiges Beispiel. Die zehn Jahre vor diesem Zeitpunkt waren eine Zeit verstärkter apokalyptischer Erwartungen trotz der Tatsache, daß es ein Bewußtsein von diesem Datum im modernen Sinne nicht gab. Die machtvolle Symbolik des ersten christlichen Millenniums lag letztlich darin, daß seit der Geburt Christi eine »runde Zahl« von Jahren vergangen war. Auf die gleiche Art, wenn auch in geringerem Ausmaß, waren andere Jahrhundertwenden runde Zahlen, die zu allen möglichen Rechenkunststücken Anlaß gaben. Zum Beispiel: das Jahr 1200 bezeichnete nach Joachim von Fiore das Ende der vierzigsten Generation seit Christi Geburt und der zweiundzwanzigsten seit dem heiligen Ordensgründer Benedikt und war für ihn der Moment, an dem das Zweite und das Dritte Zeitalter beginnen würden, sich zu überlappen. Während der millenaristischen Erregung des siebzehnten Jahrhunderts war es das Jahr 1700, das mit ähnlichen Argumenten mit apokalyptischer Bedeutung aufgeladen wurde. Die *Fifth Monarchy Men* erwarteten, die Endzeit werde um 1650 beginnen, sahen aber das Millennium für die Zeit um 1700 voraus. Diesmal war die Arithmetik ein bißchen komplizierter als bei Joachim. Zur Zahl 1700 gelangte man, indem man die Zahl des Jahres 365 nach Christus, in dem der römische Kaiser Julian Apostata durch den »Greuel« seines Abfalls die Prophezeiung Daniels erfüllte, zu den 1290 »Tagen« von je einem Jahr und Daniels 45 Jahren der Drangsal addierte. Aber der Effekt war derselbe: Das von Gott bestimmte Jahr hatte am Ende zwei Nullen.

In anderen Fällen gibt es wenige oder keine Beweise für

apokalyptische Berechnungen, die auf Jahrhundertwenden hinweisen, aber gleichwohl einen scharfen Anstieg des eschatologischen Bewußtseins im letzten Jahrzehnt vor der Jahrhundertwende. Die Jahre vor 1500 sind dafür ein gutes Beispiel. Das Fehlen zeitgenössischer Anspielungen auf die Vollendung von anderthalb Jahrtausenden seit Christi Geburt bedeutet nicht, daß dieser Zeitpunkt nicht doch ein Faktor war, der Savonarolas Zuhörer für seine Botschaft geneigt machte. Florenz scheint zu dieser Zeit von dem verunsichernden Lebensgefühl erfüllt gewesen zu sein, am Rande eines neuen Zeitalters zu balancieren. Obwohl man dieses auch als einen schlichten Fall von apokalyptischer Vorahnung diagnostizieren kann, hat es auch überraschend viel Ähnlichkeit mit der ambivalenten Reaktion unserer Zeit auf das Heraufdämmern eines neuen Jahrhunderts. Es gibt einen höchst interessanten Bezug auf das Jahr 1500 in der Inschrift von Botticellis berühmtem Weihnachtsbild. Sie heißt: »Sandro malte dieses Bild zu Ende des Jahres 1500 in den Heimsuchungen Italiens zur halben Zeit nach der Zeit, gemäß dem sechsten Kapitel in der Apokalypse des heiligen Johannes, in der zweiten Plage, in welcher der Teufel [Antichrist] für dreieinhalb Jahre losgelassen wird. Dann wird er in Ketten geschlagen werden ... und wir werden ihn besiegt am Boden sehen, wie in diesem Bild.«[13] Das präzise Endzeitszenario, das Botticelli hier beschwört, interessiert hier nicht; viel wichtiger ist der dem Text zugrundeliegende Eindruck, daß die Niederlage des Antichrist und der Anbruch eines neuen joachitischen Zeitalters in irgendeiner geheimnisvollen und nicht näher bezeichneten Weise mit dem Verstreichen von 1500 Jahren seit Christi Geburt zu tun hat.

Es gibt einen Fall von erhöhter apokalyptischer Erwartung, der anscheinend völlig losgelöst ist von seinem Jahrhundertwendehintergrund. Das ist der erste Kreuzzug, der 1096 begann und rasch die Dimensionen eines apokalyptischen Kampfes annahm. Niemand hat je behauptet, daß der elfhundertste Jahrestag der Geburt Christi an sich irgendeine innere

Bedeutung habe; außerdem war die Vorstellung von Jahrhunderten im Kalender damals überhaupt noch nicht in der Bevölkerung verankert. Aber sogar hier können wir vielleicht einen untergründigen Einfluß der runden Zahlen eines Millenniums entdecken. Wie Richard Landes gezeigt hat, begann der erste Kreuzzug genau tausend Jahre nach dem allgemein angenommen Datum für die Visionen des heiligen Johannes, aus denen die Apokalypse hervorging. Zwar können wir nicht wissen, wie und ob überhaupt dieses Datum die Wahrnehmung der Kreuzfahrer von ihrer Rolle beeinflußte. Es erinnert uns jedoch daran, daß unter der Oberfläche der westlichen Zivilisation unzählige Strömungen existieren, die der moderne Beobachter leicht übersieht. Die Vorstellung einer Wiederkehr apokalyptischer Ängste zu jeder Jahrhundertwende ist jedenfalls nicht so weit hergeholt, wie sie klingt. Der Erste Kreuzzug war eine Antwort auf die Zerstörung des Heiligen Grabes durch den Fatimiden-Kalifen Al-Hakim, der sich in der Rolle des Mahdi sah – einer messianischen Gestalt, die nach einer bestimmten islamischen Tradition alle hundert Jahre erscheinen sollte. Es ist kein Zufall, daß die aggressive Politik, die zum Angriff auf Jerusalem führte, im 400. islamischen Jahr nach der Hedschra begann.[14] Es ist auch nicht unvorstellbar, daß die Idee eines apokalyptisch aufgeladenen Jahrhundertendes aus dem Islam in den Westen übermittelt wurde, zusammen mit den arabischen Ziffern, die diesem Übergang durch die Nullen ein solches Gewicht geben. Vielleicht kam sie über die hochentwickelte islamische Astrologie ins mittelalterliche Europa und brachte ein neues Interesse für den Gedanken unveränderlicher historischer Zyklen hervor. Schwartz argumentiert, die Gedankenwelt, die für astrologische Konjunktionen empfänglich ist, sei nicht unähnlich jener, die das Ende von jeweils hundert Kalenderjahren unvermeidlich mit dem Anbruch einer neuen Epoche verbindet.

Vielleicht ist jede Gesellschaft, die Kalender benutzt, auf eine ganz natürliche Weise dazu prädisponiert, am Ende einer festgelegten Anzahl von Jahren eine Mischung von Angst und

Erwartung zu erleben. In nichtwestlichen Kulturen würde sich das nicht in Form eines voll ausgeformten Glaubens an den Endkampf von Gut und Böse und die Entstehung einer neuen Welt äußern; diese Art von Apokalyptik ist anscheinend, nachdem sie von den Anhängern Zarathustras entwickelt worden war, zum exklusiven Gedankengut der jüdisch-christlichen Tradition geworden. Aber es könnte sehr wohl die der Menschheit gemeinsame Erfahrung einer an den Kalender gebundenen Veränderung geben, die die mit dem neuen Jahr verknüpften Emotionen wirksam verstärkt. Dafür spricht das Beispiel der Azteken des alten Mexiko. Sie glaubten, jeweils zum Ende ihres Kalenderzyklus von 52 Jahren trete eine Zeit großer Gefahr ein, in der die Welt zugrundezugehen droht. Nach einem Zeitzeugen aus dem sechzehnten Jahrhundert, dem Mönch Bernardino Sahagun, pflegten die Azteken die letzte Nacht des Zyklus damit zu verbringen, daß sie zum Himmel starrten, um zu beobachten, ob die Himmelsbewegungen zum Stillstand kämen; wenn das nicht geschah, »waren sie so glücklich, daß sie aufschrien, und ihre Schreie hallten herauf zum Himmel, denn die Welt ging nicht zu Ende und sie hatten unzweifelhaft weitere 52 Jahre«. Nachdem sie jedes Feuer im Land gelöscht hatten, zündeten sie ein neues Feuer an »und erneuerten den Pakt mit ihrem Götzen, ihm zu dienen, und sie erneuerten alle Statuen desselben, die sie in ihren Häusern hatten ...«[15] Etwas Ähnliches haben wir schon einmal gehört. Die aztekischen Statuen sind mit Sicherheit die Äquivalente von Glabers »weißem Mantel von Kirchen«, die nach dem Jahr 1000 erbaut wurden, Symbolen der Freude und Erleichterung, die vielleicht jede Gesellschaft fühlt, wenn sie glaubt, eine Wendemarke der Zeit hinter sich zu haben.

All dies sollten wir bedenken, wenn wir das komplizierte Phänomen der Jahrhundertwende in der Gegenwart betrachten. Es hat seine Wurzeln in einer verwirrenden Vielfalt von Einflüssen, von archaischen und instinktartigen Strukturen bis zur hochentwickelten und komplexen christlichen Apokalyptik und zum weltlichen Fortschrittsglauben. Vieles hängt an der subtilen Beziehung der beiden letzteren, die sich zuerst gegen Ende des 18. Jahrhunderts miteinander verflochten.

Die Französische Revolution gab der christlichen Endzeitspekulation sicherlich neuen Schwung. Aber wir befinden uns hier bereits in einer Periode der europäischen Geschichte, in der krude biblische Apokalyptik bereits weitgehend durch säkulare Begriffe von Zeit und Geschichte abgelöst war. Es bestand nicht mehr die Gefahr, daß eine Joanna Southcott einen millenaristischen Kreuzzug anführen könnte; dieser Traum war mit dem *Commonwealth* der Englischen Revolution zugrunde gegangen. Aber es wäre falsch anzunehmen, der apokalyptische Instinkt sei völlig aus der geistigen Hauptströmung des Denkens diesseits und jenseits des Atlantiks verschwunden. In Europa hatte er neue Ausdrucksmittel gefunden. Das wichtigste Erbe der Aufklärung ist nach Nicholas Campion »die Verlagerung der Verantwortung für die Zukunft vom Himmel weg in die Hände der Menschheit«.[16] Gottes Plan für die Geschichte wurde umgeformt in Theorien menschlicher Errungenschaften. Obwohl diese Theorien die Tendenz hatten, den Begriff göttlicher Vorsehung zu negieren, ließen sie vieles an der apokalyptischen Grundstruktur unangetastet. Es gab immer noch die Annahme, daß die Menschheit die letzten Stadien der vorletzten historischen Epoche erreicht habe. Es gab sogar so etwas wie die stillschweigende Annahme einer Beschleunigung der Zeit, während sich die Geschichte auf ihre Apotheose hin bewegte – ein Jahrtausend der reinen Vernunft. Inzwischen war auch in Amerika millenaristisches Gedankengut nicht mehr das Reservat gläubiger Christen. Das Bild der amerikanischen Nation als des Neuen Israel bemächtigte sich des allgemeinen Denkens und verschmolz mit den aufklärerischen Ideen vom Fortschritt. Die offizielle Ideologie der Vereinigten Staaten wurde ein kraftvolles Gemisch von religiösem und säkularem Millenarismus, in dem die USA sich praktisch den Mantel des Letzten Weltreiches umlegten.

Die Interaktion und die unerwartete Kompatibilität von religiösen und säkularen apokalyptischen Geschichtsvisionen ist der Schlüssel zum Verständnis der Jahrhundertwende-Erfahrungen von 1790 bis heute. Die Idee des Jahrhunderts in der Gegenwart ist eng verknüpft mit dem Triumph eines »säkularen« Geschichtsverständnisses, das sich des christlichen Katastrophentermins am Ende entledigt hat.

Aber je extravaganter die Hoffnungen sind, die man auf das neue Jahrhundert setzt, desto mehr ähnelt es paradoxerweise dem joachitischen Goldenen Zeitalter. Inzwischen passen auch die Christen, die mit einer göttlichen Einwirkung auf die Geschichte rechnen, ihre Prophezeiungen diskret den Umrissen des säkularen Kalenders an, so daß der Anbruch des Tausendjährigen Reiches mit dem neuen Jahrhundert zusammenfällt. Manchmal allerdings scheint dieses Zusammentreffen von Kalender und religiöser Begeisterung wirklich spontan. In den ersten Monaten des Jahres 1801 begann eine religiöse Erweckungsbewegung in den USA Fuß zu fassen, die als »*Second Great Awakening*« – das Zweite Große Erwachen – bekannt wurde. Bei einem Treffen unter freiem Himmel in Cane Ridge, Kentucky, tanzten und lachten 25 000 Menschen; sie schrien auf und fielen zu Boden, wenn sie vom Geist ergriffen wurden. Ein Augenzeuge merkte an, daß »Heilige und Sünder jeden Grades ... mit einem durchdringenden Schrei wie ein Baumstamm zu Boden fielen, in Dreck oder Matsch, und wie tot dalagen.«[17] Allein die Größe des Camps in Cane Ridge hat moderne Betrachter dazu geführt, es als ein »erstes Woodstock« zu bezeichnen. Aber viel größer ist die Ähnlichkeit mit dem »*Toronto Blessing*« von 1993, als wiedergeborene Christen in der ganzen Welt sich veranlaßt sahen, zu lachen und hysterisch zu kreischen, während sie »im Geist geschlagen« waren. So wie das *Toronto Blessing* als Beweis dafür begrüßt wurde, daß die Epoche des Evangeliums sich ihrem Ende zuneigt, so wurde das »Zweite Große Erwachen« als Vorzeichen dafür gewertet, daß das neunzehnte Jahrhundert eine Ära der Endzeitwunder würde. Der entscheidende Punkt jedoch ist, daß diese Erwartung nicht widerlegt, sondern verstärkt wurde durch Voraussagen, die das neunzehnte Jahrhundert als ein augusteisches Zeitalter des Wohlstandes und Ruhms sehen wollten. Nicht umsonst trug das neue Staatssiegel der USA das Motto NOVUS ORDO SECULORUM: Neue Epochenordnung oder auch Neue Weltordnung.[18] Der Glaube an den *novus ordo* war zu Ende des neunzehnten Jahrhunderts eher noch stärker als zu Beginn. Man kann das leicht vergessen, wenn man mit den unzähligen Hinweisen auf das *fin de siècle* damals und heute konfrontiert wird. Der Ausdruck »*fin de siècle*« geht Hand in Hand mit Darstellungen des Jahrzehnts vor 1900 als einer Periode der Dekadenz und Hoffnungslosigkeit, und es ist richtig, daß in gewissen Kreisen die Ära durch eine Mischung von Hedonismus und modischem Pessimismus gekennzeichnet war. In England waren Zeitungen und Magazine voll von Artikeln über den Verfall des Familienlebens, des kriegerischen Geistes, der geistigen Gesundheit und des religiösen Glaubens, ganz zu schweigen vom Niedergang des Kricketspiels, des Buchumsatzes, der Vertrautheit mit den Klassikern und sogar der Treue der Hunde. Als der jüdisch-ungarische Schriftsteller Max Nordau eine wütende Attacke auf die *fin-de-siècle*-Tendenzen ritt, war dies eine Sensation. »Die Disposition der Zeiten«, schrieb er, »ist eigenartig konfus, eine Mischung aus fiebriger Ruhelosigkeit und stumpfer Mutlosigkeit, ängstlicher Vorahnung und schuldbewußtem Verzicht. Das vorherrschende Gefühl ist das von Verdammnis und Vernichtung.«[19]

Die meisten Zeitkritiker sahen die Epoche mit einem weniger zynischen Blick. Der britische Schriftsteller Holbrook Jackson fand, was Nordau als »Degeneration« beschrieb, sei in Wirklichkeit der gesunde Ausdruck von Vitalität und sollte eher »Regeneration« genannt werden. Die neunziger Jahre hätten zwar, wie er zugestand, »eine perverse und affektierte Glorifizierung der Künste« hervorgebracht, aber die Wirkung sei ein neuer Sinn für Rhythmus in der Kunst gewesen. Weit wichtiger aber sei der Kontext, in dem sich diese »Dekadenz«

entfaltet habe: eine Welt, in der überall denkwürdige Ideen aufkamen, und in der es eine neue Begeisterung für die Erneuerung der Gesellschaft gab. Die wirtschaftliche Depression zu Beginn der neunziger Jahre hatte eine neue Entschlossenheit hervorgerufen, dem Bann der Vergangenheit zu entfliehen. »Es war eine Zeit der Hoffnung und des Handelns«, schloß Jackson. »Die Menschen hielten alles für möglich, und für die Jungen war alles gut, was geschah, wenn es nur hinreichend neu war ... Niemals gab es eine Zeit, in der die Jungen so jung und die Alten so alt waren.«[20]

Und niemals hatte es eine Zeit gegeben, in der sich die Menschen so bewußt waren, daß sie am Rande von etwas Neuem lebten. Der Ausdruck *fin de siècle* wurde so oft benutzt, daß sich die Menschen gegen Ende des Jahrzehnts genierten, ihn in den Mund zu nehmen. Den meisten Beobachtern, wenn auch nicht unbedingt Max Nordau, war klar, daß er ebenso Pose wie Realität war. Aber man hielt ihn für eine harmlose Pose, die sich selbst nicht ganz ernst nahm. Sein Pessimismus war oberflächlich. Es gab einen Überschwang in der ganzen *fin-de-siècle*-Bewegung, hinter dem sich Optimismus verbarg, was die Aussichten für das kommende Jahrhundert betraf. Dieser Optimismus, der häufig ins Utopische überschwappte, beschränkte sich nicht auf Ästheten und Sozialreformer. »Wir *stehen* an der Schwelle einer großen Zeit, selbst wenn unsere Zeit selbst nicht groß ist«, schrieb der positivistische Philosoph Frederic Harrison. »In der Wissenschaft, in der Religion, in der Organisation der Gesellschaft, wir wissen alle, was für Dinge in der Luft liegen ... Es ist das Zeitalter großer Erwartung und unermüdlichen Strebens nach Verbesserung.«[21] Das atemberaubende Tempo der technologischen Veränderung und die Organisation der Arbeiterbewegung in politischen Parteien trugen das Versprechen einer neuen, humaneren Ära in sich. Diese Ära hatte einen Namen: das zwanzigste Jahrhundert.

Westeuropa und Amerika zeigten in den beiden letzten Jahrzehnten des neunzehnten Jahrhunderts weit größere

Neugier auf das zwanzigste als in den neunziger Jahren unseres Jahrhunderts (jedenfalls bisher) auf das einundzwanzigste. Hunderte von Büchern und Zeitschriften führten damals die Worte »Neues Jahrhundert« in ihrem Titel. So viele Bücher über das zwanzigste Jahrhundert erschienen, schrieb ein amerikanischer Rezensent schon 1890, »daß die gesamte Thematik Gefahr läuft, sterbenslangweilig zu werden.« Man war fasziniert von der Frage, welche Stellung das neue Jahrhundert in der dynamischen Struktur der Geschichte einnehmen werde. Henry Adams spekulierte bei seinem Besuch der Pariser Weltausstellung von 1900, die westliche Zivilisation habe in der Periode von 1400 bis 1800 Kraft gesammelt und sich dann während des gesamten neunzehnten mit ungeheurer Beschleunigung bewegt. Dann, im Jahre 1900, sei die Kontinuität unterbrochen worden: Die Welt sei umgestaltet worden durch das Erscheinen »der neuen Klasse übersinnlicher Kräfte, vor welcher der Mann der Wissenschaft zunächst ebenso verwirrt und hilflos stand wie im vierten Jahrhundert ein Isispriester vor dem Kreuz Christi.«[22]

Henry Adams' Theorie verdeutlicht die Vorstellung einer sich beschleunigenden Zeit, auf die in der christlich-apokalyptischen Weltsicht schon hingewiesen worden war. Er war gewiß nicht der einzige Beobachter, der sich geradezu physisch von dem Jahr 1900 angezogen fühlte und sich fragte, ob da nicht verborgene Kräfte am Werk waren. Tatsächlich erwachte zum ersten Mal eine allgemeine Neugier hinsichtlich der Vorstellung einer Geschichte von Jahrhunderten und frühere Erfahrungen mit Jahrhundertwenden. War es möglich, daß die aufgeladene Atmosphäre der neunziger Jahre etwas mit einem bisher unentdeckten Gesetz von Jahrhundertzyklen zu tun hatte? Max Nordau bot eine für ihn typische düstere Erklärung an, die er eine »Völkerdämmerung« nannte, »in der alle Sonnen und alle Sterne allmählich verblassen und die Menschheit mit allen ihren Einrichtungen und Schöpfungen inmitten einer sterbenden Welt untergeht.« Holbrook Jackson bot eine weit optimistischere Theorie an.

»Die Beschleunigung des Lebens während der letzten Jahre ist nicht ohne Parallele«, schrieb er. »Das letzte Jahrhundert schloß mit der Französischen Revolution, und das sechzehnte schloß mit der Vernichtung der Armada und der Erscheinung Skakespeares ... während das Ende des fünfzehnten Jahrhunderts die Wiedergeburt des Humanismus und die Entdeckung Amerikas sah. Man kann der Versuchung nicht widerstehen, über die Bedeutung solcher *fin-de-siècle*-Begebenheiten zu spekulieren, denn wir sind tatsächlich durch das nahende Ende eines Jahrhunderts zeitbewußter geworden, so wie wir an unseren Geburtstagen und an Neujahr unseres Alters bewußter werden. Und es ist zumindest denkbar, daß es so, wie wir uns bei diesen letzteren Gelegenheiten zusammennehmen ... einen ganz ähnlichen, aber der menschlichen Rasse gemeinsamen Instinkt gibt, der uns in einer so beeindruckenden Periode wie einem Jahrhundertende überkommt und uns zu einzigartiger Aktivität treibt.«[23]

Diese fröhliche Theorie war sehr viel eher im Einklang mit dem Geist der 1890er als die düsteren Prognosen von der Völkerdämmerung. Es lag mehr Erregung als Angst in der Luft, während das neue Jahrhundert im Anzug war, auch wenn die Erwartung eine Spur von Nervosität aufwies. Die Menschen empfanden die Ära als eine des Übergangs. Der vorherrschende Optimismus steckte gläubige Christen ebenso sehr an wie alle anderen, obwohl er seinen Ausdruck auf vielerlei Weise fand. In England hingen viele christliche Denker ausgesprochen sozialistischen Ideen an. Die sakramentale Theologie der radikalen »Slumpriester« der neunziger Jahre war untrennbar verbunden mit der Vision von London als einem Utopia des zwanzigsten Jahrhunderts, über dem der Geist des »sozialistischen Zimmermanns« Jesus von Nazareth schwebte. In Amerika waren liberale Protestanten nicht für den Sozialismus, aber sie träumten von einem neuen Jahrhundert, in dem alle großen Weltreligionen vereint sein würden in einer nicht genauer bestimmten undogmatischen Art von Christentum, das die besten Überlieferungen aller Religionen vereinte. Apokalyptische Weltendvisionen paßten nicht zu dieser vorherrschenden Stimmung in den großen christlichen Konfessionen. 1889 kündigte Hochwürden Michael Baxter, Herausgeber des in London erscheinenden *Christian Herald*, in einem Buch mit dem Titel *The End of This Age about the End of This Century* an, 1896 werde man die Entrückung von einhundertvierundvierzigtausend frommen Christen in den Himmel erleben, und 1901 werde die Welt untergehen.[24] Niemand nahm ihn ernst.

Tatsache ist, daß es keinen Appetit auf apokalyptische Termine gab, weder in England, noch, viel bedeutsamer, in den USA. Konservative Protestanten hatten die Große Enttäuschung von 1843/44 noch nicht vergessen und hingen einem Dispensationalismus an, der die Notwendigkeit lehrte, *stets* auf das Ende gefaßt zu sein und vor der Anwendung biblischer Prophetie auf die Geschichte warnte. Obwohl die meisten Fundamentalisten glaubten, die Endphase der menschlichen Geschichte werde eine Zeit der Katastrophen und der Drangsale sein, schloß das nicht die Möglichkeit einer plötzlichen und wunderbaren Ausgießung des Heiligen Geistes unter den Auserwählten aus. Weiterhin gab es keinen Grund, warum diese Ausgießung nicht mit dem Beginn des neuen Jahrhunderts kommen sollte – eines Jahrhunderts, von dem viele Fundamentalisten, hingerissen von einer patriotischen Begeisterung, die ihren theologischen Pessimismus überwand, hofften, daß es die imperiale Bestimmung der Vereinigten Staaten bestätigen würde.

Das Kommen des neuen Jahrhunderts faszinierte evangelikale Protestanten in den USA und in Großbritannien. So wie man in unseren Tagen das Jahr 2000 als Termin für internationale Missionierungsbemühungen gesetzt hat mit dem Ziel, die ganze Welt für Christus zu gewinnen, so wurde damals auch 1900 zum Zieljahr. Als der Plan in den achtziger Jahren zum erstenmal diskutiert wurde, kannte die Begeisterung für den *»Countdown«* keine Grenzen. 1889 veröffentlichte Arthur

Pierson, ein presbyterianischer Pastor in Philadelphia, ein Buch, in dem er folgendermaßen argumentierte: Könnten zehn Millionen wahre Protestanten mobilisiert werden, dann »ist es unsere feierliche und vernünftige Überzeugung, daß vor dem Ende dieses Jahrhunderts jede lebende Seele in Berührung mit dem Evangelium gebracht werden könnte.« Pierson bestand darauf, sein Plan sei weder unmöglich noch impraktikabel. »Es *kann* getan werden, es SOLLTE getan werden; es MUSS getan werden!« schrieb er.[25] Aber in den neunziger Jahren wurde klar, daß es unmöglich getan werden konnte, und die unrealistisch ehrgeizigen Zielplanungen wurden unter gehässigem Streit nach unten korrigiert. Pierson begann nun vernünftigerweise in etwas allgemeineren Formulierungen über das neue Jahrhundert zu sprechen, von dem er hoffte, es werde ausgezeichnet sein »durch eine Ausgießung des Heiligen Geistes, mit der verglichen selbst Pfingsten nur wie die ersten Tropfen eines späteren Regens[26] sein würde«. Und bis zu einem gewissen Punkt hat sich diese ehrgeizige Erwartung erfüllt. Der Wunsch nach einem Pfingstwunder zu Beginn des 20. Jahrhunderts hat direkt zur Entstehung der kraftvollsten und einflußreichsten Bewegung in der Geschichte des evangelikalen Christentums geführt, des Pentekostalismus.

Die moderne »Pfingstbewegung«, deren Anhänger eine ekstatische »Geisttaufe« erleben, oft begleitet von »Reden in Zungen«, ist die treibende Kraft hinter dem erstaunlichen Anwachsen des Protestantismus in Lateinamerika und der Dritten Welt. Er hat eine der größten Glaubensgemeinschaften Amerikas hervorgebracht, die *Assemblies of God*, und man spürt ihren Einfluß in vielen der seit langem etablierten Kirchen. Einige der erfolgreichsten und bekanntesten Fernseh-Evangelisten der achtziger Jahre waren Pentekostalisten. Auch die *Full Gospel Church* in Seoul (Südkorea), die sich als die größte Einzelkirche der Welt bezeichnet, ist pentekostalistisch; von ihr wird noch die Rede sein. Der pentekostalistische Gottesdienst nahm zuerst 1906 in Los Angeles die Ausmaße einer Massenbewegung an, aber die Bewegung führt ihre Ursprünge auf eine Gebetsnacht fünf Jahre früher in *Bethel College* zurück, einer Bibelschule in Topeka, Kansas. Der entscheidende Moment kam, als eine besonders eifrige Studentin, Agnes Ozman, begann, in unverständlichen »Zungen« zu reden – die erste verbriefte »Geisttaufe« der jüngeren Zeit. Das Datum dieses Ereignisses ist der 1. Januar 1901, an dem Millionen von Amerikanern den ersten Tag des zwanzigsten Jahrhunderts feierten.

Ob dieser Ausbruch der Agnes Ozman eine *spontane* Manifestation des Geistes war, ist Glaubenssache. Für den skeptischen Beobachter scheint es so, als sei der Boden dafür sehr sorgfältig von den Schulbehörden vorbereitet worden. Man hatte die Studenten förmlich von der Außenwelt abgeschlossen und sie ermutigt zu fasten.

Aber der wichtigste Faktor war das Datum. Die Atmosphäre am 1. Januar war zum Zerreißen gespannt. Mit den Worten von Agnes Ozman: »Während des ersten Tages des Jahres 1901 war die Gegenwart des Herrn auf besondere Weise für uns spürbar und besänftigte unsere Herzen, auf IHN zu harren um größerer Dinge willen. Es war beinahe elf Uhr an diesem ersten Januartag, daß es in mein Herz kam darum zu bitten, man möge mir Hände auflegen ... Während Hände auf mein Haupt gelegt wurden, fiel der Heilige Geist auf mich, und ich begann in Zungen zu reden und Gott zu preisen. Ich sprach mehrere Sprachen. Es war, als ob Ströme lebendigen Wassers aus meinem innersten Wesen entsprangen.«[27]

In den Augen der Gläubigen hatte das zwanzigste Jahrhundert sein erstes Wunder vollbracht. Vielleicht würde es ein Jahrhundert der Wunder werden. Die Erregung, die in Fräulein Ozman am ersten Tag des Jahres 1901 aufwallte, war nicht so verschieden von der, die die Menschenmengen auf den üppigen Bällen in der Nacht vorher ergriffen hatte. (Die Diskussion zwischen den Befürwortern von 1900 und denen von 1901 als Datum der Jahrhundertwende hatte mit unglaublicher Härte in der ganzen zivilisierten Welt getobt, aber die letzteren hatten den Kampf gewonnen, soweit es die Festlichkeiten betraf.) Obwohl es in der Vision der Pfingstbewegung eine Dimension des Übernatürlichen gab, die in den weltlichen Träumen von einem Utopia des zwanzigsten Jahrhunderts fehlte, eröffneten beide die Aussicht auf eine wunderbare Umgestaltung der bestehenden Ordnung. Es waren allerdings ziemlich friedfertige Umgestaltungsvisionen, die auch patriotische Kirchgänger der Mittelklasse noch mittragen konnten. Kollektive Hoffnungen auf einen plötzlichen und totalen Bruch mit der Vergangenheit am Ende des neunzehnten Jahrhunderts – mit anderen Worten, klassischen Millenarismus – muß man außerhalb Westeuropas und Nordamerikas suchen.

Die letzten Jahre des neunzehnten Jahrhunderts sahen den Aufstieg und Verfall zweier klassischer millenaristischer Bewegungen in Indien und in Brasilien. Die erstere entstand an der Nordwestgrenze, in einer abgelegenen und unzugänglichen Gegend, die seit Alexander dem Großen nicht mehr von fremden Truppen besetzt worden war. Aber in den neunziger Jahren drangen britische Truppen in die vorher unberührten Stammesgebiete ein; ihnen folgten Straßen, Brücken, Kirchen und Schulen. Das unmittelbare Ergebnis war ein Aufflammen des islamischen Fanatismus, das damals noch unbekannte Wort *Dschihad* erklang, als sich pathanische Krieger um ihre religiösen Führer scharten. Es bedurfte nur eines Angriffs von Stammeskriegern auf einen britischen Außenposten, um einen blutigen Aufstand zu entfesseln, in dem Gruppen von Stammeskriegern sich zu Kriegsparteien formierten. Die Mullahs in den Dörfern mußten unterdessen feststellen, daß ihre Autorität von charismatischen Propheten in Frage gestellt wurde, die über apokalyptische Zeichen und Vorbedeutungen predigten. Die Rettung vor den Briten war nah, sagten diese, und würden zu einem islamischen Utopia führen. Ein Prophet, der unter dem Namen Mad Fakir bekannt wurde, verkündigte das Ende der sechzigjährigen Herrschaft der Briten über Indien; die Mündungen ihrer Geschütze würden verschlossen und ihre Kugeln zu Wasser werden. »Der ganze Aufstand war verblüffend«, schrieb ein britischer Kolonialbeamter. »Die Leute scheinen den Kopf verloren zu haben und sehen ihre eigenen Interessen nicht mehr, in dem blinden Glauben, wir müßten aus dem Lande geworfen werden.«[28]

Die rasche Niederlage des pathanischen Aufstandes war unvermeidlich; ganz abgesehen von allem andern hatte das wilde Gerede von einem islamischen Paradies die lokalen indischen Führer fast ebenso alarmiert wie die Briten. Es ist unwahrscheinlich, daß die Episode etwas mit dem Jahrhundertende zu tun hatte, aber nicht unvorstellbar: schließlich war der Aufstand die Reaktion auf eine neue britische Politik, auf die ausgezeichnet Holbrook Jackons Beschreibung eines »der Rasse gemeinsamen Instinkts ... zu einzigartiger Aktivität« paßt.

Im Fall des fast gleichzeitigen millenaristischen Ausbruchs in Brasilien gibt es keinen Zweifel, daß die Annäherung an das Jahr 1900 eine Rolle spielte. Der Ort war wieder entlegen: das desolate, ausgetrocknete Hinterland des Staates Bahia, in das zahlreiche Bauern geflohen waren, nachdem die auf Kaffee und Zucker beruhende Wirtschaft des Nordostens zusammengebrochen war. Hier gründeten sie Canudos, ein »Neues Jerusalem« aus zerfallenden Hütten, wo sie ungestört von der Regierung an der Küste leben und ihre Religion praktizieren konnten, eine Mischung aus Katholizismus, indianischen Riten und Hexenkunst. Der geistige Führer dieses Elendsnestes war Antonio Conselheiro (»der Anwalt«), ein sechzigjähriger, halbverrückter Asket und unversöhnlicher Gegner der neuen republikanischen Staatsführung in Brasilien, die er als eine Verschwörung der Freimaurer verurteilte. In seinen Augen war die Absetzung des Kaisers Pedro II. ein Akt des Ungehorsams gegenüber Gott, eine so schändliche Erschütterung der altväterlichen Ordnung, daß es sich um eine Vorstufe der Apokalypse handeln mußte. 1893, bevor er sich in die Wildnis zurückzog, hatte er Bekanntmachungen der republikanischen Regierung über Steuerzahlungen abgerissen und verbrannt. Drei Jahre lang wuchs sein Ansehen als Patriarch und Erlöser, während der Gesellschaft entfremdete Bauern zu seinem »Zion« flohen, das gegen 1896 etwa zwanzigtausend Einwohner zählte. In diesem Jahr schickte die Bundesregierung nach einem Zusammenstoß zwischen örtlicher Polizei und Conselheiros Eiferern fünfhundert Soldaten ins Hinterland. Zum Erstaunen der Regierung wurden diese von einem mit Donnerbüchsen, Amuletten und Rosenkränzen bewaffneten Haufen von Fanatikern schmählich in die Flucht geschlagen.

Unter allgemeiner Aufregung wurde eine neue Expedition ausgesandt, um Canudos zu befrieden. Das war eine ausgebildete Truppe von eintausenddreihundert Soldaten mit Artillerieunterstützung und unter Führung eines gefeierten Kriegshelden, des Obersten Moreira César. Aber diese Truppen waren für den Kampf in dem von der Dürre versengten Terrain des Hinterlands und die hohen Temperaturen nicht vorbereitet. Das ganze Land stand kopf, als im März 1897 diese Truppe so gut wie vernichtet und ihr Kommandeur getötet wurde. Schließlich schloß im Oktober eine Armee von zehntausend Mann unter dem Kommando von fünf Generalen Canudos ein. Wieder wehrten sich Conselheiros Anhänger mit großer Verbissenheit, aber dieses Mal stand das Ergebnis fest. »Die Fanatiker verteidigten ihre Stellung Haus für Haus und leisteten einen Widerstand, der nicht nur heroisch war, sondern phantastisch«, schreibt José Maria Bello. »Eine Angriffswelle nach der anderen wurde durch das Feuer dieser ausgehungerten, dürstenden, zerlumpten Fanatiker vernichtet.« Am 5. Oktober 1897 wurden die letzten rauchenden Hütten schließlich erobert. Die seltsame Festung lag in Trümmern. Die Regierungstruppen fanden keine Lebenden zum Gefangennehmen. Wenn es noch Verwundete gab, dann starben sie in dem Feuer, das einige der Sieger anzündeten, die auf diese Weise den Schandfleck von Canudos für immer auslöschen wollten.«[29]

Der Krieg von Canudos wurde bald zu Brasiliens größtem

Volksepos. Die Historiker sind von der symptomatischen Bedeutung dieses Ereignisses fasziniert. Es gibt weitgehende Übereinstimmung darüber, daß sich in ihm letztlich die Geschichte Brasiliens im neunzehnten Jahrhundert widerspiegelt: der Triumph der Städte und der Küstenelite über das Volk. In dieser Episode ging es um Vergangenheit gegen Zukunft, Fortschritt gegen Traditionalismus, Zivilisation gegen Barbarei. Die Revolte war ein Protest nicht gegen die Machthierarchie, sondern gegen die zunehmende Gier des eben durchgesetzten Kapitalismus. All das ist zweifellos wahr. Das Problem ist, daß die Historiker, wenn sie sich auf die dem Konflikt zugrundeliegenden ökonomischen Realitäten konzentrieren, eine einfache Tatsache übersehen: daß viele der Anhänger Conselheiros das Weltende für 1900 erwarteten. Sie waren Analphabeten, und da alle im Kampf starben, haben wir kein allzu klares Bild davon, wie sie die Welt sahen. Aber wir wissen im großen und ganzen, was Conselheiro ihnen über die kommenden Ereignisse sagte. Fragte man ihn, wann die Welt enden werde, antwortete er mit kryptischen Prophezeiungen. 1896 »würden Herden von der Küste ins Landesinnere fliehen, und das Meer sich zum Hinterland kehren, und das Hinterland zum Meer. 1897 würde die Wüste mit Gras bedeckt sein, Schafhirten und Herden würden sich vermischen, und von da an werde nur eine Herde und ein Hirt sein. 1898 würden die Hüte größer und die Köpfe kleiner werden. 1899 würden sich die Flüsse röten und ein neuer Planet durch das All kreisen. Schließlich würden im Jahre 1900 »die Quellen des Lichts verlöschen und die Sterne herniederregnen.«[30]

Warum 1900? Es ist unwahrscheinlich, daß Conselheiro oder irgendeiner seiner Anhänger eine zusammenhängende Antwort hätte geben können. Es gab keine apokalyptischen Zeitberechnungen, sondern einfach nur die Überzeugung, das Ende werde mit einer größeren Veränderung im Kalender zusammenfallen. Die Ironie liegt darin, daß die Kräfte, die Canudos zerstörten, auf ihre Weise ebenso anfällig für den

Sog des Jahrhundertendes waren. Die »städtische Elite« Brasiliens, wie die vieler Länder, nährte die geheime Hoffnung, im zwanzigsten Jahrhundert würde ihr Land zum größten Nationalstaat der Welt werden, in dem Wissenschaft und Demokratie alle sozialen Übel beseitigten. Der Krieg von Canudos war deshalb mehr als die Konfrontation von Vergangenheit und Zukunft; er war eine Entscheidungsschlacht zwischen zwei unterschiedlichen millenaristischen Visionen. Deshalb wurde der Kampf mit, wie es dem außenstehenden Beobachter erscheint, unverständlicher Erbitterung ausgefochten. Der Lauf der Geschichte selbst stand auf dem Spiel. Und in diesem Punkt gaben die rauchenden Ruinen von Canudos eine zutreffendere Vorschau auf das kommende Jahrhundert als die utopischen Phantasien der Sozialreformer, die Träume von einem neuen Pfingsten oder die Suche nach dem Nervenkitzel des *fin de siècle*.

6

# Das apokalyptische Jahrhundert

Im Jahr 1900 faßte der britische Schriftsteller J. A. Cramb in Worte, was Millionen Menschen fühlten: das Britische *Empire* stelle den Gipfel menschlicher Errungenschaften dar und (obwohl dieser Ausdruck noch nicht erfunden war) das Ende der Geschichte. In einer Reihe von Vorträgen erklärte Cramb, Britannien sei das vierte der großen Weltreiche, deren jedes ein Ideal repräsentiere. Ägypten habe das Geheimnis besessen, Griechenland das Schicksal, Rom die Macht. Aber das britische Weltreich transzendiere alle diese Reiche: es sei eine Synthese metaphysischer Spekulation und praktischer Fähigkeiten, die aus der Reformation hervorgegangen seien; eine Kombination, die alles übertreffe.[1] Mit anderen Worten: es war das Letzte Weltreich; oder, wie Millionen von Menschen es nannten, »das Reich, in dem die Sonne nicht untergeht«. Von heute aus gesehen, liegt ein gewisses komisches Pathos in diesen Worten. Obwohl Cramb das nicht wußte, begann der Verfall der britischen Weltmacht schon in der Zeit, in der er sprach. Wie im alten Rom kam Hochmut vor dem Fall. Wenige Monate nach Crambs Vorträgen starb die Königin und Kaiserin Victoria, und danach war es nie mehr wie vorher. Das zwanzigste Jahrhundert marschierte zu einem ganz anderen Trommelklang.

Wirklich? Als Cramb Britannien als das Letzte Weltreich schilderte, bezog er sich natürlich auf eine uralte Vorstellung. Wir haben ihren Weg durch die Alte Welt verfolgt und ihre Umformung in ein apokalyptisches Ideal, das die Phantasie jüdischer Zeloten, frühchristlicher Märtyrer, mittelalterlicher Millenaristen und schließlich amerikanischer Pilgerväter beschäftigte. Wir sollten nicht vergessen, daß diese Denkstruktur nicht nur eine Endzeitvision implizierte, sondern auch die

Vorstellung, daß die Geschichte in einem bestimmten Rhythmus abläuft. Dieser umfaßt vier oder fünf Takte, und sein Ursprung liegt wahrscheinlich in einer neolithischen Zeiteinteilung, die sich auf die Jahreszeiten gründet. Jedenfalls ist diese Vorstellung außerordentlich beständig und anpassungsfähig. Wenige Kulturen können ihr widerstehen, und ihre Anziehungskraft hat nicht im geringsten darunter gelitten, daß der Glaube an die buchstäbliche Wahrheit des Buches Daniel und der Offenbarung inzwischen ein Randphänomen ist. Wie Nicholas Campion gezeigt hat, griffen die Optimisten der Aufklärungsepoche und des neunzehnten Jahrhunderts häufig auf Verermodelle zurück. Der Abbé de Saint-Pierre stellte fröhlich Hesiod auf den Kopf und beschrieb als die vier aufeinanderfolgenden Zeitalter ein eisernes, ein bronzenes, ein silbernes und ein goldenes. Adam Smith schlug die vier Zeitalter der Jäger, der Hirten, des Ackerbaus und des Handels vor. Georg Wilhelm Friedrich Hegel, der größte deutsche Philosoph des frühen neunzehnten Jahrhunderts, skizzierte ein Muster von vier Kulturepochen, in denen ein »Weltgeist« von Ost nach West driftete und nacheinander die orientalische, die griechische, die römische und die christlich-germanische Welt schuf.[2] Der französische Diplomat und Philosoph Graf Joseph de Gobineau (1816-1882), von manchen als Vorläufer Nietzsches angesehen, wählte die vier Reiche von Chaldäa, Persien, Griechenland und Rom und krönte seine Liste mit den Germanen, die das fünfte und endgültige irdische Reich begründen würden.[3]

Theorien, die in der Weltgeschichte einen Vierer- oder Fünferrhythmus erkennen wollen, scheinen im zwanzigsten Jahrhundert auszusterben; das liegt zum Teil daran, daß sie in einem Geist des intellektuellen Optimismus konzipiert waren, der schon vor dem Ersten Weltkrieg zu verblassen begann. Bezeichnenderweise ist die einzige größere Kulturtheorie des zwanzigsten Jahrhunderts, die eine Vierteilung der Geschichte vornimmt, zutiefst pessimistisch: Oswald Spenglers *Untergang des Abendlandes*, veröffentlicht 1918 und 1922. Spengler begründet seinen Kulturpessimismus damit, daß Europa den Winter seines Großen Jahrs erreicht habe, in dem die Geburtenrate sinkt, die Kunst durch den Aberglauben ersetzt wird und die Zivilisation zusammenbricht.[4] Obwohl die meisten Intellektuellen nicht länger dem alten Rhythmus anhingen, verloren die Vier-Reiche-Theorien nicht ihre Kraft; sie paßten sich nur neuen Formen an.

Von Gobineau, für den der Verfall durch die Vermischung von Kulturen ausgelöst wird, ist es nur ein kurzer Schritt zur Weltsicht der Nazis. Und es ist allgemein akzeptiert, daß Hegel den wichtigsten Einfluß auf Marx ausübte. Jedenfalls sahen sowohl der Nationalsozialismus als auch der Marxismus Geschichte als prädeterminierte Abfolge von Zivilisationen. Im Nationalsozialismus ist die Geschichte im Wesentlichen dreigeteilt, in ein Erstes, Zweites und Drittes Reich. Im Marxismus macht es das Nebeneinander von zahlreichen einander widersprechenden Theorien schwierig, einen gemeinsamen Nenner aufzuzeigen; aber es besteht Übereinstimmung, daß die marxistische Geschichtsschreibung von vier Gesellschaftsformationen ausgeht, an deren Anfang und Ende jeweils der Kommunismus steht. Wichtiger als ihr Verständnis der Vergangenheit ist bei Nationalsozialismus und Marxismus, daß sie apokalyptisch sind. Ihr Gegenwartsverständnis gleicht in einigen Aspekten dem der ersten gläubigen Millenaristen, der jüdischen Rebellen, für die das Buch Daniel geschrieben wurde.

Es ist eine Ironie der Geschichte, daß die Nazis unbewußt die Strukturen eines Glaubens übernahmen, der von Juden entwickelt, wenn auch nicht erfunden wurde. Das Buch Daniel verspricht eine strahlende neue Welt, wenn nur das auserwählte Volk seine Feinde besiegen kann. Aber in ihrem Blutdurst und in ihrem schieren, bösartigen Haß auf den Feind übertreffen die apokalyptischen Ideen der Nazis Daniel und die frühesten Apokalypsen bei weitem; um eine Parallele zu finden, müssen wir schon zum Buch der Offenbarung übergehen. Es kann wenig Zweifel daran geben, daß hinter der Vision der Nazis vom Tausendjährigen Reich die tausendjährige Herrschaft der Heiligen steht; aber einen weit wichtigeren Einfluß übte das Bild aus, das die Apokalypse vom Antichrist entwirft – einem so hartnäckigen Gegner, daß er nur in einer kosmischen Schlacht besiegt werden kann. Der Antichrist ist das Böse schlechthin; aber es existiert in Menschengestalt, und es ist die Gabe der Auserwählten Gottes, ihn hinter dieser menschlichen Maske zu erkennen. Adolf Hitler glaubte, daß er diese Gabe habe: »Wo immer ich ging, begann ich Juden zu sehen«, schrieb er in Mein Kampf, »und je mehr ich sah, um so tiefer waren sie in meinen Augen vom Rest der Menschheit entfernt«[5]

Allein die Tiefe des Hasses, den die Nazis gegen die Juden hegten, ist der deutlichste Hinweis auf die im Grunde religiöse Natur ihres Glaubens. Es ist ein Klischee zu sagen, daß sie die Juden dehumanisierten, aber es drückt genau das aus, was sie taten. Für Hitler und die fanatischsten seiner Anhänger waren die Juden eine *übernatürliche* Streitmacht des Bösen, und diese Überzeugung machte den Holocaust möglich. Der Nationalsozialismus wird üblicherweise als ein ungeheuerlich bösartiger, aber im wesentlichen weltlicher Glaube dargestellt, und gleichzeitig wird seine Anziehungskraft von vielen, die über ihn schreiben, als vollkommen unbegreiflich dargestellt. In der Praxis bestätigen sich diese beiden Einstellungen gegenseitig: Wir finden den Nazismus so schwer zu verstehen, *weil* wir darauf bestehen, ihn als eine säkulare Ideologie darzustellen. Aber die millenaristischen Wurzeln des Nazismus wurden schon vor vierzig Jahren von Norman Cohn in seinem Buch *Das Ringen um das Tausendjährige Reich* enthüllt. Cohn stellte ihn in den Kontext von Jahrhunderten antisemitischer Gewalt; diese wurde stets von Anhängern des Millenarismus ausgeübt, die von den Visionen der Apokalypse und der Legende von einem deutschen Retter ergriffen waren. Es waren gerade seine Erfahrungen, die er als Nachrichtenoffizier im Verhör von SS-Männern gegen Ende des Krieges gesammelt hatte, die ihn dazu brachten, seine große Studie über apokalyptische Gewalt im Mittelalter zu schreiben. Wie er kürzlich in einem Interview sagte, fand er sich mit einer geistigen Einstellung konfrontiert, »in der ein Mensch wirklich das Gefühl haben kann, daß es eine *gute Tat* ist, kleine Kinder in Öfen zu schieben oder Millionen Menschen irgendwohin zu schicken, wo sie an Hunger und Kälte sterben.«[6]

Der letzte Satz ist offensichtlich ein Hinweis auf Stalin, von dessen Massenmorden an seinen Landsleuten Cohn ebenfalls glaubt, daß sie von einer Art Millenarismus inspiriert waren. In den fünfziger Jahren, als es noch viele Bewunderer der Sowjetunion an britischen Universitäten gab, waren solche Interpretationen ziemlich umstritten. Heute wird die Vorstellung, daß Hitler und Stalin moralisch auf der gleichen Ebene standen, weitgehend akzeptiert, wenn auch nicht ohne Widerspruch. Trotzdem gibt es ein merkliches Widerstreben, irgendein Argument hinzunehmen, das die Einzigartigkeit des Bösen im Nationalsozialismus in Frage stellt. Cohns Standpunkt ist in einigen Kreisen auch heute noch strittig, weil er nahelegt, daß Nazismus und Sowjetkommunismus ihre jeweiligen Gegner so ziemlich auf die gleiche Weise dämonisierten und sie aus demselben Grund umbrachten: Sie standen dem Millennium im Wege. Und er wirft peinliche Fragen über das theoretische Grundgerüst der Überzeugungen Stalins auf, den Marxismus. Wenn Stalin an die Apokalypse glaubte, war dann der Marxismus nicht, wie der Nazismus, ein apokalyptisches System, das seine Wurzeln eher in der Religion als in der Wissenschaft hatte?

In den letzten zehn Jahren sind die Stimmen, die diese Frage mit einem eindeutigen Ja beantworten, sehr viel hörbarer geworden. Die gleichzeitige Diskreditierung des Marxismus als politisches System und als Gesellschaftswissenschaft hat ihre Behauptung gestützt, daß er schon immer auf einem quasi-religiösen Fundament erbaut war, und noch dazu auf einem uralten. Karl Popper und Mircea Eliade haben diese Ansicht bei Gelegenheit vertreten, aber in den Nachkriegsjahren waren das Stimmen von Rufern in der Wüste. Erst kürzlich hat der britische Historiker Nicholas Campion diese provokative These überzeugend in seinem Buch *The Great Year* vertreten. Sie sollte überall Pflichtlektüre an den Universitäten sein.

Campion schreckt nicht davor zurück, das Buch Daniel und Marx im gleichen Atemzug zu nennen. Daniel sah in seinen Visionen vier Reiche, und Marx vier Klassengesellschaften; beide sahen periodisch auftretende Unordnung als einen Teil des jahreszeitlichen Prozesses des Großen Jahrs. »Sobald wir die Möglichkeit in Erwägung ziehen, daß modernes begriffliches Denken nicht eine Reaktion gegen die Religion ist, sondern von ihr herkommt, müssen wir auch die Möglichkeit bedenken, daß moderne Formen begrifflichen Denkens religiöse Kraft besitzen«, sagt Campion.[7] Er legt weiterhin nahe, daß der revolutionäre Marxismus eine Modifikation des christlichen Millenarismus war, die das durch dessen Verfall entstandene Vakuum füllte. Aber wie weit ging die Modifikation? Um seinen Punkt deutlich zu machen, stellt Campion zwei parallele Listen auf. Auf der einen Seite stehen die Stadien des Großen Jahrs in der jüdisch-christlichen Tradition, auf der anderen die marxistischen Begriffe, die ihnen entsprechen. Und das Ausmaß der Entsprechung ist wirklich verblüffend. Der Garten Eden entspricht dem Urkommunismus, der Sündenfall ist die Entstehung des Privateigentums und des Klassensystems; die Letzten Tage sind die Endstadien des entfesselten Kapitalismus und Imperialismus, das auserwählte Volk ist das Proletariat; die Wiederkunft Christi (oder, um den jüdischen Begriff zu verwenden, die »letzte Schlacht«) ist die sozialistische Revolution. Schließlich sehen sowohl die christliche Apokalyptik als auch der Marxismus die Vollendung der Geschichte in zwei Stadien vor. Auf das Millennium der Offenbarung, das irdische Reich Christi und seiner Heiligen, folgt der neue Himmel und die neue Erde nach dem endgültigen Sieg über den Antichrist. Im Marxismus geht die sozialistische Diktatur des Proletariats schließlich in den wahren Kommunismus über, während der Staat abstirbt und der Klassenkampf an sein Ende kommt. (Absurderweise kündigte die Sowjetunion unter Chruschtschow einmal an, das Absterben des Staates sei erreicht.) Der Marxismus war, mit anderen Worten, nicht einmal ein besonders originelles apokalyptisches System; doch sein destruktives Potential war größer als das anderer Systeme, weil Marx eine Form des Kampfes mit dem Teufel wiederbelebte, in der nicht Individuen die Gegner waren, sondern eine ganze Menschengruppe. Natürlich machte Hitler dasselbe; aber während sich die Nazis einen traditionellen Feind als ihren Hauptdämon aussuchten, bestand Marx' Innovation darin, eine ganze sozio-ökonomische Klasse zu dämonisieren, die Bourgeoisie. Sie mußte vernichtet werden, damit die Geschichte fortschreiten konnte. »Das ist, was sich seine Anhänger unter wissenschaftlicher Geschichte vorstellten«, bemerkt Campion trocken.[8]

Die historische Perspektive, die Cohn und Campion anbieten, ist deshalb so wichtig, weil sie uns daran erinnert, daß seit dem sechzehnten Jahrhundert keine Epoche so stark durch Apokalyptik geprägt worden ist wie das zwanzigste Jahrhundert, obwohl in ihm die aktiven Christen zum erstenmal nicht mehr die Mehrheit der Bevölkerung im Westen stellen. Die Millionen von Juden und Russen, die in den vierziger und fünfziger Jahren starben, waren ebensosehr Opfer des Millenarismus wie die Juden und Kaufleute, die man im Mittelalter abschlachtete; ihr Tod sollte als ein mahnender Hinweis darauf dienen, daß der Unterschied zwischen säkularen und religiösen Geschichtsentwürfen sehr gering und oft bedeutungslos ist. Und das gilt nicht nur vom Totalitarismus, sondern von modernen säkularen Ideologien im allgemeinen. Der vertraute Rhythmus des Buches Daniel ist dicht unter der Oberfläche der meisten Theorien über den Aufstieg und den Fall von Zivilisationen und der meisten politischen Weltanschauungen zu spüren. Zu verschiedenen Zeiten haben sowohl die liberale Sozialdemokratie wie der Kapitalismus des freien Marktes mit einem Selbstvertrauen, das an Cramb erinnert, vertreten, daß sie das Letzte Weltreich darstellten; wie Cotton Mather in Neuengland haben sie »einen Heilsplan« entdeckt, »der sich zur gegebenen Zeit in der ganzen Welt erfüllen wird.«

Diese rivalisierenden Visionen haben eines gemeinsam: die optimistische Sicht auf eine Zukunft, in der die großen Konvulsionen der Geschichte – Kriege, Revolutionen, von Menschen bewirkte Katastrophen – nicht mehr zu *conditio humana* gehören; entweder, weil man das letzte Gefecht gegen einen Rassen- oder Klassenfeind gewonnen hat, oder, wie man im Westen nach dem Krieg hoffte, weil Bildung, Wirtschaft und Technologie triumphiert haben. Das sind alles apokalyptische Szenarien, auch wenn man sie nicht als solche erkennt; und wie so viele Visionen künftiger Herrlichkeit sind sie von schmerzhafter Gebrechlichkeit. Ein ganz entgegengesetztes Szenario, in dem die Welt in ein Chaos versinkt, lauert direkt um die Ecke. Viele politische Denker der zweiten Jahrhunderthälfte fühlten sich hin- und hergerissen zwischen der intellektuellen Zuversicht auf einen immer rascheren Fortschritt und der Angst, daß menschliche Dummheit die Zivilisation zu Asche verbrennt. Anders als zum Beispiel die fundamentalistischen Christen haben sie keine Zukunftsvorstellung entworfen, in der Herrlichkeit und Katastrophe nebeneinander existieren können; deshalb neigen sie dazu, zwischen beiden Extremen zu schwanken. Und wer könnte sie dafür tadeln in einer Welt, deren Frieden und Wohlergehen zu Zeiten nur von der Drohung mit dem nuklearen Holocaust abzuhängen schien?

Die Erfindung der Atombombe am Ende des Zweiten Weltkrieges hatte eine galvanisierende Wirkung auf den Endzeitglauben. Sie verwandelte die Vorstellung weltweiter Vernichtung von einem überlieferten Endzeitgemälde, das nur Gläubigen zugänglich war, in eine erschreckende Möglichkeit, die jeder verstand. Sie erzeugte eine neue Form der Apokalyptik, die von einer anscheinend rationalen Furcht vor der totalen Katastrophe angetrieben war, und setzte damit einen düsteren Kontrapunkt zu den optimistischen Themen der Liberalen und Sozialdemokraten, deren »Plan der Schrift« die parlamentarische Demokratie war und die glaubten oder zu glauben versuchten, der Sieg im Kampf gegen Armut und Krankheit sei unvermeidlich. Am Ende entwickelte die Drohung einer von Menschen bewirkten Katastrophe ein Eigenleben: Sie konnte so wenig zurückgenommen werden wie die Erfindung der Atombombe. Als die Gefahr eines Atomkriegs in den achtziger Jahren nachließ, wurde das Vakuum sofort von Ängsten vor einer Katastrophe ausgefüllt, die zwar subtiler und heimtückischer, aber von ähnlicher Größenordnung war. Die Agenten der Zerstörung waren diesmal Umweltverschmutzung, globale Erwärmung und das Ozonloch. Wie bei den nuklearen Waffen mag die Angst durchaus real sein; aber es gab auch Anzeichnen dafür, daß sich uralte Ängste wieder eingenistet hatten. Die grüne Lobby redete immerfort davon, daß sich der Prozeß des Niedergangs ständig beschleunige; sie teilte die Welt sauber in Helden und Schurken auf und stellte das Publikum vor die Alternative: entweder Vernichtung der Menschheit durch eine zornige Erde oder Errichtung eines postindustriellen Utopia.

Interessanterweise machte die Rhetorik sowohl der »Kampf dem Atomtod«-Lobby wie auch die der Grünen Anleihen bei der Bibel. Zu Zeiten war es schwierig, die neuen apokalyptischen Metaphern von den alten zu unterscheiden, und die Verwirrung wurde vollständig durch die Tatsache, daß auch die traditionelle christliche Apokalyptik die nukleare Bedrohung – und später die ökologische – nach besten Kräften für ihre Zwecke nutzte. Hiroshima und Nagasaki befeuerten die Phantasie von Millionen fundamentalistischer amerikanischer Christen wie wohl kein historisches Ereignis der letzten Jahrzehnte; sie gab den dürren biblischen Endzeitprophezeiungen über »Feuer vom Himmel« Nahrung und bewirkte, daß viele konservative Evangelikale das prämillenaristische Verbot in Frage stellten, in aktuellen Ereignissen die

Erfüllung von Bibelworten zu suchen. Die Gründung des Staates Israel 1948 bestätigte ihre Befürchtungen, daß Gottes prophetische Uhr, die für fast 2000 Jahre angehalten worden war, wieder zu ticken begonnen hatte. Von diesem Augenblick an begannen die Fundamentalisten in Amerika ihren langsamen Vormarsch von den Rändern der Gesellschaft in ihre politische und kulturelle Mitte, einen Vormarsch, der, wie wir sehen werden, einen großen Teil seiner Energie aus der Wiederbelebung des Endzeitglaubens schöpfte.

Fundamentalisten und Liberale, Nazis und Kommunisten, Grüne und Anhänger des freien Marktes, sie alle teilen eine ganze Reihe von unterschiedlichen und sich für gewöhnlich ausschließenden Glaubensüberzeugungen, was die Zeit überhaupt und die Einteilung der Geschichte angeht. Die Verschiedenheit dieser säkularen und religiösen Glaubensrichtungen wäre in jeder früheren Epoche undenkbar gewesen. Und doch haben sie vieles gemeinsam, und viele von ihnen betätigen sich auf dem selben Gebiet. Deshalb bekämpfen sie einander, borgen voneinander und schließen sich zu unerwarteten Bündnissen zusammen. Und nun, da sich das Jahrhundert seinem Ende zuneigt, finden sie sich mit einem Ereignis konfrontiert, auf das sie keinen Einfluß haben, aber auf das sie in jeder beliebigen Weise reagieren können. Dieses Ereignis ist der zweitausendste Geburtstag des christlichen Kalenders; und wenn wir einen Beweis für das gemeinsame apokalyptische Erbteil dieser Glaubenssysteme suchen, brauchen wir nur zu beobachten, wie sie alle in das geheimnisvolle Kraftfeld hineingesogen werden, das dieses Datum schon heute umgibt.

*Teil 2*

# Das neue Millennium

7

# Dein Reich komme

Für Hunderttausende von wiedergeborenen Christen in der ganzen Welt war 1994 das Jahr des *Toronto Blessing*. Das *Blessing* wurde nach Toronto benannt, weil es sich in einer Kirche in der Nähe des dortigen Flughafens entwickelte, die von der *Vineyard*-Bruderschaft geleitet wird, einer internationalen charismatischen Gemeinschaft. Diese lehrt, daß sich am Ende des zwanzigsten Jahrhunderts die Macht des Heiligen Geistes (und die des Satans) zeigen wird wie nie zuvor. Im Januar 1994 begann die *Airport Vineyard Church* mit einer Reihe von Erweckungsgottesdiensten, in denen viele Gemeindemitglieder begannen, zu Boden zu fallen und hysterisch zu lachen. Ein solches Verhalten ist in der charismatischen Welt keineswegs unbekannt, und während des Jahres davor hatte es schon einzelne Ausbrüche dieser Art in einer Reihe von Kirchen gegeben, die mit dem »Weinberg« in Verbindung standen. Aber das Ausmaß und das Andauern der Erfahrung von Toronto war etwas Neues. Nacht für Nacht blickten Geistliche, die Gottes Segen auf die Versammelten herabflehten, auf ein Feld von niedergestreckten Leibern. Die Nachricht von diesem Phänomen verbreitete sich rasch in den evangelikalen Kirchen in England, wo der *Vineyard* in hohem Ansehen steht. Baptistische, anglikanische und unabhängige evangelikale Kirchenführer aus England trafen in Toronto ein, um an dem »Segen« teilzunehmen, und entdeckten, als sie wieder nach Hause zurückkehrten, daß sie ihn irgendwie an ihre eigenen Gemeinden weitergeben konnten. Bis Spätsommer 1994 waren charismatische Kirchen in der ganzen englischsprechenden Welt von etwas ergriffen, das sie »Heiliggeistfieber« nannten. Sie stimmten darin überein, daß es sich um das Aufregendste handelte, das ihnen seit Jahrzehnten passiert sei.

Es ist nicht besonders erstaunlich, daß die britische Presse das Thema unwiderstehlich fand. Jede größere Zeitung entsandte Korrespondenten zu Kirchen, die am Segen teilnahmen. Andrew Brown vom *Independent*, der eine schicke anglikanische Kirche in South Kensington besuchte, lernte die Geistesausgießung von der extravagantesten Seite kennen: »Als der Heilige Geist am Sonntagmorgen in St. Paul's, Onslow Square, London SW 7, niederging, spürte ich es durch den Fußboden«, berichtete er. »Es gab vier heftige Schläge, als Gemeindemitglieder in Ohnmacht fielen und zu Boden stürzten, und dann rasches Trommeln (ein Geräusch, wie man es ähnlich von Kaninchen kennt, die mit den Hinterläufen trommeln, um sich gegenseitig zu warnen), als die Menschen begannen, unkontrolliert am ganzen Körper zu beben und mit den Füßen auf den Boden zu stampfen. Weiter vorne vibrierte ein Frau mit kurzem schwarzem Haar wie der Preßlufthammer eines Straßenarbeiters ungefähr zwanzig Minuten lang ... Von irgendwoher kam gewaltiges Stöhnen und Keuchen, das nicht direkt sexuell klang. Wirklich merkwürdig war das Lachen. Von drei oder vier Stellen in der Kirche erklang dieses hemmungslose, markerschütternde Kichern. Das klang überhaupt nicht wie die Stimme von Erwachsenen, eher wie das Lachen eines glückliches Kleinkindes, wenn man es kitzelt. Aber es kam von seriösen Frauen zwischen dreißig und vierzig.«[1]

Für andere schien das Wirken des Geistes etwas ruhiger zu verlaufen: Die Kirchenbesucher bildeten artig Schlangen und lächelten verkrampft, als der Geistliche seine Hand über sie hob. Dann fielen wohl einige zu Boden, oder man half ihnen zu Boden. In einer Kirche beobachtete Ruth Gledhill von der *Times*, daß die Nichtbetroffenen »ganz ruhig beim Kaffee ein Schwätzchen hielten, als sei nichts passiert, während zu ihren Füßen Leiber hingegossen waren, die glückselig dreinblickten und lächelten und einen unglaublichen Frieden ausstrahlten.«[2]

»Was um Himmels willen ist los?« fragte die *Daily Mail*.

Die Antwort ist, wenn man einigen Evangelikalen glauben darf, die, daß die Winde der Erweckung jetzt endlich auch in den dekadenten Völkern des Westens blasen. »Wir könnten am Beginn der größten Erweckung in der Kirchengeschichte stehen, der Erweckung, die der Wiederkunft Christi vorangeht«, mutmaßte ein führender Baptist. Distanziertere Beobachter boten psychologische Erklärungen an. Die Psychologin Dr. Dorothy Rowe behauptete, die Toronto-Symptome beruhten auf nichts weiter als einer plötzlichen Adrenalinausschüttung innerhalb einer sozial ansteckenden Atmosphäre. Dr. Patrick Dixon, ein bekannter evangelikaler Arzt und Schriftsteller, schloß eine psychologische Ursache nicht aus: »Meine Meinung ist, daß es sich dabei nicht um eine groß angelegte Gehirnwäsche handelt ... und auch nicht um Massenhysterie«, sagte er. »Was wir aber miterleben, ist das, was geschieht, wenn eine große Zahl von Menschen zusammen zur gleichen Zeit einen veränderten Bewußtseinszustand erleben, als Teil einer tiefen spirituellen Erfahrung.«[3] Dieser veränderte Zustand mag erklärbar sein durch Hyperventilation, Euphorie, Angst oder Suggestion; aber was Dr. Dixon nicht erklären konnte, war seine eigene Reaktion auf einen Gottesdienst in Toronto, der bei ihm ein fröhliches Gelächter auslöste; er lachte, bis es wehtat. In vielen Erklärungsversuchen zu den Geistesausgießungen wurde darauf hingewiesen, daß es in der Geschichte überzeugende Präzedenzfälle für hysterisches Verhalten in Zeiten spiritueller Erregung gibt. Berichte über Erweckungsversammlungen von Evangelisten des 18. Jahrhunderts wurden als Beweise dafür zitiert, daß »wir schon einmal hier gewesen sind.« 1739 zum Beispiel besuchte John Wesley ein Gebetstreffen in Wapping, bei dem »einige von einer konvulsivischen Bewegung in jedem Teil ihres Körpers geschüttelt wurden.« Sein Zeitgenosse Daniel Rowland beschrieb unvergeßliche Szenen während einer Erweckungsversammlung in Wales: »Während der eine betet, lacht der andere; einige heulen und schlagen ihre Hände zusammen; andere weinen und stöhnen, wieder andere winden sich in einer Art Ohnmacht auf dem Boden und nehmen dabei verschiedene antik wirkende Stellungen ein; dann lachen plötzlich alle zusammen los und hören eine Viertelstunde nicht mehr auf zu lachen.« Rowland bemerkte auch, daß einige Gläubige »trunken waren, und zwar mit dem besten Wein, nämlich dem Heiligen Geist«[4]. Scheinbare Trunkenheit war auch eines der hartnäckigsten Symptome des *Toronto Blessing:* Einige ziemlich steifleinene evangelikale Kirchenführer gaben zu, daß sie nach einer besonders euphorischen Gebetssitzung kichernd zu ihren Wagen getragen und von ihren Frauen nach Hause chauffiert werden mußten.

Den vielleicht interessantesten Kommentar zum *Toronto Blessing* lieferte Dr. Andrew Walker vom King's College in London, die anerkannte Fachautorität für die charismatische Bewegung in Goßbritannien. Er schlug vor, dieses Phänomen im Kontext der evangelikalen Erwartungen für das Jahr 2000 zu sehen; es sei eine klassische Manifestation von »Prämillenarer Spannung«. Walkers Diagnose stieß bei vielen Beobachtern auf Verständnis, innerhalb und außerhalb der evangelikalen Welt. Trotz des bewußt humorvollen Gebrauchs der Abkürzung PMT (für »Premillennial Tension«) machte die Vorstellung einer evangelikalen Gemeinschaft Sinn, die buchstäblich unter Spannung stand. Ein führender Evangelikaler drückte es so aus: »Sie brauchen bloß ein Treffen unserer führenden Leute zu besuchen, um zu sehen, wie angespannt und erschöpft sie sind.« Ganz sicher war diese Spannung mit den Erwartungen auf das Jahr 2000 verbunden, das zum Brennpunkt der ehrgeizigsten missionarischen Anstrengungen im In- und Ausland in der Geschichte des Protestantismus geworden ist.

Aber was genau erwarten Evangelikale am Morgen des Tages, wenn das neue Millennium anbricht? Wenn die Presse diesen Punkt weiterverfolgt hätte, dann hätte sie herausgefunden, daß die Ereignisse in Toronto, so faszinierend sie ohne Zweifel waren, nur einen Teilaspekt einer weit größeren

Geschichte darstellten. Und diese Geschichte hat Verzweigungen, die weit über das Netz der kleinen Vorstadtkirchen hinausgehen, wo Kirchgänger aus der Mittelklasse zur Begleitung geisterfüllten Gelächters auf den Teppichboden sinken.

Für einige Evangelikale ist das Jahr 2000 bloß ein Datum: ein Zentrum ihrer Aktivität vielleicht, aber absolut nicht mehr. Für andere, freilich nur einen winzigen Prozentsatz, ist es das Jahr, in dem Christus wiederkommen könnte. Aber zwischen diesen beiden Extremen liegen Dutzende von verschiedenen Ansätzen, in denen sich offenbar säkulare Erregung und Furcht vor dem neuen Millennium mit den Symptomen eschatologischen Fiebers vermischen. Es ist unwahrscheinlich, daß irgendeine menschliche Gemeinschaft tiefer von der Jahrtausendwende betroffen sein wird als die wiedergeborenen Christen. Man kann sogar sagen, daß die größte Einzelfolge dieses Kalenderwechsels der frische Anstoß sein wird, den er für die erstaunlich rasche Ausbreitung des evangelikalen Glaubens über den ganzen Erdball geben wird und schon gibt.

Das prozentuale Wachstum der evangelikalen Christenheit übertrifft wahrscheinlich das jeder anderen Religion einschließlich des fundamentalistischen Islam. Wir erleben die schnellste Expansion des Christentum in der Geschichte, weitaus größer als die Missionswellen der Vergangenheit. Aber bevor die Wirkung dieser Expansion eingeschätzt werden kann, müssen wir bestimmte technische Probleme angehen. Erstens gibt es keine verläßlichen unabhängigen Zahlen für die Anzahl der Evangelikalen. Alle vorliegenden Statistiken werden von interessierter Seite vorgelegt, und deshalb sollte man sie *cum grano salis* aufnehmen. Zweitens findet es niemand einfach, zwischen den verschiedenen Gruppen von Evangelikalen zu unterscheiden. Etiketten wie wiedergeborene Christen, Fundamentalisten, charismatische Evangelikale und Pentekostalisten haben alle unterschiedliche Bedeutungen, aber die Kategorien überlappen sich.

So hört man zum Beispiel oft von dem fundamentalen

Wachstum des »charismatischen« Christentums in der Welt. Eine häufig zitierte Statistik ist die Peter Wagners, eines Experten für das Ansteigen der Zahl wiedergeborener Christen. Er schätzt, daß die Zahl der charismatischen Christen seit 1981 von 90 Millionen auf 400 Millionen zugenommen hat. Aber was heißt »charismatisch«? Die genannten Zahlen beziehen sich nicht in erster Linie auf die Zunahme einer bestimmten Form des Gottesdienstes. Richtig aber ist, daß Charismatiker so genannt werden, weil sie glauben, daß *charismata* – die Gaben, die der Heilige Geist an Pfingsten über die Jünger ausgoß, wie das Sprechen in »Zungen« – auch dem modernen Menschen zugänglich sind. Diesen Glauben teilt auch eine Minderheit der Katholiken; aber diese hat kein vergleichbares Wachstum erlebt. Dieses hat vielmehr fast ausschließlich in den Reihen der Protestanten stattgefunden, und zwar der konservativen Protestanten. Die 400 Millionen sind fast alle charismatische Evangelikale, von denen sich einige Pentekostalisten nennen. Sie haben meist mehr gemeinsam mit den amerikanischen Fundamentalisten alten Stils (die es ablehnen, in Zungen zu reden) als mit pentekostalistisch gesinnten Katholiken oder liberalen Protestanten. Einige Soziologen benutzen denn auch den Ausdruck »neofundamentalistisch«, um die Charismatiker zu beschreiben, deren ekstatisches Gestammel und ausgestreckte Arme in letzter Zeit so oft in den Medien gezeigt worden sind, und die den Kern des *Toronto Blessing* bilden. (Um die Sache noch weiter zu komplizieren, lehnen die meisten Evangelikalen das Etikett »fundamentalistisch« entschieden ab, selbst wenn ihr Bibelverständnis auf schwer zu verkraftende Weise wörtlich ist und sie mit den traditionellen »*fundies*« in jedem Punkt der Lehre übereinstimmen außer eben in der Gültigkeit der charismatischen Gaben des Heiligen Geistes. Ein amerikanischer Psychologe hat vermutet, daß es sich dabei um eine Klassenfrage handelt: Mittelklasse-Evangelikale aus den Großstädten wollen nicht mit Hinterwäldlern aus den Südstaaten in Verbindung gebracht werden.[5]

Der leichteste Weg durch dieses Minenfeld ist es, den Begriff »konservative Evangelikale« zu benutzen. Dieses Etikett paßt auf jede Spielart von Christentum, das entweder an Zahlen oder an Einfluß zunimmt. Hinweise in den Medien auf die fundamentalistische, charismatische und/oder evangelikale »Explosion« beziehen sich alle im Grunde auf die Ausbreitung des konservativen Evangelikalismus: das heißt, eines Protestantismus, für den die Bibel sowohl die höchste Autorität in Fragen der Lehre als auch die Glaubensquelle für die traditionelle Moral ist. Innerhalb dieser konservativen evangelikalen Welt fallen bezeichnenderweise alte Barrieren. Charismatiker oder Pentekostalisten sind ohne Frage die dynamischste und erfolgreichste Untergruppe, aber sie sind sehr viel offenere Kirchen als früher. Die ursprünglichen charismatischen Kirchen, die im Arbeitermilieu zu Anfang des Jahrhunderts gegründeten pentekostalischen Glaubensgemeinschaften (die zumeist für das phänomenale Anwachsen des Protestantismus in Lateinamerika und im Fernen Osten verantwortlich sind), arbeiten jetzt eng mit Mittelklasse-Evangelikalen zusammen, die ihren charismatischen Stil in den sechziger Jahren in ihren unabhängigen »Hauskirchen« entwickelten; und beide Gruppierungen haben enge Bande mit einer neuen Kraft geknüpft, die unter dem Namen *Third Wave* bekannt ist. Die »Dritte Welle« wurde von Mainstream-Fundamentalisten gegründet, die die *charismata* als Teil einer Theologie der spirituellen Kriegführung akzeptiert haben. Aber der Unterschied zwischen Charismatikern und Nichtcharismatikern ist ebenfalls weniger deutlich als noch vor ein paar Jahren. Auf beiden Seiten des Zauns sind Fragen wie die Gültigkeit der »Glossolalie«, des Redens in Zungen, nicht mehr so wichtig wie die allen Evangelikalen gemeinsame Erfahrung der Wiedergeburt und eine konservative Bibelinterpretation, die liberale Standpunkte zu Homosexualität und Abtreibung ausschließt.

Die zentrale Rolle der Bibel im Leben dieser Christen, die, was immer ihr kultureller Hintergrund sein mag, überall handliche Bibeln mit sich tragen, hat noch eine andere wichtige Konsequenz. Sie sind alle mehr oder weniger endzeitgläubig. Niemand, der die Evangelien, die Briefe des Apostels Paulus oder das Buch der Offenbarung wörtlich nimmt, könnte das nicht sein. Man kann nicht oft genug darauf hinweisen: Das nahende Ende der Geschichte wirft einen Schatten auf das Neue Testament, den die etablierten Kirchen, die natürlich apokalyptische Panik fürchten, erklärtermaßen nicht zur Kenntnis nehmen. Im Gegensatz dazu haben die meisten konservativen Evangelikalen immer geglaubt, daß Jesus möglicherweise zu ihren Lebenszeiten zurückkehren könnte, obwohl nur wenige von ihnen sich nach dem Fiasko der Milleriten noch darauf eingelassen haben, bestimmte Daten für die Wiederkunft festzulegen.

Trotzdem war eines der ersten Anzeichen für die Wirkung des näherrückenden Jahrtausendendes die Wiederbelebung der guten alten Datenprophetie. In den achtziger Jahren begannen einzelne Propheten, meistens ältere amerikanische Fundamentalisten, kühne Voraussagen über die »Entrükkung« der Kirche und die Rückkehr Christi zu machen, in Büchern, die sie im Selbstverlag herausbrachten, oder in Radiosendungen. Die Prophezeiung, die am meisten Aufmerksamkeit auf sich zog, war die von Edgar Whisenant, einem früheren NASA-Ingenieur, in seinem 1985 erschienenen Büchlein *88 Gründe, warum die Entrückung 1988 stattfinden wird*. Whisenant lieferte nicht einen, sondern mehrere höchst verwickelte Begründungen für sein Datum, die sich auf seine Lektüre von Daniel und der Offenbarung stützten. Wie so viele amerikanische Fundamentalisten, von denen man eigentlich annehmen sollte, daß sie jedes okkulte Wissen als Teufelswerk betrachten, zögerte er nicht, Astrologie, Pyramidologie und Numerologie heranzuziehen, um seine Ansichten zu unterstützen. Und als das von ihm gesetzte Datum sich nicht in den prophezeiten Segnungen erfüllte, behauptete er ganz im Stil der Milleriten, er habe sich um ein Jahr geirrt, und Christus werde 1989 wiederkehren.

Whisenant war nicht der einzige Fundamentalist, der mit einer Apokalypse für 1988 rechnete. Es galt bei denen, die die Prophezeiungen studierten, als ein besonderes Jahr, seit Hal Lindseys Buch *Late Great Planet Earth* 1973 erschien. Dieses Buch, das meistverkaufte Sachbuch in den USA seit den siebziger Jahren, hatte die Ansicht vertreten, zwischen dem Endzeitdrama und der Wiederkunft Christi in all seiner Herrlichkeit werde eine Generation vergehen. Gottes »prophetische Uhr«, die mit dem Beginn des christlichen Zeitalters angehalten worden war, hatte mit der Rückkehr der Juden ins Gelobte Land im Jahre 1948 wieder angefangen zu ticken. Und da eine biblische Generation vierzig Jahre umfaßt, sprach vieles dafür, daß die Geschichte Ende der achtziger Jahre zu ihrem Ende kommen werde.

Lindsey war klug genug, kein Datum festzusetzen, aber eine Anzahl von weniger bedeutsamen Gestalten nahm dieses Risiko auf sich. Hart Armstrong, Präsident von *Christian Communications* in Wichita, Kansas, machte das Fest der Trompeten am 29. und 30. September 1988 als »mögliche Daten für die Wiederkehr« aus und veröffentlichte in seinen Publikationen einen Entrückungs-Alarm. Das *Trinity Broadcasting Network*, das eine Entrückung für den 11. bis 13. September erwartete, strich sein übliches Fernsehprogramm für diese beiden Nächte und sendete Videobänder, die Nichtgläubige darüber informierten, was sie tun könnten, wenn sie ihre Familien plötzlich in den Himmel auffahren sähen. Charles Taylor, einer der prominentesten unter denen, die Prophezeiungen verbreiteten, organisierte eine Israeltour, die mit Whisenants Datum zusammenfiel, zum Preis von 1850 Dollar inklusive »Rückflug wenn nötig«. Sein Werbematerial benutzte die Möglichkeit einer Entrückung aus dem Heiligen Land als ein besonderes Verkaufsargument: »Wir übernachten im Intercontinental Hotel direkt auf dem Ölberg. Von dort haben Sie einen herrlichen Blick auf das Osttor und den Tempelberg. Und wenn dies das Jahr der Wiederkunft unseres Herrn ist, wie wir annehmen, dann können Sie sogar nur wenige Fuß von der Stelle Seiner Himmelfahrt zur ewigen Glorie auffahren.«[6]

Obwohl jede dieser Voraussagen mehrere parallele »Beweise« für das gewählte Datum gab, ist eine Theorie den allermeisten dieser christlichen Endzeiterrechner gemeinsam. Es ist die Theorie der Großen Woche, die im alten Mesopotamien entstand und immer noch einen großen Einfluß auf die modernen Fundamentalisten ausübt, und zwar in eben der Gestalt, die das Kirchenregiment der Frühzeit unbedingt unterdrücken wollte: der einer sechstausendjährigen Zeitspanne für die Menschheitsgeschichte, die zum Millennium hinführt. Tatsächlich ist der Glaube an diese Theorie einer der Prüfsteine für wahren Fundamentalismus: Er hat ihn von den puritanischen Vorvätern übernommen. Die traditionellen »*fundies*« haben eine große Ehrfurcht vor dem englischen Protestantismus des siebzehnten Jahrhunderts: für sie ist die *King-James-Version* der Bibel[7] die einzige von Gott inspirierte Bibelübersetzung. Und in manchen Ausgaben der »*Authorized Version*« der englischen Bibel findet sich das von Erzbischof Ussher von Armagh 1654 vorgeschlagene Datum für die Schöpfung als Randnotiz. Usshers Zeitangabe für den Beginn der Schöpfung auf der Grundlage der genealogischen Listen in der Bibel war das Jahr 4004 v. Chr., der 26. Oktober, 9 Uhr morgens. Bis ins 19. Jahrhundert wurde dieser Zeitpunkt von den meisten englischsprechenden Protestanten akzeptiert, und er wird in fundamentalistischen Kreisen immer noch ernstgenommen. Manche Endzeiterrechner haben zwar kleinere Probleme mit Usshers Zahl und ziehen ein paar Jahre ab oder geben einige Jahre zu; aber die Abweichung ist normalerweise so klein, daß bei Addition von 6000 Jahren zum Schöpfungsdatum der Beginn des Tausendjährigen Reiches immer noch auf das Ende des 20. oder den Beginn des 21. Jahrhunderts fällt. Diese Art von Beweisführung ist weit einflußreicher, als man denken möchte. Es ist leicht, über Leute zu lachen, die wie Whisenant feierlich sieben Jahre der Drangsale von Usshers Jahr 6000, dem Kalenderjahr 1996, abziehen und damit auf 1988 als Jahr der Entrückung kommen. Tatsächlich sind auch die meisten konservativen Evangelikalen bereit, in das Gelächter einzustimmen, vor allem wenn der fragliche Termin wieder einmal verstrichen ist. Aber obwohl die Führer der Bewegung bemüht sind, sich von peinlichen Gestalten wie Whisenant und Taylor zu distanzieren, weisen sie deshalb nicht zwangsläufig die Theorie zurück, daß die Geschichte sich in drei Perioden einteilen läßt: je zweitausend Jahre von Adam zu Abraham, von Abraham zu Christus, und von Christus bis zum Weltende. Dr. James McKeever, der einflußreiche Herausgeber des *End Time News Digest*, berechnet, daß die 6000 Jahre »irgendwann zwischen jetzt und dem Jahr 2030« zu Ende sein könnten. Für ihn wächst so die Wahrscheinlichkeit, das entscheidende Datum könne das zweitausendste Jahr nach Christi Tod und Auferstehung sein, eine Idee, die ihre Blütezeit im frühen 11. Jahrhundert hatte. Das ist eine Minderheitsposition. Aber seine Annahme, daß Christus zu Lebzeiten der jetzigen Generation zurückkehren werde, teilen sehr viele der konservativen Evangelikalen, besonders solche, die aus einer traditionellen amerikanischen Familie von Fundamentalisten oder Pentekostalisten kommen. Obwohl nicht alle der Theorie der 6000 Jahre beipflichten, neigen sie zu dem Glauben, die Tatsache, daß die 2000 Jahre des *Gospel Age*, des christlichen Zeitalters der heiligen Schrift, innerhalb einer Generation nach der Gründung des Staates Israel zu Ende gehen werden, spreche für das nahende Ende. Hal Lindsey nimmt das an, wie wir gesehen haben; allerdings ist er seit der Nichterfüllung seiner Prophetie, die den kalten Krieg mit dem Armageddon[8] gleichsetzte, ziemlich diskreditiert. Wichtiger ist, daß viele Kirchenführer der expandierenden charismatischen Bewegung in Lateinamerika und im Fernen Osten so denken.

Die Führer von fundamentalistisch-christlichen Körperschaften wie der *Evangelical Alliance* in Großbritannien neigen dazu, die ganze Frage der Endzeittheologie herunterzuspielen. Man hat den Eindruck, daß die energische Führerschaft der Bewegung weit weniger empfänglich für millenaristische Euphorie ist als viele gewöhnliche Gläubige. Aber ein Besuch in fast jeder konservativ-evangelikalen Buchhandlung, sei es in England, in Deutschland oder anderswo, korrigiert diesen Eindruck: ihre Prophetie-Regale sind voll von Büchern mit Endzeitspekulationen.

Ein gutes Beispiel ist die Buchhandlung von Kensington Temple, einer aufsehenerregend erfolgreichen Pfingstkirche in Westlondon mit starken Bindungen an das charismatische anglikanische Netzwerk. Hier kann man Broschüren erwerben, in denen die Europäische Gemeinschaft mit den zehn Nationen des Antichrist identifiziert wird, Videokassetten, die vor einer Computertechnologie warnen, hinter der die Absicht steckt, nichtsahnende Bürger mit dem Stempel des Antichrist zu brandmarken, und man kann ein ganzes Regal mit Büchern finden, in denen die Wiederkunft Christi um die Jahrtausendwende herum angekündigt wird. Eines der bestbekannten, *Armageddon – Appointment with Destiny*, aus der Feder des kanadischen Evangelisten Grant Jeffrey, sagt die »Verabredung mit der Vorsehung« direkt für das Jahr 2000 voraus. Jeffrey, ein angesehener fundamentalistischer Autor, dessen Buch mit einer Empfehlung des Präsidenten der *National Religious Broadcasters of America* daherkommt, glaubt fest an millenare Symmetrie. Er macht sich erhebliche Mühe, die längst diskreditierte Berechnung des Jahres von Christi Geburt auf das Jahr 1 v. Chr. von Dionysius Exiguus zu verteidigen. Dieses paßt er dann in eine Große Woche ein, die im Jahr 4000 v. Chr. beginnt, wofür er Autoritäten aus der frühen Kirchengeschichte und aus der Reformationszeit heranzieht. Zu ihnen gehört der Oxforder Märtyrerbischof Hugh Latimer, der 1552 schrieb: »Die Welt war dazu bestimmt, wie alle gelehrten Männer versichern, 6000 Jahre zu dauern. Jetzt sind von dieser Zahl 5552 Jahre verstrichen, es bleiben uns also nicht mehr als 448.«[9]

Die bloße Gegenwart einer großen Auswahl von Endzeitbüchern in evangelikalen Buchläden bedeutet natürlich noch nicht, daß die Mehrheit der wiedergeborenen Christen fest an einen der angebotenen Termine für das Millennium glaubt. Aber sie ist ein Anzeichen für das, was man als Angebot auf dem freien Markt für apokalyptische Theologie in der konservativen evangelikalen Welt nennen könnte. Die Überzeugungen der einzelnen Gläubigen sind, entsprechend der Fülle des Angebots, weitaus individueller, als viele Pastoren sich das vorstellen können. Das war jedenfalls eines der Ergebnisse einer hochinteressanten Forschungsarbeit des amerikanischen Psychoanalytikers Charles Strozier, der fünf Jahre lang, in den späten achtziger und frühen neunziger Jahren, Mitglieder evangelikaler Kirchen in New York City interviewte. Die Institutionen, die Strozier untersuchte, waren ein den sozial besser gestellten Kreisen zuzurechnender Bibelkreis, eine multikulturelle Pfingstgemeinde auf dem absteigenden Ast, eine dynamische schwarze Charismatikergemeinde und eine strikt fundamentalistische Kirche. Das entspricht mehr oder weniger dem konservativ-evangelikalen Spektrum in den USA und in Großbritannien. Aber Strozier betrachtete alle diese kirchlichen Gruppierungen als »Fundamentalisten«, ob sie diese Bezeichnungen nun für sich selbst akzeptierten oder nicht. Er erklärt das so: »Die strikten Fundamentalisten mögen die Hauptträger der Idee der Irrtumsfreiheit [der Bibel] sein, aber dieser Ausdruck wird häufig in Pentekostalkirchen, in Bibelkreisen und von Einzelnen gebraucht, wenn sie über die Bibel sprechen. Er ist sozusagen im Diskurs. Was die Bewegung darüber hinaus psychologisch definiert, ist ihre einzigartige christliche Verpflichtung gegenüber dem Apokalyptischen. Die Ideologen der Bewegung legen den größten Wert auf den prämillenaristischen Dispensationalismus, aber ich fand, daß praktisch alle meine Interviewpartner große, wenn auch manchmal unverdaute Teile der [apokalyptischen] Theorie mit sich herumschleppten. Vorstellungen von Entrückung, Drangsalen, vom Antichrist, dem Tier und Armageddon sind ziemlich allgegenwärtig in den Köpfen der Fundamentalisten, wenn auch keineswegs immer auf identische Weise.«[10]

Strozier entdeckte, daß die Art und Weise, wie einzelne Fundamentalisten die Zukunft sahen, ebensosehr mit ihrer sozialen Herkunft zu tun hatte wie mit ihrem theologischen Hintergrund. Gläubige, die aus der Arbeiterklasse stammten, unabhängig von Rasse und Geschlecht, neigten eher zu dem Glauben, die Geschichte würde noch zu ihren Lebzeiten enden. Einige verknüpften dies mit den nahenden Ende des Jahrtausends: »Ich wäre überrascht, wenn wir das Jahr 2000 erreichen würden, bevor er zurückkommt«, war eine Antwort. Im Gegensatz dazu betrachteten die gebildeten Teilnehmer des konservativ-evangelikalen Bibelkreises, Angehörige der Mittelklasse und in gehobenen Berufen tätig, es als »vulgär, ja sogar blasphemisch, auch nur daran zu denken, daß man Gottes Absichten mit menschlichen Daten erfassen kann.« Sie neigten dazu, das Weltende auf einen Zeitpunkt nach ihrem Tode zu verlegen; sie lebten jedoch »mit einem klaren Gefühl der äußeren Grenzen der Zeit, die der Menschheit noch verblieb. Sie blieben vage, waren aber absolut apokalyptisch eingestellt. Sie sprachen davon, daß die Geschichte ihre Kinder oder ihre Kindeskinder nicht mehr überdauern werde ... Zwei Generationen, so scheint es, waren das Äußerste, was sich irgendein Fundamentalist für die Menschheitsgeschichte noch vorstellen konnte.«[11]

Bezeichnenderweise neigten beide Gruppen – sowohl diejenigen Gläubigen, die erwarteten, eines natürlichen Todes zu sterben, als auch die anderen, die erwarteten, vor dem Armageddon entrückt zu werden – dazu, ihre eigenen Lebenserwartungen als unbewußten Maßstab zu benutzen. Die Bibelkreisteilnehmer aus der Mittelklasse sahen voraus, die Zukunft werde sich noch auf eine gewisse Anzahl von Jahren nach ihrem Tod erstrecken. Fundamentalisten aus der Arbeiterklasse erwarteten oft, Christus werde ungefähr zu der Zeit zurückkommen, zu der sie mit ihrem Tode rechnen müßten. Ein dreiunddreißig Jahre alter schwarzer Fundamentalist glaubte, die Menschheit werde allenfalls noch dreißig oder vierzig Jahre Bestand haben, während unter den älteren Gläubigen die meisten an das Jahr 2000 als Termin glaubten. Das würde übrigens auch erklären, warum so viele unter den Endzeiterrechnern, die ihre Ergebnisse im Selbstverlag veröffentlichen, ältere Männer sind. Es gibt allerdings eine jüngere Untersuchung als die von Strozier, und zwar in Gestalt einer vertraulichen Befragung von fundamentalistischen Frauen in den USA. Diese Umfrage legt nahe, daß viele Frauen zwischen zwanzig und dreißig in Erwartung eines Endzeitdramas leben, das nur etwa fünf Jahre in der Zukunft liegt. So ist das Bild nicht vollkommen klar. Sicher ist aber, daß der apokalyptische Glaube der Evangelikalen fest in der persönlichen Erfahrung verwurzelt ist. Er wird ebensosehr von Hoffnungen und Erwartungen geprägt wie von der prämillenaristischen Theorie, und oft ist er von der eigenen Biographie geprägt, die nicht selten schwierig war. Die Vorstellung einer Entrückung, in der die wahren Christen zum Himmel auffahren, während Milliarden bloß »nomineller« Christen und Ungläubiger auf Erden bleiben müssen, um Leiden und Drangsale zu erdulden, ist sehr tröstlich für Menschen, für die ihr bisheriges Leben ein unaufhörlicher Kampf gegen Not und Versuchungen war. Die Hoffnung, daß das Trümmerfeld, welches die Vergangenheit hinterlassen hat, durch göttlichen Eingriff aufgeräumt wird, gilt auch für andere Formen des apokalyptischen Glaubens, einschließlich des *New Age*; aber er ist besonders stark in der evangelikalen Welt ausgeprägt. Selbst diejenigen wiedergeborenen Christen, die nicht dran glauben, daß sie in den nächsten Jahren entrückt werden, nehmen doch Zuflucht zu der Überzeugung, daß Gottes Endzeitplan in Arbeit ist.

Man sollte das intellektuelle Niveau der wiedergeborenen Christen mit höherer Schulbildung, vor allem in Europa, nicht unterschätzen. Sie sind apokalyptisch in dem ursprünglichen griechischen Sinn des Wortes: Sie sind von Erregung erfüllt bei dem Gedanken, daß Verborgenes offenbart wird, auch wenn sie nicht an primitive Zeitpläne glauben. Ihr apokalyptischer Glaube hat dabei große Ähnlichkeit mit dem der Juden im ersten und zweiten vorchristlichen Jahrhundert, der so viel zur Entfaltung des Genres beigetragen hat. Er hat ganz eindeutig tribalen Charakter. Er verheißt kollektive Erlösung – wenn auch nicht notwendigerweise in Form einer unmittelbar bevorstehenden Entrückung – nur für *eine* Gruppe von Menschen: die wahren Christen. Die strenge Unterscheidung zwischen den Erlösten und den Unerlösten bleibt unberührt von den komplizierten Auseinandersetzungen darüber, ob die Welt beim Herannahen des Endes in Anarchie verfallen oder sich der christlichen Herrschaft ergeben wird. Die Geretteten stehen in der Pflicht, so viele Seelen wie menschenmöglich für Christus zu retten. Und wie könnte man sich besser auf diese große Aufgabe konzentrieren als dadurch, daß man das nahende Jahr 2000 als Ziel ins Auge faßt?

»Und dieses Evangelium vom Reich wird auf der ganzen Welt verkündet werden, damit alle Völker es hören; und dann wird das Ende kommen.« Dieser Vers aus dem Matthäusevangelium (24,14), direkt vor der markerschütternden Beschreibung der großen Drangsale der letzten Tage, geht konservativen Evangelikalen leicht von den Lippen. Er stellt die Verbreitung des Evangeliums eindeutig in den Kontext des Weltendes. Und er legt nahe, daß der wiedergeborene Christ, indem er allen Völkern das Evangelium predigt – nicht: alle Völker bekehrt – die Endzeit mit ihren furchtbaren Drangsalen tatsächlich *herbeiführt*. Und warum auch nicht? Die Erlösten haben von diesen Ereignissen nichts zu fürchten. Die meisten konservativen Evangelikalen glauben, daß sie entrückt werden, um Christus zu begegnen, in dem Augenblick, in dem die Drangsal beginnt. Das ist der eigentliche Antrieb zum Predigen des Evangeliums, eine Aufgabe, die bei ihnen unter dem Namen »Großer Auftrag« bekannt ist. Wiedergeborene Christen haben seit dem Ende des 19. Jahrhunderts, als die bevorstehende Jahrhundertwende das Jahr 1900 zum Termin für ihre missionarischen Anstrengungen machte, darum gekämpft, diesen Auftrag zu erfüllen. Jetzt ist wieder einmal der Große Auftrag mit dem Ende eines Jahrhunderts verknüpft worden, obwohl die meisten Führer der Evangelikalen sich hüten zu sagen, der Auftrag werde im Jahre 2000 erfüllt sein. Denn das wäre gleichbedeutend mit der Setzung eines Datums für das Weltende. Statt dessen bleibt diese verlockende Möglichkeit in der Schwebe, niemals bestätigt, aber auch nicht ausgeschlossen.

Es handelt sich nicht um eine einzige, gemeinsame Anstrengung auf das Jahr 2000 hin. Es gibt Dutzende solcher Initiativen, die von einem ganzen Schwarm von Bekenntnissen ausgehen. Nur einige von ihnen erkennen ihre Arbeit gegenseitig als Beiträge zum Großen Auftrag an. (Es versteht sich von selbst, daß Evangelikale den dynamischen Aktivitäten von Gruppen wie den Zeugen Jehovas, den Sieben-Tage-Adventisten oder den Mormonen feindselig gegenüberstehen, und daß sie die Tätigkeit der Katholiken und liberalen Protestanten als irrelevant für den Großen Auftrag betrachten.) Innerhalb der konservativ-evangelikalen Welt heißt die wichtigste Initiative *AD 2000*. Sie koordiniert die missionarischen Bemühungen von Fundamentalisten und Charismatikern in über hundert Ländern, ohne die Kontrolle über sie auszuüben. *AD 2000* hat die Unterstützung der einflußreichen Führer der Pfingstbewegung, die für die Verbreitung des wiedergeborenen Christentums in den letzten Jahrzehnten mehr als alle anderen Gruppen verantwortlich waren. Aber die Initiative erfreut sich auch der Unterstützung anderer Richtungen unter den charismatischen Christen.

Die offizielle Zielsetzung von *AD 2000* ist ein Meisterwerk der Uneindeutigkeit: »Eine Kirche für jedes Volk, und das Evangelium für alle Menschen bis zum Jahr 2000.« Nach Ralph Winter, dem Gründer des *US Center for World Mission* und einem der großen alten Männer der evangelikalen Mission, hat dieses Ziel den Vorteil, daß es »hervorragend meßbar« ist. Dem fernstehenden Beobachter scheint sein hervorstechendes Merkmal eher seine Unmeßbarkeit zu sein. Was heißt »das Evangelium für alle Menschen?« Man muß schon das Kleingedruckte lesen, um herauszufinden, daß diese Aussage sich hauptsächlich darauf bezieht, Bewegungen zur Kirchengründung in bisher »unerreichten« ethno-linguistischen Gruppen zu gründen. *AD 2000* schätzt, daß es von diesen etwa 2500 mit einer Population von mehr als 10 000 Menschen gibt.[12] Der größte Teil dieser Gruppen befindet sich in dem Gebiet, das die Evangelikalen »10/40-Fenster« nennen, einem Rechteck, das zwischen dem 10. und dem 40. nördlichen Breitengrad von Westafrika zum Fernen Osten reicht. Obwohl die Initiative die Zahl der wiedergeborenen Christen in der Welt erhöhen wird, ist dies nicht ihr vordringliches Ziel. Sie definiert sich eher geographisch in dem Sinn, daß sie Länder erreichen will, in denen das Christentum eine fremde Religion ist. Mit anderen Worten: »Dieses Evangelium vom Reich wird auf der ganzen Welt verkündet werden, damit alle Völker es hören«, wobei Volk hier als eine ethno-linguistische Gruppe definiert wird.

Diese Nuance ist wichtig. Es ist kein Zufall, daß die Zielerklärung von *AD 2000* einen Vers aus dem apokalyptischen Kapitel des Matthäusevangeliums paraphrasiert. Und doch tappt sie nicht in die Falle, ihre Anstrengungen mit der Erfüllung des Großen Auftrags gleichzusetzen. »Diese Bewegung behauptet nicht, sie mache Aussagen darüber, wann Christus wiederkehrt«, sagt Ralph Winter. Auch das Datum für die Erfüllung des Großen Auftrags »hat in den offiziellen Dokumenten von *AD 2000* nichts zu suchen«. Aber Winter möchte auch nicht abstreiten, daß eine wenn auch nur undeutlich erkennbare Verbindung zwischen der Initiative und der Wiederkunft Christi besteht. »In diesem Punkt gibt es sehr viel Verwirrung«, gibt er zu. «Einige Kirchenführer haben das unglaublich Erregende an der *AD 2000*-Bewegung nicht mitbekommen. Warum? Der Grund, warum sie sich zurückgehalten haben, ist die einfache Tatsache, daß die Wiederkunft Christi und das Ende der Geschichte für sie keine akzeptablen Gesprächsthemen sind.« Aber da irren sie, sagt Winter. Es ist eine Sache zu akzeptieren, daß die Wiederkunft Christi für alle eine Überraschung sein wird. »Auf der anderen Seite tappt eine werdende Mutter nicht völlig im Dunkeln über die Zeit der Geburt, weil es viele Zeichen gibt, die zu ihr hinführen.«[13]

Das Evangelium jedem Menschen in der Welt zugänglich machen, »auf seiner eigenen Wellenlänge«, das ist vielleicht nicht ganz das gleiche wie die Erfüllung des Großen Auftrags, aber es wird das Ende näherbringen.

Es ist der Mühe wert, einen Augenblick innezuhalten, um sich einmal das Ausmaß klarzumachen, in dem der konservative Evangelikalismus schon Wurzeln gefaßt hat, selbst in wenig erfolgversprechendem Boden. Lateinamerika ist vielleicht das beeindruckendste Beispiel.

Ende der sechziger Jahre gab es etwa 5 Millionen Protestanten in dieser Region; heute sind es über 40 Millionen. Das ist eine beachtliche Wachstumsrate, selbst wenn man die Bevölkerungszunahme berücksichtigt. Dazu sagt der chilenische Soziologe Claudio Veliz: »Niemals seit der Reformation sind so viele Katholiken in so kurzer Zeit zum Protestantismus konvertiert.«[14] Der dramatischste Durchbruch ist dem Protestantismus in Guatemala gelungen, wo 30 Prozent der Bevölkerung Evangelikale sind, und wo der Einfluß des neuen Glaubens auf das öffentliche Leben unverhältnismäßig groß ist. Zwei Staatsoberhäupter der letzten Zeit waren Evangelikale, was einen führenden Kommentator dazu veranlaßte, von einer »spirituellen Hegemonie« des Protestantismus in diesem Lande zu sprechen. In Brasilien stellen die Evangelikalen inzwischen 20 Prozent der Bevölkerung von 150 Millionen. In Chile zählt die protestantische Bevölkerung erheblich mehr als eine Million, was einem Anteil von 15 bis 20 Prozent der Gesamtbevölkerung entspricht. Die Jotabeche-Kathedrale in Santiago, die 18 000 Gläubige faßt, gehört zu den größten Kirchen der Welt; doch selbst diese Zahl wird in den Schatten gestellt durch die Massenversammlungen von 100 000 und mehr Menschen, die regelmäßig in Sportarenen in ganz Lateinamerika stattfinden. In Teilen von Guatemala, Brasilien und Chile übertrifft die Zahl aktiver Protestanten die der praktizierenden Katholiken – eine Tatsache, die der katholischen Hierarchie großen Kummer macht und heftige Selbstkritik verursacht.

Die eindeutige Mehrheit der lateinamerikanischen Protestanten sind charismatisch und fundamentalistisch orientiert. Das erfolgreichste Bekenntnis sind die *Gottesversammlungen*, die den amerikanischen Tele-Evangelismus mit einer Theologie von Wundern, Geistern und Exorzismus kombinieren und damit Superkirchen geschaffen haben, deren Anhängerschaft in die Zehntausende geht. Das ist auch genau die Formel, mit der man in Südkorea solchen Erfolg gehabt hat, wo die *Gottesversammlungen* die größte Kirche der Welt leiten. In Lateinamerika wie auch in Korea und in vielen Ländern der Dritten Welt konnte der Pentekostalismus Traditionen des Schamanismus übernehmen und für sich nutzbar machen, die es in praktisch allen Gesellschaften der Entwicklungsregion gibt. Das ist nicht die harmlose und zurückgenommene charismatische Religion von Katholiken und liberalen Protestanten. Die christliche Erweckungsbewegung ringt vielmehr mit den uralten einheimischen Dämonen, die Millionen von Menschen peinigen, denen die Desorientierung durch den Modernisierungsprozeß zu schaffen macht. Und dabei hat sie solche spektakulären Bekehrungserfolge, daß viele konservative Evangelikale, wie wir noch sehen werden, sich selbst von der Theologie der bösen Geister angezogen fühlen. Ein Zug, der sich bei fast allen lateinamerikanischen Evangelikalen finden läßt, ist der »konversionistische« Charakter ihres Glaubens, wie die Soziologen das nennen. Die Konversion von einem (oft bloß nominellen) Katholizismus zum Protestantismus involviert eine bewußte Abwendung von der Vergangenheit und bei vielen von einem Lebensstil, zu dem möglicherweise starkes Trinken, sexuelle Unmoral oder finanzielle Unredlichkeit gehörten. Das Bedürfnis nach einem solchen Reinigungserlebnis, das in Entwicklungsländern stark ausgeprägt ist, hilft zu erklären, warum die am raschesten wachsenden Kirchen pentekostalistisch sind: die Pfingstbewegung bietet ein überwältigendes Bekehrungsdrama, das ein für allemal mit dem bisherigen Leben aufräumt, kombiniert mit einem außerordentlich rigiden Moralkodex. Aber der Konvertit ist nicht allein. Der neue Lebensstil soll innerhalb eines engen sozialen Netzes erfahren werden, das dem Nichtgläubigen unecht und sogar unheimlich vorkommen mag, den Neubekehrten aber meist warm und aufrichtig erscheint. Und es wirkt als Schutz. In einer so erschreckend instabilen Gesellschaft, wie es Guatemala in den achtziger Jahren war, als Todesschwadronen auf den Straßen nach »Kommunisten« suchten, bot die bewußt unpolitische Haltung der Pentekostalisten einen Grad von Immunität vor politischer Gewalt, wie ihn katholische Basisgemeinden niemals verschaffen konnten. In friedlicheren Zeiten bietet das evangelikale Netzwerk konfektionierte Freundschaftsbeziehungen für einsame Arbeiter, die vom Land in die Städte gezogen sind. Vom Standpunkt der Kirchen aus ist der Aufbau eines dichten sozialen Netzes unbedingt notwendig. David Martin erklärt in seinem Buch *Tongues of Fire*: »Radikale Verhaltensänderungen und die Umwertung der Hierarchien und Prioritäten, die in der Außenwelt herrschen, können nur erreicht werden in einer geschützten Umgebung.«[15]

Die Intimität und das Gefühl, von der Außenwelt abgeschirmt zu sein, die charakteristisch für das kirchliche Leben der Evangelikalen sind, machen sie auf eine ideale Weise geeignet für die Erfahrung des apokalyptischen Glaubens. Die scharfe Unterscheidung zwischen Geretteten und Verdammten ist mehr als ein trockenes Dogma. Sie wird verstärkt durch soziale Strukturen, die den Kontakt mit den Nichtgläubigen auf ein Minimum reduzieren, denen, die – wenn sie bei der Wiederkunft Christi noch leben – nicht entrückt werden, und die für die Feuer der Hölle bestimmt sind. Was die spezifischen Vorstellungen von der Endzeit anbetrifft, so unterscheiden sich konservative Evangelikale in Lateinamerika wenig von ihren spirituellen Vettern in den USA. Auf dem Papier sind sie meist prämillenaristische Dispensationalisten. Das bedeutet, daß sie den Beginn der schrecklichen Ereignisse, die das Reich des Antichrist mit sich bringt, jeden Augenblick für möglich halten. In der Praxis aber sind sie zwischen dieser Position und einem Optimismus hin- und hergerissen, der an Postmillenarismus grenzt, dem Glauben, daß es den Christen gelingen könnte, die Welt zu erobern und ihre Herrschaft über sie aufzurichten, bevor Christus zurückkehrt. Dieser innere Zwiespalt war auch charakteristisch für die USA in den achtziger Jahren, als »*Premils*« wie Pat Robertson durch die Erfolge der Präsidentschaft Reagans solch einen Rückenwind verspürten, daß sie eine radikal neue Eschatologie zu entwickeln begannen.

Es ist bezeichnend, daß der Optimismus in bezug auf die Zukunft – die *nationale* Zukunft – den man bei den Pentekostalisten in Guatemala findet, praktisch identisch ist mit dem der Apokalypsegläubigen in Südkorea (wo dieser Optimismus etwas realistischer ist). Die Evangelikalen in Guatemala wünschen sich nichts mehr, als die spirituellen und wirtschaftlichen Wunder Südkoreas zu wiederholen, wo das Wachstum der Kirche und des Geschäfts Hand in Hand geht. Nicht umsonst ist Dr. David Yonggi Cho ein häufiger und geehrter Gast bei pentekostalistischen Kirchen in Guatemala. Dr. Cho, der eine Kirche mit 700 000 Mitgliedern in Seoul aufgebaut hat, glaubt, daß der Antichrist bereits lebt; doch sieht er eine große Zukunft für Korea voraus. Er ist so ein gutes Beispiel dafür, wie sich optimistische und pessimistische Szenarien in den Köpfen von Fundamentalisten vermischt haben. Die Gründe dafür sind komplex, aber bestimmt gehört zu ihnen das Nahen des Jahres 2000. Während die Kirchen sich beeilen, so viele Bekehrte wie möglich in ihre Reihen aufzunehmen, bevor das neue Millennium beginnt, verscheucht die Aussicht auf ein von fröhlichen schwerarbeitenden Gläubigen bevölkertes Land, das auch die ökonomischen Früchte dieser harten Arbeit erntet, die düsteren Gedanken an das Tier und den Antichrist. Und das, obwohl das Evangelium sagt, das Ende werde kommen, sobald das Wort Gottes aller Welt gepredigt worden ist.

Zum Glück für diejenigen, die gerne möchten, daß sich die Erfüllung der Prophezeiungen vom Weltende noch etwas hinauszögert, ist es ziemlich unwahrscheinlich, daß *AD 2000* es vor dem Jahrhundertende schaffen wird, mit allen »unerreichten« Völkern in Berührung zu kommen. Einige sind der Meinung, daß die Konzentration auf das »10/40-Fenster« falsch ist, wenn man den Widerstand der islamischen Welt gegen jede Form des Christentums bedenkt; es sei einfach zu schwierig, diese harte Nuß zu knacken. Und es gibt nach wie vor Uneinigkeit darüber, was eine »unerreichte« ethno-linguistische Gruppe ausmacht. Aber Auseinandersetzungen über die Strategie und die Verteilung der Ressourcen kann nicht verschleiern, daß die Sache weltweit noch nie so gut stand. Nach der Statistik der *Evangelical Lausanne Statistical Task Force* ist die Zahl der *täglichen* Bekehrungen zum bibelgläubigen Christentum von 70 000 im Jahr 1991 auf 178 000 im Jahr 1994 gestiegen.[16] Wir sollten diese Zahl mit Vorsicht aufnehmen, aber sie spiegelt sicherlich einen dramatischen Aufwärtstrend wider. Wenn man es nicht nur geographisch betrachtet, ist *AD 2000* zum Erfolg bestimmt. Kirchen in schon evangelisierten Gebieten haben auf das Signal der Bewegung mit verdoppelten Anstrengungen reagiert, in ihrer eigenen Umgebung neue Anhänger zu gewinnen. Um ein Beispiel herauszugreifen: Die Baptistische Glaubensgemeinschaftskirche in Singapur organisiert die Gläubigen in Zellen »ähnlich militärischen Einheiten«. Ihr Ziel ist, bis zum Jahr 2000 in jedem Wohnblock der Republik einen Anhänger zu haben.[17] Dieses Muster, nach dem Zellen wachsen und sich teilen wie Amöben, findet sich zunehmend überall dort, wo konservative Evangelikale Wurzeln geschlagen haben. Sie wachsen und gedeihen geradezu mit Zielvorgaben und Terminsetzungen. Ralph Winter mag sich darüber beklagen, daß 90 Prozent der potentiellen Missionare am falschen Platz leben, um bisher nicht evangelisierte ethno-linguistische Gruppen zu erreichen. Aber die meisten von ihnen leben genau am richtigen Platz, nämlich in ihrer eigenen Stadt, um den anscheinend unaufhaltsamen Anstieg der konservativen Evangelikalen im Verhältnis zu den übrigen Christen und zur Weltbevölkerung zu beschleunigen.

Es gibt allerdings eine Ecke im 10/40-Fenster, wo sich die Bemühungen von *AD 2000* hinsichtlich der bisher unerreichten Völker vielleicht triumphal rechtfertigen werden. Es gibt faszinierende Anzeichen dafür, daß Festlandchina am Rande eines evangelikalen Durchbruchs steht, der den Erfolg der wiederweckten Christen in Korea oder Lateinamerika in den Schatten stellen wird, vorausgesetzt, es steht genügend Zeit zur Verfügung und die chinesischen Behörden lassen die Evangelikalen gewähren. Schon jetzt wird die evangelikale Gemeinde in China auf über 20 Millionen geschätzt. Die Hauskirchen in China, zu denen die meisten Evangelikalen gehören, sind rigoroser verfolgt worden als alle anderen Christen. Aber diese Erfahrung hat sie nur härter gemacht, im Aushalten leiblicher Entbehrungen wie in der Theologie. Chinesische Evangelikale sind gegenüber jeder moralischen Abweichung ebenso glühend intolerant wie irgendein Fundamentalist aus dem *Bible Belt* in den amerikanischen Südstaaten. Sie glauben auch voller Kraft an den Jüngsten Tag: Nach dem *Overseas Missionary Fellowship* begann kürzlich eine Welle von Bekehrungen in der Provinz Zhejiang, als zwei Hauskirchen »das Gefühl hatten, die Wiederkunft Christi stehe bevor. Das erlegte ihnen eine schwere Bürde für ihre Evangelisationstätigkeit auf.«[18] Schließlich wurden Kirchen in der ganzen Region in dieses Anschwellen evangelikaler Aktivität hineingezogen. In weniger als zwei Monaten hatten sie 10 000 neue Anhänger gewonnen, einschließlich einer einflußreichen örtlichen Magierin. »Wenn, wie es aussieht, die gegenwärtige Wachstumsrate in den nächsten zehn Jahren andauert, wird China im Jahr 2000 wahrscheinlich die größte evangelikale Kirche der Welt haben«, sagt Tony Lambert, Leiter der Chinaabteilung der *Fellowship*. »Wir im Westen müssen Notiz davon nehmen und uns einige geistliche Lektionen aus dieser springlebendigen Kirche zu Herzen nehmen, die das Wort

Gottes predigt, die betet und die auf Gott vertraut statt auf menschliche Methoden.«[19]

Zehntausend neue Anhänger in weniger als zwei Monaten! Einschließlich einer Hexe! Lambert braucht sich nicht zu sorgen, daß solche Erfolge in den konservativ-evangelikalen Kirchen des Westens unbemerkt bleiben. Berichte über Massenbekehrungen in weitentfernten Teilen des Globus sind das Lebensblut der Kirchen in den Mittelklasse-Vorstädten Amerikas und Europas. Sie erzeugen ein Gefühl von Erhebung mit einer Spur von Bedauern darüber, daß solche Wunder nicht vor der eigenen Tür passieren. Man ist jedoch entschlossen, von den Christen in den Entwicklungsländern zu lernen. Besonders die Vorstellung vom Kampf mit Geistern und Dämonen regt die Phantasie der Konservativ-Evangelikalen an. Nach dem Ton vieler Missionsberichte aus Afrika, Lateinamerika und dem Fernen Osten zu urteilen, ist der Sieg über die Mächte des Bösen oft der Schlüssel zu erfolgreicher Evangelisation. Wenn das in der Dritten Welt funktioniert, so argumentiert man, warum nicht auch im selbstzufriedenen Westen, wo sogar die Existenz böser Mächte seit Jahrhunderten geleugnet oder heruntergespielt worden ist? Die intensive Beschäftigung der Konservativ-Evangelikalen mit dämonischen Mächten läßt sich bis in die frühen achtziger Jahre zurückverfolgen, als Berichte über Vorfälle von »rituellem satanischem Mißbrauch« in allen möglichen Kleinstädten der USA erschienen. Die Details dieser Geschichten über sexuellen Mißbrauch hätte man sich kaum noch grotesker vorstellen können. Aber weder in den USA noch in Großbritannien ist jemals ein solcher Fall mit Erfolg gerichtlich verfolgt worden; im Gegenteil, es wurde festgestellt, daß immer wieder Kinder von Sozialarbeitern und Evangelikalen dazu manipuliert worden waren, Beschuldigungen zu erheben, die der akzeptierten Version des Mythos entsprachen. Das überraschte einige Soziologen nicht, die von Anfang an behauptet hatten, daß diese Angst vor dem Mißbrauch durch den Satan ein klassischer Fall von »moralischer Panik« von ähnlicher Art war, wie ihn schon frühere Generationen von Evangelikalen produziert hatten, oft mit den besten Absichten. Ein oft zitiertes Beispiel ist das Aufsehen um den nicht existierenden »Handel mit weißen Sklavinnen« in den Jahren vor dem Ersten Weltkrieg.

Jedenfalls führten die Ängste vor dämonischen Verbrechen dazu, daß die spirituelle Kriegführung gegen den Satan fortan unter einem Teil der Evangelikalen eine wichtige Rolle spielte. Über die Gründe kann man nur spekulieren. Man hat behauptet, ein Massenangebot von Hollywoodfilmen, in denen der Teufel eine wichtige Rolle spielte, habe die Aufmerksamkeit der wiedergeborenen Christen auf das Thema der Macht des Satans gelenkt. Aber entscheidender war wahrscheinlich das Aufkommen der *New-Age*-Bewegung als eines wichtigen kulturellen Faktors im Amerika der achtziger Jahre. Der Horror der Evangelikalen vor Geistern und okkulten Künsten scheint paradoxerweise dazu geführt zu haben, daß sich eine Faszination für diese Themen entwickelte.

Vielleicht die beste Einsicht in die Denkweise vieler konservativer Evangelikaler in den späten achtziger Jahren und bis heute vermittelt der Roman *This Present Darkness* von Frank Peretti, von dem über eine Million Exemplare verkauft wurden, und der gegenwärtig für den Verkauf in evangelikalen Buchhandlungen wieder neu aufgelegt wird. Die Handlung spielt in einer Kleinstadt inmitten der USA, die von Dämonen heimgesucht wird. Diese Wesen sind wie die Dämonen der christlichen Tradition des Mittelalters: stinkend, schuppig, mit Schwefeldunst im Atem, und sie umschweben unsichtbar ihre menschlichen Agenten. Dazu gehören eine *New Age*-Professorin, die einen Kurs über das Thema »Die Weiblichkeit Gottes erkennen« abhält, und ein liberaler evangelikaler Prediger. Die Kräfte des Guten werden von einem jungen fundamentalistischen Geistlichen geführt, der Ehebrecher in seiner Gemeinde öffentlich zur Rede stellt; er wird von Engeln mit blondem Haar und goldenen Flügeln beschützt. *This Present*

*Darkness* hat mehr als jedes andere Buch dazu beigetragen, die evangelikale Sichtweise der *New Age*-Bewegung zu prägen, zum Entsetzen gemäßigter Evangelikaler. Irving Hexham, evangelikaler Professor für religiöse Studien an der Universität Calgary, schrieb in einem kürzlich veröffentlichten Essay: »Beunruhigend ist, wie [dieses Buch] geholfen hat, neue gesellschaftliche Grenzen für viele evangelikale Christen aufzurichten, die während der siebziger und achtziger Jahre aus einem restriktiven Fundamentalismus herausgefunden hatten. Opposition gegen die *New Age*-Bewegung und alles, was anscheinend mit ihr zu tun hat, wie Ökologie, Sich-Einsetzen für atomare Abrüstung oder sogar Meditation hat die alten gesellschaftlichen Tabus wie Kino, Make-up und Rauchen als Entscheidungskriterien dafür ersetzt, ob jemand ein »wahrer« oder ein »falscher« Christ ist ... Im Ergebnis hat dieses Buch unabsichtlich einen sehr negativen Einfluß auf das Weltbild zahlreicher Evangelikaler ausgeübt, indem es viele zeitgenössische soziale Bewegungen und Institutionen entweder als dämonisch oder doch als potentiell böse abgestempelt hat.«[20]

Was Hexham beschreibt, ist eine Art wiederbelebter Fundamentalismus, der von alten Zöpfen befreit und nicht zuletzt durch sein Verständnis des Bösen definiert ist. Sein Ethos ist das einer neuen Spielart der charismatischen Theologie, die etwa in der gleichen Zeit entstand wie die Angst vor dem satanischen Mißbrauch. Wie »negativ« sie Kritikern auch erscheinen mag, sie hat eine der kraftvollsten religiösen Bewegungen hervorgerufen, die nach dem Zweiten Weltkrieg im Westen entstanden sind.

Im Grunde ist einfach folgendes passiert: In Großbritannien und in den USA sind Mitglieder nicht charismatischer Kirchen, einschließlich amerikanischer Fundamentalisten und anglikanischer *Low Church*-Anhänger, für eine charismatische Theologie der spirituellen Kriegführung gewonnen worden. Die Schlüsselfigur in dieser »Dritten Welle« ist John

Wimber, ein Prediger aus Kalifornien, der in den frühen achtziger Jahren die *Vineyard*-Bruderschaft gründete, um das zu praktizieren, was er *Power*-Evangelismus nannte. Nach Wimber sollten alle christlichen Führer sich daranmachen, böse Geister zu bekämpfen und als *channels,* »Kanäle«, für Zeichen und Wunder zu dienen, für das wundersame Wirken des Heiligen Geistes, durch das Krebskranke geheilt und Tote wieder zum Leben erweckt würden. Ein weltweiter Kampf zwischen Gut und Böse sei im Gang, und die Zukunft der Welt stehe auf dem Spiel.

Nichts davon war neu: die »Erste Welle« der Charismatiker (die klassische Pfingstbewegung) und die »Zweite Welle« (die charismatischen Hauskirchen) waren immer für dramatische Bekundungen des Heiligen Geistes offen gewesen. Aber Wimber und seine »Power-Evangelisten« verfügten über eine breitere Ausstrahlung.

Evangelikale aus der Mittelklasse waren fasziniert von Wimber, einem gelassenen, fröhlichen Typ, der sich selbst beschrieb als »bloß ein fetter Mann, der versucht, in den Himmel zu kommen«, sich aber gleichzeitig als eine Art »Leitungsrohr« für übernatürliche Kräfte von erschreckender Intensität sah. Seine häufigen Besuche in England trugen dazu bei, eine anglikanische »Kirche in der Kirche« zu etablieren, ein Netz von Gemeinden innerhalb der *Church of England*, deren überschwenglich charismatischer Stil eine Theologie stärkte, die an Fundamentalismus grenzte. Eine Londoner Gemeindekirche, *Holy Trinity* in Brompton (»HTB«), im schicken South Kensington, wurde berühmt dafür, neue Anhänger auf Cocktailpartys anzuwerben. Buchstäblich über Nacht wurden Hunderte von jungen Börsen- und Immobilienmaklern und Mädchen aus Familien mit Geld zu einem pentekostalistischen Glauben bekehrt, der mehr mit dem amerikanischen *Bible Belt* gemein hat als mit der *Church of England*. Gottesdienste in der *HTB* steigerten den *»happy clappy«*-Stil zum äußersten, der durch Armeschwingen, ekstatisches Lächeln und Reden in Zungen gekennzeichnet war. Die ganze Unternehmung hatte etwas von einer Kampagne; das ermöglichte es der *HTB,* dahinsiechende Gemeinden zu kolonisieren und das nötige Geld dafür im Nu aufzubringen. Neubekehrte wurden in kleinen Gruppen isoliert, die an die Zellengruppen in Südkorea oder Lateinamerika erinnerten. Ein paar Kritiker, unter ihnen ein örtlicher Vikar, beschuldigten die *Holy Trinity,* einen an Sekten erinnernden Einfluß auf das Leben ihrer Anhänger auszuüben; eine Anschuldigung, die von der ständig wachsenden Zahl ihrer Mitglieder entrüstet zurückgewiesen wurde.

Der aggressive Stil der »wimberitischen« anglikanischen Kirchen wie Holy Trinity in Brompton oder St. Andrews in Chorleywood (wo es nicht ungewöhnlich ist, daß geistig behinderte junge Menschen vor der Macht des »bösen Feindes« gewarnt werden)[21], reflektiert die veränderten Prioritäten der konservativen Evangelikalen. John Wimbers Interesse für die Macht des Bösen, das sich bis auf die mittelalterliche Vorstellung von »Einbruchsstellen« für Dämonen erstreckt, ist in diesen charismatischen Kirchen außerordentlich verbreitet. Sie sehen sich als das Schwert des Evangelismus im Westen. Graham Kendrick, Komponist vieler der aufrüttelnden Choräle, die man bei evangelikalen Treffen in England und in den USA hören kann, legt die vorherrschende Theologie in der Einleitung zu seinem *Make Way Song Book* dar: »Satan läßt den Grund und Boden von Dörfern, kleinen und großen Städten durch Geister überwachen, die unermüdlich auf sein Geheiß hin arbeiten, um seinen bösartigen Willen durchzusetzen, indem sie Furcht, Gewalttätigkeit und Betrug begünstigen und so erfolgreich Leben ruinieren, das Gott für Freude, Glück und wahre Frömmigkeit bestimmt hatte.«[22]

Kendricks Akzent auf Städten und Dörfern ist bedeutsam. Die konservativ-evangelikale Theologie hat eine Neigung zu einer territorialen Denkweise, die sich aus ihrem Verständnis der spirituellen Kriegführung speist. Die heutigen »Neuen Christen«, wie sie sich zuweilen nennen, sind darauf aus, Territorium vom Feind »zurückzugewinnen«. Manchmal erfordert dies, die Dämonen aus ihrer Umgebung auszutreiben, Straße um Straße. Aber oft drückt sich diese Absicht in sehr viel praktischeren Aktivitäten aus, denen man Bewunderung nicht versagen kann. Das Auftauchen einer härteren Spielart von Evangelikalen kann für alle Bewohner einer Gemeinde von Nutzen sein. Vielerorts hat eine erneuerte Zielstrebigkeit zur Wiederentdeckung des sozialen Bewußtseins bei den Evangelikalen geführt, das seit Jahrzehnten brachgelegen hatte. In der Südlondoner Vorstadt Peckham zum Beispiel leitet die unabhängige *Ichthys*-Bruderschaft Berufsbildungskurse für 800 arbeitslose »Klienten«, ungefähr zehn Prozent der gesamten Arbeitslosenzahl des Stadtteils. Vierzig Prozent dieser Klienten finden echte Arbeitsplätze, im Gegensatz zu nur achtundzwanzig Prozent bei nichtkirchlichen Kursen für berufliche Bildung.[23]

Was hat all das mit dem nahenden Millennium zu tun? Meist sind die neuchristlichen Fußsoldaten zu beschäftigt, um über die Endzeit zu diskutieren. Und in jedem Fall sind ihre Auffassungen über die Letzten Dinge genauso vielgestaltig und eigenbrötlerisch, wie die Untersuchungen von Strozier das nahelegen. Trotzdem sehen sie dem Nahen des Jahres 2000 mit wachem Interesse entgegen, denn die meisten von ihnen gehören zu Kirchen, die ihren Beitrag zu *AD 2000* leisten wollen und sich zu bestimmten Zielmarken in ihren Evangelisationsanstrengungen verpflichtet haben.

Das Gefühl, einer ungeheuren Aufgabe gegenüberzustehen, wird bei den »Neofundamentalisten« durch ein fast unbezwingliches Bedürfnis ausgeglichen, ihren Glauben zu feiern. Es gibt bei ihnen einen großen Durst nach dem unmittelbar erregenden Reiz von Treffen, Märschen und Wundern. Er reflektiert wahrscheinlich einen weltweiten Trend zur »Erlebnisreligion«. Auf beiden Seiten des Atlantiks sind Märsche für Jesus zu den Höhepunkten des konservativ-evangelikalen Jahrs geworden. Sie sind der vollkommenste Ausdruck der neofundamentalistischen Theologie. Sie befriedigen den Impuls zu feiern und verstärken gleichzeitig die Überzeugung, daß die Gegend im Griff dämonischer Mächte ist. Sie haben auch den Vorteil, diejenigen Evangelikalen einzubeziehen, die Probleme damit haben, in Zungen zu reden, aber freiwillig etwas für die spirituelle Kriegführung tun möchten.

Das gilt auch für eine bemerkenswerte neue Manifestation des erstarkten Fundamentalismus in den USA, die *Promise Keepers*, diejenigen also, die ihr Versprechen halten. Während des Jahres 1995 trafen sich eine halbe Million Menschen, meist Angehörige der *baby boomers*-Generation, in Sportstadien im ganzen Land, um das Versprechen abzulegen, die überlieferten Standards der moralischen und sexuellen Reinheit aufrechtzuerhalten und starke Ehen und Familien zu gründen. Die *Promise Keepers,* 1991 von einem landesweit bekannten ehemaligen Football-Trainer gegründet, sind ein schlagendes Beispiel für die Fähigkeit der Neofundamentalisten, weltliche Trends für ihre Ziele auszubeuten. In diesem Fall wurde ein neues Bewußtsein männlicher Identität von der Organisation dazu benutzt, Schuldgefühle für die Rolle zu erwecken, die Männer für den Zusammenbruch des Familienlebens gespielt haben. Die Organisation ist strikt antifeministisch und strikt anti-homosexuell. Die wiedergeborenen Prediger, die sich bei diesen Massentreffen an ihre Zuhörer wenden, werden mit ungeheurem Beifall bedacht, wenn sie ankündigen, daß jeder Mann »den Auftrag hat, seine Frau zur Glorie in Jesus Christus zu bringen«. Die Männer, die diese Versammlungen besuchen, sind meist »normale Jungs« in Baseballmützen, die Hot Dogs in sich hineinstopfen und bei Sportveranstaltungen »La hola« machen. Aber während der Predigten erreichen sie einen Zustand spiritueller Begeisterung, der sie dazu bringt, mit den Armen in der Luft zu rudern wie richtige Charismatiker und bei der Nennung des Namens Gottes zu weinen. Das ist Erlebnisreligion in Reinkultur.

Nichts anderes ist natürlich auch das *Toronto Blessing*, freilich auf eine etwas andere Art. Die Unterschiede zwischen dem *Toronto Blessing* und den *Promise Keepers* sind lehrreich. Es ist unmöglich, diese *Promise Keepers* losgelöst von ihrem amerikanischen Milieu zu verstehen. Jedes ihrer Treffen ist eine Feier der ständig wachsenden Kraft und Wirksamkeit der wiedergeborenen Christen im öffentlichen Leben der USA und ihrer stetig wachsenden Anzahl – und ein brillantes Evangelisationsmanöver, das bisher religiös nicht gebundene Bürger unaufhaltsam in den konservativ-evangelikalen Bannkreis zieht. Die wiedergeborenen Christen haben sich in einen bösartigen und entmutigenden Kulturkrieg um die öffentliche Moral mit den liberalen Bürgern verbissen, aber sie glauben, daß sie diesen Krieg gewinnen können. Die Bewegung ist überzeugt, daß sie den Trend in den nächsten Jahren zu ihren Gunsten wenden kann; schon der Gedanke an das Jahr 2000 stärkt ihre Moral. Das *Toronto Blessing* vermittelt dagegen weniger Festatmosphäre. Obwohl es die Gläubigen zu neuen Höhen spiritueller Ekstase bewegen kann, hat es wenig dazu getan, die Grenzen der evangelikalen Welt zu erweitern.

Es ist kein Zufall, daß es in England die größte Wirkung gezeitigt hat. In den späten achtziger Jahren veröffentlichten John Wimber und eine Gruppe von Evangelisten, die *Kansas City Prophets,* eine Reihe von Prophezeiungen des Inhalts, daß zu Beginn der neunziger Jahre eine große Wiedererweckung auf den britischen Inseln stattfinden werde. Das hatte die unvermeidliche Wirkung, millenare Hoffnungen in Kreisen zu erwecken, die ohnehin erregt auf der »Dritten Welle« schwammen. Aber diese Hoffnungen erhielten bald einen Dämpfer. Eine Versammlung in den Londoner Docklands, von der die Wiedererweckung ausgehen sollte, war eine lahme Sache. Die Prophezeiungen wurden hastig und unter viel Bitterkeit zurückgezogen. Eine Wolke von Enttäuschung senkte sich über die charismatische Gemeinschaft, und sie hob sich erst wieder, als die ersten Berichte vom *Toronto Blessing* England erreichten. War dies die prophezeite Wiedererweckung, nur um ein paar Jahre verzögert? Es wurde bald klar, daß dem nicht so war. Trotz aller Aufregung, die das *Blessing* hervorrief, hatte es wenig Wirkung außerhalb des

Kreises von Menschen, die ohnehin wiedergeborene Christen waren. Es fiel praktisch zusammen mit einem besonders verunglückten landesweiten Missionsappell der Pfingstkirchen, unter dem Schlagwort »Jesus in mir« 250 000 neue Seelen für Christus zu gewinnen. Tatsächlich wurden nur zehn Prozent der angesetzten Zielplanung erreicht. Das löste Spekulationen aus, zumindest in Großbritannien sei der Markt für charismatisch-evangelikales Christentum gesättigt. Verschiedene Beobachter, unter ihnen Andrew Walker, äußerten die Ansicht, die mit dem *Toronto Blessing* verbundene Enthemmung habe etwas mit der Frustration zu tun, die sich in der charismatischen Bewegung aufgebaut hatte, seit die versprochene Wiedererweckung ausgeblieben war.

Aber wenn die außerordentlichen Ereignisse des Sommers 1994 im Grunde nichts anderes als ein Versuch waren, die Kluft zwischen eschatologischer Erwartung und Realität zu überbrücken, dann drängt sich ein anderer, ziemlich ernüchternder Gedanke auf: daß nämlich millenaristische Enttäuschung in den kommenden Jahren zu ebenso dramatischen und unvorhergesehenen Konsequenzen führen kann wie der Stau apokalyptischer Erwartungen.

# 8
# Das Große Jubiläum

Es gibt nahezu eine Milliarde römische Katholiken in der Welt, und obwohl ihnen das vielleicht nicht bewußt ist, haben sie alle genaue Instruktionen darüber erhalten, wie sie sich auf das Jahr 2000 vorbereiten sollen. 1997 sollen sie ihren Geist auf Jesus Christus und das Geheimnis der Erlösung richten; ein genaues Studium des 600 Seiten starken katholischen Katechismus wird empfohlen. 1998 ist das Jahr einer »Wiederentdeckung der Anwesenheit und Wirksamkeit des Heiligen Geistes«. 1999, im dritten und letzten Jahr der Vorbereitung, wird das Thema »eine Pilgerschaft zum Hause des Vaters« sein, um derentwillen die Katholiken zu einer strengen Selbstprüfung und zum häufigeren Empfang des Sakraments der Buße ermutigt werden. Schließlich wird das Jahr 2000 ein Festjahr sein.

Dieses, wie der Vatikan selbst zugibt, »umfangreiche« Programm, ist in dem apostolischen Schreiben *Tertio Millennio Adveniente*[1] (Beim Näherrücken des Dritten Jahrtausends) Papst Johannes Pauls II. beschrieben, das 1995 veröffentlicht wurde.

Die meisten Katholiken wissen wahrscheinlich kaum von seiner Existenz. Mit der Ausnahme kontroverser Enzykliken erregen päpstliche Schreiben kaum viel Aufmerksamkeit unter den katholischen Kirchgängern, geschweige denn unter nur nominellen Katholiken. Aber wenn man aus dem Ton dieses Hirtenbriefs irgend etwas schließen kann, dann dies: der Vatikan ist bereit, nahezu alles zu tun, um seine Botschaft zu verbreiten. Diese Instruktionen sind nicht dazu gedacht, auf die leichte Schulter genommen zu werden. Eine Überprüfung der päpstlichen Dokumente seit 1979 zeigt, daß Johannes Paul II. dem Jahr 2000 außerordentliche Bedeutung zumißt. Er glaubt, daß die gesamte Geschichte der Kirche in den letzten Jahrzehnten, einschließlich des Zweiten Vatikanischen Konzils, eine Vorbereitung für das »Große Jubiläum« war. Tatsächlich hat er das Thema zu Beginn seines Pontifikats gleich am Anfang seiner ersten Enzyklika erwähnt und ist in regelmäßigen Abständen zu ihm zurückgekehrt. Aber erst in *Tertio Millennio Adveniente* ist das volle Ausmaß seiner Faszination durch das dritte christliche Millennium offenbar geworden. In diesem apostolischen Schreiben stellt er fest, daß »die Vorbereitung auf das Jahr 2000 gleichsam zu einem hermeneutischen Schlüssel meines Pontifikats geworden ist«.[2] Er gibt sich auch einige Mühe zu erklären, warum dieses Datum so wichtig für ihn ist. Jahrestage, so scheint es, sind ein entscheidender Aspekt seines Zeitverständnisses, das ebenso komplex wie feinsinnig ist. Auch am Ende des Dokuments ist freilich das Geheimnis noch nicht vollständig gelüftet. Es bleibt ein Gefühl, daß der Papst mit etwas zurückhält, das sein Verständnis der Geschichte und ihres unvermeidbaren Endes berührt. Aber bevor wir in den Bereich der Spekulation eintreten, ist es der Mühe wert, den Text der Enzyklika genauer zu untersuchen; er ist enthüllend genug.

Was Johannes Paul II. in seinem Brief über das Jahr 2000 zu sagen scheint, ist, daß Jahrestage deshalb wichtig sind, weil die Zeit selbst geheiligt ist. Christus ist der Herr der Zeit, in dem die menschliche Zeit ihre Fülle erreicht hat, wie er sagt: »Denn ›die Fülle der Zeit‹ ist nur die Ewigkeit – ja, *der Ewige,* das heißt Gott. In die ›Fülle der Zeit‹ eintreten heißt, das Ende der Zeit zu erreichen und aus ihren Schranken herauszutreten, um ihre Vollendung in der Ewigkeit Gottes zu finden.«[3] Der Papst erinnert seine Leser daran, daß das Ende der Zeit ein dem christlichen Glauben inhärenter Begriff ist; denn die Zeit, so wie die Menschheit sie beobachtet und mißt, ist ein menschliches Konstrukt und deshalb dazu bestimmt zu vergehen. Es wäre allerdings falsch anzunehmen, daß Johannes Paul II. ihre Bedeutung herunterspielt. Man wird daran erinnert, daß dieser Papst ein Bewunderer des Religionssoziologen Mircea Eliade ist: Er kennt den engen Zusammenhang zwischen allem religiösen Glauben und der Feier der Zeit. Aber für ihn ist dies keine soziologische Feststellung; in seinen Augen sind die Rituale der katholischen Kirche, die dem atavistischen Bedürfnis Rechnung tragen, die geheiligte Zeit zu bezeichnen, ein tiefer Ausdruck des göttlichen Willens. Johannes Paul glaubt, daß es so etwas gibt wie eine »Pflicht, die Zeit zu heiligen«, und daß die Erfüllung dieser Pflicht den Menschen auf geheimnisvolle Weise dem Verständnis Gottes näherbringt. Das Beispiel, das der Papst gibt, ist ein Text, den der Priester in der Vigil der Osterliturgie spricht: »Christus gestern und heute, Anfang und Ende, Alpha und Omega. Sein ist die Zeit und die Ewigkeit. Sein ist die Macht und die Herrlichkeit in alle Ewigkeit.« Während er diese Worte spricht, schreibt er die Zahlen des laufenden Jahres auf die Osterkerze. Obwohl Johannes Paul es nicht so ausdrückt, läuft diese Handlung darauf hinaus, den christlichen Kalender zu heiligen. Nach Johannes Paul betont der Osterritus die Herrschaft Christi über die Zeit: »Er ist ihr Anfang und ihre Erfüllung; jedes Jahr, jeder Tag und jeder Augenblick werden von seiner Menschwerdung und seiner Auferstehung umfangen und befinden sich auf diese Weise in der ›Fülle der Zeit‹. Deshalb lebt auch die Kirche und feiert den Gottesdienst innerhalb des Jahreskreises. *So wird das Sonnenjahr durchdrungen vom liturgischen Jahr* [Kursivschreibung vom Papst], das ... gewissermaßen das Mysterium der Menschwerdung und der Erlösung als Ganzes wiedergibt ...«[4]

Dieser Abschnitt legt nahe, daß für die Katholische Kirche das Durchmessen des Sonnenjahrs ein ebenso heiliger Vorgang ist wie für die Priester im alten Mesopotamien oder die Juden des Pentateuch. In allen alten Kulturen des Mittleren Ostens war die Heiligkeit des Sonnenjahrs die zentrale Tatsache, aus der sich der Glaube an ausgedehnte Zeitzyklen entwickelte. Einer dieser Zyklen, die jüdischen Jubiläumsjahre des Alten Testaments, wird von der Kirche sogar als göttlich inspiriert angesehen. Und so übt die Idee des jüdischen Jubiläums einen starken Einfluß auf die kommende Jahrtausendfeier aus. Obwohl Johannes Paul zugibt, das jüdische Jubiläumsjahr sei »mehr eine Hoffnung als eine Tatsache gewesen«, inspiriert ihn in hohem Maße die Vorstellung eines Gott gewidmeten Zeitabschnitts am Ende eines Zeitzyklus. Im jüdischen Altertum drückte sich diese Hingabe an Gott in Formen aus, die, in die heutige Zeit übertragen, das Potential in sich haben, die menschliche Gesellschaft zu verändern – wenn die Sünden vergeben, die Strafen für diese Sünden erlassen werden und die soziale Gerechtigkeit wiederhergestellt wird. Johannes Paul achtet darauf, die durch seine mittelalterlichen Vorgänger geschaffene Tradition zu beachten, in Jubiläumsjahren entsprechend dem jüdischen Vorbild Ablässe zu gewähren. Er führt nicht aus, wie es ihm wohl möglich gewesen wäre, daß die Konzeption der Jahrhundertenden selbst durch diese päpstliche Tradition erst geschaffen wurde; aber er erkennt an, daß Jubiläumsfeiern den Kalendern, die sie hervorbringen, eine neue Autorität verleihen. Und das bringt ihn auf das Thema des Jahres 2000.

Dem Papst zufolge gibt es gute Gründe, dieses Ereignis als ein Jubiläum zu feiern. Es ist eine Feier des Lebens Jesu, dessen Leben und Wirken wiederum eine jubiläumsähnliche Beziehung zum Alten Testament hat, das ihm vorausgeht. Aber handelt es sich um ein Ereignis, dessen Bedeutung sich auf Christen beschränkt? An dieser Stelle geht *Tertio Millennio Adveniente* brüsk über zwei schwierige Themen hinweg: die Tatsache, daß es so gut wie sicher ist, daß die Zweitausendjahrfeier nicht genau das zweitausendste Jahr nach Christi Geburt ist, und die weitere Tatsache, daß die Relevanz dieses Datums für Nichtchristen zweifelhaft ist. »Das Jahr zweitausend nach Christi Geburt [womit die Frage der genauen Chronologie umgangen wird] ... [stellt] ein außerordentlich großes Jubiläum dar«, so heißt es im Text, »nicht nur für die Christen, sondern in Anbetracht der vorrangigen Rolle, die das Christentum in diesen zwei Jahrtausenden innegehabt hat, indirekt für die ganze Menschheit. Bezeichnenderweise erfolgt die Berechnung des Ablaufes der Jahre nahezu überall vom Zeitpunkt des Kommens Christi in die Welt an, das so zum Mittelpunkt des heute meist gebräuchlichen Kalenders wird. Ist nicht vielleicht auch das ein Zeichen für den unvergleichlichen Beitrag, den die Geburt Jesu von Nazareth zur Universalgeschichte geleistet hat?«[5] Der Eindruck, daß der christliche Anno-Domini-Kalender in sich selbst geheiligt ist, wird einen Absatz später bestätigt, wenn festgestellt wird, daß dieses Jubiläum größer sein wird als jedes andere. »Denn die Kirche respektiert die Zeitmaße: Stunden, Tage, Jahre, Jahrhunderte«, sagt Johannes Paul, ohne einen Unterschied zwischen natürlichen und menschengesetzten Zeiteinheiten zu machen. »Sie geht so mit jedem Menschen im Schritt und macht gleichzeitig einem jeden bewußt, daß jedes dieser Zeitmaße erfüllt ist von der Gegenwart Gottes und seinem Heilswirken.«[6] Man kann hier vielleicht eine Parallele ziehen zu einer Ansicht, die der koreanische Pentekostalistenführer David Yonggi Cho einmal ausgedrückt hat. In den siebziger Jahren, als er noch glaubte, der Antichrist werde in den Neunzigern erscheinen, sagte Cho voraus, das Tier werde einen internationalen Versuch begünstigen, den christlichen Kalender vor dem Jahr 2000 abzuschaffen, damit die Menschheit sich seiner Nähe und seiner spirituellen Bedeutung gar nicht erst bewußt werde. Obwohl Johannes Paul eine so phantastische Idee sicher nie unterstützen würde, ist seine Vorstellung, daß dem Jahr 2000 eine spirituelle Bedeutung innewohnt, die nur ein gläubiger Christ wirklich begreifen kann, eine von den vielen Überzeugungen, die er mit den christlichen Fundamentalistenführern teilt.

Wenn man die Enzyklika mehrfach liest, bekommt die Aussage des Papstes, das Jahr 2000 sei zum Schlüssel für sein Pontifikat geworden, einen merkwürdigen Klang. Er gibt seinen Lesern nicht grade einen Schlüssel, aber er sagt doch, wo er versteckt ist.

Wenigstens ist der Papst ziemlich deutlich, wenn es um seine Hoffnungen für das dritte Jahrtausend geht. Das entscheidende Wort ist, vielleicht überraschend, »Frühling«. Es wird mit Bezug auf das neue Jahrhundert in mehreren Dokumenten gebraucht, einschließlich *Tertio Millennio Adveniente*. Dort spricht Johannes Paul über den »neuen Frühling christlichen Lebens ..., der während des Großen Jubeljahrs offenbar gemacht werden muß, wenn die Christen für das Wirken des Heiligen Geistes empfänglich sind«.[7] Das paßt schlecht zu den düsteren Aussagen über eine spirituelle Krise im Westen und eine Gehorsamskrise innerhalb der Kirche, die ein so hervorstechender Zug seines Pontifikats geworden sind. Man hat gemutmaßt, daß der Optimismus des Papstes sich auf die Kirche der Dritten Welt bezieht, besonders auf die Afrikas, er hoffe, diese werde dem kranken Westen mit Massen kirchentreuer Missionare zu Hilfe kommen. Aber das ist zu eng gesehen: päpstliche Äußerungen der letzten Zeit, einschließlich eines Buches, in dem Johannes Paul seine persönlichen theologischen Reflexionen unter dem Titel »Die Schwelle der Hoffnung überschreiten« (1994) veröffentlichte, halten an der Möglichkeit einer weltweiten spirituellen Erneuerung fest. Diese Erneuerung ist nicht durch die Geographie beschränkt, und sie ist auch nicht bloß reaktionär in ihrem Charakter, wie man vielleicht meinen könnte. Ungeachtet seiner häufigen Jeremiaden über die Verderbtheit der modernen Welt hat Johannes Paul die Aufmerksamkeit auf »Anzeichen der Hoffnung« gelenkt, die, wie er sagt, weder ausreichend gewürdigt noch ausreichend verstanden werden. Zu ihnen gehören: der technische Fortschritt, ein neues Gefühl der Verantwortlichkeit für die Umwelt, der Wunsch, das Gleichgewicht zwischen Nord und Süd wiederherzustellen, die zunehmende Bedeutung der Laien innerhalb der Kirche und der Dialog mit anderen Religionen.[8] Für seine liberalen Kritiker ist es eigenartig, daß Papst Johannes Paul II. positiv über Entwicklungen spricht, mit denen man ihn nie besonders in Verbindung gebracht hat, und von denen man zum Teil sogar annahm, daß er ihnen negativ gegenübersteht. Andererseits können sie ihm sein größtes Hoffnungszeichen kaum übelnehmen, den Zusammenbruch des Kommunismus, bei dem, wie er sagt, »das Handeln Gottes in der Geschichte unseres Jahrhunderts nahezu sichtbar geworden ist«. Das Wort »nahezu« ist sehr charakteristisch für Johannes Paul. Indem er über das Ende des kommunistischen Systems als über etwas spricht, in dem die Hand Gottes fast offenbar geworden ist, führt er ein apokalyptisches Element in seinen Diskurs ein – in dem Sinn, daß Apokalypse die Enthüllung von etwas ist, das verborgen war – und hält gleichzeitig Distanz dazu. Und das gilt im wesentlichen für alle seine Zeichen der Hoffnung, deren Bezug zu der wunderbaren Frühlingszeit er bewußt dunkel läßt. Man bekommt den Eindruck, daß diese Zeichen zwar nicht zwangsläufig zu der Frühlingszeit führen, vielleicht aber doch, wenn die Menschheit die richtigen moralischen Entscheidungen trifft, und wenn es eine ausreichende Ausgießung des Heiligen Geistes gibt. Ist das fromme Hoffnung oder Prophetie?

Die Frage ist wichtig, denn Papst Johannes Paul erweckt häufig den Eindruck, daß er mehr weiß, als er sagt. Das Anwachsen des Materialismus und des Heidentums, das er in der modernen Welt wahrnimmt, scheint seinen Zeichen der Hoffnung zu widersprechen. Aber es macht mehr Sinn, beide, die beunruhigenden und die Hoffnung weckenden Tendenzen als einander feindliche Kräfte zu sehen, die an Einfluß gewinnen, während die Zeit fortschreitet, oder, wie Johannes Paul es ausdrücken würde, während wir uns dem dritten Millennium nähern. Kurz bevor er Papst wurde, erklärte Kardinal Karol Wojtyla in Krakau: »Wir befinden uns in der größten Konfrontation der Geschichte, der größten, welche die Menschheit je zu bestehen hatte. Wir sehen uns dem Endkampf zwischen der Kirche und der Antikirche, dem Evangelium und dem Anti-Evangelium gegenüber.«[9] Wir können sicher sein, daß dies mehr ist als eine Anspielung auf die Auseinandersetzung zwischen Marxismus und Katholizismus. Es ist eine apokalyptische Aussage über den Verlauf der Menschheitsgeschichte. Sie ist allerdings schwer zu interpretieren, denn zu keinem Zeitpunkt seines Pontifikats hat Johannes Paul gesagt, wie diese Konfrontation ausgehen und wann sie enden wird, oder was er meint, wenn er von Endkampf spricht. Die schwer faßbare Vision eines Weltfrühlings gibt uns zumindest einen Hinweis. Wenn er Gestalt annimmt, so dürfen wir annehmen, dann haben die Streitkräfte Christi die Schlacht zwischen Evangelium und Anti-Evangelium gewonnen. Aber wenn der Endkampf vorüber oder doch wenigstens zu einem zeitweiligen Stillstand gekommen ist, bedeutet dies, daß die Menschheitsgeschichte an ihr Ende gekommen ist und Christus demnächst wiederkehrt? Es gibt keine einfache Antwort auf diese Fragen; wir müssen nach weiteren Anhaltspunkten suchen. Glücklicherweise sind sie nicht schwer zu finden. In »Die Schwelle der Hoffnung überschreiten« springt ein solcher Hinweis uns geradezu aus dem Text entgegen. Es handelt sich um die Annahme des Papstes, der Anschlag auf sein Leben im Jahr 1981, als auf dem Petersplatz in Rom auf ihn geschossen wurde, habe etwas mit einer Episode zu tun, die damals mehr als sechzig Jahre zurücklag: den Erscheinungen der Jungfrau Maria im portugiesischen Fatima. Dort sah im Oktober 1917, wie berichtet wird, eine Menge von 50 000 Menschen die Sonne »tanzen« und sich wie ein Feuerrad um sich selbst drehen, während die unsichtbare Gottesmutter zu drei Kindern sprach.

Inmitten einer Erörterung über den Zusammenbruch des Kommunismus fragt der Papst in seinem Buch: »Und was ist über die drei Kinder aus Fatima zu sagen, die unerwartet und kurz vor dem Ausbruch der Oktoberrevolution, [von Maria] hörten: ›Rußland wird sich bekehren‹ und ›Am Ende wird mein Herz triumphieren‹? ... Sie konnten derartige Aussagen unmöglich erfunden haben ... Und doch ist genau das eingetreten, was sie angekündigt hatten. Vielleicht ist der Papst auch aus diesem Grund ›aus einem fernen Land‹ gerufen worden, vielleicht hat das Attentat auf dem Petersplatz gerade am

13. Mai 1981 stattfinden müssen, dem Jahrestag der ersten Erscheinung in Fatima – damit die Stimme Gottes, die in der Menschengeschichte in ›Zeichen der Zeit‹ spricht, einfacher zu hören und zu verstehen wäre.«[10]

Nicht zum ersten Mal fragt man sich, ob der Papst seine Leser absichtlich zum Narren hält, denn sein Anspielungen auf Fatima sind alles andere als transparent und verständlich. Gegen Ende des Buches kehrt er zu diesem Thema zurück, als handle es sich um etwas, das ihm nicht aus dem Sinn geht. Der Papst zitiert die letzten Worte des polnischen Kardinals August Hlond: »Der Sieg, wenn er kommt, wird durch Maria kommen.« Johannes Paul fügt hinzu, daß er nach seiner Wahl zum Papst zu einer ähnlichen Überzeugung gelangt sei, obwohl er damals über die Prophezeiungen von Fatima wenig wußte. »Als ich von der Kugel des Attentäters getroffen wurde, beachtete ich zunächst nicht, daß sich gerade an diesem Tag das Ereignis jährte, da Maria den drei Kindern aus Fatima in Portugal erschienen war und die Worte zu ihnen gesprochen hatte, die nun, am Ende dieses Jahrhunderts, in Erfüllung zu gehen scheinen.«[11]

Die meisten Rezensenten spielten diesen Abschnitt herunter, indem sie darauf hinwiesen, daß die Marienverehrung Johannes Pauls II. wohl bekannt und bei einem traditionellen polnischen Katholiken auch nicht besonders ungewöhnlich sei. Es schien vollkommen zu ihm zu passen, daß er wiederholt über Fatima sprach. Was aber die abergläubische Bedeutung anlange, die er der Tatsache beimesse, daß der Anschlag auf sein Leben am Jahrestag der Marienerscheinung stattgefunden hatte – nun, das war verzeihlich, wenn auch ein bißchen peinlich. Und damit gingen sie zum Rest des Buches über, das viele anregende Reflexionen über die Existenz Gottes und die Würde des Menschen enthält, verfaßt in einer scharfsinnigen und luziden Sprache. Aber die Kritiker haben vielleicht, indem sie die Hinweise auf Fatima übergingen, den eigentlichen Sinn dieses Buches verfehlt. Der Papst selbst hat gesagt, das Jahr 2000 liefere den Schlüssel zu seinem Pontifikat, das in jedem Fall eines der bemerkenswertesten der Kirchengeschichte ist, und sein Verständnis des Großen Jubiläums ist keineswegs transparent oder eindimensional. Es gehört zu einem Gesamtverständnis der Geschichte, das er nirgends in seiner Gänze enthüllt. Aber indem er auf die Prophezeiungen von Fatima hinweist, dürfte er einiges verraten haben.

Es ist unmöglich, Johannes Paul II. zu verstehen, ohne die Marienerscheinungen richtig zu würdigen . Wir sprechen hier nicht über einen stagnierenden und überholten Kult. Obwohl man niemals auf diese Idee kommen würde, wenn man die intellektuell anspruchsvolleren kaholischen Zeitungen und Zeitschriften liest: Es glauben mehr Katholiken als je zuvor ernsthaft an die Prophezeiungen der Jungfrau Maria, wie sie in Berichten über Marienerscheinungen überall in der Welt enthüllt werden. Dieser Glaube hat sich über Jahrzehnte entfaltet und immer mehr an Bedeutung gewonnen; mit dem Pontifikat Johannes Pauls II. und mit dem Näherrücken des neuen Jahrtausends ist er von den Rändern des Spektrums immer mehr ins Zentrum von Macht und Einfluß innerhalb der Kirche gerückt. Keine Studie über das Jahr 2000 kann es sich leisten, diese Entwicklung zu übersehen. Es lohnt sich, sie etwas genauer anzusehen, ehe wir zur geheimnisumwitterten Zukunftsvision des Papstes zurückkehren.

Die Titelschlagzeile der marianischen Zeitung *Queen of Peace* (Königin des Friedens) im Frühjahr 1995 lautet: »Zeiten der Erfüllung«. »Die Zeit ist gekommen«, hebt die Titelstory an. »Nach Tausenden von Jahren, in denen sich der göttliche Heilsplan entfaltet hat, wird Gott nun, nach den Offenbarungen der Allerseligsten Jungfrau Maria, die Welt in neue Zeiten führen. Durch eine Reihe von menschlichen, natürlichen und übernatürlichen Ereignissen könnte die lang erwartete ›Ära des Friedens‹, wie sie in Fatima 1917 vorhergesagt wurde, nun anheben. Nach den Aussagen zahlreicher Visionäre wird die Menschheit in den Jahren vor dem dritten

Millennium erleben, wie sich die Welt auf unglaubliche Weise umgestaltet ... Diese neue Ära wird die größte Evangelisationsphase einleiten, die je in Angriff genommen wurde. Ja, nach den Botschaften der Gottesmutter wird Gott entschieden handeln und alle Zweifel an seiner Existenz selbst in den Köpfen der meisten Atheisten beseitigen ... Die Worte der Jungfrau weisen darauf hin: das Angesicht der Erde wird umgestaltet werden. Wie die alten Städte Sodom oder Gomorrha werden einige Völker sogar ganz verschwinden. Anderen, wie Rußland, ist versprochen, daß sie in neuem Glanz erblühen werden. Friede wird herrschen und die Kirche wird regieren, das Böse wird gelähmt sein und wie eine alte Quelle vertrocknen und fast vom Angesicht der Erde verschwinden«.[12]

Das ist eine Vision, die an Millenarismus grenzt. Und doch stammt sie von Mitgliedern einer Kirche, die den Millenarismus immer verurteilt hat. Das *Pittsburgh Center for Peace*, das die Zeitung herausgegeben hat, wird von rechtgläubigen, wenn auch sehr traditionalistischen Katholiken herausgegeben. Sie sind an den Katechismus der katholischen Kirche gebunden, dessen Überarbeitung von 1994 den Millenarismus mit dem Satan selbst in Verbindung bringt. »Die Täuschung durch den Antichrist beginnt schon dann jedesmal Gestalt anzunehmen, wenn der Anspruch erhoben wird, innerhalb der Geschichte die messianische Hoffnung zu verwirklichen, die nur jenseits der Geschichte durch das eschatologische Gericht verwirklicht werden kann«, heißt es dort. Wie können dann loyale Katholiken ihre Hoffnungen auf etwas richten, das auf eine Aufhebung der Naturgesetze innerhalb der Geschichte hinausläuft, das heißt, vor der Wiederkunft Christi? Die joachitische Idee eines Goldenen Zeitalters innerhalb der Geschichte hatte in der spämittelalterlichen Tradition große Bedeutung, wurde aber von der Kirche niemals anerkannt und hat seit Jahrhunderten geruht. Außerdem haben traditionalistische Katholiken seit Jahrzehnten behauptet, daß die moderne Welt eine stetige Zunahme des Bösen erlebt. In der gleichen Ausgabe von *Queen of Peace* steht zu lesen, daß die

Gesellschaft »moralisch Amok läuft. Es gibt sexuellen Mißbrauch von Kindern. Es gibt zahllose Vergewaltigungen. Es gibt Kinder, die Kinder töten. Allein in den letzten drei Jahrzehnten haben sich Gewaltverbrechen um 500 Prozent vermehrt, und Selbstmorde bei Jugendlichen haben sich verdreifacht.« Der Kontrast zwischen diesem Alptraum und dem Gefühl, eine neue Welt stehe vor der Tür, ist natürlich typisch für apokalyptischen Glauben. Trotzdem scheint es seltsam, daß solche massiv apokalyptischen Überzeugungen von einer Kirche geduldet und sogar ermutigt werden, die seit den Tagen des heiligen Augustinus antiapokalyptisch gewesen ist.

Die Erklärung dafür ist, daß die Marienverehrung in der ganzen Geschichte der katholischen Kirche ein Weg gewesen ist, über den apokalyptischen Überzeugungen sozusagen durch die Hintertür Einlaß gefunden haben. Das soll den Marienkult in der katholischen Kirche nicht herabsetzen; die Kirche hat ihn seit dem dritten Jahrhundert offiziell anerkannt und ermutigt. Aber in einem gewissen Sinn hat sie ihn niemals völlig unter Kontrolle gehabt. Die Verehrung Marias in ihren vielen Erscheinungsformen – Königin des Himmels, Schmerzensmutter, Unbefleckt Empfangene – bleibt bis zum heutigen Tag tief in der Volksfrömmigkeit verwurzelt. Obwohl Maria in den Evangelien und den ältesten Liturgien der Kirche eine ziemlich bedeutende Rolle spielt, hängt der Marienkult stark von Traditionen und Glaubensinhalten ab, die nicht von den kirchlichen Autoritäten den Gläubigen auferlegt worden sind, sondern umgekehrt. Der Rosenkranz ist ein Beispiel, ein weiteres ist das Phänomen der Marienerscheinungen, die so fromme Inbrunst erzeugt haben, daß die Kirchenbehörden (oft nach anfänglichem Zögern) gezwungen waren, sie für »glaubwürdig« zu erklären. Man sollte unterscheiden zwischen Marienvisionen, die es in der gesamten Geschichte des Christentums gegeben hat, und den eigentlichen Marienerscheinungen: Bei diesen glaubt man, Maria sei in einer Weise physisch gegenwärtig, daß mehrere Auserwählte gleichzeitig sie sehen können. Es handelt sich um ein Phänomen von außerordentlicher Macht. Die Lehre der Kirche in bezug auf Maria unterläuft selbst schon menschliches Zeitverständnis: Maria ist eine Frau, die nicht gestorben ist, sondern leiblich in den Himmel aufgenommen worden ist. Marienerscheinungen bestätigen diese zeitlose Qualität. Sie ermöglichen es Maria, über der menschlichen Geschichte zu schweben und sich beliebig in ihre jeweilige Gegenwart hinein- und wieder hinauszubegeben.

Obwohl Marienerscheinungen auch vor dem sechzehnten Jahrhundert nicht unbekannt waren, gehören sie im wesentlichen zum nachreformatorischen Katholizismus. Sie spielten eine entscheidende Rolle in der Entwicklung einer sentimentalen, aber zählebigen volkstümlichen Spiritualität, von der die Kirche bis zum Zweiten Vatikanischen Konzil durchdrungen war. Seit dem neunzehnten Jahrhundert haben Marienerscheinungen eine besonders wirkungsmächtige Form angenommen: In den Visionen von Kindern drücken sich die religiösen und politischen Aspirationen großer Gemeinschaften aus. In Frankreich in La Salette und Lourdes, dann im portugiesischen Fatima vertraute Maria Botschaften von großer Dringlichkeit für die ganze Menschheit Bauernkindern an. Wenn man einer bestimmten Interpretation folgt, gibt es hier kein großes Geheimnis: Es handelt sich um das »Weiße-Dame-Syndrom«. Eine weißgekleidete Frau, nicht notwendigerweise Maria, denn das Phänomen ist nicht auf die christliche Welt beschränkt, erscheint Mädchen zu dem Zeitpunkt, wo sie beginnen, sich ihrer Weiblichkeit bewußt zu werden. Der kanadische Sozialwissenschaftler Michael Carrol hat Hunderte von Marienerscheinungen per Computer analysiert und ein beeindruckendes Muster herausgefunden. Typischerweise erscheint Maria einem Mädchen in der Pubertät, und die begünstigte Seherin »verständigt sich oft mit ihrer örtlichen Gemeinschaft, bevor sie die Identität der Jungfrau Maria bekanntgibt«. Noch bemerkenswerter ist, daß die Seherin oft ihre Mutter oder eine Mutterfigur in den letzten acht Wochen vor der Erscheinung verloren hat, außerdem pflegt die Jungfrau Geheimnisse mitzuteilen und Warnungen vor einem Verhängnis auszusprechen, für den Fall, daß man sich nicht an bestimmte religiöse Formeln halten werde.«[13] Oft haben diese Erscheinungen eine stark politische Dimension. Sie haben eine Tendenz, in Gesellschaften aufzutauchen, wo der Katholizismus bedroht ist, oder wo er zum Vehikel nationaler Aspirationen geworden ist, wie in der heutigen Ukraine oder im ehemaligen Jugoslawien. Das ist nicht überraschend. In einem katholischen Land kann man sich kaum einen wirksameren Auftrieb für das Selbstbewußtsein einer lokalen oder nationalen Gemeinschaft vorstellen als den Glauben, sie sei von der Mutter Gottes besucht worden. Ein solcher Besuch ist ein einzigartiges Zeichen für Gottes Gunst und ist oft von Berichten über Wunderheilungen begleitet.

Die Tatsache, daß derartige Erscheinungen oft in Situationen von Verfolgung oder nationaler Unruhe auftreten, hilft vielleicht, den apokalyptischen Tonfall der Botschaften Marias zu erklären. Wir haben schon festgestellt, daß Stress, individuell oder kollektiv, ein wichtiger Faktor für das Gedeihen von Endzeitglauben sein kann, und unzweifelhaft sind die Botschaften der Gottesmutter in Dutzenden von Erscheinungen und Visionen mit dem nahenden Ende der Geschichte verknüpft. Sie sind nicht krude millenaristisch in dem Sinn, daß sie für die Besserung der Menschen genaue Termine setzen; in diesem Punkt überschreiten sie nicht das Maß, das die Kirche für apokalyptischen Glauben gesetzt hat. Aber man kann schwer die Schlußfolgerung vermeiden, daß die Marienerscheinungen diese Grenzen stillschweigend verschoben haben, gerade so wie sie die Wirkung hatten, zum Glauben an die quasi-göttlichen Kräfte Marias, wie er den Katholiken gestattet ist, noch einiges hinzuzufügen.

Obwohl die Tausende von Mitteilungen der Muttergottes seit den vierziger Jahren des neunzehnten Jahrhunderts bis zum heutigen Tag in vieler Hinsicht voneinander abweichen, kann man eine Kernbotschaft ausmachen: Die Menschheit muß sofort ihre Sünden bereuen und ihre Liebe zu Maria und ihrem Sohn zeigen, indem sie den Rosenkranz betet. Nur so kann die Katastrophe – Krieg, die Ausbreitung des Kommunismus, der Abfall der Kirche von Gott – durch die Fürbitte Marias abgewendet oder abgemildert werden. Das ist das Wesen der Botschaft. Aber es gibt auch einen apokalyptischen Subtext in den meisten Botschaften, der nahelegt, die Welt sei dazu bestimmt – wie auch immer die Menschheit auf Marias Appelle reagieren mag – eine Zeit großer Prüfung zu erleben, in der die Macht des Satans wie nie zuvor entfesselt sein wird. Das Endergebnis dieses Kampfes zwischen Gut und Böse steht nicht in Frage; kein rechtgläubiger Christ kann glauben, daß der Satan am Ende triumphieren wird. Aber allein schon die Dringlichkeit der Botschaften Marias macht deutlich, daß die Menschheit in ihren letzten Tagen lebt. Sie gehen selten so weit, eindeutige Prophezeiungen zu machen; aber zumeist in diesem Jahrhundert haben die Marienbotschaften ein Schlimmstfall-Szenarium angedeutet, in dem die Menschheit den Appell Marias zurückweist und die Katastrophe folgt, in Gestalt eines weltweiten Triumphs des Kommunismus oder, nach 1945, eines Atomkrieges. Eine Botschaft von 1973 an Schwester Agnes Katsuko im japanischen Akita ist typisch für viele. »Wenn die Menschen nicht bereuen«, sagt die Gottesmutter, »dann wird Gottvater eine Strafe verhängen, die größer ist als die Sintflut ... Feuer wird vom Himmel fallen und einen großen Teil der Menschheit auslöschen und dabei weder Priester noch Gläubige verschonen. Die Überlebenden werden so verzweifelt sein, daß sie die Toten beneiden werden.«[14] Die Erscheinungen in Akita sind zwar nicht offiziell anerkannt worden; aber ihre düsteren Warnungen schienen die pessimistische Deutung der Botschaften von Fatima zu bestätigen, der nach wie vor berühmtesten Reihe von Marienerscheinungen in diesem Jahrhundert.

Die Worte der Jungfrau in Fatima sind rätselhaft. In einer der wichtigsten Botschaften, die am 13. Juli 1917 übermittelt worden sein soll, sagt Maria: Wenn die Menschen ihre Bitten hörten, werde »Rußland sich bekehren und Frieden herrschen. Wenn nicht, dann wird es seine Irrtümer in der ganzen Welt verbreiten und Kriege und Verfolgung der Kirche hervorrufen; die Guten werden den Märtyrertod sterben, der Heilige Vater wird viel zu leiden haben, verschiedene Nationen werden vernichtet werden. Am Ende wird mein unbeflecktes Herz triumphieren ... und eine gewisse Zeit des Friedens wird der Welt gewährt werden.« Johannes Paul II. findet es bemerkenswert, daß diese Botschaft dem Aufstieg des internationalen Kommunismus vorausging. Skeptiker weisen darauf hin, daß dieser Teil der Botschaft erst viele Jahre nach 1917 von der überlebenden Seherin Lucia dos Santos veröffentlicht wurde (zur Zeit der Abfassung dieses Buches lebt sie immer noch). Der bemerkenswerteste Punkt ist aber, daß viele Jahre lang die Kommentatoren das Friedensversprechen der Gottesmutter nicht so wichtig nahmen, so alarmiert waren sie durch die Erfüllung der Prophezeiungen über die Verbreitung der russischen Irrtümer. Wenn diese sich erfüllt haben, so argumentierten sie, dann würden auch die Voraussagen über Verfolgung und über die Vernichtung ganzer Völker wahr werden. Ihre Befürchtungen wurden verstärkt durch die Existenz einer unveröffentlichten Botschaft Marias, die als das »Dritte Geheimnis von Fatima« bekannt ist. Lucia vertraute sie dem Vatikan in einem versiegelten Umschlag an mit der Instruktion, diesen nicht vor 1950 zu öffnen. Bis heute liegt er in einer verschlossenen Schublade. Die Päpste Johannes XXIII., Paul VI. und Johannes Paul II. haben die Botschaft gelesen, und alle haben beschlossen, sie nicht zu veröffentlichen. Für viele Traditionalisten war dies ein Hinweis darauf, daß ihr Inhalt zu schrecklich für eine Enthüllung sei, vielleicht, weil sie ein nukleares Armageddon voraussage, und einige denken dies immer noch. In seinem 1993 veröffentlichten Buch *The Dancing Sun* schließt der katholische Schriftsteller Desmond Seward einen elegant geschriebenen und leicht skeptischen Bericht über eine Pilgerreise zu Stätten der Marienverehrung mit dem beunruhigenden Satz: »Ich bin ganz sicher, daß die tanzende Sonne eine Weltkatastrophe bedeutet, eine Warnung, die sicher durch das Dritte Geheimnis bestätigt werden wird.«[15]

Ein so düsterer Pessimismus ist allerdings in marianischen Kreisen immer seltener zu hören. Obwohl der Vatikan es immer noch ablehnt, das Dritte Geheimnis zu enthüllen, mit der Begründung, man laufe Gefahr, daß »aus Prophetie Sensationsmache werde«, hat es kürzlich Spekulationen darüber gegeben, daß es in ihm nicht um Massenvernichtung gehe, sondern um Apostasie innerhalb der katholischen Hierarchie. In diesem Fall wäre es allerdings nicht verwunderlich, daß es hinter Schloß und Riegel bleibt. Jedenfalls hat die Angst vor globalen Katastrophen unleugbar abgenommen. An ihre Stelle ist jenes Gefühl von Erregung getreten, das der Textauszug aus *Queen of Peace* vermittelt. Die Aussicht auf die Auslöschung ganzer Völker wird immer noch ernst genommen, und immer noch gibt es die stillschweigende Voraussetzung, es werde erst einmal schlimmer kommen, ehe es besser werde; aber das fragile Gleichgewicht zwischen Furcht und Hoffnung hat sich definitiv zugunsten der letzteren verschoben. Zahllose Botschaften, die in den neunziger Jahren übermittelt wurden, sprechen von einer nahenden Ära des Friedens oder der göttlichen Gnade. Diese Tonartwechsel beschränkt sich auch keineswegs auf Marienerscheinungen. Der italienische Priester Stefano Gobbi, der seit den siebziger Jahren Dutzende von Botschaften Marias durch eine »innere Stimme« vernommen hat, behauptet, sie habe ihm 1990 gesagt, man könne ein zweites Pfingsten erwarten. Es werde »kommen wie ein Strom von Gnade und Barmherzigkeit, der die Kirche reinigen wird und sie arm und keusch machen wird, demütig und stark, ohne Flecken und Runzeln.«[16]

Der wichtigste Faktor, der zu diesem neuen Optimismus beigetragen hat, ist ohne Zweifel der Zusammenbruch des Kommunismus während der Jahre 1989 bis 1991, den Traditionalisten dem Eingreifen der Jungfrau Maria zuschreiben. Hatte sie nicht versprochen, Rußland werde sich bekehren? Wir sollten uns daran erinnern, daß traditionalistische Katholiken, einschließlich des Papstes, der russischen Orthodoxie wohlwollend gegenüberstehen, die sie als einen schismatischen Zweig der wahren Kirche ansehen; und die Seherin von Fatima, Lucia dos Santos, hatte gesagt, die versprochene Bekehrung werde die Form einer Rückkehr zum alten Glauben annehmen. Rußland muß sich also nicht notwendigerweise zur römisch-katholischen Kirche bekehren, damit die Prophezeiung von Fatima sich erfüllt. Weiterhin behaupten Marienbegeisterte oft, der Fall des Sowjetblocks sei von Maria in Botschaften der achtziger Jahre vorhergesagt worden. Das ist eine ziemlich zweifelhafte Behauptung, denn zu keinem Zeitpunkt hat die Gottesmutter eine drastische Veränderung in der weltpolitischen Ordnung prophezeit. Aber wir sollten die Kontinuität in den marianischen Verlautbarungen seit den achtziger Jahren und den heutigen nicht aus den Augen lassen. Obwohl der Optimismus der Botschaften nach 1989 deutlicher wahrnehmbar wird, kann man Spuren davon weiter zurückverfolgen. Und was noch wichtiger ist: das stetige Ansteigen der Zahl von Marienerscheinungen, die aus der ganzen Welt berichtet wurden, begann einige Jahre vor 1989. Einer der Gründe für den Glauben, es gebe einen Zusammenhang zwischen Maria und dem Zusammenbruch des Kommunismus ist die Tatsache, daß dieser zu einem Zeitpunkt stattfand, als Erscheinungen der Gottesmutter und verwandte Phänomene, wie weinende und blutende Marienstatuen, gehäuft auftraten.

Ein weitverbreitete, wenn auch skeptische Ansicht ist die, daß diese Sichtwunder auf die Erregung zurückgehen, die durch eine einzige Serie von Erscheinungen hervorgerufen worden ist: die von Medjugorje im früheren Jugoslawien, die im Juni 1981 begannen und für deren Ende es bisher kein Anzeichen gibt. Medjugorje folgt dem Muster der klassischen Marienerscheinungen von Lourdes und Fatima darin, daß Maria zuerst Bauernkindern erschien, in diesem Fall sechs von ihnen im Alter zwischen zehn und sechzehn Jahren. Sie wurde von ihnen als eine junge Frau von wunderbarer Schönheit beschrieben, in Grau gekleidet und von einem blendenden Glanz umgeben. Wenige Tage nach den ersten Erscheinungen versammelten sich 5000 Menschen auf dem Berg, wo die Jungfrau zu den Kindern gesprochen hatte, um zu beten. In den folgenden zehn Jahren pilgerten zehn Millionen Menschen dorthin. Angehörige der höheren Geistlichkeit einschließlich hochrangiger Kardinäle haben sich zugunsten der Echtheit der Erscheinungen ausgesprochen, deren einfache und anrührende Botschaften hauptsächlich die Rückkehr zum Gebet wünschen. Weniger apokalyptisch in ihrer Tendenz als die von Fatima, halten sie sich weitgehend von kontroversen Themen fern, wie sie in so vielen zeitgenössischen Marienbotschaften auftauchen. Anders etwa als die Botschaften, die eine amerikanische Hausfrau aus Conyers in Georgia erhielt, beschäftigen sie sich nicht mit der Abtreibung. (Der Muttergottes von Conyers zufolge, die blutige Tränen weint, »[wird] das Blut der Abtreibungen auf die Menschheit fallen!«[17]) Trotz des politischen Aufruhrs in dieser Region appellieren sie auch nicht an nationalistische oder konfessionelle Emotionen. Dies stellt einen starken Kontrast etwa zu den Erscheinungen in Chrushaw in der Ukraine dar, wo nach Berichten Ende der achtziger Jahre eine halbe Million Menschen die Gottesmutter in den Lüften schweben sahen und viele von ihnen hörten, daß sie ihnen einen unabhängigen Staat versprach. Trotzdem ist Medjugorje umstritten. Die Erscheinungen sind eng mit dem örtlichen Franziskanerorden verbunden, der mit der Kirchenhierarchie nicht die besten Beziehungen unterhält. Der frühere Bischof der zuständigen Diözese zog heftig gegen die Erscheinungen zu Felde, und sie sind auch von den Bischöfen des früheren Jugoslawien nicht anerkannt worden. Papst Johannes Paul hat eine Kommission eingesetzt, um die Angelegenheit zu untersuchen, und sich im übrigen aus der Kontroverse herausgehalten. Aber man glaubt, daß seine persönlichen Sympathien auf der Seite der Seher und ihrer Unterstützer liegen.

Wenn das weltweite Anschwellen marianischer Botschaften mit Medjugorje entstand, sind dann die weiteren Berichte über Marienerscheinungen nur Nachahmerphänomene? Diese Erklärung scheint zu einfach. Sie mag für einige Fälle richtig sein – es gab 1995 Berichte, daß eine weitere Gruppe von Kindern in der Herzegowina die Gottesmutter gesehen hatte – aber sie berücksichtigt die Komplexität der Situation nicht. Seit 1990 sind neue Marienerscheinungen aus Syrien, dem Irak, dem Libanon und aus Indien berichtet worden. Man sollte sie in den Zusammenhang der weltweiten Zunahme religiöser Erscheinungen einordnen: Protestanten sehen Jesus und Engel, Hindus ihre eigenen Götter und so weiter. Gemeinsam aber ist ihnen vielfach die Vorstellung, daß die Welt einer Zeit der Prüfung entgegensieht, nach der sie »gereinigt« sein wird. Besonders jene Katholiken, die daran glauben, daß Maria nie dagewesene Naturkatastrophen prophezeit, die dem Heraufdämmern der Ära des Friedens vorausgehen, skizzieren damit eine Abfolge von Ereignissen, deren Grundstruktur der ähnelt, die kalifornische Propheten als »Erdumwälzungen« bezeichnen. Der marianische Autor Dr. Thomas Petrisko behauptet in seinem 1995 erschienenen Buch *Call of the Ages* (Der Ruf der Zeiten), daß seit 1989 »Fluten, Feuersbrünste, Hurrikane, Erdbeben, schwere Regenfälle, Dürrezeiten und Schneestürme die Nationen überall auf der Erde in einem beispiellosen Maß heimsuchen« und daß es einen »weltweiten Aufruhr in der Natur wie unter den Menschen« gibt.[18] Aber Petrisko glaubt auch, daß Maria die Welt zu einer Ära des Friedens führt, die sich um das Jahr 2000 verwirklichen wird. Das Ende des Jahrtausends dient ihm als Fixpunkt für seine Vorhersagen, ebenso wie für die Propheten des New Age, die Naturkatastrophen, einschließlich des Verschwindens ganzer Küstenstriche der USA, als ein Vorspiel zum Himmel auf Erden ansehen.

Das Jahr 2000, daran besteht wenig Zweifel, zieht einige Katholiken mehr oder weniger in die gleiche Richtung wie andere Anhänger der Apokalypse, einschließlich der New Age-Bewegung und der Evangelikalen. In ihrem Buch *The*

*Visions of the Children* (Die Visionen der Kinder) borgt sich Janice Connell, eine Expertin für die Erscheinungen von Medjugorje, eine Betrachtungsweise fundamentalistischer Christen aus, wenn sie auf die Symmetrie der 2000 Jahre zwischen den ersten Propheten und Jesus einerseits und die 2000 Jahre zwischen Jesus und dem Ende des gegenwärtigen Jahrhunderts hinweist. Das ist, wie sie sagt, »eine interessante Zeitsequenz, die von Bedeutung sein könnte.«[19] Aber die Erregung in marianischen Zirkeln beim Herannahen des Jahres 2000 ist nicht nur Ausdruck einer allgemeinen apokalyptischen Disposition. Sie enthält auch Elemente, die aus der spezifischen Tradition der römisch-katholischen Kirche stammen. Ein Beispiel: Im Dezember 1983 hatte die Seherin Mirjana Dragicevic-Soldo eine Erscheinung des Satans. Sie befahl ihm zu verschwinden, und er verschwand. Daraufhin erschien die Jungfrau Maria mit einer ganz ungewöhnlich zugespitzten Botschaft. »Entschuldige mich für das, was jetzt geschehen ist«, sagte sie, »aber du mußt wissen, daß Satan existiert. Eines Tages fand er sich an Gottes Thron ein und bat um die Erlaubnis, die Kirche für eine gewisse Zeit auf die Probe zu stellen. Gott erlaubte ihm das für ein Jahrhundert. Dieses Jahrhundert steht unter der Macht des Teufels, aber wenn die Geheimnisse, die ich euch anvertraut habe, erfüllt worden sind, wird seine Macht zerstört werden. Schon jetzt hat er begonnen, an Macht zu verlieren, und er ist aggressiv geworden; er zerstört Ehen, er bringt Priester gegeneinander auf, er bewirkt Besessenheit und Mord.«[20]

Wir brauchen uns hier nicht mit den Geheimnissen von Medjugorje zu beschäftigen, die bisher nicht vollständig enthüllt worden sind und unter den Gläubigen einige Verwirrung hervorgerufen haben. Es ist auch nicht nötig, die Quelle von Mirjanas Vision zu diskutieren, denn die Gültigkeit religiöser Erscheinungen ist ihrer Natur nach eher eine Sache von Meinung und Interpretation als von empirischen Urteilen. Was wichtig ist, ist nicht so sehr die Natur der Erscheinung oder Vision – ob es sich um Halluzination, Traum oder echte

Offenbarung handelt – sondern der Inhalt der Botschaft. Und in diesem Fall ist der entscheidende Punkt, daß Mirjana irgendwie mit einer Idee in Berührung gekommen ist, die im katholischen Denken seit Jahrzehnten präsent ist, oft unterschwellig. Einfach ausgedrückt besagt sie, das zwanzigste Jahrhundert stehe unter der Macht des Teufels, und mit seinem Ablauf werde sich dieser Einfluß erheblich verringern. Obwohl die genaue Herkunft dieser Idee nicht bekannt ist, kann man sie bis zum Anfang dieses Jahrhunderts zurückverfolgen, als im Vatikan die Geschichte zu zirkulieren begann, Papst Leo XIII. habe wie Mirjana Anfang der neunziger Jahre des letzten Jahrhunderts eine Teufelsvision gehabt. Nach dem konservativen kaholischen Theologen Ralph Martin »ist die Geschichte über verschiedene Vertraute des Papstes auf uns gekommen, vor allem Kardinäle, die ihm nahestanden. Obwohl es Differenzen in den Details gibt, sind die Hauptlinien klar. Als Leo XIII. gegen Ende des neunzehnten Jahrhunderts eine liturgische Handlung vornahm, hielt er plötzlich inne und sah vollkommen starr aus. Später erzählte er engen Mitarbeitern, was geschehen war. Es war ihm von Gott erlaubt worden, eine Unterhaltung zwischen Gott und dem Satan mit anzuhören ... Satan erklärte, er könne die Kirche zerstören, wenn er nur genug Zeit und Macht habe. Gott gab dem Satan Erlaubnis, sich den größten Teil des zwanzigsten Jahrhunderts als eine Zeit zu nehmen, in der er die Kirche prüfen und versuchen dürfe, aber nach dieser Zeit werde seine Macht erneut begrenzt werden.«[21]

Die Vision eines diabolischen zwanzigsten Jahrhunderts ist tief apokalyptisch. Der Gedanke, daß den Mächten des Bösen eine begrenzte Zeit eingeräumt wird, die Erde unsicher zu machen, und daß danach die Ordnung wieder hergestellt sein wird, findet sich bereits in der Religion Zarathustras, die nach der Meinung einer zunehmenden Anzahl von Gelehrten das prächtigste apokalyptische Glaubenssystem ist. Im Christentum ist sein dauerhaftester Ausdruck die Vorstellung von der Herrschaft des Antichrist. Der Katholizismus ist an diesem Punkt vergleichsweise vage; er hat sich niemals verpflichtet gefühlt, eine Ereignisabfolge zu skizzieren, die in jeder Einzelheit den biblischen Prophezeiungen gerecht wird. Im Spätmittelalter glaubten viele Männer der Kirche, die Niederlage des Antichrist – eines bösen Fürsten oder Gegenpapstes – werde den Beginn einer langen Periode irdischen Friedens einleiten, die nicht unbedingt das Millennium war. Der neue Katechismus der katholischen Kirche stellt fest, daß vor der Wiederkunft »die Kirche eine letzte Prüfung durchmachen muß, die den Glauben vieler erschüttern wird. Die Verfolgung, die ihre Pilgerschaft auf Erden begleitet, wird das ›Mysterium der Bosheit‹ enthüllen: Ein religiöser Lügenwahn bringt den Menschen um den Preis ihres Abfalls von der Wahrheit eine Scheinlösung ihrer Probleme. Der schlimmste religiöse Betrug ist der des Antichrist, das heißt eines falschen Messianismus, worin der Mensch sich selbst verherrlicht, statt Gott und seinen im Fleisch gekommenen Messias.«[22] Der Katechismus fährt fort mit der Erklärung, der Millenarismus selbst könne eine Manifestation des Antichrist sein, einer Vorstellung, die er offenbar nicht als eine konkrete Person erscheinen lassen möchte. Aber trotz dieser ziemlich vorsichtigen Annäherung an das Endzeitdrama vertritt er das Konzept einer Zeit der Drangsal vor der Wiederkunft, und indem er den Feind eher mit einer abstrakten Täuschung identifiziert als mit einem Individuum, läßt er die Möglichkeit offen, daß sehr wohl Kommunismus und Materialismus der Antichrist sein können, und daß vielleicht dieses unruhige Jahrhundert die Zeit der Prüfung darstellt. Solch eine Schlußfolgerung würde die Gläubigen nicht verpflichten, an ein unmittelbar bevorstehendes Weltende zu glauben, da die Katholiken die Hinweise des Buches der Offenbarung auf eine siebenjährige Herrschaft des Antichrist nicht wörtlich nehmen.

Trotz ihrer antiapokalyptischen Geschichte läßt die katholische Kirche in ihrem neuen Katechismus Raum für den Glauben, daß die Kirche gerade heute durch die prophezeite Zeit der Drangsale geht, was stillschweigend mit einschließt, daß sie in jene nicht sehr klar definierte Periode eintritt, die man die Letzten Tage nennt. Die Vorstellung eines diabolischen zwanzigsten Jahrhunderts ist mit diesem Glauben vollkommen vereinbar; sie hilft überdies, den gegenwärtigen Optimismus der Marienbotschaften zu erklären. Seit Mirjana aus Medjugorje die Niederlage des Satans für das Jahrhundertende vorhersagte, haben viele andere Stimmen dieses Thema aufgenommen. 1984 teilte Maria Pater Gobbi mit, daß ihr Kampf mit dem Teufel »noch das ganze Jahrhundert über andauern werde, gegen die vermessene Herausforderung Gottes durch meinen Feind«. In Oliveto Citra in Italien erklärte die Jungfrau, die letzte Stunde des Satans »habe vor einem Jahrhundert zu schlagen begonnen«. Am ausführlichsten von allen ist der anonyme Visionär von Cold Spring, Kentucky. Laut Thomas Petrisko erklärte ihm Maria 1993: »Durch die Gnade des Vaters darf ich bei euch sein in dieser Zeit der Großen Drangsal auf Erden. Die Drangsal ist da seit Beginn dieses Jahrhunderts, als die hundertjährige Herrschaft des Satans begann, und steigert sich zum Ende des Jahrhunderts. So wie ich in Fatima zu euch kam, so komme ich weiter zu euch, und mit den gleichen Botschaften.«[23]

Es gibt gute Gründe anzunehmen, daß Papst Johannes Paul II. ähnlich denkt. Meint er das, wenn er sagt, das Jahr 2000 sei der Schlüssel zu seinem Pontifikat? Seine Überzeugung, daß die Prophezeiungen von Fatima im Begriff sind, sich zu erfüllen, und seine Vision einer Frühlingszeit, die durch das Große Jubiläum offenbar werden wird, passen so gut in das Szenarium eines vom Teufel beherrschten Jahrhunderts, das wiederum von einer Ära des Friedens abgelöst wird, daß man sich dieses Eindrucks nicht erwehren kann.

Aber es ist nicht leicht, die innersten Gedanken eines Papstes zu erraten, besonders wenn das Thema so sensibel ist. Die Gefahr, daß aus »Prophetie Sensationsmache wird« ist so groß, daß selbst dann, wenn einem Papst eine private Offenbarung über das Ende der Geschichte zuteil würde, er sich mit

Sicherheit verpflichtet fühlen würde, den Mund darüber zu halten. Es gibt tatsächlich einen gut geschriebenen Reißer von Morris West mit dem Titel *Die Gaukler Gottes,* in denen ein fiktiver Papst eben solch eine Offenbarung erhält. Der neugewählte Papst Gregor XVII. sitzt eines Morgens im Garten des Klosters Monte Cassino und schaut von seinem Buch auf. Da wird er plötzlich »von einem feurigen Wirbelwind emporgetragen, außerhalb jeder menschlichen Dimension geschleudert ins Zentrum eines riesigen, unerträglichen Lichts. Das Licht war eine Stimme und die Stimme war ein Licht, und es war so, als würde ich von ihren Botschaften durchtränkt. Ich war am Ende von allem, am Beginn von allem; dem Omega-Punkt der Zeit, dem Alpha-Punkt der Ewigkeit ... In einem Augenblick tiefen Schmerzes verstand ich, daß ich dieses Ereignis verkünden mußte, die Welt darauf vorbereiten mußte. Ich war berufen zu verkünden, daß die Letzten Tage vor der Tür standen und die Menschheit sich auf die Parousía, die Wiederkunft des Herrn Jesus vorbereiten solle«.[24] Aber bevor er das tun kann, zwingen ihn die entsetzten Kardinäle abzudanken.

Niemand behauptet, Johannes Paul II. habe eine so blendende Offenbarung gehabt, obwohl einige seiner Kritiker sich den apokalyptischen Ton einiger seiner Äußerungen zur Zielscheibe genommen haben. (In dem komischen Roman *Pope Patrick* von Peter de Rosa wird er in den letzten Stadien des Verfalls porträtiert: »mit kalkweißem Gesicht, tränenüberströmt murmelte er: Apokalypse, Apokalypse«.) Für die ihm nicht wohlgesonnenen liberalen Kritiker ist dieser Zug im Denken Johannes Pauls etwas, das man nicht ernst nehmen kann; er gehört einfach zu der langen Liste querköpfiger Ansichten, die man, ein bißchen von oben herab, seiner polnischen Herkunft zuschreibt. Aber das ist in zweifacher Hinsicht ungerecht.

Einmal wird dabei übersehen, was man die eingebaute apokalyptische Haltung des Heiligen Stuhls nennen könnte; sie hat schon auf viele seiner Inhaber abgefärbt. Man sollte sich daran erinnern, daß sich im Spätmittelalter das volkstümliche Verständnis des Endzeitdramas oft um die Gestalt des *Pastor Angelicus* (»Engelgleicher Hirte«) drehte, der über eine letzte, ruhmvolle Ära der Kirche herrschen sollte. Bis heute überlebt dieser Mythos in Form der Prophezeiungen des heiligen Malachias, einer Liste von 112 Päpsten, die nur mit einem Motto identifiziert werden. Diese Liste erstreckt sich von 1143 bis zum »zweiten Petrus«, dem Papst am Ende der Zeit. Obwohl Malachias zugeschrieben, der von 1132 bis 1148 Bischof von Armagh war, ist das Dokument seit langem als Fälschung aus dem sechzehnten Jahrhundert entlarvt. Das hat seiner Popularität aber nicht geschadet, und diese Popularität hat zugenommen, weil die Liste auf das Ende des zwanzigsten oder den Beginn des einundzwanzigsten Jahrhunderts als Zeit des letzten Papstes deutet. Nach der heute gängigen Interpretation der Liste wird es nach Johannes Paul II. nur mehr zwei Päpste geben. Es versteht sich, daß kein Mitglied der Kirchenhierarchie, geschweige denn der Papst, auch nur das geringste Interesse an den Prophezeiungen des Malachias zeigt. Aber die Liste verstärkt die Neigung, das Papsttum mit dem Ende der Geschichte in Verbindung zu bringen, eine Neigung, gegen die vielleicht nicht einmal der Papst immun ist. Leo XIII. war nicht der einzige neuere Papst, der eine schreckliche Zukunftsvision hatte. Auch Pius X. hatte eine; während einer Audienz mit dem Generalkapitel der Franziskaner im Jahre 1909 verfiel er in Trance. Nach einem Bericht erwachte er aus der Trance mit einem Blick voller Entsetzen. »Was ich gesehen habe, war schrecklich«, sagte er. »Der Papst wird Rom verlassen, und indem er den Vatikan verläßt, muß er über die Leichen seiner Priester hinwegschreiten.«[25] Vielleicht ist es der einzigartige Status des päpstlichen Amtes, der seine Inhaber für Visionen des Endes empfänglich macht. Wenn ein Mann glaubt, er sei Gottes Stellvertreter auf Erden, ist es dann überraschend, daß Gott ihm eine solche Botschaft anvertraut?

Die apokalyptischen Züge bei Johannes Paul II. kann man

jedoch nicht allein als einen Ausfluß seines Amtes ansehen, ebensowenig wie als Eigentümlichkeit seiner Person. Sie spiegeln, wie wir gesehen haben, einen millenaren Glauben an ein kommendes goldenes Zeitalter wieder, den man zunehmend dort findet, wo traditionalistische Katholiken am prophetischen Zeugnis der Jungfrau Maria festhalten. Aber wie wichtig ist dieser Glaube im Rahmen der Gesamtkirche? Seit dem Zweiten Vatikanischen Konzil ist die Art von Gläubigen, die jeden Tag den Rosenkranz betet und nach Fatima blickt, nicht grade für den Katholizismus typisch. In Westeuropa und in den USA ist der vollentwickelte Marienkult auf eine Minderheit von älteren Gemeindemitgliedern beschränkt oder auf isolierte Widerstandsnester, die sich gegen die liturgische Reform stemmen. Wenn man es so betrachtet, ist es kaum von Bedeutung, ob eine Gruppe von Katholiken, die zu einer altmodischen Subkultur gehört, nun auf einer Woge apokalyptischer Erregung hinweggeschwemmt wird oder nicht. Es verändert die Situation nicht einmal sehr, wenn der Papst ihre Ansichten teilt, denn es liegt nicht in seiner Macht, den Trend zur Säkularisierung und Liberalisierung in der kaholischen Welt umzukehren. Es gibt keine neueren Zahlen, ob aus dem vom Papst geliebten Afrika oder anderswoher, die irgendwie nahelegen, das Nachlassen des Kirchenbesuchs und damit des traditionellen Glaubens sei auf den degenerierten Westen beschränkt. Trotz der ständigen Zunahme der Geburtenrate bei nominellen Katholiken gibt es keine Anzeichen für eine katholische Erneuerung, die man mit der erstaunlichen Zunahme der konservativen Pfingstbewegung auf allen Kontinenten vergleichen könnte.

Allerdings wäre es ein Fehler anzunehmen, der Glaube an das Bevorstehen einer solchen Erneuerung, herbeigeführt durch wunderbare Fürbitte wie durch menschliche Anstrengung, sei auf eine ultrakonservative marianische Bewegung und die einsame Gestalt Papst Johannes Pauls II. beschränkt. Es gibt in der ganzen Welt sehr viele konservative Katholiken, die zwar nicht besonders an Marienerscheinungen interessiert sind, sich aber langsam und vielleicht unbewußt auf ein semiapokalyptisches Verständnis der Zukunft ihrer Kirche hin bewegen. Die Vision des Papstes von einer »großen Frühlingszeit für die Christenheit« hat die Moral jener gemäßigt konservativen Katholiken gehoben, die Kritiker, aber nicht Gegner des Zweiten Vatikanums sind. Für sie ist Johannes Paul tatsächlich so etwas wie der »engelgleiche Hirte«, der gefährliche Liberale von ihren Amtssitzen und theologischen Lehrstühlen vertreibt und die Zukunft der Kirche sichert, indem er treue Katholiken fördert. Es ist sicher so, daß die treuesten Unterstützer des Papstes sich in eine Schlacht gegen die Mächte des Irrtums verwickelt fühlen, und auch, daß sie Licht am Ende des Tunnels sehen. Um Ralph Martin zu zitieren, einen strenggläubigen katholischen Charismatiker, dessen Buch *The Catholic Church at the End of an Age* (Die katholische Kirche am Ende eines Zeitalters) vom Prediger des päpstlichen Haushalts empfohlen worden ist: »Während wir uns dem Ende unseres Jahrhunderts nähern, scheint es, daß die Dunkelheit dunkler wird, und doch strahlt das Licht heller.«[26]

Wir können nicht sicher sagen, daß Johannes Paul II. glaubt, die Geschichte nähere sich ihrem Höhepunkt und Ende. Selbst wenn das seine Ansicht ist, handelt es sich nicht um etwas, das er einem flüchtigen Beobachter zugänglich zu machen wünschte; es könnte sich nur dem Blick des Glaubens erschließen. Aber wenn er eine solche Überzeugung hegte, so würde das ein neues Licht auf viele Aspekte seines Papsttums werfen: sein ungeduldiges Drängen, endlich die kommunistischen Diktaturen Europas zu beseitigen; seine Intoleranz gegenüber abweichenden Meinungen, die nach seiner Ansicht die Kirche in der Stunde der Prüfung schwächen könnten; und natürlich seinen oft geäußerter Wunsch, lange genug zu leben, um das Große Jubiläum einläuten zu können.

9

# Ein neues Zeitalter

Während das Ende des zweiten christlichen Millenniums naht, steht die Menschheit am Rande einer erstaunlichen Transformation, für die alle menschliche Erfahrung bis jetzt wenig mehr als eine Vorbereitung gewesen ist. Jeder historische Zyklus, der dem Menschen bekannt ist, tritt in eine neue Phase ein oder steht kurz davor, zu einem plötzlichen Stillstand zu kommen. Wir leben im Todeskampf des *Kali Yuga,* einer Periode von 6480 Jahren, von der die Hindus glauben, daß sie das letzte und degenerierteste Stadium eines immer wiederkehrenden Zyklus ist, in dem die Menschheit langsam vom Licht zur Dunkelheit absteigt. Wir sind auch im abendlichen Zwielicht des Zeitalters, das die Griechen das eiserne nannten; ein neues goldenes Zeitalter winkt. Der Kalender der alten Mayas, der geheimnisvollsten Kultur des präkolumbianischen Amerika, geht zu Ende; er reicht Millionen von Jahren in die Vergangenheit zurück und wird am 22. Dezember 2012 plötzlich zu Ende sein. Das Zeitalter der Fische, das den gewalttätigen Charakter der Geschichte für zweitausend Jahre bestimmt hat, wird nach dem Jahr 2000 planmäßig dem Zeitalter des Wassermanns weichen, einem Jahrtausend der Weisheit und des Lichts. Aber in diesem Prozeß wird die Erde möglicherweise so schreckliche Katastrophen erleben, daß das Überleben der Menschheit keineswegs gesichert ist. Die warnenden Zeichen sind schon da für alle, die Augen haben zu sehen: Wirbelstürme, Erdbeben und Vulkanausbrüche in einem nie dagewesenen Maße, und weit schlimmere werden folgen. Gaia, der lebende Organismus Erde, könnte dabei sein, sich für die Unbill zu rächen, die ihm zugefügt worden ist. Die von Menschen verursachten Katastrophen wie Umweltverschmutzung und Überbevölkerung weisen auf die Erfüllung alter Prophezeiungen über die Vernichtung der Menschheit hin. Plagen wie Drogen, Pornographie und Glücksspiel bedrohen die Grundlagen der Zivilisation; biblische Prophezeiungen über den Fall von Babylon haben eine neue und schreckliche Bedeutung gewonnen. Vielleicht nähern wir uns sogar der Herrschaft des Antichrist, während wir auf das Jahr 1999 zusteuern – eine Zahl, die, rückwärts gelesen und auf den Kopf gestellt, sowohl die des Tiers als auch die des göttlichen All-Einen ist. Doch es ist nicht alles verloren. Die Elohim, eine Gattung von extraterrestrischen Wesen, die für das Entstehen der ersten menschlichen Zivilisation auf der Erde verantwortlich sind, der Kultur von Atlantis, werden möglicherweise die Menschheit retten, so wie sie Noah und seine Familie gerettet haben, als Atlantis durch die Flut vernichtet wurde. Wenn die Menschheit auf die Warnungen ihrer Wissenschaftler und Propheten hört, wird die kommende Apokalypse eine reinigende Erfahrung sein, die zur Entwicklung einer höheren Gattung führt. Männer und Frauen werden zu etwas aufsteigen, das »Vierte Vibrationsebene« heißt. Es wird sich durch eine neues spirituelles Verständnis auszeichnen: der *homo sapiens* wird zum *homo spiritualis*. Die biblischen Prophezeiungen von einem neuen Himmel und einer neuen Erde werden sich erfüllen – aber nur, wenn die Menschheit die richtigen Entscheidungen trifft. Und jetzt, während das kosmische Drama sich zuspitzt und die Zeit selbst sich beschleunigt, ist die Zeit zu entscheiden ...[1]

Was Sie gelesen haben, ist weder eine Parodie auf die Glaubensvorstellungen des *New Age* noch eine Mixtur der exotischsten Stellen aus verschiedenen Texten. Es ist die Zusammenfassung eines einzigen Szenariums, das in den frühen Neunzigern der Modeschöpfer und New-Age-Guru Paco Rabanne in einem Buch entworfen hat, dessen Titel *Has the Countdown Begun?* lautet. Es ist zugegebenermaßen selten, eine Theorie zu finden, die sich gleichzeitig aus so vielen schillernden esoterischen Traditionen speist. Aber Rabanne ist nicht untypisch für dieses mysteriöse Phänomen, das *New*

*Age* heißt. Im Gegenteil, er stellt nur ihre wichtigsten Züge in ungewöhnlich konzentrierter Form aus. Er ist schamlos eklektisch und entlehnt wahllos Elemente des christlichen Fundamentalismus, der östlichen Religionen, des Okkulten und der volkstümlichen Wissenschaft. Er ist natürlich auch Selbstdarsteller und Unternehmer, und man ist versucht, sein Buch als das literarische Äquivalent jener in Kettenhemden gekleideten Amazonen anzusehen, mit denen er zuerst die Welt der Haute Couture schockierte. Aber das hieße, die Kraft seiner Ideen zu unterschätzen.

Die neunziger Jahre sind ein Jahrzehnt, in dem es nur so wimmelt von populären Theorien, die Science Fiction, naturwissenschaftliche Theorie und religiöse Mystik miteinander verquirlen. Die meisten von ihnen scheinen stark beeinflußt vom Nahen des Jahres 2000, obwohl sie oft nicht einmal erklären können, was an diesem Jahr so bedeutsam ist. Aber davon läßt sich das Publikum nicht abschrecken; es kauft Bücher über Prophezeiungen und das Paranormale in ständig steigenden Zahlen. Jeder Titel, in dem der Name des französischen Sehers Nostradamus aus dem 16. Jahrhundert vorkommt, geht anscheinend weg wie warme Semmeln; und ebenso geht es mit allem, was ein außerirdisches Raumschiff auf dem Schutzumschlag hat.

Die Fernsehserie *The X-Files* (Akte X), in der die amerikanische Regierung versucht, eine Ufo-Invasion zu vertuschen, war einer der Überraschungserfolge der neunziger Jahre. Dieser Trend ist nicht nur ein kommerzielles Phänomen; in den USA wie in Europa steht dem Hunger nach Büchern und Filmen über esoterische Themen ein kräftiger Anstieg an Berichten gegenüber, in denen Menschen darüber Auskunft geben, was sie im Zustand des Beinahe-Todes erlebten oder erzählen, wie sie von außerirdischen Lebewesen entführt wurden. Wenn man gewissen Quellen glauben darf, sind Hunderttausende von Menschen für kurze Zeit von außerirdischen Besuchern in eine andere Dimension gezaubert worden und beginnen gerade damit, sich auf der Couch ihres Therapeuten an ihre Erlebnisse zu erinnern. Und irgendwie hängt das alles zusammen mit radikal neuen Sichtweisen, was die Lebewesen auf dieser Erde und den menschlichen Körper betrifft, und einer unerwarteten Konjunktur von CDs, auf denen Mönche psalmodieren und Indianer singen.

Es ist allerdings nicht leicht, die Puzzleteile zusammenzusetzen. Im wesentlichen heben wir es mit dem Vordringen des *New Age* ins Bewußtsein der Allgemeinheit zu tun, paradoxerweise zu einem Zeitpunkt, an dem die Bewegung dieses Namens weniger klar definiert erscheint als in den achtziger Jahren. Denn was genau ist New Age? Diese Frage stellt sich um so dringlicher, als mehr und mehr Menschen Geschmack am Bizarren und Übernatürlichen finden.

Obwohl die meisten Menschen schon einmal etwas über New Age gehört haben, wissen sie im allgemeinen nicht genau, wofür dieser Ausdruck steht. Selbst akademische Untersuchungen über das Thema klagen über die Schwierigkeit, zu einer klaren Begriffsbestimmung zu kommen; sie beschreiben New Age als einen »nebulösen« und »glitschigen« Begriff, der eine verwirrende Vielfalt von Aktivitäten und Glaubensinhalten umfaßt. Der Ausdruck geht auf die späten sechziger Jahre zurück, als er unter amerikanischen Gruppen auftauchte, die versuchten, östliche Weisheit mit dem Okkulten zu verbinden. Diese Gruppen wiederum gingen aus bestimmten esoterischen religiösen Bewegungen des neunzehnten Jahrhunderts hervor; bis heute spiegelt die soziale Zusammensetzung der New-Age-Bewegung, die fast ausschließlich Weiße aus der Mittelklasse umfaßt, ihre Herkunft aus Neuengland wider, der Heimstatt der meisten spiritualistischen und theosophischen Gruppen in den USA.

Die Theosophie, ein Versuch des neunzehnten Jahrhunderts, durch den Westimport indischer Lehren wie der von der Reinkarnation die Weltharmonie zu schaffen, hat ihre Fingerabdrücke überall im New Age hinterlassen. Sie löste die modische Welle des Interesses für östliche Gurus in den sechziger Jahren aus. Der unmittelbare Anlaß für diesen Enthusiasmus war allerdings sehr viel prosaischer: Die US-Regierung hob ihr Einreiseverbot für Immigranten aus Asien auf. Das soll nicht heißen, alle New-Age-Anhänger seien Ex-Hippies, die ihren Sommer der Liebe damit verbracht haben, Joints zu drehen und verzaubert dem Kichern des Maharishi zu lauschen. Aber man kann wohl sagen, daß der Kern der Bewegung aus der Mittelklasse und aus der Generation der Baby Boomers kommt. Obwohl nur eine Minderheit dieser Leute in Wohngemeinschaften lebt – die meisten von ihnen haben normale Jobs im Bildungswesen, in der Datenverarbeitung, im Dienstleistungssektor oder im öffentlichen Dienst – haben viele von ihnen irgendwann einmal mit »alternativen« Lebensformen experimentiert. Nicht wenige haben sich vom Linksradikalismus zu esoterischen und spirituellen Glaubensvorstellungen hin entwickelt, oft weil sie von der Linken enttäuscht waren.

Der Religionssoziologe Robert Ellwood hat das New Age als »zeitgenössischen Ausdruck einer alternativen westlichen Spiritualität« bezeichnet, »die wenigstens bis zur griechisch-römischen Welt zurückreicht«. Sie »strömt wie ein unterirdischer Fluß durch die christlichen Jahrhunderte und kommt immer wieder zum Vorschein, wie in der okkultistischen Rosenkreuzer-Aufklärung der Renaissance, in der Freimaurerei des achtzehnten Jahrhunderts, im Spiritualismus und in der Theosophie des neunzehnten Jahrhunderts.«[2] Das Wesen dieser Tradition, sagt Ellwood, ist die neuplatonische Vorstellung eines hierarchisch strukturierten Universums, das von einem geheimnisvollen Absoluten gesetzmäßig regiert wird. Es ist ein Universum, in dem Geist und Materie vollkommen miteinander verwoben sind und in dem das Menschliche und das Kosmische durch ein ganzes Spektrum von Kräften und vermittelnden Instanzen verbunden sind; die Palette reicht von der Astrologie über *ley lines*[3] bis zu aus UFOs entstiegenen »Geistbrüdern« und in überirdische Sphären entrückten Meistern.

So jedenfalls erscheint New Age einem freundlich gesinnten Wissenschaftler. Man muß allerdings sagen, daß die Bewegung dieser feinsinnigen Beschreibung selten gerecht wird. Wenn man die Herzensergießungen einer wiedergeborenen ägyptischen Prinzessin liest, die sich eine kalifornische Hausfrau als Medium ausgesucht hat, dann denkt man nicht unbedingt an eine neuplatonische intellektuelle Tradition. In der Praxis ist die Suche nach einem gemeinsamen Nenner für die Glaubensinhalte des New Age oft entmutigend und wenig aussichtsreich; entmutigend, weil sie nie für längere Zeit die gleichen bleiben, und wenig aussichtsreich, weil es sinnlos erscheint, Glaubensvorstellungen zu analysieren, die so beliebig angenommen und wieder aufgegeben werden. Die etwas unscharfe öffentliche Wahrnehmung des New Age als einer Mixtur aus Kristallen, Astrologie, geheimnisvollen Kreisen in Getreidefeldern und Shirley MacLaine ist nicht so weit von der Wahrheit entfernt; statt einer geschlossenen Doktrin bietet die Bewegung eine Arena, in der Ideen, die offenbar miteinander nichts zu tun haben, sich auf eine oft beklemmende Art aneinander reiben. Die Parameter der Bewegung kann man nur angeben, indem man sich das Material in einem New-Age-Buchladen ansieht; die Buchbestände wechseln ständig, so wie eine Mode die andere ersetzt. Selbst wohlwollende Beobachter stellen so etwas fest wie eine Duft-des-Monats-Mentalität: So hat zum Beispiel die Leidenschaft für »*Channelling*« (als »Kanal« für Botschaften dienen) und für Kristalle kürzlich einer Obsession für die Weisheit der »amerikanischen Ureinwohner« Platz gemacht.

Aber es gibt tatsächlich einen gemeinsamen Nenner. Um es einfach auszudrücken: New Age ist apokalyptisch: es glaubt an eine Endzeit. Diese Tatsache liegt nicht immer offen zutage, weil die Bewegung sich im allgemeinen auf den Prozeß der persönlichen, individuellen Veränderung konzentriert. Aber die Teile fügen sich zusammen, und es geht um nichts weniger als die Rettung des gesamten Planeten. Die meisten New-Age-Anhänger haben irgendwann in ihrem Leben eine Art von persönlicher Verwandlung erfahren und glauben, wenn nur genügend Menschen ihrem Beispiel folgen, dann werde sich das Angesicht der ganzen Erde verwandeln. Zwar gibt es keinen Konsens darüber, wie diese Verwandlung kommen wird oder wie die Welt danach aussehen wird; vage Ausdrücke wie »Bewußtseinsveränderung« verschleiern eher die verschiedenen Vorstellungen, die man sich von der Mechanik der Veränderung macht. Dazu können Strahlen psychischer Energie, Erdkatastrophen, wiedergeborene Meister, außerirdische Lebewesen, oder, wie das Beispiel Paco Rabanne zeigt, all das zusammengehören. Der entscheidende Punkt aber ist, daß diese neue Welt, was immer sie zusammenhält oder wie lange auch immer sie dauern soll, den Gipfelpunkt der menschlichen Geschichte darstellt. Es ist hier wichtig, zwischen dem zu unterscheiden, was New Age zu sein beansprucht, und was es wirklich ist. Bei den seltenen Gelegenheiten, wo New-Age-Anhänger ihre geistige Herkunft diskutieren, betonen sie gerne den zeitlosen Charakter der Glaubensinhalte, die sie aus dem Okkultismus und aus den Kulturen Indiens, Chinas und des präkolumbianischen Amerika geerbt haben. Man kann aber durchaus dahingehend argumentieren, daß diese Entlehnungen (die im allgemeinen sorgfältig für den westlichen Geschmack zurechtfrisiert sind) keine wirkliche Bedeutung für New Age haben. Seine eigentliche Inspiration ist der Glaube an das Werden einer vollkommenen neuen Welt nach einer Zeit der Prüfung – mit anderen Worten: die klassische Apokalyptik. Dieser Glaube kann eine millenaristische Form annehmen, so daß mit der Verwirklichung des neuen Himmels und der neuen Erde jederzeit gerechnet werden muß. In diesem Fall sind die Anhänger von dieser Erwartung so überwältigt, daß sie alle gesellschaftlichen und rechtlichen Normen ablehnen. Aber es gibt, wie wir gesehen haben, viele weniger radikale, wenngleich immer noch wirkungsmächtige Formen der Apokalyptik, in der soziale Konventionen zwar respektiert werden, die Erleuchteten aber trotzdem im Schatten – oder in der Hoffnung – des Endes dieser Welt leben.

Die Glaubensüberzeugungen des New Age stellen normalerweise eher die sanfte Spielart der Apokalyptik dar, insofern, als die mit ihnen verbundenen Zukunftsvisionen, mit einigen Ausnahmen, keine Szenen schierer Grausamkeit enthalten; es gibt keine immerwährende Strafe für die »Unerlösten«. Trotzdem sind alle charakteristischen Züge apokalyptischen Denkens vorhanden. Es gibt eine obsessive Beschäftigung mit Prophetie in ihren verschiedensten Formen und das dazugehörige Gefühl, daß eine Krise naht, in der sich die Gegensätze zwischen Gut und Böse noch weiter zuspitzen. Anhänger des New Age neigen dazu, das Kommende als eine Welt zu sehen, die in gewisser Weise jenseits der Geschichte steht, als eine Welt, in der die Menschheit soviel Weisheit erworben haben wird, daß die Kriege und politischen Auseinandersetzungen, die die Geschichte ausmachen, obsolet geworden sind. Weiterhin steht diese Welt für viele unmittelbar vor der Tür; die meisten Adepten der Lehre werden sie noch erleben. Aber bevor sie Wirklichkeit werden kann, wird die Menschheit dramatische Umwälzungen erleben, in denen die alten Gesellschaftsstrukturen zerstört werden. Wie Professor Cohn ausführt, sind, »die meisten *New Agers* ... wohlsituierte Angehörige der Mittelklasse, die schockiert wären bei dem Gedanken, daß sie Ausrottungsphantasien haben. Aber man kann den Gewaltcharakter ihrer Ideen nicht leugnen; sie tragen unverkennbar millenaristische Züge.«[4] Oft ist das Gewalttätige dadurch verhüllt, daß globale Zerstörung eher dem Wirken der Natur – vor allem Erdbeben und Fluten – zugeschrieben wird als einem zornigen Gott oder den Streitkräften der Elohim. Die Wirkung ist allerdings ziemlich dieselbe. Diejenigen, die untergehen, sind vielleicht keine Übeltäter, aber sie tragen gemeinsam die Kollektivschuld einer Gesellschaft, die in vielen Szenarien des New Age als todkrank dargestellt wird. Und was immer die Kriterien für ein Überleben sein mögen, die neue Welt wird von einer Generation bewohnt werden, die wunderbarerweise frei von den Irrtümern der Vergangenheit ist. Mit den Worten des britischen Propheten Benjamin Creme, der regelmäßig die bevorstehende Ankunft einer messianischen Gestalt namens Maitreya ankündigt: »Die Menschen werden rasch die schlimmsten Spaltungen in dieser zerrissenen Welt überwinden; Massenarmut und Hungertod werden verschwinden; alte Wunden werden geheilt werden; vergangenes Unrecht wird vergeben werden. So werden die Menschensöhne ihre Reise in ihre Göttlichkeit antreten.«[5]

Das apokalyptische Gedankengut des New Age zeigt sich häufig in der Sorge für die Errettung der Menschheit. Diese Sorge bestimmt häufig die Form, in der eine bestimmte Glaubensvorstellung in die New-Age-Bewegung eingeht. Zum Beispiel: das Phänomen der Ufo-Erlebnisse, das bis in die vierziger Jahre zurückgeht, fand im New Age erst in den achtziger Jahren langsam Anklang, als sich die Berichte über Entführungen durch Außerirdische häuften und diese begannen, Botschaften zu schicken, die eine Katastrophe für den Planeten vorhersagten, falls die Menschen sich nicht ändern würden. Heute gibt es heftige Spannungen zwischen Ufo-Enthusiasten in der New-Age-Bewegung, für die vor allem die Botschaft wichtig ist, nicht aber das Entführungserlebnis mit seinen technischen Details, und orthodoxe »wahre Anhänger«, für die solche Details wie die Technologie des Raumschiffs im Vordergrund stehen. Ebenso kann man zwischen dem traditionellen Spiritualismus von der Spielart »Ist da jemand?« (in der die Toten mit ihren noch lebenden Lieben kommunizieren) und dem »channelling« unterscheiden, in dem die Toten Botschaften von höchster Bedeutung für die Menschheit schicken, oft über einen zeitlichen Abstand von mehreren Jahrhunderten. Und gleichermaßen gibt es eine klare Differenz zwischen der Astrologie als einem Mittel, etwas über seine persönliche Zukunft zu erfahren, und dem Glauben an einen epochalen, weltweiten Übergang vom Zeitalter der Fische (*Pisces*) zu dem des Wassermanns (*Aquarius*). Da wird ein Muster erkennbar. Die gnostischen und okkulten Untergrundströmungen von Robert Ellwood sind im New

Age leicht zu sehen, aber sie sind Teil des Prozesses der apokalyptischen Umgestaltung geworden.

Die Astrologie ist eine der wichtigsten dieser Strömungen. Der bevorstehende Übergang vom Zeitalter der Fische zu dem des Wassermanns ist eine der wenigen astrologischen Vorstellungen, denen astronomische Fakten zugrundeliegen, nämlich die Äquinoktialpräzession. Dieser Ausdruck bezieht sich darauf, daß die Achse, um welche die Erde sich dreht, sehr langsam in Uhrzeigerrichtung kreiselt, und daß es knapp 26 000 Jahre dauert, bis ihre Kreiselbewegung wieder an ihren Ausgangspunkt zurückgekommen ist. Während dieser Zeit scheint die Sonne, wenn man sie jährlich beim Sonnenaufgang zur Tagundnachtgleiche im Frühling beobachtet, durch die zwölf Tierkreiszeichen zu wandern, wobei auf jedes etwa 2100 Jahre kommen. Obwohl diese Methode, astrologische Zeitalter zu messen, vergleichsweise jung ist, stimmt die Konzeption eines rotierenden großen Jahrs mit den ältesten Geschichtsvorstellungen überein, wie etwa mit denen im alten Mesopotamien. Für diese ersten geschichtsorientierten Kulturen war die Bewegung dieses Großen Jahrs zyklisch; ihre Geschichtsvorstellung war daher im wesentlichen statisch. Für die meisten New-Age-Anhänger jedoch ist der Übergang von *Pisces* zu *Aquarius* ein apokalyptisches Ereignis, das ein für allemal stattfindet, ein Ereignis, das deshalb unvorstellbar gewesen wäre vor der Entwicklung eines apokalyptischen Weltbildes im Westen. Denn das Zeitalter des Wassermanns ist das ersehnte vollkommene Zeitalter, an dessen Schwelle freilich schreckliche Katastrophen drohen. Es besteht keine Gefahr, daß die Geschichte sich wiederholt, weil die menschliche Rasse, oder das, was von ihr nach der Katastrophe übrig bleiben wird, sich geändert haben wird.

Wann genau wird der Übergang der Tagundnachtgleichen den Planeten aus den Fischen in den Wassermann befördern? In der Praxis gibt es keine einzige Antwort auf diese Frage: sie ist völlig Ansichtssache. Daraus erklärt sich zum Teil die Beliebtheit des Fisch-Wassermann-Systems. In den meisten Versionen ist es eine »sanfte« Apokalypse, im Gegensatz zu der »harten« und erschreckend raschen Wiederkunft Christi. Bei einem Zyklus von 26 000 Jahren versteht es sich wohl von selbst, daß der Epochenwechsel nicht über Nacht eintritt, und daß es dabei eine nützliche Fehlertoleranz von etwa einem Jahrzehnt geben sollte. Und das System ist flexibel: Da es von dem unaufdringlichsten Mechanismus vorangetrieben wird, den man sich vorstellen kann – der Bewegung des Planeten – kann man es praktisch mit jedem System menschlicher oder übernatürlicher Tätigkeit kombinieren. Es kann benutzt werden, um das Phänomen der UFO-Entführungen zu illustrieren, indem es die Außerirdischen als wohlwollende Beobachter offenbart, die den Menschen lediglich als Führer durch die Geburtswehen einer neuen Epoche dienen möchten. Es kann auch, wenn man rechnerisch ein bißchen flexibel ist, das Erscheinen Christi vor 2000 Jahren und den Niedergang der Kirche am Ende des zweiten Jahrtausends erklären. (Das Zeichen der Urchristen war, wie oft angemerkt wird, ein Fisch – das Zeichen der Pisces.) Es kann auch eine Erklärung für plötzliche »Durchbrüche« in der holistischen Gesundheitsfürsorge bieten, die auf ein aquarisches Millennium der Langlebigkeit, wenn nicht gar der Unsterblichkeit hinweisen. Vor allem kann es benutzt werden, irgendeine plötzliche Umwälzung der natürlichen, gesellschaftlichen oder politischen Ordnung zu erklären. Die amerikanische Seherin Ruth Montgomery, eine frühere politische Journalistin, die erst zu einem gefeierten Medium wurde und dann zu einer Prophetin des New Age, entwirft ein ungewöhnlich düsteres Bild der »Erdveränderungen«, die den Übergang begleiten werden: Erdbeben und Flutwellen werden Kalifornien, England, Holland und Japan verwüsten. Und sie sagt voraus, mit mehr als nur einem Anflug von Schadenfreude, daß viele der unzähligen Todesopfer »im Geist nicht angemessen vorbereitet« gewesen sein werden. Die Überlebenden aber werden zu einer Rasse von Supermännern und Superfrauen. Im Zeitalter des Wassermanns wird ein erweitertes Bewußtsein die Menschheit befähigen, die Gedanken der anderen zu lesen und ein Buch mit einem einzigen Blick zu erfassen. Es wird keine Notwendigkeit mehr für formale Bildung bestehen. Habsucht, Gier und unsaubere Lust werden geschichtliche Vergangenheit sein.[6]

Vielleicht überraschenderweise ist die einflußreichste Interpretation des Übergangs von *Pisces* nach *Aquarius* eine von den wenigen, die diesen als eine bloße Metapher behandeln. Es handelt sich um das Buch *The Aquarian Conspiracy* (Die Wassermann-Konspiration) von Marilyn Ferguson, dessen Erscheinen im Jahr 1980 der rationalen und säkularen Seite des New-Age-Spektrums Ausdruck verlieh. Ferguson, Herausgeberin des *Brain/Mind Bulletin*, einer Zeitschrift für alternative Medizin, sagt in ihrem Buch, obwohl sie von Astrologie nichts verstehe, habe sie sich hingezogen gefühlt zur »symbolischen Macht des um sich greifenden Traums in unserer populären Kultur: daß wir nach einem dunklen, gewalttätigen Zeitalter, dem der Fische, in ein Jahrtausend der Liebe und des Lichts eintreten – mit den Worten des bekannten Lieds *The Age of Aquarius:* die Zeit ›der wahren Befreiung des Geistes‹«.[7] Die Träger dieser Transformation werden Mitglieder eines führerlosen, aber mächtigen *Networks* sein, das mit bestimmten Schlüsselelementen westlichen Denkens gebrochen hat und vielleicht sogar mit der Kontinuität der Geschichte selbst. Dieses Netzwerk, eine Konspiration in dem wörtlichen Sinne von »Zusammen-atmen«, nicht von Verschwörung, sucht Macht nur, um die Macht aufzulösen. Aber seine Ziele lassen sich nicht leicht zusammenfassen. Ferguson ist stark beeinflußt von den Gedanken des unkonventionellen Jesuitenpaters Pierre Teilhard de Chardin (1881 – 1955). Dieser vertrat die Position, daß der menschliche Geist sich weiterentwickelt, und daß sich eines Tages das Bewußtsein seiner eigenen Evolution und seines Entwicklungspotentials zu einer Erleuchtung verdichten werden, die das ganze Menschengeschlecht einbezieht. Er nennt diese Erleuchtung »Omega-

Punkt«. Fergusons Variante dieses Gedankens ist ein »Paradigmenwechsel«, in dem ein etabliertes Verstehensmuster (das Paradigma) zusammenbricht, wenn eine plötzlich gewonnene Erkenntnis langgehegte Überzeugungen erschüttert. Die Parallele, die sie anführt, ist Einsteins spezielle Relativitätstheorie, die das mechanische »Uhrwerkparadigma« der Newtonschen Physik durch ein »Unsicherheitsparadigma« ersetzte, welches das menschliche Verständnis des Universums umkrempelte. Das neue »Wassermann-Paradigma«, so Ferguson, wird als das Ergebnis eines intuitiven Sprungs in einer ganzen Reihe von Wissenschaften erscheinen. In der Medizin wird sich die Aufmerksamkeit von Fragen der Kosten und der Technologie auf die grundlegenden Fragen der Natur der Gesundheit und des Wohlbefindens hin verschieben. Im Erziehungswesen wird es eine Diskussion über die Natur des Lernens selbst einleiten. »Zum ersten Mal in der Geschichte ist die Menschheit auf das Kontrollfeld der Veränderung gestoßen und damit zu einem Verständnis davon gelangt, wie Transformation sich vollzieht. Wir leben in der *Veränderung der Veränderung*, in einer Zeit, in der wir uns bewußt mit der Natur in Übereinstimmung bringen, um uns selbst und unsere zusammenbrechenden Institutionen rasch umzugestalten.«[8]

Aus der Distanz von anderthalb Jahrzehnten gesehen, kann *The Aquarian Conspiracy* auf schmerzhafte und sogar lächerliche Weise naiv wirken. Es gibt wirklich komische Passagen, in denen Ferguson zuversichtlich die Ausrottung des Hungers auf der Welt innerhalb weniger Jahre vorhersagt, nebst der Zerstörung »der alten Götter des Nationalismus und Isolationismus«, die fallen würden »wie die steinernen Gottheiten der Osterinsel«.[9] Zuweilen allerdings ist das Buch wirklich prophetisch. Sein weltweiter Paradigmenwechsel mag ausgeblieben sein, aber seine eingehende Behandlung der Persönlichkeitsentwicklung als Schlüssel für ökonomisches Wachstum weist voraus auf die Übernahme von Schulungstechniken des New Age durch einige der am raschesten wachsenden Industriezweige der achtziger Jahre und mag diese sogar angeregt haben. Die Kapitel über Medizin und Physik führten ebenfalls zu einer ausgedehnten Beziehung zwischen esoterischem Denken und »neuer Wissenschaft«. Fergusons Buch, das muß man sagen, ist faszinierend geschrieben und beleidigt an keiner Stelle die Intelligenz des Lesers. In den achtziger Jahren schien es vielen Lesern so, daß seine Synthese von radikaler Gesellschaftstheorie und aktueller wissenschaftlicher Hypothesenbildung die Bewegung des New Age zu einer der mächtigsten intellektuellen Kräfte des späten zwanzigsten Jahrhunderts machen könnte.

Daß dies nicht geschehen ist, liegt zum Teil an der millenaristischen Unterströmung der New-Age-Bewegung. Sie hat das in *The Aquarian Conspiracy* vorgeschlagene Bündnis zwischen Natur- und Gesellschaftswissenschaften gesprengt. Niemand kann leugnen, daß die neueren Entwicklungen in der Physik unser mechanistisches Weltbild eines von Ursache und Wirkung regierten Universums verändert haben. Aber die angepriesene Interaktion zwischen radikaler Wissenschaft und Erforschung des Übersinnlichen hat auf das Gros der Wissenschaftler wenig Eindruck gemacht; sie wird im allgemeinen als das Reservat von Außenseitern der Wissenschaft angesehen, die praktisch New-Age-Gläubige geworden sind. Auch die Schulungstechniken, die von führenden amerikanischen und britischen Firmen während der achtziger Jahre angewandt wurden, erwiesen sich als nur beschränkt nützlich, aus einem simplen Grund: sie funktionierten letzten Endes nur mit Mitarbeitern, die etwas übernahmen, das auf einen religiösen Glauben hinauslief; und verständlicherweise hatten die meisten von ihnen Probleme damit.

In Wahrheit haben die Glaubensinhalte des New Age selbst in der anscheinend rationalen Form, in der Marilyn Ferguson sie präsentierte, eine unauflösbare spirituelle und übernatürliche Komponente. Der »intuitive Sprung«, der den Paradigmenwechsel hervorrufen soll, ist im Grunde der Sprung in den Glauben an die Fähigkeit des Menschen, physische und psychische Grenzen zu transzendieren, die von der traditionellen Wissenschaft als der menschlichen Gattung inhärent betrachtet werden. *The Aquarian Conspiracy* geht davon aus, daß der vorausgesagte Paradigmenwechsel das menschliche Gehirn in die Lage versetzen wird, neue Funktionen und ein neues Bewußtsein zu entwickeln. Obwohl diese Vorstellung stark an Teilhard de Chardin erinnert, ist sie auch nicht allzuweit von Paco Rabannes Vision des plötzlichen Entstehens eines *homo spiritualis* entfernt. Man sieht es vielleicht nicht sofort, aber das Buch ist nicht so weit weg von jenem Grenzland zwischen religiösem Glauben und Science Fiction, in dem sich die meisten Anhänger des New Age seit nunmehr fast zwei Jahrzehnten häuslich eingerichtet haben. Fergusons Konspirationsmetapher ist nicht von Politologen und Naturwissenschaftlern übernommen worden, sondern von Menschen, die (unter anderem) an Astralprojektion, wiedergeborene Geister, UFOs und die heilenden Kräfte von Kristallen glauben. Diese Menschen sahen klarer als Ferguson, daß der vielgepriesene Paradigmenwechsel ein rein apokalyptisches Konzept ist und als solches ein Gerüst für eine Unzahl von exzentrischen millenaren Szenarien liefert.

Es gab Augenblicke während der achtziger Jahre, in denen es so aussah, als sei eine neue Weltreligion im Entstehen. Obwohl New Age sich so offen definierte, daß nahezu jeder Glaube in ihm Platz finden konnte, begann die daraus resultierende Mixtur einen durchaus eigenen und leicht erkennbaren Duft anzunehmen. Kristalle zum Beispiel gehörten unbedingt dazu. Die Kraft kostbarer Steine ist durch den Okkultismus gepriesen worden, seit es ihn gibt, aber niemals mit solchem Enthusiasmus wie im New Age, das Kristalle benutzte, um an den kosmischen Kräften teilzuhaben, die persönliche Verwandlung ermöglichen. Noch bedeutungsvoller wurde *channelling*, ein Prozeß, in dem ein Medium als Zwischenträger für Geistwesen tätig wird. New Age hat das *channelling* nicht erfunden; im späten neunzehnten Jahrhundert war es angeblich das Mittel, durch das Madame Blavatsky, die Begründerin der Theosophie, die Weisheit von einer Hierarchie von Geist-Meistern empfangen hatte. Trotzdem verfolgte die Kommunikation mit Toten über ein Medium noch in der ersten Hälfte des zwanzigsten Jahrhunderts entweder die Absicht, die Hinterbliebenen zu beruhigen, oder die Existenz eines Lebens nach dem Tod zu beweisen. Von den siebziger Jahren an aber begannen Geist-Medien mit langen und bedeutungsschwangeren Mitteilungen, die neue spirituelle Philosophien für die gesamte Menschheit enthielten. Es gab ungewöhnliche Verbindungen zwischen den Geist-Medien und ihren erwählten Zwischenträgern: Der tote Philosoph William James (Verfasser des Buches *The Varieties of Religious Experience* – [Die Vielfalt religiöser Erfahrung]) sprach zu Jane Roberts, einer Hausfrau, die ruhig irgendwo auf dem Lande im Staat New York lebte; ein Wesen, das sich nicht beim Namen nannte, aber andeutete, es sei der biblische Christus, sprach zu Helen Schucman, einer atheistischen jüdischen Professorin für Psychologie an der Columbia-Universität, die ihre Mitteilungen unter dem Titel *A Course in Miracles* (Ein Kurs in Wundern) herausbrachte; das Buch wurde ein Bestseller.

In den achtziger Jahren schien es fast so, als ob nahezu jeder, der irgend etwas mit New Age zu tun hatte, lange Texte »channelte«, oft mit höchst bizarrem Inhalt. Das Ergebnis war, wie die Amerikanerin Suzanne Riordan bissig kommentierte, »eine verwirrende Kakophonie kosmischer Stimmen, [die] über jeden Aspekt des menschlichen und nichtmenschlichen Lebens schwätzen, schwadronieren und prophezeien und unzählige erfindungsreiche (und oft einander widersprechende) neue Versionen der Geschichte, der Theologie und der Naturwissenschaften anbieten und dazu einen Schwall von ebenso widersprüchlichen (und gleichermaßen unorthodoxen) Kommentaren zu den aktuellen Ereignissen.«[10]

Aber unter den erfolgreicheren und angeseheneren *channels*-Botschaften gab es doch wichtige gemeinsame Themen.

Einige davon bauten ihre Philosophie darauf, daß die Menschheit sich in der Falle der Angst gefangen und deshalb den Kontakt zu ihrer Fähigkeit verloren habe, ihre eigene Wirklichkeit zu erschaffen. Erlösung lag für das New Age darin, Selbsthaß und Selbstverachtung abzuschütteln und sich für die schöpferische Macht des Geistes zu öffnen. Wenn dies geschähe, sagte der Engel-Geist, der durch den Autor Ken Carey sprach, werde die Menschheit »sich wieder daran erinnern, die Lieder zu singen, die nur erweckte menschliche Wesen singen können, Lieder, die Metall aus dem Boden heben, Lieder, die Elemente, Minerale, Materialien über große Entfernungen anziehen werden, allein durch die Kraft ihrer wahren Namen.«[11]

Das Universum des New Age ist freundlicher und demokratischer als das der fundamentalistischen Christen. Doch es ist unmißverständlich apokalyptisch. Carey, eine für das New Age repräsentative Figur, schlägt zwei Stadien der Erlösung vor: zuerst das individuelle Erwachen, dann die »Auflösung des Planeten in Licht«; das entspricht im großen und ganzen den Stadien der individuellen Bekehrung, auf die das Millennium der Heiligen folgt, bei den wiedergeborenen Christen. Es gibt keine göttliche Strafe; aber die dunkle Seite der apokalyptischen Gleichung war keineswegs abgeschafft. Der Optimismus der *channel*-Botschaften war oft durch Voraussagen einer weltweiten Katastrophe gedämpft, und gegen Ende der neunziger Jahre wurden diese Voraussagen dringlicher. Obwohl nur eine Minderheit der New-Age-Propheten die Katastrophe zum zentralen Thema ihrer Lehre machten, schlossen sehr wenige sie vollkommen aus.

Die New-Age-Erleuchteten, die während der achtziger Jahre düstere Warnungen auszustoßen begannen, knüpften dabei an eine bei Theosophen und anderen Anhängern des Übersinnlichen etablierte Tradition der Katastrophenvorhersage an. Deren wichtigster Repräsentant war Edgar Cayce (1877 – 1945), ein amerikanischer Hellseher, der seine Karriere mit dreiundzwanzig Jahren begann, als er entdeckte, daß er sich im Schlaf ins kollektive Unbewußte einschalten konnte. Dann äußerte er langatmige Prophezeiungen, an die er sich nicht mehr erinnern konnte, wenn er aufwachte. Über einen Zeitraum von vierzig Jahren sprach Cayce buchstäblich Bände. Während dieser Zeit gestaltete er eine alternative Weltgeschichte, die deutlich von der etablierten Sicht der Geschichte abwich. Er sah Atlantis als eine fortgeschrittene Zivilisation mit Autos, Flugzeugen und Laserstrahlen, die durch die biblische Sintflut zerstört wurde; nur eine Handvoll Überlebender entkam in die klassische Welt des Mittelalterraums und nach Mittelamerika. Diese Atlantis-Legende hat sich als eine der dauerhaftesten des zwanzigsten Jahrhunderts erwiesen; Paco Rabanne ist nur einer von den Dutzenden von New-Age-Autoren, die sie abgestaubt und mit neuem Firnis versehen haben. Aber Cayce hatte nicht nur Visionen der Vergangenheit; er sah auch in die Zukunft. Er glaubte, daß die Sintflut durch eine plötzliche Verschiebung des magnetischen Nordpols der Erde ausgelöst worden sei und daß etwas Ähnliches wieder geschehen werde; und wenn es geschehen sein würde, dann werde die Erdkarte drastisch umgezeichnet werden müssen. Als Ergebnis dieser »Erdveränderungen« würden große Gebiete Nordamerikas einschließlich Kaliforniens und eines Teils der Ostküste unter den Meeresspiegel absinken. Das Weltklima werde umkippen, so daß Europa wieder in die Eiszeit zurückfallen werde; und zwar deshalb, weil ab 1968 der verlorene Kontinent Atlantis wieder aus dem Meer aufsteigen und Europa von seiner »Zentralheizung«, dem Golfstrom, abschneiden werde. Mit dem Jahr 2000 werde eine neue Welt entstanden sein.[12]

Die Prophezeiungen des Edgar Cayce machten einen gewaltigen Eindruck auf die New-Age-Adepten. Mit ihrer Betonung des kollektiven Schicksals der Menschheit trafen sie die Stimmung der achtziger Jahre weit besser als die der Zeit, in der sie zuerst erschienen waren. Wichtiger noch ist, daß sie die Aufmerksamkeit auf das Jahrhundertende lenkten. Seit Beginn der achtziger Jahre war der Kalender zum zentralen

Thema des New Age geworden. Sowohl die optimistischen Visionen einer allmählichen Erleuchtung als auch die Endzeitszenarien von Ruth Montgomery und ihresgleichen sahen im Ende des zweiten christlichen Jahrtausends eine Periode beschleunigten Wandels. Die letztere dieser beiden Gruppen war allerdings sehr viel eindeutiger in ihren Zeitangaben. Der Psychoanalytiker Charles Strozier, dessen Arbeit über die Psychologie des Fundamentalismus wir schon begegnet sind, glaubt, daß dies einem Muster entspricht: »Im allgemeinen ist eine der Konsequenzen von Zeitangaben über das Ende, daß es eher mit gewalttätigen Bildern von Zerstörung verbunden ist. Es ist etwas am genauen Benennen einer Katastrophe, das sie uns näherrückt. Das ist etwa wie der Unterschied zwischen Menschen, die im allgemeinen über Selbstmord reden, und solchen, die Details über ihren geplanten Tod geben. Wie Therapeuten aus bitterer Erfahrung wissen, ist das letztere weitaus gefährlicher.«[13]

Die außerirdischen Geister, die Mrs. Montgomery am Computer die Hände führten, haben sich außerordentlich detailliert über die kommende Umpolung ausgelassen: Sie wird unmittelbar vor dem Jahr zweitausend stattfinden, und zwar »in einem Augenzwinkern«; die Erde »wird dann ungefähr auf ihrer Seite schlingern«, die Jahreszeiten werden sich abrupt verändern, starke Winde werden über die Erdoberfläche fegen und die Ozeane werden »überschwappen wie eine Schüssel mit Wasser, an die man gestoßen ist; sie werden über das ans Meer angrenzende Land hereinbrechen in Flutwellen, die zu massiv sind, um ihnen zu entkommen.« Einer der neuen Pole wird im Pazifik sein, der andere in Südamerika. »Die meisten von denen, die ihr Leben verlieren, werden Küstenbewohner sein«, sagen die Geister, »und ihre Körper werden ins Meer gespült werden, so daß sie für die Überlebenden der Polwanderung keine Gesundheitsprobleme darstellen werden, aber andere, die von zusammenbrechenden Gebäuden und dergleichen ausgelöscht werden, müssen natürlich begraben werden. Es wird Massengräber geben und wenig Zeit für öffentliche Trauer, denn die Überlebenden müssen in dieser chaotischen Zeit für ihr eigenes Auskommen sorgen.«[14]

Merkwürdigerweise wird das trotzdem keine Zeit der Traurigkeit oder Verzweiflung sein, dank »einer Erleuchtung, die über ein neues Menschengeschlecht strömen wird, das die Erde betritt ... Diejenigen, die von außerirdischen Flotten in Sicherheit gebracht worden sind, werden in vorbezeichnete Gebiete zurückkommen und sie beruhigen und mit Zuversicht erfüllen und ihnen neue Anbaumethoden beibringen und ihnen zeigen, wie man Behausungen errichtet, die wenig Zeit oder Energie benötigen.«

Einige Menschen, die nicht fähig sind, in diesem Neuen Zeitalter zu leben, werden zwar anfangs überleben, dann aber »bald wegsterben«. Und all das wird vor dem neuen Jahrtausend in Bewegung gesetzt werden, vielleicht im Juni, September oder Oktober 1999.

Bei der Diskussion von Erdveränderungen schaffen es bestimmte New-Age-Leute, Szenen unglaublicher Zerstörung in einer entspannten, flapsigen Art zu beschreiben, die über die Tatsache hinwegtäuscht, daß es um den Tod von Millionen geht. Der verstorbene Sun Bear, ein Prophet, der zur Hälfte Chippewa-Indianer war und traditionelle Praktiken wie die das Schwitzen in der indianischen Schwitzhütte mit Kristallheilungs-Zeremonien kombinierte, war überzeugt, daß »einige Zeit vor dem Jahr 2000« das Leben in den Großstädten der Welt vollkommen zusammenbrechen werde, als Folge von Rassenunruhen und Naturkatastrophen. Er verglich den Planeten zur Zeit der »Erdveränderungen« mit einem großen, zottigen Hund voller Flöhe. Wenn sie ihn genug geärgert haben, schüttelt er sich, und sie stieben in alle Himmelsrichtungen davon. »Der Planet wird überleben, selbst wenn vielleicht Millionen von Menschen untergehen werden«, verkündigte er gutgelaunt. Ähnlich zahlreichen anderen Propheten gab er praktische Ratschläge, wie man durch die Katastrophe kommen kann. Er bestand darauf, daß nur die Menschen überleben werden, die eine bewußte Entscheidung getroffen haben, ihr Leben zu ändern: Sie müssen die Küsten und die Städte verlassen und sich auf das Land zurückziehen. Auch sollen sie sich auf ungewöhnliches Wetter einstellen und Sonnenhüte und Regenschirme mitnehmen, sich mit warmer Kleidung eindecken und versuchen, sich ihre Haare zu waschen und sich in fünf Gallonen Wasser zu baden, die auf einem Holzfeuer erhitzt worden sind.[15]

Ganz entsprechend Stroziers Formel waren die Propheten, die einen eher friedlichen Wandel vorhersahen, in ihren Zeitangaben am ungenauesten. Wenn sie überhaupt Daten erwähnten, dann sollten diese nur den Beginn und das Ende einer langsamen Veränderung bezeichnen. So behauptet eine Gruppe, die sich *»11:11 Doorway«* nennt, daß die Menschheit in eine zwanzig Jahre dauernde Periode eingetreten ist, in der sie Gelegenheit erhält, die Erdperiode des Kampfs zwischen Licht und Finsternis zu beenden. Dieser »Ausgang« hat sich am 12. Januar 1992 geöffnet und wird sich am 31. Dezember 2011 schließen. Laut dem Seher dieser Gruppe, Solara, »wurde das 11:11-Symbol vor langer, langer Zeit, bevor wir überhaupt in die Materie abstiegen, in unserer Datenbank vorgespeichert, mit einem Zeitauslöser-Mechanismus, der uns in dem Augenblick, wo er sich aktiviert, bedeutet, daß die Zeit unserer Vollendung nahe ist«.[16] (Diese Zahlenoffenbarung kam zufällig über Solara, als er einmal auf eine Digitaluhr starrte.)

Obwohl in diesem Schema kein Platz für das Jahr 2000 ist, ist doch auffällig, daß die »Zeit der Gelegenheit« um dieses Jahr herum liegt: die Periode der sich beschleunigenden Zeit beginnt, wenn die Menschheit in das letzte Jahrzehnt des Jahrtausends eintritt. Ruth Montgomery, Sun Bear, die 11:11-Gruppe und Dutzende von anderen Propheten entwickelten ihre Ideen um die Mitte der achtziger Jahre, als mit der Popularität von Kristallen und *channelling* sich ein klares, wenn auch oberflächliches Bild von New Age im Bewußtsein der Öffentlichkeit abzuzeichnen begann. Im Ergebnis wurde die Bewegung untrennbar mit dem Jahrtausendwechsel in Verbindung gebracht. Im *Chambers Dictionary of Beliefs and Religions* heißt es: New Age »nimmt die Tatsache ernst, daß das Jahr 2000 bald sein wird, und versucht, neue religiöse Paradigmen zu entdecken und zu praktizieren, die für das neue Jahrtausend von Bedeutung sein werden«.[17]

Natürlich ist New Age nicht die einzige religiöse Bewegung, die von der Aussicht auf das Jahr 2000 gepackt ist. Wie wir gesehen haben, gilt das gleiche für den einzigen anderen rasch anwachsenden Glauben des Westens, das konservativ-evangelikale Christentum. Aber da endet die Gemeinsamkeit, jedenfalls soweit es das Verhältnis ihrer jeweiligen Anhänger zueinander betrifft. Wiedergeborene Christen und New-Age-Anhänger neigen dazu, einander mit Feindseligkeit zu betrachten, in einer Mischung von gegenseitiger Furcht und Verachtung. Oft ist die Abneigung der Evangelikalen gegen die New-Age-Anhänger so extrem, daß sie die Wirkung hat, die Öffentlichkeit mehr auf diese Bewegung aufmerksam zu machen. Evangelikale Literatur ist unermüdlich darin, New Age als ein Werk des Satans hinzustellen, der dabei ist, eine Renaissance des Okkultismus zu bewirken, als Vorspiel für das Erscheinen des Antichrist. Marilyn Ferguson, so wird vage angedeutet, habe die Katze aus dem Sack gelassen, als sie von einer Verschwörung sprach.

Aber es gibt seltsame Ähnlichkeiten zwischen christlichen Fundamentalisten und New-Age-Anhängern, nicht zuletzt in ihrem Zeitverständnis. Zum Beispiel begannen beide Bewegungen in den achtziger Jahren, datenspezifische Prophezeiungen zu machen. Wie wir gesehen haben, fixierten sich mehrere Fundamentalisten auf das Jahr 1988 als *annus mirabilis*, in dem die langerwartete Entrückung stattfinden werde. Auch für einige New-Age-Anhänger war dieses Jahr hochbedeutsam; für Nada-Yolanda markierte es die »sechste Phase des Zerreißens des siebenten Schleiers«, ein entscheidendes Stadium in einem weltweiten Reinigungsprozeß, der von 1960 bis 2000 dauere.[18] Aber die millenaren Erwartungen im New Age hatten faktisch schon ein Jahr vorher ihren Gipfelpunkt erreicht, am 16. August 1987, als sich Tausende von Anhängern in *»Power Centers«* in der ganzen Welt versammelt hatten, um die »harmonische Konvergenz« zu feiern. Nach ihrem Sprecher, dem Autor José Arguelles, verkündete dieses Ereignis nicht nur »die Rückkehr des Quetzalcoatl [des aztekischen Erlösergotts], sondern auch die Elimination von Armageddon. Für manche mag es sogar ein zweites Pfingsten und die Wiederkunft Christi sein. Unter Gepränge, Feier und Eindringlichkeit wird das alte mentale Haus sich auflösen, und das wird die Rückkehr der seit langem schlummernden archetypischen Erinnerungen und Eindrücke aktivieren ... und das wiederum wird das Kraftfeld sättigen und den Impuls für die neue Ordnung und das neue Leben schaffen«.[19]

Wiedergeborene Christen fanden natürlich die Gleichsetzung der Wiederkunft mit der »harmonischen Konvergenz« lästerlich, einer Veranstaltung, die sie als einen billigen und finsteren Coup betrachteten. Aber Arguelles hatte insofern recht, als die apokalyptische Struktur des New Age und der fundamentalistische Glauben tatsächlich einen Vergleich nahelegten. Beide Bewegungen scheinen im Kraftfeld des Jahres 2000 gefangen zu sein; daher ihre fast gleichzeitigen erregten Zuckungen, als Ende der achtziger Jahre das Jahrtausendende ins Blickfeld kam. Aber die Ähnlichkeiten zwischen New Age und den wiedergeborenen Christen, besonders in ihrer pentekostalistischen Ausrichtung, betreffen nicht nur die gemeinsame Struktur ihres Endzeitglaubens. Könnte es sein, daß es sich in einiger Hinsicht um praktisch die gleiche Religion handelt?

Für Bewegungen, die einander verachten, ist der Grad von Übereinstimmung zwischen Pfingstbewegung und New Age bemerkenswert. Beide stützen sich stark auf körperlose Stimmen, eher als auf Visionen. Das Medium, das Mitteilungen von geistigen Führern weitergibt, und der wiedergeborene Gläubige, der Prophezeiungen »in Zungen« äußert, ähneln sich sowohl, was die Methode der Übermittlung von Botschaften betrifft, als hinsichtlich des Inhalts dieser Botschaften (die dringende Notwendigkeit für die Menschheit, umzukehren und sich zu bessern). Beide Bewegungen betonen Gesundheit und Heilung; da sie physische Gesundheit als ein Zeichen spirituellen Wohlbefindens interpretieren, kann plötzlicher Kontakt mit dem Heiligen das wunderbare Verschwinden »unheilbarer« Krankheiten und Zustände bewirken. Beide betonen auch das materielle Wohlergehen als äußeres Zeichen des Segens, obwohl die geistig etwas Anspruchsvolleren in beiden Bewegungen dazu neigen, das nicht allzusehr hervorzuheben. Was noch wichtiger ist: Beide legen ungeheuren Wert auf die persönliche Erfahrung des Spirituellen, die zu einer vollständigen persönlichen Verwandlung führt, und dies geht Hand in Hand mit einer gewissen »Do-it-yourself«-Methode, was die Organisation der Bewegung betrifft; man findet diese Spontaneität bei den strengsten Vertretern des »Die-Bibel-Wörtlich-Nehmen« ebenso wie bei den gelassensten kalifornischen New-Age-Typen.

Es ist nicht schwer, diese gemeinsamen Züge auf Entwicklungen in der Kultur und der Gesellschaft des Westens in den letzten Jahren zurückzuführen. Die obsessive Beschäftigung mit dem Heilen und die Ersetzung etablierter Hierarchien durch die Autorität der persönlichen Erfahrung gehen Hand in Hand; sie spiegeln die Sorgen von Gesellschaften, in denen traditionelle gesellschaftliche und religiöse Strukturen versagt haben oder im Verschwinden begriffen sind. Im Westen ist keine Institution oder Autorität unhinterfragt geblieben; sehr wenige Arbeitsplätze sind so sicher, wie sie es vor fünfzig Jahren waren. Aber für einige Menschen zumindest bietet die Gesellschaft heute Wahlmöglichkeiten, wirtschaftliche, kulturelle oder spirituelle, die vor den achtziger Jahren undenkbar waren. Die Bevölkerungen von Nordamerika und Europa sind hin- und hergerissen zwischen einem neuen Materialismus und einer großen Sehnsucht nach dem Sakralen; das Ergebnis ist zunehmende Unsicherheit und frei flottierende Angst. Die Bekehrungsdramen der Pfingstbewegung und des

New Age bieten die sofortige Befreiung von dieser Spannung an.

Aber das ist kein Weg für jedermann. Apokalyptische Glaubensinhalte, selbst in verwässerter Form, sind tendenziell am attraktivsten für bestimmte Persönlichkeitstypen: Menschen am Rande der Gesellschaft und »normale« Bürger, die durch eine Kombination von Umständen im Augenblick verwundbar sind. Das ist heute so wahr wie im späten Mittelalter, als die Anhänger der messianischen Bewegungen sich auch nicht aus den Bauern rekrutierten, die auf der untersten Sprosse der sozialen Hierarchie rangierten, sondern aus verwirrten Individuen und Mitgliedern solcher Gruppen, deren Platz in der Gesellschaft sich auf eine verstörende Weise geändert hatte. Obwohl es Zeiten gegeben hat, zu denen eine apokalyptische Weltsicht von den Herrschenden zur Analyse oder zur Propaganda benutzt wurde (zum Beispiel während des mittelalterlichen Konflikts zwischen Papst und Kaiser), kann man generell sagen, daß der apokalyptische Glauben im gleichen Verhältnis zur etablierten Religion steht wie die Endzeitgläubigen zur Gesellschaft insgesamt. Er ist die Religion der Außenseiter.

Weder New Age noch der erneuerte Fundamentalismus hören diese Etikettierung gerne; aber die Tatsache bleibt bestehen, daß sie in der Gesamtgesellschaft oder im etablierten intellektuellen Diskurs nicht akzeptiert werden. Das mußte Marilyn Ferguson erfahren, als ihr Paradigmenwechsel sich nicht einstellte, und das mußte Pat Robertson erfahren, als er sich für die Präsidentschaft der USA bewarb. Das liegt zum Teil an ihrer Opposition gegen viele der gesellschaftlich etablierten Meinungen und Werte, von der herrschenden wissenschaftlichen Meinung in Geschichte, Archäologie und Bibelwissenschaft bis zu den Naturgesetzen, ganz zu schweigen von ihren häufigen Angriffen auf liberale Vorstellungen von geistiger Freiheit. Die meisten fundamentalistischen Christen und New-Age-Anhänger lehnen die überlieferte Weisheit ab und werden entsprechend behandelt. Zwar gibt es keinen religiösen Glauben, der durch die westliche Gesellschaft so sehr unterstützt wird, daß die Mehrheit der Menschen ihm anhängt. Aber man sollte einen Unterschied machen zwischen denjenigen Bekenntnissen, die weithin respektiert werden – also dem üblichen Katholizismus, Protestantismus, Judentum, Islam, Buddhismus usw. samt den anerkannten metaphysischen und säkularen Strömungen der Philosophie – und denen, die in irgendeiner Hinsicht als indiskutabel gelten, als eine Beleidigung für den gesunden Menschenverstand.

Zur letzteren Kategorie gehören fast alle Anhänger apokalyptischen Glaubens, vor allem in seiner millenaristischen Ausformung. Das hat etwas mit der Tatsache zu tun, daß Apokalyptik sich eher auf die Zukunft bezieht als auf die Vergangenheit. Mit einem Glauben an wunderbare Geschehnisse, die sich vor langer Zeit ereigneten oder in einem Leben nach dem Tod ereignen werden, kann sich die Gesellschaft leichter abfinden als mit dem Glauben, daß der Zeitpunkt nahe ist, an dem die Naturgesetze außer Kraft treten. Es ist eine Sache zu glauben, daß ein Wanderprediger im Palästina des ersten Jahrhunderts nach seiner Hinrichtung von den Toten auferstand, daß er in Wirklichkeit Gott selbst war und daß die Gläubigen, wenn sie Brot und Wein zu seinem Gedächtnis konsekrieren und zu sich nehmen, jedesmal sein Fleisch essen und sein Blut trinken. Aber es ist etwas völlig anderes anzunehmen, daß die meisten der jetzt lebenden Gläubigen nicht sterben werden, sondern bald leiblich auferstehen und zu einer himmlischen Stadt entrückt werden, während riesige Heere die Welt verwüsten. Die Realpräsenz Christi in der Eucharistie und die bevorstehende Entrückung stehen auf verschiedenen Seiten einer Linie, die von der westlichen Gesellschaft als respektabel anerkannte Glaubensdoktrinen von denen trennt, die sie als wertlos, verrückt oder sogar gefährlich einschätzt. Auf der einen Seite stehen praktisch alle religiösen Überzeugungen, die durch die Eliten der großen Weltreligionen sanktioniert sind, auf der anderen Seite eine ebenfalls unermeßlich große, wenn auch weniger systematisch geordnete Anzahl von Glaubensinhalten, die aus dem einen oder anderen Grund von der Gesellschaft abgelehnt werden.

Wir haben schon öfter das Bild eines Untergrundstroms benutzt, um die verschiedenen Glaubensströmungen zu beschreiben, die sich im New Age treffen: Okkultismus, östliche Weisheit, Theosophie und anderes. Wenn es um die sehr viel weitere Kategorie der abgelehnten Glaubensrichtungen geht, sollten wir uns diese vielleicht als einen riesigen See vorstellen, in den Flüsse und Ströme aus sehr verschiedenen Richtungen münden. Haben sie den See erreicht, so vermischen sich Strömungen aus diesen verschiedenen Quellen auf tausenderlei verschiedene Weise und erzeugen damit unvorhersehbare und ständig wechselnde Muster. Es gibt einen etwas verschwommenen, aber sehr hilfreichen soziologischen Begriff für diesen metaphorischen See: das kultische Milieu. Gewöhnlich wird dieser Begriff für den Bereich der Glaubensinhalte verwendet, die sich mit New Age verbinden lassen; aber man könnte auch sagen, daß alle Glaubensrichtungen, die von der Gesamtgesellschaft abgelehnt werden, letzten Endes ihren Weg dorthin finden. Und sobald sie einmal dort angelangt sind, wird es unmöglich für sie, ihre Distanz voneinander aufrecht zu erhalten. Obwohl sie sich oberflächlich stark voneinander unterscheiden, werden sie gesamtgesellschaftlich auf ähnliche Weise verachtet; und vielleicht sprechen sie gerade deshalb ähnliche Menschentypen an.

Obwohl das konservativ-evangelikale Christentum im Ganzen nicht so stark ins kultische Milieu eingetaucht ist wie New Age, fühlen sich viele weniger gebildete Fundamentalisten durchaus wohl darin. Das Milieu hat immer als Brutstätte für die Art von Legenden gedient, die man als Großstadtmythen bezeichnet, und seit Jahrzehnten haben diese eine starke, wenn auch unbewußte Anziehungskraft auf eine gewisse Sorte von Evangelikalen ausgeübt. Es waren wiedergeborene Christen, die für die Verbreitung der Großstadtmythen vom Handel mit weißen Sklavinnen und von satanischen Ritualen mit Kindesmißbrauch verantwortlich waren. 1982 erregten sich einige New-Age-Anhänger über eine Planetenkonjunktion, die unter dem Namen Jupitereffekt bekannt wurde. Ein paar wissenschaftliche Außenseiter hatten vorausgesagt, daß dieser die Erdrotation verlangsamen und damit zu einem Erdbeben führen und Los Angeles zerstören werde. Führende Fundamentalisten sprangen rasch auf den fahrenden Zug auf. Hal Lindsey, der Verfasser von *The Late Planet Earth* (Der gestorbene Planet), schrieb: »Was wir 1982 erwarten können, ist der größte Ausbruch von Killer-Beben, die sich jemals in der Geschichte des Planeten Erde ereignet haben, und radikale Klimaveränderungen.« Pat Robertson stand ihm nicht nach: Er legte nahe, das vom Jupitereffekt verursachte Chaos bilde eine perfekte Deckung für einen sowjetischen Schlag gegen die USA. Aber diese Aussicht schreckte die *Southwestern Radio Church* nicht: Sie konnte sich vorstellen, daß die Entrückung kurz vor der Planetenkonjunktion stattfinden und das Himmelsereignis dazu führen werde, daß »die Erde sich wieder an ihren alten Polen orientiert und die Bedingungen, wie sie vor der Flut bestanden, sich wieder herstellen.«[20] Es war durchaus nicht das erstemal, daß Fundamentalisten sich dazu verlocken ließen, unvertrautes Terrain zu erforschen. Wie der Autor William Alnor gezeigt hat, geht die besondere Faszination, die die Pyramiden auf New-Age-Anhänger ausüben, auf das seltsame Phänomen der biblischen Pyramidologie zurück, die ins 19. Jahrhundert zurückreicht. Es waren christliche Pyramidologen, die zuerst die Behauptung aufstellten, daß die Lage der Pyramiden der Konstellation des Nachthimmels entspreche und irgendwie den Durchgang der Sonne durch die Zodialalkreiszeichen widerspiegele – Gedanken, die das Kernstück einer Reihe von Bestsellern unseres Jahrzehnts bilden. Aber sie glaubten auch, daß die genauen Maße der Pyramiden verschlüsselte Informationen über das Datum der Wiederkunft enthielten.

Das alles sind Beweise für eine echte gegenseitige ideelle Befruchtung innerhalb des kultischen Milieus. Der christliche Fundamentalismus entlehnt nicht nur von anderen, er dient anderen auch als Mythenquelle. Man betrachte zum Beispiel, wie obsessiv sich einige New-Age-Propheten mit der Figur des Antichrist auseinandersetzen. Für Ruth Montgomery ist er 1986 »schon geboren und nun ein amerikanischer Junge über zehn«.[21] Paco Rabanne enthüllt indessen aus seinen Meditationen: »Ich habe das Gesicht einen jungen Mannes gesehen, der jetzt in London lebt und wichtige Leute mit seinen ›magischen‹ Fähigkeiten beeindruckt hat. Schon vergrößert er seine übersinnlichen Fähigkeiten und sein persönliches Vermögen. Ist er nicht mehr als ein Hexenkünstler mit außerordentlichen Fähigkeiten, oder könnte er der Antichrist sein, der schon im Hinterhalt lauert und auf seine Stunde wartet?«[22]

Diese Entlehnungen der New-Age-Adepten von den Christen verblassen allerdings zur Bedeutungslosigkeit, wenn man sie mit dem Ausmaß vergleicht, mit dem sie wahllos untereinander ihre Theorien ausborgen und in der älteren esoterischen Überlieferung schöpfen. Die Äquinoktialpräzession findet sich fast bei allen New-Age-Richtungen; aber verlorengegangene Zivilisationen und Leben im Weltraum folgen dichtauf, für gewöhnlich gepaart. Es ist ein Glaubensartikel unter den phantasievolleren Zirkeln des New Age, daß sich die alten Kulturen Mittelamerikas und Ägyptens nicht unabhängig voneinander entwickelt haben können, und daß ihre gemeinsamen Züge, wie die Pyramiden, auf einen gemeinsamen Ursprung hindeuten. Man braucht kaum lange im kultischen Milieu zu graben, bis man auf Theorien stößt, die das angeblich unterstützen: der mythische Kontinent Atlantis, zuerst von Platon beschrieben, hat während des gesamten Jahrhunderts seinen Platz im kultischen Milieu behauptet, ebenso wie die außerirdischen Besucher; und beide Theorien lassen sich bemerkenswert leicht kombinieren. Eine der wichtigsten Funktionen von New Age ist es, ein Forum zu bieten, auf dem sich unverbundene Fäden zu komplexen Gebilden verweben lassen. Aber diese Fäden haben alle eines gemeinsam: die apokalyptische Einfärbung.

Ein 1995 unter dem Titel *You Are Becoming a Galactic Human* (Sie werden ein galaktischer Mensch) erschienenes

Buch illustriert diesen Punkt. Seine Autoren Virginia Essene und Sheldon Nidle bieten eine besonders barocke Umgestaltung des Atlantis-Mythos. Sie behaupten, diese alte Kultur sei ursprünglich von Wesen aus einem weit entfernten Sonnensystem gegründet worden. Atlantis war ihnen zufolge von zehn Fuß großen Wesen bewohnt, die sich herrlichen Wetters erfreuten, das sie mit Hilfe der von ihnen beherrschten erstaunlichen Kristalltechnologie zustande brachten. Nach der Zerstörung der Atlantis-Kultur vor etwa zehntausend Jahren begründeten Mitglieder der königlichen Familie des Reiches rivalisierende Dynastien im Mittleren Osten und in Mittelamerika. Während des folgenden schrecklichen Krieges versagten die Kristalle, und das künstliche Firmament ging zu Bruch – was die Große Flut der Bibel zur Folge hatte. Glücklicherweise brachten einige Überlebende das in Schwung, was wir die menschliche Geschichte nennen, mit Hilfe von im Geist entrückten Meistern anderer Galaxien und der lebenden Erde selbst (die, nicht überraschend, Lady Gaia heißt). Alle diese Details sind durch eine galaktische Präsenz vom Sirius namens Washta mitgeteilt worden, die mit großer Dringlichkeit zu den Autoren spricht, weil die Menschheit am Rande eines großen physischen und spirituellen Ereignisses steht.[23]

Laut Essene und Nidle sollten wir uns nicht von dem irreführen lassen, was wir vom Himmel wahrnehmen: es ist bloß ein Hologramm. In Wirklichkeit ist unser Sonnensystem im Begriff, in eine riesige Lichtzone einzutreten, die Photonengürtel genannt wird. Während des Übergangs wird die Erde für drei Tage in Dunkelheit getaucht sein, aber am Ende dieser Tage werden die Gene des menschlichen Körpers verändert sein und den Zellen die Möglichkeit geben, mit der Seele zu kommunizieren und praktisch alterslos zu werden. (Nützliche Diagramme der neuen DNS-Strukuren sind beigefügt.) Das ist nun klassisches apokalyptisches Territorium: das letzte Datum für den Übergang ist Ende 1996. Das Buch ist natürlich weit entfernt von den plausiblen Theorien der

Marilyn Ferguson. Aber ist die Distanz wirklich so groß? In *The Aquarian Conspiracy* deutet die Verfasserin die Entstehung einer physisch erneuerten Menschheit an. Und sie behauptet, das menschliche Gehirn könne »ein Hologramm sein, das ein holographisches Universum interpretiert«, eine Tatsache, welche »das Fehlen eines Instrumentariums [erklären könnte], mit dem man den offensichtlichen Energietransfer nachweisen kann, der in Telepathie, Geistheilung und Hellseherei stattfindet.«[24]

Es lohnt sich, noch an einem weiteren Beispiel zu zeigen, wie weit New-Age-Anhänger gehen können, um sich andere absonderliche Ideen einzuverleiben, die im kultischen Milieu herumgeistern. In diesem Fall handelt sich nicht um Theorien, die von Anfang an etwas mit New Age zu tun hatten, aber zweifellos die Grundvoraussetzung erfüllen, von der Gesamtgesellschaft abgelehnt zu werden. 1995 enthüllte eine Untersuchung von Matthew Kalman und John Murray in der angesehenen englischen Zeitschrift *New Statesman*, daß zwei New-Age-Publikationen, *Nexus* und *Rainbow Ark*, zu Plattformen für antisemitische Konspirationstheorien der extremen Rechten geworden waren. Oder vielmehr, Rechtsradikale hatten ihre Theorien à la New Age verkleidet, und zwar mit einigen sehr merkwürdigen Resultaten. So hieß es etwa in *Rainbow Ark*: »Wenn Personen starken Haß gegen eine andere Rasse hegen, dann stellt ihr höheres Selbst oft (karmisch) sicher, daß sie sich in dieser Rasse inkarnieren, um sie auszubalancieren; so haben sehr viele der schlimmsten Nazis sich schon in jüdischen Körpern inkarniert, und damit erklären sich einige der Feuerwerke, die in Israel stattfinden und weiter stattfinden werden.«[25]

Dem *New Statesman* zufolge ist der Einfluß der extremen Rechten »bei einem alarmierend großen Teil der wachsenden New-Age-Bewegung und der Grünen« fühlbar. Er zitiert das Beispiel von David Icke, einem früheren Sportberichterstatter beim Fernsehen, dessen Überwechseln von der Grünenpartei zu einer New-Age-Philosophie, zu der unter anderem Außerirdische und seine eigene Göttlichkeit gehörten, eine Quelle großer Heiterkeit in der britischen Presse war. Der Witz ist wohl keiner mehr. Icke glaubt inzwischen fest an die Gefahr einer Neuen Weltordnung, die von »Bankiers« und »Illuminaten« geleitet wird, und hat sich für die Echtheit der berüchtigten »Protokolle der Weisen von Zion« eingesetzt, die Hitlers Vorstellung von einer jüdischen Weltverschwörung mitbestimmten. Icke glaubt, daß viele Juden von einer Elite manipuliert werden, die »gnadenlos, geisteskrank und diabolisch« ist, und zudem von »luziferischem Bewußtsein« beherrscht sind. Viele Anhänger Ickes haben mit dem *Battlebridge New Age Center* in London zu tun. Die Organisatorin des Zentrums, Julie Lowe, wurde über die Kontakte des Zentrums zur extremen Rechten befragt. Sie antwortete, sie glaube an die Protokolle. »Ich habe eines Abends zwei alte Juden in Hyde Park Corner getroffen, die mir gesagt haben, sie seien echt. Sie sagten, wenn sie nicht bekämen, was sie wollten, dann könnten sie über Philadelphia in Amerika das Geld aus jeder Stadt der Welt abziehen.«[26]

Obwohl viele New-Age-Anhänger schockiert waren, über diese neue Denkrichtung zu lesen, illustriert diese Geschichte bestens, wie das kultische Milieu wirkt. Sobald jemand Informationen an Bord genommen hat, die von der Allgemeinheit abgelehnt werden, ob es sich nun um UFO-Landungen handelt oder um die angeborene Schlechtigkeit der Juden, muß erklärt werden, warum dieses geheime Wissen von der Welt abgelehnt wird und warum der Besitz dieses Wissens den, der daran glaubt, der Verfolgung aussetzt. Im Fall der fundamentalistischen christlichen Doktrin dient ein hochentwickelter Korpus von apokalyptischen Lehren dieser Erklärung; im New-Age-Denken wird diese Rolle von grandiosen Verschwörungstheorien übernommen, die oft nichts anderes sind als leicht säkularisierte Formen biblischer Apokalyptik. Wie wir im Kapitel über Amerika sehen werden, hat die religiöse Rechte besondere Schwierigkeiten, sich gegen die Verlockung der Vorstellung zu wehren, es gebe eine Weltverschwörung des Bösen. Aber es sollte betont werden, daß diese Paranoia nicht auf die Rechte beschränkt ist: man kann sie überall in der New-Age-Bewegung finden. Oft wird das Wort von der bösen Weltordnung nicht ausgesprochen, aber die Annahme einer Verschwörung schwebt im Raum; man spürt sie jedesmal, wenn ein Autor oder eine Autorin sich darüber beklagt, warum seine oder ihre revolutionären Ideen vom wissenschaftlichen Establishment unter den Teppich gekehrt worden sind.

Die New-Age-Bewegung ist, wie viele der Theorien, denen sie anhängt, in ständiger Veränderung begriffen. Sie hat sich während der neunziger Jahre sehr verändert. Diejenigen, die Ende der achtziger Jahre daran glaubten, es werde eine kohärente Doktrin des New Age entstehen, haben sich getäuscht. Die Ideen, die sich im Zentrum der Bewegung herausbildeten, wie die vom Wassermann-Zeitalter oder von der Kraft der Kristalle, sind immer noch präsent, aber sie müssen inzwischen mit einer Fülle von Ideen und Gags um Aufmerksamkeit konkurrieren, und es werden buchstäblich jeden Tag mehr, wenn neue Bücher auf den entsprechenden Regalen der Buchhandlungen erscheinen. Aber paradoxerweise sinkt mit der steigenden Zahl der Veröffentlichungen die Zahl derjenigen, die bereit sind, sich zum New Age zu bekennen.

Dies könnte daran liegen, daß in gewisser Hinsicht die millenaren Hoffnungen der achtziger Jahre schon enttäuscht worden sind. Daß nach der Harmonischen Konvergenz nichts sehr Dramatisches passiert ist, scheint die Vorstellung des New Age als einer Religion per se geschwächt zu haben; seine apokalyptischen Ideen haben nicht ihre Kraft verloren, aber man kümmert sich kaum darum, eine Bewegung mit einer breiten Basis aufzubauen; dafür gibt es um so mehr individuelle Marketing-Strategien. So scheint sich die New-Age-Bewegung langsam im kultischen Milieu aufzulösen; die reine Vision des Wassermann-Zeitalters verschwindet mehr und mehr hinter einem Haufen von Büchern über UFOs, Nostradamus, mysteriösen Kreisen in Kornfeldern und Pyramiden.

Es ist nicht das, was die ursprünglichen Propheten der Bewegung erwartet oder erhofft hatten.

In bestimmten Zirkeln aber scheinen die Glaubensinhalte des New Age mit einer neuen Intensität festgehalten zu werden, während das Jahr 2000 näherrückt. In praktisch jedem Fall apokalyptischer Enttäuschung, den die Geschichte kennt, hat das Nichterscheinen einer neuen Welt bei einer Minderheit von Gläubigen dazu geführt, daß sich ihr Haß auf die Außenwelt verfestigte. Das könnte der Mechanismus sein, der hinter dem Abstieg des David Icke und seiner Freunde in die Niederungen einer neonazistischen Verschwörungstheorie steckt. Und derselbe Mechanismus war vielleicht auch der Auslöser für zwei berüchtigte apokalyptische Dramen der neunziger Jahre: die Ereignisse um die Aum-Shinriko-Sekte in Japan und die um den Sonnentempel-Orden in der Schweiz und in Kanada. Den Fall Aum werden wir im Kapitel über den millenaristischen Glauben in Japan genauer analysieren. Aber wir können schon in diesem Stadium feststellen, daß die Sekte, wie der Sonnentempel-Orden, tief im kultischen Milieu verankert war.

Der Orden des Sonnentempels, der seine Basis in den französischsprachigen Teilen der Schweiz und Kanadas hatte, knüpfte an eine okkulte Tradition an, die sich um die Legende vom Tempelritterorden rankte, einem militärisch-religiösen Orden des Mittelalters, der von der katholischen Kirche zu Beginn des vierzehnten Jahrhunderts unter unbewiesenen Anschuldigungen der Hexerei und der Homosexualität unterdrückt wurde. Im späten 18. und im 19. Jahrhundert wurde es Mode zu behaupten, der Orden habe heimlich mit seinen okkulten Geheimnissen überlebt. Zweihundert Jahre lang haben verschiedene »Orden« ihre Zeremonien auf eine Kombination dieser »Geheimnisse« und der okkulten Tradition des Rosenkreuzertums begründet, das sich naturwissenschaftlicher und alchemistischer Kenntnisse rühmt, die angeblich auf den (wahrscheinlich fiktiven) mittelalterlichen Rosenkreuzorden zurückgehen. Diese Neutemplerorden, wie sie sich nennen, sind eher winzige Gruppen, die durch endlose Abspaltungen zersplittert sind; für die meisten ihrer Mitglieder ist es Höhepunkt und Lebenszweck, sich in nachgeahmte mittelalterliche Gewänder zu kleiden. Der Orden des Sonnentempels, obwohl erst in den achtziger Jahren gegründet, rühmte sich einer ausgeklügelten Neutempler-Abstammung und legte großen Wert auf Kleider und Accessoires. Die Eingeweihten trugen farbenprächtige, handgenähte Mäntel und geschmiedete Schwerter, von denen sie glaubten (trotz des Herstelleretiketts), sie seien tausend Jahre alt.

In anderer Hinsicht allerdings war der Sonnentempel ganz verschieden von seinen Mitbewerbern. Sein Cheftheoretiker, ein charismatischer junger Arzt namens Luc Jouret, war fasziniert vom Gedanken einer nahenden ökologischen Katastrophe, die er in einer an die Grünen erinnernden Sprache beschrieb. In einer Reihe von halböffentlichen Vorträgen während der achtziger Jahre sprach Jouret im üblichen Jargon des New Age über das Entstehen eines neuen menschlichen Archetyps, den Zusammenbruch des Materialismus und die Vereinigung aller Weltreligionen. Dieses neue System, so enthüllte er, war das Wassermann-Zeitalter, das nach 2000 Jahren der Finsternis nun beginnen werde.[27] Interessierte Zuhörer wurden eingeladen, einem der »Archedia-Klubs« beizutreten, deren Mitglieder versuchten, die »Rehabilitation der Welt« durch Änderung ihres persönlichen Lebens zu befördern. 1987 beschrieb ein Besucher eines in Frankreich von Archedia veranstalteten Sommerfests im Freien die »überaus gelöste Atmosphäre«: Etwa achtzig Erwachsene und Kinder standen um einen Pfahl herum, der die Weltachse darstellte. Ein Feuer wurde angezündet, und alle sangen und tanzten ums Feuer; es gab ein Abendmahl von frisch gepflücktem, biologisch angebautem Gemüse.[28] Man kann sich vorstellen, daß sich Marilyn Ferguson durchaus zu Hause gefühlt hätte.

Erst später und gegenüber nur wenigen Auserwählten enthüllte Jouret eine eher düstere Vision.

Vielversprechende Archedia-Mitglieder oder, noch wichtiger, solche, die bereit waren, größere Geldsummen zu spenden, wurden in den Orden des Sonnentempels eingeführt. Sie erfuhren, daß die kommende ökologische Krise die Apokalypse des Buchs der Offenbarung sei; das Feuer, um das herum alle fröhlich getanzt hatten, werde die Welt verzehren. Aber wie bei jedem millenaristischen Glauben gab es eine andere Seite der Medaille. Das apokalyptische Feuer werde dazu dienen, die Auserwählten des Ordens zu reinigen, bei denen es sich in Wirklichkeit um die wiedergeborenen Tempelritter handle. Sie würden dann eine Reise durch den Weltraum zum Sirius beginnen und dort zu christusgleichen Sonnenwesen werden.

Im September 1994 zündeten die Mitglieder des Sonnentempelordens selbst das letzte große Feuer an. Das Drama begann in Kanada mit einem Ritualmord, bei dem ein junges Paar und sein drei Monate alter Sohn erstochen wurden. Obwohl die Eltern, Nikki und Antonio Dutoit, selbst Mitglieder des Ordens waren, hatten sie Ungehorsam gegen einen ihrer Führer, Joseph Di Mambro, gezeigt, indem sie ihren neuen Sohn Emmanuel genannt hatten; Di Mambro, ein betrügerischer Häusermakler, hatte darauf bestanden, nur seine eigene zwölfjährige Tochter Emmanuelle, die er als göttliche Inkarnation beschrieb, dürfe diesen Namen tragen. Das Baby der Familie Dutoit sei niemand anderes als der Antichrist, und zwei Ordensmitglieder wurden aus der Schweiz nach Kanada beordert, um die Familie zu töten. Aber aus Gründen, die immer noch nicht ganz klar sind, war diese Tötung mehr als eine bloße Hinrichtung; sie war das Vorspiel zum Tod des gesamten inneren Kreises des Ordens.

Zuerst nahmen die beiden Mitglieder des Kults, die nach der grausigen Ermordung der Dutoits die Spuren beseitigt hatten – die Mörder selbst waren nach Europa zurückgeflogen – Beruhigungsmittel und aktivierten den Zünder einer Benzinbombe, die sie bei lebendigem Leibe röstete. Vier Stunden später brach Feuer in einem 6000 Kilometer entfernten

Bauernhaus in Chiery in der Schweiz aus. Polizisten, die am Ort des Geschehens ankamen, waren überrascht zu entdecken, daß es in diesem Gebäude eine unterirdische Kapelle gab, die mit rotem Tuch ausgekleidet war. Auf dem Fußboden lagen zweiundzwanzig Leichen, in einem Kreis um den Altar herum angeordnet, auf dem ein goldener Kelch stand; neunzehn von ihnen trugen Wunden von Kopfschüssen, während drei von ihnen schwarze Plastiksäcke über den Kopf gezogen hatten. Drei Stunden nach dem Brand in Chiery explodierten in einem etwa hundert Meilen entfernten Dorf Benzinbomben in zwei Skichalets, die dem Orden gehörten. Drinnen wurden die verkohlten Überreste von fünfundzwanzig Mitgliedern des Kults gefunden, auch die von Jouret und Di Mambro.[29]

Es war nicht leicht, die wirkliche Geschichte des Sonnentemplerordens aufzudecken. Viele Einzelheiten haben bisher keine Erklärung gefunden. Wie zum Beispiel ist es den Führern dieses exotischen Kults gelungen, so viele wohlhabende und, offen gesagt, ziemlich unbedarft, Angehörige gehobener Berufe mittleren Alters zu verführen? Und was war der Zweck des Selbstmords? Was den letzteren Punkt anbetrifft, so geben vielleicht die hinterlassenen Papiere der Gruppe den besten Hinweis auf ihre Gefühle von Zorn und Enttäuschung. In einem dieser Papiere mit der Überschrift »Transit in die Zukunft« heißt es: »Obwohl die verborgene Hierarchie einen friedlicheren Übergang in den zukünftigen erhabenen Zustand für die Menschenwesen und die Erde geplant hatte, haben das Wirken dunkler Mächte und die Verfolgung durch Abtrünnige, denen einige Regierungen halfen, die Hierarchie gezwungen, ihre Pläne zu ändern. Die Eingeweihten, die entwickelt genug sind, den Plan zu verstehen, werden nun freiwillig diese Welt verlassen und die absolute Dimension der Wahrheit erreichen, wo sie ihre Arbeit fortsetzen werden, glorreich und unsichtbar. Die Mitglieder des Tempels, die nicht entwickelt genug sind, werden Hilfe erhalten, an diesem christischen Feuer teilzuhaben und die Wohltaten der Translation zu erfahren, obwohl es ihnen nicht bewußt werden wird. Im Grunde hilft man ihnen, dem Schicksal der Zerstörung zu entgehen, das nun die ganze verderbte Welt innerhalb von Monaten, wenn nicht Wochen erwartet.«[30]

Wenn man zwischen den Zeilen liest, klingt es, als ob die Führer des Sonnentemplerordens so frustriert darüber waren, daß es ihnen nicht gelang, das von Jouret versprochene Neue Zeitalter zuwege zu bringen, daß sie zu Selbstmord und Mord schritten. Wenn es so ist, dann steht ihr Verhalten ziemlich im Einklang mit dem anderer millenaristischer Gruppen, denen es nötig schien, ihre eigene Apokalypse herbeizuführen. In solchen Fällen verwischen sich die Trennlinien zwischen Mord und Selbstmord, Erwartung und Enttäuschung in den Augen der Gläubigen hoffnungslos. Trotzdem kann man nur staunen über die Bereitschaft der Ordensmitglieder – die schließlich nicht schwer verfolgt wurden oder sich in einem Belagerungszustand befanden –, sich diesem Todesritual zu unterziehen. Man kann zu diesem Zeitpunkt keine endgültige Erklärung der Tragödie liefern; aber sie illustriert wieder einmal die Fähigkeit disparater Elemente im kultischen Milieu, sich zu neuen apokalyptischen Konstellationen zusammenzuschließen.

Der Sonnentemplerorden, die Archedia Klubs und eine Reihe von anderen Tarnorganisationen, die Jouret leitete, deckten einen großen Teil des New-Age-Territoriums ab: Astrologie, Umweltthemen, Okkultes, homöopathische Medizin, Science Fiction und sogar, wenn man einigen Berichten Glauben schenken darf, die rechtsradikalen Verschwörungstheorien von David Icke.

Es ist möglich, daß ein Interesse an irgendeinem dieser Themen für ein verwundbares Individuum den Eingangspunkt in die aufgeladene apokalyptische Ideologie des Ordens abgab. Für den nicht betroffenen Beobachter ist eine solche Initiation schwer nachzuvollziehen. Aber wenn uns die Sonnentempler-Episode irgend etwas lehrt, dann dies, daß der millenaristische Impuls unberechenbar ist. Im Dezember

1995, lange nachdem die Medien das Interesse an dem Thema verloren hatten, gab es weitere geheimnisvolle Todesfälle. Die Körper von sechzehn Menschen, unter ihnen drei Kinder, wurden in einem Wald nahe Grenoble entdeckt. Die Leichen waren in Sternform angeordnet. Alle Erwachsenen hatten anscheinend dem Sonnentemplerorden angehört. Das bringt die Zahl der Toten in diesem Fall auf achtundsechzig. Während der Abfassung dieses Textes wird die Theorie erwogen, daß zwei der Toten, die sich merkwürdigerweise als Polizisten aus der Gegend herausstellten, die anderen erschossen haben könnten, bevor sie sich selbst umbrachten. Aber es ist unwahrscheinlich, daß sich das Geheimnis dieser letzten Todesfälle jemals aufklären läßt.

Die Tragödien der Sonnentempler, der Davidianer und der Aum-Shinrikyo-Sekte haben den Blick der Öffentlichkeit auf die gewalttätigen Seiten des millenaristischen Glaubens gelenkt. In den Fällen von Aum und Sonnentempel war für die Gewalt sehr eindeutig die entsprechende religiöse Gruppe verantwortlich. Und beide Gruppen können nun einmal ohne Zögern dem New Age zugerechnet werden. Natürlich waren sie für die Bewegung insgesamt absolut atypisch; aber die Tatsache bleibt bestehen, daß sie viel von ihren apokalyptischen Glaubensinhalten aus den nichtchristlichen Komponenten des kultischen Milieus schöpften, wie etwa der Astrologie und dem Okkultismus, die eine große Rolle im New Age spielen. Aum zum Beispiel legte großen Wert auf Atemtechniken und auf die Prophezeiungen des Nostradamus, zwei Themen, zu denen sich Bücher in jedem New-Age-Buchladen finden. Aber was ist mit den Millionen von Menschen, die mit »alternativem« Material in Berührung kommen und keine Neigung verspüren, sich einer apokalyptischen Sekte anzuschließen? Wir haben schon festgestellt, daß die New-Age-Bewegung der neunziger Jahre mehr damit beschäftigt ist, Produkte wie Bücher, Videos, Seminare, Fernkurse zu vermarkten als eine gemeinsame Theologie zu verfassen; aber gleichzeitig begünstigen die meisten dieser Produkte eine Weltanschauung, die unzweifelhaft apokalyptisch ist und sich häufig auf die letzten Jahre dieses Jahrtausends bezieht.

Die offensichtlichsten Beispiele dafür sind die Bücher, Filme und sogar Brettspiele, die auf den Schriften von Michel de Nostradamus (1503 – 66) fußen, eines provenzalischen Arztes und Mystikers, dessen kryptische Verse oder »*quatrains*« sich anheischig machen, wichtige Ereignisse der Weltgeschichte zu prophezeien. Obwohl es keine zwei Bücher über Nostradamus gibt, die sich in der Interpretation der Details seiner Vision der Apokalypse einig sind, bestreiten sehr wenige von ihnen ausdrücklich die Legende, daß der große Seher den Ausbruch des *Armageddon* für das Jahr 1999 vorausgesagt hat. Tatsächlich steht in den *quatrains:* »Im Jahr 1999, im siebenten Monat, wird vom Himmel kommen ein großer König des Schreckens, zurückzubringen den großen Mogulkönig, bevor und nachdem Mars regiert«. Die Interpretationen dieser Stelle reichen von vagen Behauptungen, 1999 werde ein Wendepunkt der Geschichte sein, bis zu festen Voraussagen, die das Weltende für den Juli ankündigen. Im Gegensatz dazu findet die unbequeme Tatsache sehr wenig Beachtung, daß Nostradamus selbst sein Werk als eines beschrieb, das »Prophezeiungen von heute bis zum Jahr 3797 enthält«. Jean de Fontbrune, eine führende Autorität auf diesem Gebiet, legte eine Seite mit unnachvollziehbaren Berechnungen vor, mit denen er »bewies«, Nostradamus habe in Wirklichkeit 1999 gemeint, als er 3797 sagte. Jedenfalls ist die Identifikation des provenzalischen Sehers mit bevorstehenden Katastrophen offenbar ein Kernstück seiner Popularität. Interessanterweise ist eines der wenigen Bücher über Nostradamus, die sich nicht in großen Mengen verkaufen, ein Band mit dem Titel *The Mask of Nostradamus*, verfaßt von dem amerikanischen Magier und Erforscher des Übersinnlichen James Randi. Randi legt nicht nur die schamlosen Verzerrungen des Originals bloß, durch die moderne »Experten« versuchen, in ihm Voraussagen solcher historischen Ereignisse zu finden wie der Niederlage Napoleons oder des Aufstiegs Hitlers. Er zeigt auch, daß Nostradamus jeden Trick anwandte, um den Anschein zu erwecken, er habe die Gabe der Prophetie. Aber es scheint, als schätze das Publikum, das dergleichen Bücher kauft, diese Art von Entmythologisierung nicht.

Die Nostradamus-Industrie, wie man sie genannt hat, lebt von der Bereitschaft, ungeprüfte Behauptungen zu akzeptieren und mit verrückten Ideen zu spielen, die auch früher schon oft genug weidlich ausgenützt worden ist; man denke nur an die »Gott-kam-aus-dem-Weltraum«-Bestsellerwelle der siebziger Jahre, die Autoren wie Erich von Däniken reich gemacht hat. Aber selten, wenn überhaupt je, haben normale Verlage diesen Markt so ernst genommen wie heute; und selten haben es so viele Autoren geschafft, in populäre Darstellungen über Geschichte oder Naturwissenschaft einen apokalyptischen Subtext einzuschmuggeln. Der britische Autor Graham Hancock erzielte mit seinem Buch *Fingerprints of the Gods* (Fingerabdrücke der Götter) einen phänomenalen Erfolg; der Titel erreichte sofort die Spitze der Sachbuch-Bestsellerlisten, als er 1995 erschien. Seine Beurteilung durch die Kritik war sehr gespalten; Colin Wilson beschrieb ihn in der *Literary Review* als »einen der intellektuellen Meilensteine des Jahrzehnts«, David Sexton besprach es im *Guardian* als »fast 600 Seiten geistloses okkultes Geschwafel«. Aber man konnte es nicht ignorieren; die *Daily Mail* brachte eine Woche lang das Buch in Fortsetzungen heraus, und es war Gegenstand endloser Radio- und Fernsehdiskussionen.

Hancock, früherer Ressortchef des *Economist* für Ostafrika, glaubt, daß alle großen Monumente der alten Welt, einschließlich der Sphinx und der Pyramiden im alten Ägypten und in Mittelamerika, von einer Kultur erbaut wurden, die der unseren ebenbürtig war und vor 15 000 Jahren unterging. Diese Katastrophe ereignete sich, als die Erdkruste plötzlich aufriß und große Städte zwei Meilen unter dem Südpol begrub. Aber bevor sie ausstarben, konnten Reisende aus dieser Zivilisation von »Göttern« noch Pyramiden in kodierten Konfigurationen bauen, um zukünftige Generationen davor zu warnen, daß die Erdkatastrophe wieder zuschlagen würde.

Aus Gründen, die uns nicht aufhalten sollten, glaubt Hancock, daß die wahrscheinlichste Zeit dafür das Jahr 2012 ist, das Zeitende im Kalender der Mayas.[31] Bei dieser Terminfestsetzung ist er in Übereinstimmung mit den modischsten New-Age-Denkern, denen es eine Apokalypse angetan hat, die noch mehr als ein Jahrzehnt in der Zukunft liegt: Ein anderer Bestseller von 1995, *The Mayan Prophecies* (Die Prophezeiungen der Mayas) von Adrian Gilbert und Maurice Cotterell, warnt ebenfalls vor schrecklichen Katastrophen im Jahr 2012, obwohl dieses Mal ein Sonnenfleckenzyklus der Schuldige ist, den die Mayas wunderbarerweise schon vorausgesehen haben.[32] Aber Hancock ist zu gerissen, um die kleine Sache mit dem Jahr 2000 zu übersehen: Er behauptet, daß am 5. Mai dieses Jahres Neptun, Uranus, Venus und Merkur sich mit der Erde auf der anderen Seite der Sonne in einer Linie befinden werden. Damit werde »eine Art kosmisches Tauziehen beginnen«, das »tiefgreifende Gravitationswirkungen« hervorrufen wird. Die Details überläßt Hancock der Phantasie.

Aus dieser stammt natürlich das gesamte Phänomen der New-Age-orientierten Geschichte und Naturwissenschaft, und da sollte es vielleicht auch bleiben. Aber wir sollten es nicht ignorieren, weil es von Vermarktungsinteressen bestimmt ist. Die Popularität von Büchern über apokalyptische Themen kann sehr wohl eine tiefere Krise der Spiritualität im Westen widerspiegeln – ein Thema, auf das wir noch zurückkommen werden. Und wir sollten die Fähigkeit vermarkteter Produkte nicht unterschätzen, den Glauben ans Übernatürliche zu beeinflussen oder überhaupt erst zu schaffen.

Es wäre deshalb unklug, das Entstehen einer plötzlichen Passion für »alternative Naturwissenschaft« und »alternative Geschichte« für einen bedeutungslosen Fimmel zu halten. Es ist zu früh, die volle Bedeutung des Zusammenhangs zwischen der bevorstehenden Jahrtausendwende und einem vergrößerten öffentlichen Appetit auf die Theorien des kultischen Milieus einzuschätzen. Aber Menschen kaufen nicht ohne Grund Bücher, die rücksichtslos über den erreichten Stand unserer historischen und naturwissenschaftlichen Forschung hinwegpreschen. Sie tun das, weil sie mit dem jeweiligen Verfasser den mangelnden Glauben an die Fähigkeit von Naturwissenschaft und Geschichte teilen, die Welt zu beschreiben, in der sie leben. Sie finden, daß es sich eher lohnt, apokalyptische Veränderungen ins Auge zu fassen, als die komplexen und oft langsamen Veränderungen zu bejahen, die sie von der traditionellen Wissenschaft erwarten. Wie G. K. Chesterton schon bemerkt hat: Wenn Menschen aufhören, an etwas zu glauben, dann glauben sie nicht an nichts; sie glauben an alles mögliche.

10

# Seoul: die apokalyptische Stadt

Nirgendwo auf der Erde wird die Wiederkunft Christi mit so verzweifelter Sehnsucht erwartet wie in Seoul, der Hauptstadt Südkoreas. Jede Nacht ist die Skyline der Stadt mit roten Neonkreuzen übersät; jedes von ihnen bedeutet eine Gemeinde von wiedergeborenen Christen. Vielleicht eine Million Menschen in Seoul glauben, daß sie in einer Endzeit leben, die sich bald nach dem 2000. Geburtstag Christi in die Ewigkeit auflösen wird. Aber die Kreuze sind nicht dazu da, des irdischen Jesus von Nazareth zu gedenken; sie sind Landebahnbeleuchtung, um Christus, den König, zu geleiten, wenn der vorherbestimmte große Augenblick kommt, und er auf den Wolken der Glorie erscheint, um das Millennium zu eröffnen.

Oberflächlich betrachtet ist Seoul am Ende des zwanzigsten Jahrhunderts eine noch erstaunlichere Brutstätte für Apokalyptik als Florenz zu Ende des fünfzehnten Jahrhunderts. Wenn es schon schwer war, sich vorzustellen, wie der Antichrist hinter den Säulen und Statuen der Renaissance lauerte, so braucht man einen noch größeren Schwung der Phantasie, um ihn vor dem Hintergrund von Betonbrücken und Verkehrsstaus auszumachen. Die südkoreanische Hauptstadt, die viermal in diesem Jahrhundert von einfallenden Armeen erobert worden ist, ist eine der kompromißlos modernsten Städte der Welt. Japanische und nordkoreanische Sturmangriffe haben die sichtbaren Symbole der Vergangenheit Seouls so gut wie ausgelöscht und den Weg freigemacht für eine planlose, wuchernde Stadtentwicklung, die so wenig Ähnlichkeit mit der ehemaligen Stadt hat, daß Besucher, die nach einigen Jahrzehnten zurückkehren, sich an den umliegenden Bergen orientieren müssen, um sich zurechtzufinden. Die gläsernen Wolkenkratzer im Zentrum Seouls sind kaum weniger imponierend als die von Tokio oder Hongkong, obwohl selbst die neuesten von ihnen durch den scharfen Wind aus der Wüste Gobi ihren Glanz schon verloren haben. Außerhalb des Zentrums machen die sich über Meilen erstreckenden Läden, Garagen und Büros aus roten Ziegeln einen fröhlichen Eindruck. Nur in den Außenbezirken, wo Reihen um Reihen gleichaussehender, numerierter Wohnblocks ihren Schatten auf die niedrigeren Abhänge der Berge werfen, spürt man ein Gefühl von Wurzellosigkeit.

Seoul hat zwei Jahrzehnte wilder Expansion in einem Geist unverbrüchlichen Optimismus durchmessen. Die 12 Millionen Einwohner der Großstadt, von denen mehr als die Hälfte in ländlichen Gebieten geboren sind, neigen dazu, Probleme wie drangvolle Enge und erstickende Luftverschmutzung gutgelaunt anzugehen; nur gelegentlich weicht diese gute Laune Anfällen des hitzigen koreanischen Temperaments. Das liegt teilweise daran, daß Südkoreaner traditionell bereit sind, materielle Einschränkungen in Kauf zu nehmen, bis sie genug verdient haben, um ihren Auszug aus der bisherigen Umgebung zu finanzieren. Aber im Fall der fundamentalistischen Christen der Stadt, deren Zahl ungeheuer angewachsen ist, seit vor einem Jahrhundert die ersten amerikanischen Missionare auf der Bildfläche erschienen, zeigt dieser lockere Umgang mit Widrigkeiten eine Prioritätensetzung, die dem liberalen Westler bizarr und sogar leicht abstoßend vorkommt. Um es deutlich zu sagen: Nichts außerhalb der Familie zählt besonders, denn *Jesus kommt bald.*

Die Außenwelt hörte zum erstenmal im Oktober 1992, wie sehr Koreaner das Weltende fasziniert, als das Nahen und Verstreichen eines apokalyptischen Termins die unvermeidbaren Szenen von öffentlicher Demütigung und erstklassiger Komödie hervorbrachte. Die 20 000 Mitglieder eines Bekenntnisses, das sich »Mission für die kommenden Tage« nannte (als Tamy-Kirche bekannt) und seine Basis in Seoul, aber Anhänger in der ganzen Welt hat, verbrachte den Nachmittag des 28. Oktober im Warten auf die Entrückung. Ihnen war versprochen worden, daß sie vor Mitternacht »sofort in heilige Leiber verwandelt werden und dem Herrn in den Lüften begegnen« würden. Die »lauwarmen Christen« würden zurückbleiben und in der Großen Drangsal zugrunde gehen, die sieben Jahre dauern werde. Dann, im Jahr 1999, werde Christus zur Erde zurückkehren, um das Millennium einzuleiten. Die Argumentation, die zu der genauen Datumssetzung führte, war kompliziert und verwirrend, aber die Berechnung des Jahrs der Entrückung würde einem Kalvinisten aus dem siebzehnten Jahrhundert vollkommen eingeleuchtet haben: die Große Woche von 7000 Jahren würde ihren Sabbat 1999 erreichen, denn es hatte 4000 Jahre von Adam bis Jesus gegeben, und wenn man die sieben Jahre der Großen Drangsal abzog, mußte die Entrückung 1992 stattfinden. Einige von den Tamy-Gläubigen hatten zur Vorbereitung ihren Arbeitsplatz verlassen; eine schwangere Frau hatte angeblich eine Abtreibung durchführen lassen, für den Fall, daß sie zu schwer sein sollte für die Himmelfahrt. Die Erregung beim Nahen des gesetzten Datums und die Enttäuschung bei seinem Verstreichen wurden anscheinend nicht dadurch abgemildert, daß einige Wochen vor der Entrückung der Pastor der Kirche, Lee Jang Rim, unter dem Verdacht verhaftet worden war, Kirchengelder in die eigene Tasche gesteckt zu haben, auch nicht dadurch, daß man bei ihm Wertpapiere gefunden hatte, die erst 1995 fällig waren.[1]

Das Debakel und die unterdrückte Heiterkeit, mit der diese Ereignisse in der ausländischen Presse wiedergegeben wurden, die noch vor kurzem angenommen hatte, alle Koreaner seien Buddhisten, trafen bei den Protestanten des Landes auf empfindliche Nerven. Evangelikale Pastoren gaben sich viel Mühe, sich von einem Verständnis der Eschatologie abzugrenzen, bei dem Datensetzung eine Rolle spielte, und die Tamy-Kirche als eine Sammlung von vereinzelten komischen Versagern darzustellen. Aber sie protestierten zu laut. Mehr als 250 Kirchen hatten mit den Vorhersagen der Tamy-Kirche geliebäugelt, und viele Evangelikale, die das Datum zurückgewiesen hatten, fühlten sich trotzdem durch die Episode gedemütigt, durch die das ganze Konzept der Endzeit in den Augen der Ungläubigen (und auch noch der Westler) ins Lächerliche gezogen wurde.

Apokalyptischer Glaube ist ein unentbehrliches Element im koreanischen Protestantismus. Die Inbrunst, mit der seine Geistlichen die Wiederkunft Christi verkünden, ist ein entscheidender Faktor für die phänomenale Ausbreitung des wiedergeborenen Christentums in den siebziger und achtziger Jahren, in denen der Anteil der Christen an der Bevölkerung von fünfzehn auf vierzig Prozent anstieg. (Der Präsident Südkoreas zu Beginn der neunziger Jahre, Kim Young-sam, ist ein wiedergeborener Christ, ebenso wie ungefähr die Hälfte der Armeeoffiziere des Landes.) Die offensichtlichsten äußeren Anzeichen des Hangs zur Apokalypse bei den koreanischen Christen sind die Prediger, die Seouls Parks und die mit Granit ausgekleideten Fußgängerunterführungen heimsuchen und ihre Botschaft über quäkende Handmegaphone an Trauben von kichernden Studenten und gestreßten Angestellten weitergeben. Natürlich gibt es Straßenhändler des Unheils in allen großen Städten der Welt. Was die koreanische Spielart auszeichnet, ist ihre außerordentlich große Zahl und die Tatsache, daß sie für Kirchen werben, die zumindest dem Namen nach zu den gemäßigten gehören. (Über fünfzig Kirchen in Seoul nennen sich presbyterianisch, obwohl ein europäischer oder amerikanischer Presbyterianer wahrscheinlich nicht begeistert wäre, mit den fundamentalistischeren unter ihnen in einem Atemzug genannt zu werden.)

Der erste Anblick, der Besucher vom Land begrüßt, die am Bahnhof von Seoul ankommen, ist oft eine Prozession von schärpentragenden wiedergeborenen Christen, die sich durch das Gedränge auf dem Bahnhofsvorplatz schlängelt, unter drängenden, wenn auch seltsamen melancholischen Aufrufen zur Reue. Besonders an Wochenenden kann man dem Werben der apokalyptischen Gruppen nicht entkommen. Ausländische Touristen, denen es gelingt, den plärrenden Evangelisten zu entgehen, die vor den Eingängen der wichtigsten Sehenswürdigkeiten stehen, müssen damit rechnen, daß die kleine alte Dame hinter ihnen in der Schlange am Erfrischungsstand ihnen ein Traktätchen in die Hand drückt.

Aber das eigentliche Ziel der Straßenevangelisten sind Koreaner, besonders diejenigen, die sichtbar zu den Unerlösten gehören. Buddhistische Mönche und Nonnen müssen gewärtigen, daß sich ihnen die wiedergeborenen Christen ganz besonders widmen. Ein amerikanischer Journalist, der in Seoul lebt, wird nie die Situation vergessen, als er sich zur Hauptverkehrszeit mit einer Freundin, die für einige Monate Nonne war, in die Untergrundbahn wagte.[2] Plötzlich fanden sie sich von einem Greiftrupp von Evangelistinnen umgeben, erkennbar an ihrer Uniform aus grauen Polyesterblusen und -röcken. »Sie gingen auf meine Freundin los wie ein Schwarm wütender Vögel und warfen ihr Bibelzitate an den Kopf«, erinnert er sich. «Sie sahen aus, als wollten sie sie zu Tode hacken. Wie sie erzählte, passiert das ständig.« Die Feindseligkeit, welche die meisten evangelikalen Kirchen gegen nichtchristliche Religionen empfinden, erstreckt sich auch auf viele christliche Gruppierungen, besonders die römisch-katholische Kirche. Die Abneigung ist gegenseitig; schließlich ist dies ein Land, in dem Katholiken und Protestanten für Gott sogar ein anderes Wort benutzen. (Sie befestigen auch unterschiedliche Plaketten am Kofferraum ihrer Autos, obwohl sie, weil sie Koreaner sind, auf die gleiche halsbrecherische Weise fahren.) »Es besteht wirklich keine Notwendigkeit, miteinander auszukommen«, sagt ein katholischer Missionar. »Wir haben beide so große Erfolge mit Bekehrungen, daß wir nicht nach links und rechts blicken müssen. Und außerdem finde ich die Art und Weise, wie die Fundamentalisten das machen, ehrlich gesagt ziemlich abstoßend. Die Tatsache, daß es so gut funktioniert, beeindruckt mich überhaupt nicht.«

Gebete in der *Yoido Full Gospel Church* (»Kirche des vollen Evangeliums«) beginnen mit einer Art drohendem Summen, wenn 30 000 evangelikale Christen die Augen schließen und beginnen, vor und zurück zu schaukeln. Innerhalb von Sekunden schwillt das Geräusch in einem gewaltigen Crescendo, als sei bei einem Fußballspiel gerade ein Tor gefallen; aber selbst dieser Lärm wird noch übertroffen von einer Reihe ohrenbetäubender Schreie von Frauen in der versammelten Gemeinde, die mit ihren inneren Dämonen ringen. Ganze Ränge von Gläubigen überläuft gleichzeitig ein Schauder, dann beginnen sie wieder, rhythmisch zu schaukeln und sich an die Brust zu schlagen. Männliche Ordner in weißen Blazern patrouillieren durch die Gänge; gelegentlich beugen sie sich zu einer Gläubigen, die am Rande eines Kollapses steht, und packen sie an den Schultern.

Dann ebbt der Lärm ab, so plötzlich wie ein Tropenguß, und Frauen in blaugelben Uniformen schießen nach vorne. Sie halten den noch atemlosen Gläubigen Sammelbüchsen unter die Nase und runzeln ungeduldig die Stirn, während diese nach ihren Geldbeuteln suchen. Ganz vorne auf der Bühne stimmt die Orgel ein süßliches Solo an, und alles drängt zu den Türen. Die Mittwochnachmittag-Andacht für die Frauen ist wieder einmal für eine Woche vorüber.

Die *Yoido Full Gospel Church* ist, wie dem Besucher immer wieder ins Gedächtnis gehämmert wird, im Guiness-Buch der Rekorde als die größte Kirche der Welt verzeichnet. Sie zählt 700 000 eingetragene Mitglieder, obwohl nur ein kleiner Teil von ihnen in das geräumige Auditorium aus roten Ziegeln paßt, das neben dem Gebäude der Nationalversammlung auf der Südseite des Hanflusses steht. Die Kirche ist günstig gelegen für die fünfzehn Prozent Mitglieder des koreanischen Parlaments, die ihr angehören; und sie ist auch nahe dem großen Yoido-Platz gelegen, wo wenigstens einmal im Jahr eine Million wiedergeborene Christen mit ausgestreckten Armen für die Bekehrung ihres Landes beten. Der Hauptsprecher bei diesen Angelegenheiten ist unweigerlich Dr. David Yonggi Cho, Pastor der *Full Gospel Church*, der diese 1958 als Zeltkirche gründete. Es war Pastor Cho, der die Struktur der Zellengruppen entwarf, die weit mehr als jeder

Massengottesdienst dieses ungeheure Gebäude zusammenhalten. Es gibt etwa 500 000 Zellen aus je zehn Mitgliedern, die sich einmal in der Woche treffen, um die Bibel zu lesen, eine Predigt zu hören, und, was das Wichtigste ist, zu beten.

Es würde einen falschen Eindruck vermitteln zu sagen, Gebet sei das Herz des Phänomens *Full Gospel*. Denn es handelt sich nicht um das kontemplative, strukturierte Gebet christlicher Kirchen im Westen, sondern um eine Kette von drängenden, flehenden Bitten. Die Wiedervereinigung zwischen Süd- und Nordkorea steht unveränderlich weit oben auf der Tagesordnung, obwohl diese Forderung etwas Rituelles hat, verglichen mit der Einkaufsliste der alltäglichen materiellen Nöte. Es sind diese Nöte, die den Gebetsstunden ihre angstvolle Intensität verleihen: Mitglieder der Gemeinde bitten um Gottes Segen – Geld, Gesundheit, Erfolg beim Examen, Bekehrung von Familienmitgliedern – der ihnen nur dann zuteil wird, wenn ihr Glaube stark genug ist.

Der sechzigjährige Dr. Cho vertritt kraftvoll und keineswegs apologetisch ein »Gesundheits-und-Wohlstands«-Christentum, in dem der Blick des Gläubigen immer wieder auf die Worte aus dem Johannesevangelium fällt: »Wenn ihr in mir bleibt und wenn meine Worte in euch bleiben, dann bittet um alles, was ihr wollt: Ihr werdet es erhalten« (Joh.15, 7). Das Vermögen von Dr. Chos eigener Kirche wird als unwiderleglicher Beweis für die Wahrheit dieses Textes angesehen. Sie besitzt und nutzt die zwei Bürohochhäuser neben der Kirche; eines von ihnen ist gerade für 40 Millionen Dollar angekauft worden. Dr. Cho beschreibt diese Erwerbung als »ein Wunder, größer als das [der Vermehrung] von Brot und Fischen« (Math. 14, 13 – 21). Jesus erschien ihm im Traum und befahl ihm, das Gebäude zu kaufen, sagt er. Er reagierte, indem er die Geschäftsleute seiner Glaubensgemeinschaft zusammenrief und ihnen sagte, er werde »sie aus meiner Kirche werfen«, wenn sie das Geld nicht beschafften. Cho, ein Mann mit leiser Stimme und dem Erscheinungsbild eines Schullehrers, setzt ein scheues Lächeln auf, wenn er seine Leistungen aufzählt, und das tut er ständig. Man ist irritiert, bis man begriffen hat, daß dies ein koreanischer Nationalsport ist. Chos Stellvertreter, ein gepflegter koreanisch-amerikanischer Rechtsanwalt, Dr. Dennis Kim, gibt zu, daß sein Chef dafür kritisiert worden ist, daß er den materiellen Wohlstand zu sehr betont, der mit der Wiedergeburt in Jesus Christus verbunden ist: »Aber wer kümmert sich drum?« grinst er. »Wir haben Immobilien im Wert von vier Milliarden Dollar, und alles ist bezahlt.«[3]

Die Botschaft von »Gesundheit und Wohlstand« ermöglicht es Dr. Cho auch, eine Verbindung zwischen der Ausbreitung des wiedergeborenen Christentums und dem südkoreanischen Wirtschaftswunder herzustellen. Mitte der achtziger Jahre wuchs die Wirtschaft mit der schwindelerregenden Rate von zwölf Prozent pro Jahr, und das waren auch die Jahre, in denen die Pfingstbewegung ihre spektakulärsten Fortschritte machte. Diese Feststellung legt die Schlußfolgerung nahe, Koreas Wirtschaft werde es um so besser gehen, je mehr Koreaner sich bekehren. Dr. Cho sagt das aber nicht so deutlich; er konzentriert sich auf die heilsamen Folgen für Individuum und Familie. Im Mittelpunkt der Anziehungskraft, die seine Kirche ausübt, steht die Idee, daß die Bekehrung Vorteile für Ehefrauen, Ehemänner und Kinder bringt. Dazu gehören auch kurzfristige wirtschaftliche Vorteile, die sich zusammengenommen in ein goldenes Zeitalter des nationalen Wohlstands verwandeln könnten, wenn nur genug Koreaner sich bekehren. Aber obwohl das zunächst nicht so klar ausgesprochen wird, kann dieses Zeitalter nur eine Übergangsphase sein. Der Neubekehrte entdeckt bald, daß die *Full Gospel Church* kein sicheres Leben verspricht, das sich weit in die Zukunft hinein erstreckt. Im Gegenteil, sie bietet Familien feuerfeste Logenplätze, von denen aus sie sicher den bevorstehenden schrecklichen Todesqualen der menschlichen Zivilisation zusehen können.

Die süßen Worte von Gesundheit und Wohlstand, mit denen die *Full Gospel Church* versucht, die Unerlösten zu umgarnen, muß man in dem Kontext ihres Glaubens sehen, daß die Menschheit in ihren Letzten Tagen lebt. Das Gefühl verrinnender Zeit steht hinter allen ihren Aktivitäten, zu denen eine auf nationaler Ebene erscheinende Tageszeitung mit einer Auflage von einer Million, die Finanzierung von zweitausend Herzoperationen für Kinder seit 1983 und Missionen in achtundvierzig Ländern gehören. Sie alle bilden einen Teil der letzten großen Anstrengung für Christus, bevor die Getreuen zu Beginn der Großen Drangsal entrückt werden. Jedem, der mit den Glaubensvorstellungen der Tamy-Kirche vertraut ist, kommt das bekannt vor. Der einzige Unterschied zwischen der Endzeittheologie des vielbelachten Lee Jang Rim und der des Dr. David Yonggi Cho, Pastors der »größten Kirche in der Geschichte des Christentums«, wie sie manchmal heißt, liegt darin, daß Dr. Cho sich nicht auf ein bestimmtes Datum festlegt.

»Er ist kein großer Freund von Datensetzungen«, sagt Dr. Dennis Kim. »Wenn wir der Meinung wären, daß die Welt am Ende ist, dann würden wir unsere Entrückungskleider tragen und nicht für unsere weitere Expansion rüsten.«[4] Aber das ist nicht ganz aufrichtig, um das Mindeste zu sagen. Dr. Cho hat keinen Zweifel daran, daß der zweitausendste Geburtstag Christi den letzten Akt des Menschheitsdramas ankündigt, die Zeit des Antichrist. In seinem Kommentar zum Buch Daniel kündigt Cho an, daß die zweitausend Jahre des Evangelienzeitalters zu Ende gehen. Er glaubt, daß die Welt das Zeitalter erreicht hat, das dem Traum des Königs von der Statue mit Füßen, die aus Eisen und Töpferton gemischt sind, im Buch Daniel entspricht (Dan. 2, 33). Die Zehen sind die zehn Nationen der Europäischen Gemeinschaft (eine Deutung, die exakt der entspricht, zu der auch die Tamy-Kirche gelangt war). »Europa bewegt sich langsam auf seine Einheit zu, und diese Einheit wird zunächst in wirtschaftlicher und politischer Hinsicht erreicht werden«, sagt Dr. Cho. »An einem bestimmten Tag und einer bestimmten Stunde in unserem Leben, so glaube ich, werden wir in den

Nachrichtenmedien hören, daß die Einheit der zehn Nationen Europas endlich erreicht sein wird. Dann wird sich das Endzeitdrama dramatisch beschleunigen.«[5]

Dr. Chos Vision eines Endes der Geschichte ist so blutrünstig wie irgendeine Prophezeiung aus dem amerikanischen *Bible Belt*. In seiner Exegese wird auf das Erscheinen des Antichrist (von dem er sicher ist, daß er schon lebt und vielleicht schon seine Karriere als Politiker begonnen hat) die Große Drangsal folgen. Zu diesem Zeitpunkt wird die Ganze Kirche vom Heiligen Geist in den Himmel aufgehoben werden. In den folgenden dreieinhalb Jahren wird mehr als die Hälfte der verbleibenden Erdbevölkerung sterben. Ein furchtbarer Krieg wird die Städte der Welt verwüsten, ein Drittel der Erdvegetation wird verdorren, und eine neue amerikanische oder russische Atomwaffe, die »Raumbus« genannt wird, wird ins Meer fallen wie ein brennender Vulkan und ein Drittel aller Lebewesen im Meer vernichten.[6] All dies wird vor der Schlacht von Armageddon geschehen, in der eine chinesische Armee von 200 Millionen Mann auf die Armee des Antichrist treffen wird, bis die Haufen von Leichen und Waffen sich türmen wie Berge. Aber während dieser Schlacht wird Christus herabsteigen: die Reste beider Armeen werden sich vereinigen, um gegen ihn zu kämpfen, aber er wird sie vernichten und damit die Gesamtzahl der in der Endzeit getöteten Menschen auf 300 Millionen bringen. Das läßt nur die entrückte Kirche, die Juden und eine Handvoll Heiden übrig, die ins Tausendjährige Reich eintreten dürfen. Während dieser Zeit wird die Erde von Heiligen bevölkert sein, die »weder Sünden begehen noch an Krankheit leiden«. Am Ende dieser tausend Jahre werden die übrigen Toten auferweckt. Die Ungläubigen, die schon in der Hölle leiden, werden herausgeholt, zum zweitenmal verurteilt und in den Feuersee geworfen, während die Erlösten ins Neue Jerusalem eingehen.

Obwohl Dr. Cho nie versucht, das Datum für die Wiederkunft vorauszusagen und deshalb auch keine spezifischen Voraussagen für das Jahr 2000 macht, weist alles in seiner

Analyse darauf hin, daß die Geschichte in den ersten Jahren des 21. Jahrhunderts zu Ende gehen wird. Weniger klar ist, wie sich dies auf das tägliche Leben der Kirchenmitglieder auswirkt. In welchem Ausmaß leben sie in einer »apokalyptischen Zeit«, in der die normalen emotionalen Regungen durch das Wissen um das nahe Ende verzerrt sind? Wir sollten klar sehen, daß die Mitgliedschaft in der *Full Gospel Church* mehr der in einer rigid strukturierten Sekte gleicht als der in einer gewöhnlichen Kirche. Die weitaus meisten Mitglieder sind jeweils einer Hauszellengruppe zugewiesen, in der Dr. Chos Endzeittheorien regelmäßig erläutert und ergänzt werden, um sie an die aktuellen Veränderungen der internationalen Situation anzupassen. Die Zellen, von denen jede einem der siebenhundert Vollzeitpastoren der Kirche zugeordnet ist, sind auch darin geübt, »falsches Denken« unter den Gläubigen zu korrigieren. (»Wenn man sie in Aktion gesehen hat, beginnt man die Mentalität zu verstehen, die alle diese Parteizellen in Nordkorea auf Trab hält«, sagt ein enttäuschtes ehemaliges Kirchenmitglied.) So besteht kein Zweifel daran, daß die 700 000 Kirchenmitglieder sich bewußt sind, daß die eschatologische Zeitbombe unter ihnen tickt. Andererseits wissen sie nicht (und werden auch aktiv davon abgehalten, dies selbst herauszubekommen), wann sie explodieren wird.

Es ist genau dieser präzis kalkulierte Grad von Ungewißheit über die Zeit der Letzten Dinge, welche die *Yoido Full Gospel Church* zu einer der diszipliniertesten und kraftvollsten apokalyptischen Gruppen in der Welt von heute macht. Ihr Endzeitglaube ist nach den Maßstäben der Pfingstbewegung nicht extrem. Die Vorstellung, daß ein zweitausendjähriges System in einer blutigen Erfüllung der Prophetie zu Ende geht, wird von Millionen amerikanischer Fundamentalisten geteilt.

Was die Yoidokirche von ihnen unterscheidet, ist die Intensität, mit der dieser Glaube aufrechterhalten wird. Dies wird erreicht, indem die Mitglieder ständig daran erinnert werden, daß die Menschheit über die Schwelle zur Endzeit schreitet. »Sind die Mitglieder deiner Familie alle gerettet?« fragt Dr.

Cho. »Hast du deine Nachbarn auf den Pfad des Heils geführt?« Solche Fragen appellieren kräftig an das koreanische Gefühl der Verantwortlichkeit für Familie und Gemeinschaft, und sie werden unterstützt durch das Gefühl, daß die Zeit sich beschleunigt, ein Gefühl, das, wie wir noch sehen werden, in Südkorea auf besonders fruchtbaren Boden fällt. Den Gläubigen wird nicht abverlangt, daß sie das ganze Spektrum an theatralischer Schau abziehen müssen, das sich mit dem klassischen Kult des Jüngsten Tages verbindet: sie müssen keine Brücken hinter sich verbrennen, indem sie ihre Jobs aufgeben und ihre Besitztümer verkaufen. Die *Full Gospel Church* führt ihre Anhänger näher an den uneingeschränkten Millenarismus heran als jede andere pentekostalistische Gruppe; aber anders als die Tamy-Kirche überschreitet sie die Grenzlinie nicht.

Die psychologische Wirkung dieses Balanceakts besteht darin, daß sie Aktivitäten, die in gewöhnlichen Kirchen mit weitaus mehr Muße verfolgt werden, eine besonders manische Qualität verleiht. Von den Hausfrauen im mittleren Alter, die ungefähr die Hälfte der Kirchenmitglieder stellen, wird erwartet, daß sie drei oder vier lange Gottesdienste in der Woche besuchen; dazu kommen eine die ganze Nacht andauernde Gebetswache und ein Treffen der Hauszellengruppe. Man verlangt von ihnen nicht, daß sie sich auf einen Berg zurückziehen, um die Entrückung zu erwarten, aber mehrere Male im Monat besteigen sie einen »Gebetsberg« außerhalb der Stadt, wo vierundzwanzig Stunden am Tag einander ablösende Prediger die Zuhörer in einem zwanzigtausend Sitze fassenden Auditorium bearbeiten. Frauen spielen eine entscheidende Rolle in der Werbung neuer Mitglieder; sie werden dazu aufgefordert, Notizbücher zu führen, in denen sie jede Familie in ihrem Wohnblock aufführen; das, sagt man ihnen, »ist eure Ecke des großen Auftrags«. Ein Sprecher der Kirche gibt gutgelaunt zu, daß diese Hausevangelisten ihre unerlösten Nachbarn zu Zeiten aufsuchen, wenn sie in Schwierigkeiten sind. »Wir sagen vielleicht: ›Wir haben gehört, bei

Ihnen ist jemand sehr krank‹, und bieten ihnen an, eine Woche lang für sie zu beten. Wenn der Kranke wieder gesund wird, bietet die Familie üblicherweise von sich aus an, die Zellengruppe zu besuchen. Und wenn sie dreimal zurückkommen, dann erklären sie sich im allgemeinen für den Herrn.«[7]

Das Wachstum der Kirche selbst wird als ein Zeichen für die Endzeit angesehen. Dr. Cho lehrt, der Heilige Geist werde herunterkommen »wie ein Wasserfall«, bevor Jesus kommen werde. Der Schwung darf zu einem so entscheidenden Zeitpunkt nicht nachlassen, weder im eigenen Land noch auf der internationalen Ebene. Die Yoido-Kirche unterstützt begeistert die Ziele des Programms *AD 2000*. Ihre Gläubigen hören oft über das »10/40-Fenster«, das Gebiet zwischen den Breitengraden, in denen drei Viertel der »Unerlösten« der Welt leben. Dr. Cho hat die Vision, daß Korea als Startrampe für die Evangelisation Chinas ausersehen ist (obwohl China in seiner Zukunftsvision einen unrühmlichen Part in der Schlacht bei Armageddon zu spielen hat). Dr. Dennis Kim hofft, daß er an alledem teilnehmen kann. »In Amerika gehören mir viele Firmen. Aber eines Tages, vielleicht bald, werde ich das alles verlassen, um Missionar in China zu werden«, sagt er. Aber er sagt nicht genau, wann das sein wird; er muß auf die Öffnung Chinas warten, ein Ereignis, das zu einer Sequenz von Endzeitereignissen gehört, deren Terminierung vom Willen Gottes abhängt. Das Gleiche gilt für Nordkorea; die *Full Gospel Church* hat wie andere große Bekenntnisse einen genauen Evangelisationsplan, der in dem Augenblick, an dem die Grenze fällt, mit militärischer Präzision ablaufen wird. Innerhalb von Tagen wird Nordkorea von südkoreanischen Evangelisten überlaufen sein, die versuchen, Seelen für Christus zu gewinnen, und zwar vor den Missionaren der Konkurrenz.

Die Wachsamkeit, mit der die gebildeteren Kirchenmitglieder das Fernsehen und die Zeitungen nach den ersten Regungen des Antichrist absuchen, ist ein schlagender Beweis für ihren apokalyptischen Glauben. Jeder neue internationale Disput, jede Initiative eines internationalen Gremiums wird daraufhin untersucht, ob es darin Prophetisches zu entdecken gibt. Man muß manchmal an die Amateurexegeten des Mittelalters denken, für die etwa der Schrecken beim Zusammenbruch des byzantinischen Reichs abgemildert wurde durch das erregende Gefühl, eine Prophezeiung habe sich erfüllt. Aber für die Anhänger Dr. Chos müssen politische Ereignisse nicht dramatisch oder unmittelbar bedrohlich sein, um apokalyptische Bedeutung zu haben. Ein geringfügiger Konflikt über Handelsfragen zwischen den USA und Japan genügt, um ihren Puls zu beschleunigen. Ein junger Pastor erklärt: »Es wird einen Handelskrieg in den Letzten Tagen geben, in dem der Antichrist die Kontrolle über den Welthandel übernehmen wird.«

Jüngere Kirchenmitglieder scheinen einen besonders gesicherten Glauben an das nahende Ende zu haben. Man kann sich kaum unwahrscheinlichere Weltendpropheten vorstellen als Eu-nah Chung und Mi-sup Shim, zwei gutmütige junge Frauen Anfang zwanzig. Aber nach Miss Chung, Sekretärin in einer Metallfirma, geht die Zeit zu Ende. »Wir stehen vor dem Ende der Welt«, sagt sie. »Jetzt denken sogar Ungläubige darüber nach. Alles wird schlimmer und schlimmer: Erdbeben in Japan, Hungersnot in Afrika, Überschwemmung in Europa und Cholera in Bangladesch. Und natürlich ist es auch eine sehr böse Welt.« Ihre Freundin Miss Shim, Privatlehrerin für Englisch, stimmt ihr zu: »Wir sehen, daß Volk gegen Volk aufsteht, wie es in der Bibel steht. Wir haben das Gefühl, daß der zweitausendste Geburtstag unseres Herrn ein sehr wichtiger Augenblick ist, obwohl natürlich nur Gott weiß, was geschehen wird.« Beide glauben, daß Jesus zu ihren Lebzeiten wiederkommen wird, aber wahrscheinlich nicht, bevor sie geheiratet und Kinder bekommen haben. »Wir werden heiraten, wenn wir den richtigen finden, denn wir können nicht wissen, wann das Ende kommen wird«, sagt Miss Chung. »Schließlich sind wir noch sehr jung. Die Hauptsache ist, daß wir ernsthaft leben. Es ist noch so viel zu tun.«

Die Hauptsache ist, daß wir ernst leben. Obwohl Eu-nah Chung sich speziell auf die wiedergeborenen Christen bezog, hätte sie für die meisten ihrer Landsleute sprechen können. Das bewußte Streben nach Perfektion ist für Südkoreaner zweite Natur. Die Verwandlung von einem rückständigen Land der dritten Welt zur Volkswirtschaft mit dem größten ökonomischen Wachstum während der achtziger Jahre wird als moralischer und ökonomischer Triumph betrachtet. Das Pflichtgefühl, das hinter diesem Drang steht, an sich selbst zu arbeiten, ist eines von den vielen Elementen des Nationalcharakters, das von den Anbietern apokalyptischer Religiosität erfolgreich ausgebeutet worden ist. In einer so zielorientierten Gesellschaft wie der Südkoreas macht die unaufhörliche Konzentration auf das Ziel des Wachstums absolut Sinn. Und indem sie die Aussicht auf materiellen Erfolg als Belohnung für spirituelles Engagement anbieten, heiligen Kirchen wie die von Dr. Cho das Streben nach finanzieller Sicherheit.

Aber warum funktioniert diese Technik so gut in Südkorea und nicht in der gleichermaßen erfolgsorientierten japanischen Gesellschaft, wo Christen immer noch weniger als ein Prozent der Gesellschaft ausmachen? Die Antwort liegt darin, daß Japan eine Inselnation ist, die sich entschlossen hat, geistiger Ansteckung zu widerstehen; Korea hingegen ist Teil eines Kontinents, und außerdem war es in seiner Geschichte immer wieder das Ziel von Invasionen. Koreas Geschichte voller Brüche hat das Land besonders anfällig für die Angebote amerikanischer Missionare gemacht. Bis weit ins neunzehnte Jahrhundert hinein war das Land für den Rest der Welt so gut wie unsichtbar. Als Eremitenkönigreich bekannt, erwartete es Schutz von China und lehnte jeden Kontakt mit dem Westen ab. Im späten neunzehnten Jahrhundert zerfiel es wegen innerer Auseinandersetzungen und wurde zum hilflosen Pfand in der Auseinandersetzung zwischen China und Japan. 1910 annektierten die Japaner das Land offiziell. Zu diesem Zeitpunkt waren die amerikanischen Missionare schon präsent. Die meisten von ihnen waren Fundamentalisten und machten sehr geschickt Gebrauch von dem Prinzip, zeitgenössische Ereignisse als Neuinszenierungen biblischer Episoden zu deuten. Es war übliche Praxis unter den Missionaren, ihren Zuhörern zu erzählen, daß die Führer der koreanischen Unabhängigkeitsbewegung mit Moses zu vergleichen seien, daß das koreanische Volk dem Volk Israel und die Japaner (die Korea bis 1945 beherrschten) den Ägyptern der Bibel entsprächen. So konnte das Christentum das manchmal fragile Gefühl nationaler Einheit bei den Koreanern stärken, während es in Japan meist nur als ein ausländischer Einfluß galt. Nach dem Zweiten Weltkrieg wurde dieser Gegensatz natürlich noch stärker. Für die Japaner war das Christentum die Religion des siegreichen Feindes, während es sich für Südkorea als ein Glaube darstellte, der für sie mit der Befreiung vom japanischen Imperialismus und später vom Kommunismus verbunden war.

Aber eine Frage bleibt: Warum erzielte der protestantische Fundamentalismus mit seinem apokalyptischen Zeitrahmen deutlich größeren Erfolg in Korea als andere Formen des Christentums? Daß er ein Evangelium von »Gesundheit und Wohlstand« predigte, erklärt nicht alles. Ein ebenso bedeutsamer Faktor ist die Vereinbarkeit von Fundamentalismus und volkstümlichem Schamanentum. Obschon der Schamanismus nicht organisiert oder in Schriftform kodifiziert ist, kann er eher den Anspruch erheben, die koreanische Nationalreligion zu sein, als Buddhismus oder Konfuzianismus. Er basiert auf der Vorstellung einer ständigen Interaktion zwischen der realen Welt und der Welt der Geister. Beide sind verbunden durch Zwischenträger, normalerweise weiblichen Geschlechts, die *mudang* heißen. Für den Schamanismus hat der Glaube an die reale Existenz von bösen Geistern und Dämonen eine ebenso große Bedeutung wie für das fundamentalistische Christentum. Den evangelikalen Bibelübersetzern war dieser Punkt durchaus klar; sie achteten darauf, koreanische Wörter als Entsprechungen zu nehmen, die in der volkstümlichen Kosmologie eine spezifische Bedeutung hatten. So wurde der »unreine Geist« zum »sagwi«, dem schamanistischen »Vagabundengeist«, der, von seinem früheren Wohnsitz vertrieben, dazu verdammt ist, ruhelos über die Erde zu wandern. Es gibt noch einen anderen bemerkenswerten Berührungspunkt zwischen Fundamentalismus und Schamanismus: Für beide haben Träume einen hohen Stellenwert. Wenn Dr. David Yonggi Cho predigt, kommt er auf dieses Thema häufig zurück: »Ich bin ein eigenartiger Mensch, der zu Visionen und Träumen neigt«, sagt er in einem Ton, der nahelegt, daß es sich hier um seinen eindrucksvollsten Befähigungsnachweis handelt. Und so ist es wahrscheinlich auch in einem Lande, in dem Menschen aller religiösen Überzeugungen ständig über ihre Träume nachdenken und oft plötzliche Entscheidungen aufgrund von Träumen treffen, und wo eine der Hauptpflichten eines Priesters oder Geistlichen darin besteht, die Träume und Visionen der Gläubigen zu deuten.

In den Monaten vor dem Oktober 1992 brachte die »Mission für die kommenden Tage« eine lange und detaillierte Beschreibung der Visionen ihrer Anhänger, von denen viele Koreaner sind, die im Ausland leben. Dies ist ein ebenso merkwürdiges wie eindrucksvolles Dokument, in dem die Voraussagen der Tamy-Kirche durch alle möglichen Erscheinungen bekräftigt werden. Obwohl einige Zeugnisse offensichtlich fabriziert sind, haben andere eine halluzinatorische Ausstrahlung, die an die Traumgespinste mittelalterlicher Seher erinnert. »Frau Hae Sook Chung, eine Sonntagsschullehrerin aus Taegoo, Korea, träumte eines Tages, daß die Sonne und die Sterne sich rot färbten, und die Sterne torkelten und fielen schließlich zu Boden. Und große Vulkane brachen aus, und alle Bäume und Gräser ringsum verbrannten, und die ganze Welt wurde zu Asche, und die Flüsse gefroren, und die Asche fiel auf das Eis, und alles sah trostlos aus. Und zu dieser Zeit hörte sie eine Stimme, die rief ›1992.‹« Aber irgendwie ist es die Häufung Dutzender ganz alltäglicher Visionen, die den größten Eindruck macht. Eine Dentistin sieht die Zahlen

10/28/92, während sie an einem Sonntag Golf spielt, und danach »ist sie nicht mehr der gleiche Mensch«. Eine andere Frau beugt sich vor, um ihr Gesicht zu waschen, und sieht die schicksalhaften Zahlen im Waschbecken. Ein junger Koreaner, der in Kalifornien auf der Autobahn unterwegs ist, erfährt das Datum der Wiederkunft Christi von einer der sprichwörtlichen Gestalten aus den Großstadtmythen, dem später verschwundenen Anhalter.[8]

Die meisten koreanischen Beobachter geben zu, daß die »Mission für die kommenden Tage« nur eine extreme Ausprägung eines sehr viel weiter verbreiteten Impulses in der koreanischen Gesellschaft war, und eines Impulses zudem, der nicht auf christliche fundamentalistische Gruppen beschränkt ist. Eine wissenschaftliche Meinung zu diesem Problem geht dahin, die apokalyptischen Tendenzen als eine Folge gesellschaftlicher Dysfunktion zu sehen, die durch die Kombination von politischer Unterdrückung – Südkorea war bis in die achtziger Jahre praktisch eine Diktatur – und ungebremstem Wachstum entstanden sei. Zu einer Zeit, da jede politische Diskussion äußerst eingeschränkt war, hätten sich alle Spannungen und Belastungen in die weniger gefährdete religiöse Sphäre entladen. Professor Yee-Heum Yoon, Leiter der Abteilung für religiöse Studien an der Nationaluniversität von Seoul, glaubt, daß Apokalyptik einem aus der turbulenten Geschichte Koreas entstandenen psychischen Bedürfnis für das entgegenkommt, was er »eine plötzliche Öffnung« nennt.

»Über anderthalb Jahrhunderte ständiger Unruhe haben die Menschen sich nach einer dramatischen Lösung gesehnt«, sagt er. «Und das einzige Muster, das paßt, ist ein eschatologisches. Es bietet ein phantastisches Entkommen aus dem Leiden der Gegenwart.«[9] Yoon weist auf den millenaristischen Zug in den etwa zweihundert Religionen Koreas hin – unter ihnen auch die »Vereinigungskirche« (Mun-Sekte) –, die seit den achtziger Jahren neu entstanden sind. Die meisten von ihnen sehen ein Himmelreich auf Erden vor, mit Korea als Mittelpunkt, das seine Kraft aus einer wundersamen Fusion von westlicher Technologie und östlicher Weisheit schöpft, ein Konzept, das auch für die neuen Religionen Japans typisch ist. Oft fußen diese Religionen auf vorchristlichen (das heißt vor dem neunzehnten Jahrhundert entstandenen) Prophezeiungen von einem koreanischen goldenen Zeitalter. Ch'ondogyo, eine synkretistische Bewegung mit einer halben Million Mitgliedern, die im späten 19. Jahrhundert entstanden ist, verarbeitet eine uralte Überlieferung, derzufolge das Zentrum des neuen Paradieses der Kyerong-Berg sein wird. »In dieser neuen Welt wird es weder kaltes noch heißes Wetter geben, keine Mißernte, keine Flut, keinen Taifun, keine Krankheiten«, verkündet sie. »Der Mensch wird äußerstenfalls so lange leben, wie er will, bis zu fünfhundert Jahre lang im Durchschnitt und bis zu dreihundert Jahre lang als Minimum ... Geld wird nicht nötig sein, und alle Transaktionen werden auf dem Tauschweg erfolgen. Die internationale Sprache und Schrift wird Koreanisch sein. Auf dem Kyerong-Berg werden ein Palast aus Edelsteinen und eine Bank aller Völker gebaut werden.« Aber das wichtigste Detail hat man sich bis zum Schluß aufgehoben. »In dieser neuen Welt wird es keine Steuern geben.«[10] Nach Yoons Ansicht ist der Unterschied zwischen diesen Versprechungen und dem Ethos der fundamentalistischen christlichen Gruppen gleich null. »Das Entscheidende ist, daß apokalyptische Gruppen sich um die koreanische Gesellschaft oder um soziale Gerechtigkeit nicht kümmern. Sie interessieren sich nur für die göttliche Vorsehung und die religiöse Erfahrung des Einzelnen. Apokalyptische Eschatologie sehnt sich immer nach einem neuen Zeitalter und nach einer neuen Gesellschaft, aber sie ist selbstbezogen – auf *unsere* Kirche und *unsere* ethnische Gruppe; *sie* wird die Grundlage des nächsten himmlischen Königreichs sein.«

Der Professor billigt ganz offensichtlich diese Selbstbezogenheit nicht, weder bei den neuen religiösen Bewegungen noch bei solchen Kirchen wie der von Dr. Cho. Nach seinem Gefühl pflegen diese »eine Form des Christentums, der die entscheidenden christlichen Glaubenselemente fehlen.« Aber kann man die Südkoreaner wirklich dafür schelten, daß sie religiösen Weltanschauungen anhängen, die versuchen, das Selbst zu verewigen, indem sie Erlösung für das Individuum, die Familie oder die ganze ethnische Gruppe der Koreaner anbieten? Der apokalyptische Glaube in diesem Land hat viele Komponenten, aber wenn man sich auf einen einzigen Faktor beschränken müßte, der die Ausbreitung der Apokalyptik erklärt, dann müßte es die ständige Bedrohung des individuellen und kollektiven Identitätsgefühls der Koreaner in den letzten fünfzig Jahren sein. Die Teilung Koreas entlang des 38. Breitengrads nach dem Zweiten Weltkrieg hat einen weitaus traumatischeren Effekt auf die nationale Psyche gehabt als Jahrhunderte der Fremdherrschaft. Der Streß der künstlichen Teilung wird heute fast ebenso schmerzhaft empfunden wie vor vierzig Jahren. Der langsame Tod der nordkoreanischen Wirtschaft während einer Periode spektakulären Wachstums im Süden hat wenig dazu getan, die militärische Drohung aus dem Norden abzuschwächen. Die scheußlichen Werbeflächen auf den Bergen rund um Seoul dienen einem doppelten Zweck: Obwohl sie ersichtlich Anzeigen für die hochwertigen Konsumgüter sind, die ihren Weg auch in die baufälligsten südkoreanischen Heime gefunden haben, ist ihre Hauptfunktion doch, die Raketen- und Radaranlagen zu verbergen, die nach Norden ausgerichtet sind. Noch im Frühjahr 1993, während der Krise um die Entscheidung des Nordens, aus dem Atomwaffen-Sperrvertrag auszusteigen, warnte das Regime in Pjöngjang, daß jeden Augenblick ein »totaler Krieg« mit dem Süden losbrechen könne. Die Krise ging vorbei, und Kim Il-Sung starb wenig später; aber die andauernde Unsicherheit über seine Nachfolge und die Befürchtungen, der nordkoreanische Staat könne plötzlich zusammenbrechen und Südkorea die Aufgabe hinterlassen, die Scherben aufzuheben – dies alles bedeutet, daß die Nerven im Süden bis zum äußersten angespannt sind.

Diese gespannte Situation arbeitet für die fundamentalistischen Kirchen, wie Lydia Swaine, Dr. Chos Assistentin für außenpolitische Fragen, offen zugibt: »Die Drohung eines Krieges bereitet das Herz immer für Jesus vor. Sie ist ein Konditionierungsprozeß für das Evangelium«.[11] Hier spielt sich gewiß noch etwas Komplizierteres ab als schlichte Todesangst. In einer Stadt, die der sterbende Kim Il-Sung in ein »Feuermeer« zu verwandeln versprach, kann man die Macht einer Theologie nicht ableugnen, die einen Atomschlag vorsieht, der schrecklicher ist als alles, was Nordkorea androhen könnte. David Yonggi Cho benutzt den Ausdruck »Feuermeer«, um das Inferno zu beschreiben, das ein Drittel der Welt vor Armageddon verzehren wird. Ein Teil des Erfolgs der *Full Gospel Church* beruht zweifellos auf ihrer Fähigkeit, alptraumhafte Visionen für ihre Zuhörer heraufzubeschwören, die ungewöhnlich empfänglich für die Angst vor dem Atomkrieg sind, und diese dann zu einem harmlosen Horrorfilm abzuschwächen, indem man die Gläubigen daran erinnert, daß sie ja beim ersten Knopfdruck schon entrückt sein werden.

Nicht weniger wichtig ist die Fähigkeit apokalyptischer Gruppen, das Gefühl von Desorientierung anzusprechen, das den Alltag in Südkorea charakterisiert. Hinter dem gespenstischen wirtschaftlichen Wachstum steht die plötzliche Entwurzelung eines großen Teils der Landbevölkerung, die in einer Gesellschaft traumatische Folgen haben muß, für die familiäre Bindungen so viel bedeuten. Diese Entwurzelung wird an jedem Neujahrsfest schmerzlich erkennbar: Etwa 22 Millionen Koreaner machen sich auf den Weg zu einer nostalgischen Pilgerfahrt in ihr Heimatdorf und lassen Seoul aussehen wie eine Szene aus dem Film »Der Tag danach« – so hat es ein Bewohner treffend ausgedrückt. Die traditionelle Struktur der Großfamilie, die durch den Exodus in die Großstädte schon ausgehöhlt ist, versinkt rasch ins Reich der Erinnerungen, seit die Maßnahmen der Regierung greifen, Familien mit mehr als zwei Kindern zu benachteiligen. Besonders die Frauen von Angestellten leiden an akuter Langeweile und Isolation in ihren blitzsauberen neuen Wohnungen; und unter solchen Umständen bedeutet es eine willkommene Ablenkung, wenn der Evangelist an der Tür klopft. Was apokalyptische Gruppen anbieten, ist letztlich eine neue Großfamilie mit hohem Zusammenhalt, im Austausch für fraglose religiöse Hingabe. Die *Yoido Full Gospel Church* übernimmt sogar die Verantwortung für ältere Verwandte in ihrem Altendorf, der größten derartigen Einrichtung in Asien.

Was diejenigen der Gläubigen anbetrifft, die voll im Berufsleben stehen, so gibt es eine subtile Beziehung zwischen dem raschen Tempo des Lebens in Südkorea und den Umrissen einer apokalyptischen Eschatologie. Die ständigen Zielsetzungen muß man im nationalen Kontext der ständigen Beschäftigung mit Geschwindigkeit sehen. »Wir haben in zwanzig Jahren so viel gebaut wie andere Länder in hundert«, sagt ein ehemaliger Politiker. »Schnell, schnell, schnell, das ist Korea.« Aber nicht nur Geschwindigkeit zählt; über Jahrzehnte haben die Südkoreaner auf konstante Beschleunigung hingearbeitet. Der Glaube an die nationale Fähigkeit, Jahr für Jahr Rekorde zu brechen, ist so fest verwurzelt, daß viele Südkoreaner davon träumen, daß ihr Land (jährliches Bruttoeinkommen pro Kopf der Bevölkerung: 8500 Dollar) Japan (Bruttoeinkommen pro Kopf der Bevölkerung: 37 500 Dollar) zum Jahrhundertende überflügeln wird. Natürlich denkt niemand so, der in der Wirtschaft eine leitende Position innehat; aber man braucht nicht sehr weit unterhalb der höheren Managementebene zu suchen, um Menschen zu finden, die den Glauben an einen wirtschaftlichen Triumph über Japan *zum Jahrhundertende* mit religiöser Inbrunst vertreten.

Es ist kein Zufall, daß Angestellte im mittleren Management oder Leiter von Fabriken, die am stärksten an diesem Glauben festhalten, zu einem sehr viel höheren Prozentsatz fundamentalistische Protestanten sind als ihre Vorgesetzten oder Untergebenen. Es sind diejenigen, die in den siebziger und achtziger Jahren, vielleicht mehr als jede andere Gruppe der Gesellschaft, bis an den Rand des physischen Zusammenbruchs schufteten, um den Sprung von der Armut zum Wohlstand in einer Generation zu schaffen. Für sie ist das Jahr 2000 der Moment, in dem ihre Opfer Früchte tragen werden, in Form einer unumkehrbaren Verlagerung der Wirtschaftsmacht vom Westen und von Japan zur koreanischen Halbinsel. (Wie wir sehen werden, herrschen in Japan sehr ähnliche Einstellungen; dort glaubt man an das Zusammenfallen des Jahrhundertendes mit dem Triumph der Anrainerstaaten des Pazifiks.) Was könnte also natürlicher sein, als sich religiösen Überzeugungen anzuschließen, in denen neben dem Übergang der wirtschaftlichen Macht auf Korea eine entsprechende Bewegung des Heiligen Geistes steht? Interessanterweise hat Dr. Cho eine Theorie der Geschichte, die nicht unähnlich der Hegels ist, nach dessen Vorstellung sich der Geist allmählich auf der Erdkugel nach Westen bewegt. Cho denkt sich die Geschichte als eine Umschiffung des Globus durch den Heiligen Geist; in biblischen Zeiten reiste er vom Nahen Osten nach Rom, dann zum protestantischen Nordeuropa und von dort nach Amerika. Nun bewegt er sich weiter nach Westen auf Asien zu und bringt dort das Große Jahr zu Ende, indem er den Kreis schließt.

Die Gefahr liegt darin, daß Dr. Cho und andere fundamentalistische Kirchenführer damit eine Atmosphäre atemloser Erwartung schaffen, die unmöglich lange aufrechterhalten werden kann. Über Jahre hinweg war die unausgesprochene Erwartung der Theologie in der koreanischen Pfingstbewegung, daß die Endzeitkirche auf einer Woge von Zeichen und Wundern ins geheimnisvolle Jahr 2000 getragen wird und die Bewegung sich noch beschleunigt. Diese Vision ähnelt sehr der Vorstellung, die viele Koreaner von ihrer Wirtschaftsentwicklung haben – und sie erweist sich als ähnlich unrealistisch. In den letzten Jahren hat sich die Entwicklung der Kirche spürbar verlangsamt, parallel mit der Entwicklung der Wirtschaft, und vielleicht aus dem gleichen Grund: nämlich dem, daß die jungen Koreaner sich mehr vom lässigeren Lebensstil junger Menschen in Europa und Japan angezogen fühlen als von dem ihrer schwer arbeitenden Eltern.

Doch in vieler Hinsicht waren die Aussichten für Südkorea niemals freundlicher. Ein kürzlich erschienener Übersichtsartikel des *Economist* schloß mit der Bemerkung, das Land sei »in diesem herrlichen Zustand der Entwicklung, in dem es von Ideen überquillt, aber noch nicht selbstzufrieden ist«.[12] Die demokratische gewählte Regierung verwirft vieles an der autoritären Politik früherer Jahrzehnte. Das Ethos raschen Wachstums durch Disziplin und Opfer wird ersetzt durch eine seit langem überfällige Hinwendung zu Deregulierung und ausländischen Investitionen. Das Schlüsselwort in Regierungskreisen ist »Globalisierung«, eine Vorstellung, von der man erwarten sollte, daß fundamentalistische Christen gegen sie opponierten, weil sie in ihr die unheilverkündenden Spuren des Antichrist wittern. Im Gegenteil; Dr. Chos Kirche ist ganz für die Globalisierung, weil sie mit Recht erwartet, daß sie Missionsprogramme im Ausland erleichtern wird. Führende Leute der Kirche sprechen abschätzig über das »Eremitenkönigreich« und mit großen Enthusiasmus über Südkoreas Integration in die Weltwirtschaft.

Tatsächlich ist einer der Züge des apokalyptischen Glaubens der Christen in Südkorea, den man am wenigsten erwartet und der die meisten Rätsel aufgibt, ihr Vertrauen in die Zukunft. Obschon die fundamentalistischen Kirchen zu Zeiten von der Aussicht auf Armageddon geradezu angenehm erregt scheinen, strahlen sie zu anderen Zeiten einen Optimismus aus, der die Selbstgefälligkeit der Auserwählten transzendiert. Sie können auf schockierende Weise manipulieren, indem sie auf finanzielle Unsicherheit und Angst vor dem nuklearen Holocaust spekulieren; aber sie denken schnell und passen sich rasch an. Es ist schwer, sich der Schlußfolgerung zu verschließen, daß sie die Dynamik Südkoreas nicht nur widerspiegeln, sondern aktiv zu ihr beitragen. Besonders die *Full Gospel Church* ist ein beeindruckendes Meisterstück der Menschenbeeinflussung: Ihre Endzeittheologie und ihre Zellenstruktur bringen ein Engagement hervor, das unweigerlich in das außerkirchliche Leben der Gläubigen übergreift. Über viele Jahre ist dieser Prozeß durch das Nahen des Jahres 2000 erleichtert worden. Er hat einen Grad von erregter Erwartung der Wiederkunft Christi erzeugt, der wahrscheinlich in keinem anderen Land übertroffen wird. Aber Dr. Cho und seine Kollegen wissen genau, wie sie diesen Enthusiasmus nutzbar machen und umlenken können, und sie haben bereits Pläne für die Zukunft, die weit über die Jahrtausendwende hinausweisen. In der Theorie verlangt es sie natürlich nach dem Ende, wenn sie in die Lüfte entrückt werden und von oben sehen können, wie ihre wertvollen Immobilien im Feuer des Armageddon verschwinden – aber, um mit dem heiligen Augustinus zu sprechen: noch nicht.

11

# »Ein Verhängnis nähert sich dem Land der aufgehenden Sonne«

Am Abend des 27. Juni 1994 hörte Yoshiyuki Kouno, ein Vertreter, der in der japanischen Stadt Matsumoto lebt, ein verdächtiges Geräusch vor seiner Haustür. Als er sie öffnete, sah er seine zwei Hunde, eine Setterhündin und ihr Kleines, auf dem Boden liegen, zuckend und mit Schaum vor dem Mund. Dann starben sie. Er stürzte ins Haus zurück und fand seine Frau auf dem Wohnzimmerboden liegen; sie wand sich in heftigen Krämpfen. Er lief zum Telefon, um die Ambulanz anzurufen, und verlor dann selbst das Bewußtsein. Das letzte, was er sah, waren farbenprächtige Fragmente. In der Ambulanz erbrach er sich unkontrollierbar. »Wir haben thailändisches Reis-Pilaf gegessen«, konnte er den Sanitätern noch sagen; aber der Reis war nicht schuld. Die Wahrheit war, daß Wolken von Sarin, einem Giftgas, das tödlicher als Cyanid ist, durch die engen Gassen von Matsumoto zogen. Das Gas blieb dicht am Boden hängen, genauso wie es die Naziwissenschaftler beabsichtigt hatten, die es während des Zweiten Weltkriegs entwickelten. Obwohl es damals nie benutzt wurde, war es speziell dazu entwickelt worden, eine große Anzahl von alliierten Soldaten auf dem Schlachtfeld zu töten. Während Kouno anrief, lagen sieben seiner Nachbarn im Todeskampf.

Am nächsten Morgen waren die Straßen von Matsumoto übersät von toten Hunden, Katzen und Vögeln. Die japanische Polizei, die Öffentlichkeit, die Medien, alle waren schokkiert und tappten vollkommen im Dunkeln. Zuerst nahm die Polizei Kouno fest, da sie ihn im Verdacht hatte, unabsichtlich Sarin produziert zu haben, als er in seinem Garten hinter dem Haus ein selbstgemachtes Unkrautvertilgungsmittel angemischt hatte. Aber es wurde bald klar, daß der Angriff geplant gewesen war, und daß Kouno keinen Zugang zu den nötigen Chemikalien hatte. Es gab wilde Spekulationen über internationale Terroristen und Extremisten von links und rechts. Eine besonders wilde Theorie behauptete, daß die japanische Einheit für biologische Kriegführung, die während des Krieges bei Experimenten in der Mandschurei über 3000 Menschen getötet hatte, irgendwie wiederauferstanden war. Drei Monate nach dem Gasattentat berichteten Zeitungen, daß die Behörden immer noch keine Idee hätten, wer das Gas hergestellt hatte, wie es hergestellt worden war, und für welchen Zweck.

Erst Ende des Jahres begannen die Behörden eine der etwas phantastischer klingenden Theorien über den Giftanschlag ernst zu nehmen: Er sei das Werk einer »Armageddon-Kultgemeinde« namens Aum Shinrikyo, die wenige Jahre vorher Land in der Nähe von Matsumoto gekauft hatte. Die Aum-Sekte, deren Lehren eine Mischung aus Buddhismus und Yoga waren, kräftig gewürzt mit westlicher Apokalyptik, beanspruchte, seit ihrer Gründung im Jahre 1987 Hunderttausende von Anhängern gewonnen zu haben. In einem Land, in dem jedes Jahr Hunderte von neuen religiösen Bewegungen entstehen, ist das an sich nichts Besonderes. Aber auch nach japanischen Maßstäben waren die Aum-Anhänger exotisch; sie befestigten Drähte an ihrem Kopf, um ihre Gehirnwellen mit denen des Sektengründers zu synchronisieren, einem bärtigen, halbblinden Guru namens Shoko Asahara. Außerdem hatte Aum, ungleich anderen religiösen Bewegungen, einen wirklich finsteren Ruf. Zum einen war die Gemeinde verdächtig reich. Asahara hatte ein kleines Imperium von Unternehmen aufgebaut, wie Computerläden, Nudelrestaurants und Fitnessklubs, wobei er sich ein Gesetz zunutze machte, das religiösen Körperschaften Schutz und Steuererleichterungen gewährt. Aber es ging das Gerücht um, daß ein großer Teil dieses Geldes von Anhängern erpreßt worden sei. Viele hatten Aum auch im Verdacht, am Verschwinden eines Bürgerrechtsanwalts, seiner Frau und ihres Babys im Jahre 1989 beteiligt gewesen zu sein. Der Rechtsanwalt, Tsutsumi Sakamoto, hatte etwa zwanzig frühere Aum-Anhänger vertreten, unter anderem einen Klienten, der dazu gebracht worden war, ein Fläschchen mit Asaharas Blut für eine Million Yen (ungefähr 10 000 DM) zu kaufen. Wie viele umstrittene neue Religionen, war Aum sowohl Objekt als auch Ursache zahlreicher Prozesse. Zur Zeit des Vorfalls in Matsumoto wurde die Sekte von einem Landbesitzer verklagt, der behauptete, sie habe das Land, das sie von ihm erworben hatte, unter falschen Vorspiegelungen erschlichen. Das Urteil wurde für Juni 1994 erwartet, dann aber verschoben, weil die drei vorsitzenden Richter zu krank waren, um an der Urteilsfindung teilzunehmen. Am 27. Juni, so stellte sich heraus, waren sie in einem Gästehaus weniger als hundert Meter von der Stelle gewesen, an dem das Saringas ausgeströmt war. Waren sie die eigentlichen Ziele des Anschlags?

Am 1. Januar 1995 berichtete die japanische Zeitung *Yomiuri*, Spuren einer Phosphorverbindung, die durch Sarin entstanden sein könnte, seien in Kamikuishiki, einem Dorf am Fuß des Fujiberges, gefunden worden, in dem Aum Shinrikyo seit vier Jahren seinen Hauptsitz hatte. Mehr als tausend Mitglieder lebten angeblich in oder nahe einem Komplex fabrikartiger, heruntergekommener Gebäude, die Aum gegen heftigen Widerstand der örtlichen Bevölkerung dort gebaut hatte. Die Zeitung erwähnte die Aum-Sekte nicht einmal, um deren prozeßfreudige Rechtsabteilung nicht zu reizen; aber in diesem Stadium war das auch nicht nötig. Der Artikel weckte bei den Dorfbewohnern zahlreiche Erinnerungen an üble Gerüche, die aus dem Areal des Kults aufgestiegen waren, an plötzliche Anfälle von Übelkeit, wenn sie an dem Gebäudekomplex vorbeigegangen waren, und an Aum-Anhänger mit ihrem seltsamen Kopfputz, die sie am Wegrand, offensichtlich bewußtlos, hatten liegen sehen.

Wenn die japanischen Medien im allgemeinen zögerten, mit dem Finger auf Aum zu zeigen, so gab es wenigstens eine

Publikation im Westen, die jede Vorsicht in den Wind schlug. Das *Esquire*-Magazin brachte einen erstaunlich kühnen und, wie sich später herausstellte, vorausschauenden Artikel von Andrew Marshall unter dem Titel »Das Geheimnis des Nazigases«, in dem es hieß: »Wenn irgend jemand das Sarin-Geheimnis lösen kann, dann Seine Heiligkeit der Meister Shoko Asahara.«[1]

Schließlich habe er schon einige der schwierigsten Fragen des Universums beantwortet, wie die nach der Herkunft der Ufos (Antwort: aus dem Himmel des degenerierten Bewußtseins, dessen König Asahara schon »einige Male« gewesen war) oder die nach dem Schöpfer der Pyramiden (wieder Asahara, in einer früheren Reinkarnation als ägyptischer Architekt Imhotep). Marshall war in Kamikuishiki gewesen, um mit verstimmten Aum-Nachbarn zu sprechen. Die Leute dort erzählten ihm, die Sekte habe das Dorf mit leeren Chemikalienbehältern verdreckt; sie spiele spät in der Nacht über Lautsprecher endlose Mantras; und einmal seien dreihundert Sektenmitglieder über die Straße marschiert, vermummt wie der Ku-Klux-Klan, und hätten »den Kindern einen höllischen Schrecken eingejagt«. Nachdem die Leute im Ort von dem möglichen Entweichen von Sarin im Dorf erfahren hatten, waren sie natürlich scharf darauf herauszubekommen, was Aum vorhatte. Ein Ortsansässiger machte Marshall auf ein fensterloses weißes Gebäude am Abhang des Fuji aufmerksam. »Wir denken, da oben werden sie 1997 ihren Massenselbstmord begehen«, sagte er. »Alle hier sind wirklich besorgt, daß aus Kamikuishiki ein zweites Waco wird.«

Als *Esquire* an den Zeitungskiosken auslag, hatten diese Worte bereits einen erschreckenden Widerhall gefunden. Am Montag, dem 20. März 1995, kurz nach acht Uhr, begannen Fahrgäste, die in der morgendlichen Hauptverkehrszeit die Untergrundbahn in Tokio benutzten, zu husten, zu würgen und zu erbrechen. Es wurde sehr schnell klar, daß starkriechendes Gas aus durchlöcherten Plastiktüten strömte, die in Zeitungen gewickelt waren; von den U-Bahn-Arbeitern, die versuchten, die Tüten zu entfernen, brach einer nach dem anderen zusammen. Auf nicht weniger als sechzehn U-Bahn-Stationen mußten schwer erkrankte Pendler auf Bahren gehoben werden; am Ende des Tages waren 5500 Menschen in Krankenhäusern behandelt worden, zwölf von ihnen starben schließlich. Experten für chemische Kriegführung verbrachten Tage damit, Züge, Tunnels und Bahnhöfe abzusuchen. Ihre Schlußfolgerung war, daß, wer auch immer das Gas eingesetzt habe, die Absicht verfolgt haben müsse, daß Zugladungen voll sterbender Menschen zur gleichen Zeit in der Kasumigaseki-Station anlangten, unterhalb eines Viertels im Herzen von Tokio, in dem zahlreiche Regierungsstellen liegen. Es war also nicht ein planloser terroristischer Akt, sondern ein sorgfältig geplanter Angriff auf den japanischen Staat selbst.

Obwohl nur eine Handvoll Leute starben, erschreckte das Gasattentat Japan mehr als das Erdbeben von Kobe ein paar Monate vorher, in dem 6000 Menschen umgekommen waren. Der grausige Anblick von Polizisten, die in Gasmasken die Untergrundbahn durchsuchten, war wie eine Vorschau auf den Zusammenbruch der Zivilisation: ein postmodernes Armageddon, in dem das vertraute Schreckgespenst des Atomschlags durch unsichtbare Agenten der Zerstörung ersetzt war, die ohne Vorwarnung vom Boden aufsteigen. Für die japanischen Medien und die Bevölkerung machte es Sinn, daß der Angriff das Werk eines Endzeitkults war, und wegen der wahrscheinlichen Verbindung zwischen Kamikuishiki und den Saringasvorfällen in Matsumoto war die Aum-Shinrikyo-Sekte offenbar die Schuldige. Es wurden Schriften von Asahara abgedruckt, in denen er den unmittelbar bevorstehenden Zusammenbruch der japanischen Gesellschaft und ihre Vernichtung in einem Atomkrieg mit den USA voraussagte. Listen von Aum-Mitgliedern wurden veröffentlicht, die ein alarmierendes Vorherrschen von Kultangehörigen mit unversitärer Ausbildung zeigten, einige von ihnen mit spezialisierten Kenntnissen in Biochemie und Nuklearphysik. Es stellte sich heraus, daß Kyle Olson, Vizepräsident des Amts für Kontrolle chemischer und biologischer Waffen in den USA, der den Vorfall in Matsumoto überprüft hatte und mutmaßte, Aum stecke dahinter, die japanische Regierung damals gewarnt hatte, der Vorfall könne das Vorspiel zu einem größeren terroristischen Angriff in Tokio sein; seine Bemerkung war tatsächlich in dem *Esquire*-Artikel zitiert. Aber dieser Beweis dafür, daß der Angriff hätte verhindert werden können, trug nur dazu bei, den öffentlichen Zorn gegen die Aum Shinrikyo weiter anzustacheln.

Innerhalb einer Woche hatte die Polizei fünfundzwanzig Aum-Zentren in ganz Japan durchsucht. Diese Durchsuchungen waren eigentlich schon vor dem Gasangriff in der Untergrundbahn geplant gewesen, als Teil einer Untersuchung, die das Verschwinden eines prominenten Aum-Kritikers ausgelöst hatte, des in Tokio ansässigen Notars Kiyoshi Kariya. Es gibt Hinweise, daß die Sekte davor gewarnt worden war und dies den Zeitpunkt des Gasangriffs beschleunigt hatte. Jedenfalls hatte sich der Zweck der Durchsuchungen inzwischen verändert; das Ziel war nun, Beweise dafür zu finden, daß Aum das Sarin hergestellt hatte, und dazu brauchte die Polizei nicht lange zu suchen. Untersuchungsbeamte, die Kanarienvögel mit sich führten, um Giftgas zu entdecken, fanden mehr als vierhundert chemische Verbindungen an verschiedenen Stellen, darunter vierzig Flaschen eines Lösungsmittels, das zur Herstellung von Sarin verwendet werden konnte. Diese wurden im Hauptquartier in Kamikuishiki gefunden, das sich als ebenso bizarr erwies, wie es vorher die Leute im Ort behauptet hatten. Eine primitive Buddhastatue blickte auf ein improvisiertes Laboratorium herab, das riesige Behälter mit übelriechenden Chemikalien enthielt. Die Mitglieder der Sekte lebten in feuchten, schäbigen Schlafsälen, und zur Seit der Durchsuchung lagen mehrere von ihnen im Koma. Tests zeigten Spuren von gefährlichen Drogen einschließlich Phenobarbital, eines Betäubungsmittels, das von Ärzten nicht mehr verwendet wird, weil es geistige Störungen,

Krämpfe und sogar den Tod verursachen kann. Allerdings fand man keine Spur von Asahara. Der Sektenführer gab unterdessen eine Reihe von Pressemitteilungen heraus, in denen er jede Beteiligung an dem Attentat in der Untergrundbahn bestritt. »Wir sind Buddhisten!« hieß es darin. »Wir töten keine lebenden Wesen, nicht einmal Insekten.« Asahara gab zu, daß große Mengen von Chemikalien bei Aum gefunden worden seien, bestand aber darauf, daß sie zu gewerblichen, häuslichen, künstlerischen und medizinischen Zwecken gedient hätten. Was das Sarin betraf, so habe seine Gemeinde dieses nicht nur nicht hergestellt, im Gegenteil, sie sei mit Sarin vergiftet worden; Düsenflugzeuge der amerikanischen Luftwaffe hätten es mit anderen schädlichen Substanzen über ihnen versprüht. »Obwohl uns Antibiotika helfen, unser Leben zu erhalten, sind wir in einem sehr kritischen Zustand. Deshalb bin ich seit Mai 1994 nur wenige Male in der Öffentlichkeit erschienen.«[2] Soweit Asahara. Und nun war er verschwunden. Es bedurfte einer weiteren polizeilichen Durchsuchung in Kamikuishiki am 16. Mai, um sein Versteck zu finden; eine geheime Kammer, kaum größer als ein Sarg, in einem Zwischenboden. Der beleibte Guru, der in ein purpurnes Gewand gekleidet war (wie die römischen Kaiser hatte er diese Farbe für sich selbst reserviert), wurde herausgetragen und bekam einen Haftbefehl wegen Mordes und versuchten Mordes überreicht.

Im Frühjahr und Sommer 1995 erreichte die Wut auf Aum Shinrikyo solche Ausmaße, daß einige Journalisten sich fragten, ob die Sekte nicht zum Sündenbock für Verbrechen gemacht werde, die sie gar nicht begangen hatte. Während es nach wie vor unklar war, wie und warum Sarin hergestellt worden war, brachte das Wochenendmagazin der britischen *Sunday Times* einen Artikel von James Dalrymple, der die, wie er sagte, »nahezu erheiternden« Geschichten in der westlichen Presse attackierte, vor allem Berichte über eine »Verschwörung im Fu-Manchu-Stil« zum Sturz der japanischen Regierung mit Nervengas und Waffen, die von der russischen

Mafia geliefert worden sein sollten. Der Artikel machte sich auch lustig über Berichte, Aum habe Sarin an Schafen an Australien getestet. Asahara, behauptete er, sei »mehr an Nudeln als an Saringas interessiert.«[3] Einige auf neue religiöse Bewegungen spezialisierte Forscher sympathisierten mit dieser Ansicht; sie hatten den Verdacht, daß gegen den Kult eingestellte Sprecher Aum Shinrikyo als bösartiger und gefährlicher darstellen wollten, als die Sekte wirklich war, wie im Fall von Waco zwei Jahre früher.

Aber die Wahrheit, wie sie nach und nach durch Geständnisse von Mitgliedern Ende 1995 herauskam, war tatsächlich, daß der Aum-Kult geplant hatte, der ganzen Gesellschaft den Krieg anzusagen und dazu alle Waffen zu benutzen, derer sie habhaft werden konnten. Die Verschwörung im Fu-Manchu-Stil war keine Erfindung westlicher Journalisten. Es ist nahezu sicher, daß die Sekte beabsichtigte, ihre Position in Rußland (wo sie angeblich 30 000 Anhänger hatte, dreimal so viel wie in Japan) dazu zu benutzen, Atomwaffen zu ergattern, und daß sie erfolgreich das Kurtschatow-Institut unterwandert hatte, ein führendes russisches Laboratorium für Nuklearphysik. Die ehemalige Sowjetunion spielte eine wichtige Rolle in den Plänen der Gruppe. Sie hatte bereits einen Mil-17-Hubschrauber gekauft, war gerade dabei, Erkundigungen über den Ankauf eines gebrauchten russischen Panzers einzuziehen, und organisierte »militärische Ausbildungsreisen« in Rußland für ihre Anhänger. Für den Einfallsreichtum des Aum-Kults schien es keine Grenzen zu geben; als der Prozeß gegen Asahara und seine Stellvertreter 1996 endlich begann, lagen Beweise dafür vor, daß die Kultgemeinde biologische Waffen entwickelte, versuchte, Uran zu kaufen, Feuerwaffen anhäufte, LSD herstellte und bei ihren Anhängern ein Wahrheitsserum anwandte. Das Gasattentat in Tokio sollte keineswegs der Höhepunkt ihrer kriminellen Aktivitäten sein; vielmehr sah es ganz so aus, als sei es nur als Auftakt eines terroristischen Krieges geplant gewesen. Selbst nachdem die meisten seiner Unterführer schon verhaftet waren, gelang Aum fast ein noch spektakulärerer Schlag. Am 5. Mai 1995, mitten in den Ferientagen der »Goldenen Woche«, wurden tödliche Chemikalien in zwei Plastikbeuteln entdeckt, die nebeneinander in einer öffentlichen Toilette in Tokios Shinyuku-Bahnhof abgestellt worden waren. Der eine enthielt Natriumcyanid, der andere verdünnte Schwefelsäure. Als sie von einem Passanten gefunden wurden, brannte der erste Beutel. Hätten die Flammen auf den anderen Beutel übergegriffen und die beiden Chemikalien sich vermischt, wäre genug Blausäuregas entstanden, um etwa 10 000 Menschen zu töten.[4]

Aum Shimrikyo hatte, wie sich herausstellte, keinerlei Gewissensbisse, Menschen zu töten; der Kult hatte eine Theologie des Todes entwickelt, in welcher der Akt des Tötens sowohl für den Täter als auch für das Opfer eine spirituelle Gnade war. Niemand weiß genau, wie viele Aum-Anhänger als Folge von Drogenexperimenten oder Hinrichtungen starben; einige Stellen vermuten, daß mehr als ein Dutzend Körper in den Mikrowellenöfen der Sekte verbrannt wurden.

In Japan fand man es nicht leicht, mit dem Phänomen Aum Shinrikyo klarzukommen. Intellektuelle und Journalisten haben Hunderte von Büchern und Artikeln geschrieben und versucht zu erklären, wie eine so gewalttätige Gruppe, geführt von einem bis an die Grenze der Lächerlichkeit finsteren Guru, bis zu 10 000 Anhänger anziehen konnte, die meisten von ihnen zwischen zwanzig und vierzig, viele mit Universitätsabschlüssen.

Die meisten dieser Analysen richteten ihre Aufmerksamkeit vor allem auf den gnadenlosen Ausleseprozeß im japanischen Schulsystem und auf den gespenstischen Wirtschaftsboom der achtziger Jahre. Viele sind sich einig darin, daß die Kombination dieser beiden Faktoren einen unerträglichen Druck auf junge Menschen ausübte, oft begabte Studenten, die den auf sie gerichteten Erwartungen nicht gerecht werden konnten und ein Gefühl des Abscheus gegenüber dem materialistischen Ethos der expandierenden Wirtschaft hegten.

Das sind wichtige Punkte, auf die ich später zurückkommen werde; aber sie erklären nicht, warum Aum Shinrikyo versuchte, Tausende von Pendlern am frühen Morgen zu ermorden. Für die einen war Asahara einfach ein Psychopath, der seine Anhänger einer Gehirnwäsche unterzog; es sei sinnlos, nach Methode oder Logik in seinen Handlungen zu suchen. Für andere war die bloße Erwähnung der Tatsache, daß Aum eine apokalyptische Sekte war, allein schon Erklärung genug. Dahinter stand, daß Leute, die verrückt genug waren anzunehmen, ein Atomkrieg zwischen den USA und Japan stehe bevor, wie Aum oft behauptete, so an Wirklichkeitsverlust leiden müßten, daß ihnen alles zuzutrauen sei. Aber das läßt die Frage offen, wie Aum Shinrikyo überhaupt zur Endzeitsekte werden konnte. Ursprünglich ein friedliebender und idealistischer Yoga-Zirkel, hatte er sich innerhalb eines Jahrzehnts zu einer Organisation von mörderischen Fanatikern entwickelt, die entschlossen waren, durch Massenvergiftung und atomare Erpressung Leiden unter den Menschen zu verbreiten. Die Antwort lag wahrscheinlich darin, wie sich Aums Theologie verändert hatte. Aber in der verworrenen Situation von 1995 waren die meisten Japaner nur zu glücklich, diese Frage vergessen zu können und sich auf das drängendere Geschäft zu konzentrieren, wie man Asahara und seinen Anhängern den Prozeß machen könne.

Ein Versuch, die Theologie der Aum-Shinrikyo-Sekte zu analysieren, erfordert die Fähigkeiten eines Detektivs. Die offiziellen Darstellungen ihres Glaubens sind keine verläßlichen Führer, denn ihre Hauptfunktion war das Anwerben von Novizen oder die Imagepflege in den Medien. Von Anfang an setzte Asahara auf Publicity und veröffentlichte ständig Presseerklärungen voller Eigenlob. Lüge und Verstellung waren Teil des Lebens in den Kommunen der Gruppe, was vielleicht erklären hilft, warum anscheinend keine zwei ehemaligen Mitglieder sich darauf einigen können, was genau man sie eigentlich gelehrt hat. Trotzdem ist es inzwischen mehr oder weniger möglich, die Veränderungen in der Theologie der

Sekte nachzuvollziehen, die sie in die Richtung apokalyptischer Gewalt drängten.

Natürlich war dies ein Weg, den Anhänger millenaristischer Überzeugungen schon oft beschritten haben. Aber Aum ging diesen Weg mit erstaunlicher Geschwindigkeit und Entschlossenheit und endete in einem Gebiet, das selten, wenn überhaupt, von einer rein religiösen Bewegung erforscht worden ist. Anstatt passiv an das bevorstehende Ende der menschlichen Zivilisation zu glauben, träumte Asahara davon, es tatsächlich herbeizuführen; und anders als, sagen wir, die böhmischen Adamiten oder die Wiedertäufer von Münster, die ähnliche Träume hegten, hatte er tatsächlich Zugang zu Massenvernichtungsmitteln. Man sollte die Drohung, die Aum Shinrikyo darstellte, nicht unterschätzen; hätte die Gruppe noch ein paar Monate Zeit gehabt, ihre Produktion von Sarin und Botulismusviren zu perfektionieren (die letzteren beabsichtigten sie nach Aussage einiger ehemaliger Mitglieder aus Hubschraubern zu versprühen), dann hätten sie die schlimmste Krise der Zivilverteidigung hervorrufen können, die jemals eine hochentwickelte Nation durchgemacht hat. Zwar ist bis zur Abfassung des Textes noch kein Dokument aufgetaucht, das Asahara eindeutig mit dem Anschlag in der Untergrundbahn von Tokio in Verbindung bringt oder auch mit den Plänen, nukleare und biologische Waffen zu erwerben; aber das könnte man mit dem gleichen Recht auch von Hitler in bezug auf den Holocaust sagen. Menschen, die solche Pläne aushecken, sind normalerweise vorsichtig genug, sie nicht zu Papier zu bringen.

Der Vergleich mit Hitler trägt erstaunlich weit. Man sollte sich an Norman Cohns Theorie erinnern, daß die im zwanzigsten Jahrhundert begangenen Greueltaten das Ergebnis einer millenaristischen Weltsicht waren, »in der ein Mensch wirklich das Gefühl haben kann, daß es eine *gute Tat* ist, kleine Kinder in Öfen zu schieben oder Millionen Menschen irgendwo hinzuschicken, wo sie an Hunger und Kälte sterben.«

Dasgleiche gilt für den Gasangriff in der Untergrundbahn:

das ist die Handlung eines Menschen, für den die allgemein üblichen Vorstellungen von Gut und Böse durch den apokalyptischen Glauben verzerrt und verkehrt worden sind. Aber die Ähnlichkeiten zwischen Asahara und Hitler beschränken sich nicht auf die Struktur ihres Glaubens. Vergleicht man die frühen Jahre ihres Lebens, dann fällt auf, wie sehr die Entwicklung ihres Glaubens durch die Erfahrung von Demütigung und Enttäuschung geprägt war. Zugegeben, Asaharas Ideologie war, ungleich der Hitlers, nicht immer bösartig; sie nahm diesen Charakter erst nach und nach an. Aber schon als Kind zeigte Asahara megalomanische Tendenzen, und vom Augenblick der Gründung der Aum Shinrikyo an übte er Herrschaft über seine Anhänger in einem Ausmaß aus, das selbst in neuen religiösen Bewegungen ungewöhnlich ist. Seine Führung wurde durch eine Bürokratie verstärkt, die den Aufbau einer Regierung parodierte, mit Ministerien und Sprechern; in diesem Punkt war Aum näher an der NSDAP der dreißiger Jahre als an den meisten anderen »Kulten«.

Shoko Asahara wurde 1955 als Chizuo Matsumoto geboren, der vierte Sohn eines Webers von Tatamimatten auf der südlichen Insel Kiuschu. Da er wegen eines Glaukoms halb blind war, wurde er auf speziellen Schulen unterrichtet. Seine Lehrer erinnern sich an ihn als an einen »totalen Phantasten« mit einer Begabung für das Erzählen von Geschichten. Als Halbwüchsiger war er von den Geheimnissen der chinesischen Medizin begeistert, und mit fünfzehn trug er schon die weißen Gewänder eines Gurus. Aber er hatte die für Japan üblichen Ambitionen nicht aufgegeben; nachdem er die Oberschule verlassen hatte, unterzog er sich der Eingangsprüfung an der Universität von Tokio, die mit Oxford und Cambridge konkurrieren kann, was das Prestige anbetrifft, und beide in ihrer Monopolstellung übertrifft, wenn es um Führungskräfte in Regierung und Industrie geht. Sein Versagen in dieser Prüfung war, wie er selbst gesteht, eine furchtbare Demütigung, aber auch ein Wendepunkt. »Zum ersten Mal hielt ich inne und dachte nach: Wozu lebe ich? Was muß ich tun, um dieses Gefühl von Leere zu überwinden?« schrieb er 1986. »Der brennende Wunsch, nach dem Letzten, dem Unveränderlichen, zu suchen, erwachte in mir, und ich begann, nach einer Antwort zu tasten. Das bedeutete: ich mußte alles andere von mir abtun.«[5] Asahara machte einen Laden für chinesische Medizin auf und schloß sich der *Agonshu* an, einer neuen religiösen Bewegung, die lehrt, daß der Schlüssel zum Leben die Beseitigung des schlechten Karmas durch esoterischen Buddhismus und Yoga ist. Vieles von den Ideen der Agonshu-Bewegung tauchten bei Aum wieder auf: die Betonung von Meditation und Körperübungen, der Glaube, daß Naturwissenschaft übersinnliche Kräfte verleihen kann, und die Bedeutung von magischen Ritualen für die Befreiung des Körpers von schlechtem Karma.

1984 verließ Asahara diese Bewegung und gründete seinen eigenen Yogakreis; bei dieser Gelegenheit nahm er den Namen Shoko Asahara an, indem er chinesische Schriftzeichen aneinanderreihte, die zusammen eine Glückszahl ergeben. Im folgenden Jahr erlangte er die Aura eines großen charismatischen Führers. Nach seine eigenen Worten geschah dieser Augenblick der Verwandlung, als er die Rolle eines obdachlosen Mönches annahm und sich an einem japanischen Strand ausstreckte. Plötzlich erschien ihm Schiwa, der Hindugott der Gegensätze – Schöpfung und Zerstörung, Leben und Tod. Er sagte Asahara, daß er auserwählt sei, das Königreich Schambhala wiederzuerrichten, ein verborgenes Tal in der mystischen Tradition des tibetanischen Buddhismus, dessen letzter König die ungläubigen Muslime in einer Endschlacht besiegen wird. Asahara würde diese messianische Gestalt sein, und dieses Bewußtsein führte ihn 1986 in den Himalaya, um seine asketischen Übungen weiter zu vervollkommnen.

Es ist interessant, daß Asahara sich gerade auf eine der relativ wenigen buddhistischen Traditionen gestürzt hat, die fraglos apokalyptisch ist. Der Buddhismus ist im allgemeinen keine apokalyptische Religion; der Glaube an eine degenerative Veränderung innerhalb fester, wiederkehrender Zyklen und die Vorstellung eines individuellen Rückzugs ins Nirwana sind nicht leicht vereinbar mit der Vision eines unmittelbar bevorstehenden, endgültigen Moments kollektiver Erlösung und Verdammung. Auf der anderen Seite ist der Buddhismus flexibel genug, apokalyptische Glaubensinhalte in sich aufzunehmen. Das gilt besonders für Japan, wo unterschiedliche buddhistische Richtungen einander seit Jahrhunderten bitter bekämpfen, und wo es eine Tradition spiritueller Improvisation und Rivalität gibt. Viele der neuen Religionen in Japan bieten eine Art sanften apokalyptischen Buddhismus an: sie beanspruchen, die Ableistung spiritueller Übungen werde für die Eingeweihten so großartige materielle Vorteile bringen, daß sich ihnen auf die Dauer alle anschließen würden; und damit werde ein neues Zeitalter beginnen. Asahara begegnete dieser Art von Religion in der Agonshu-Bewegung, und er nahm einige Elemente davon in sein System auf, wie die Betonung der kollektiven Erlösung. Als er Aum Shinrikyo (»die Religion der höchsten Wahrheit«) gründete, machte er deutlich, das von der Bewegung praktizierte Yoga sei der Schlüssel zur Zukunft der Menschheit; wenn man es einmal gemeistert habe, werde es geheimnisvolle Körperenergien freisetzen, Kundalini genannt, und diese würden neue Standards von menschlicher Reinheit und Weisheit setzen. Von der Unvermeidlichkeit eines Krieges war zu diesem Zeitpunkt noch wenig die Rede. Aber zumindest in einer Hinsicht war Asaharas Gruppe anders als viele andere neue Religionen auf Japans spirituellem Marktplatz. Sie versprach dem Gläubigen nicht erhöhten materiellen Wohlstand. Sie lehrte im Gegenteil, intensives Leiden sei für das persönliche Wachstum vonnöten, und sei Weisheit einmal erlangt, dann würden Geld und Erfolg ohnehin bedeutungslos. Diese Botschaft des Rückzugs aus der Welt kommt einem westlichen Beobachter wahrscheinlich nicht sehr originell vor, aber sie war ungewöhnlich für eine neue religiöse Bewegung im Japan der achtziger Jahre, in einer Gesellschaft, von der es manchmal heißt, sie habe die größte Konzentration von Reichtum in der Geschichte zusammengerafft. Asaharas Lehre des Weltverzichts kam unzweifelhaft gut bei Studenten an, die des Wirtschaftswunders müde waren; sie kauften seine Bücher in großer Zahl. Und für einige von ihnen waren sie wie eine Offenbarung.

Asaharas Predigten fehlte es nicht an Subtilität. Er bestand darauf, daß der Wiedergeburt das Gefühl vorausgehen müsse, in eine geistige Sackgasse geraten zu sein, ein Gefühl von »Sinnlosigkeit«; das war wie zugeschnitten auf junge Menschen, die gerade die Erfahrung persönlichen Versagens gemacht hatten oder sich trotz ihres Erfolgs verloren und orientierungslos fühlten. Ein ehemaliges Aum-Mitglied, eine junge Konzertpianistin, erinnert sich, daß sie von dem Gefühl gequält wurde, ihr Leben habe keinen Sinn; ihre Spieltechnik stagnierte und sie begann, sich müde und schwach zu fühlen. Nachdem sie ein Buch über Meditation und Atemtechnik von Asahara gelesen hatte, trat sie Aum bei; und nachdem sie Yoga praktiziert hatte – dazu gehörte es etwa, stundenlang in der Lotusstellung zu sitzen – spürte sie ein plötzliches Anwachsen ihrer Energie, und ihr Spiel verbesserte sich auffällig. Schließlich verkaufte sie ihren Besitz und zog in eine Aum-Kommune. Ein anderes Mitglied, Shinnosuko Sakamoto, hatte an der Universität von Tokio studiert und war nach einer unglücklich verlaufenen Karriere bei einer größeren Handelsfirma in die Forschung gegangen. Zu dieser Zeit las er schon Asaharas Bücher und praktizierte seine Atemtechniken; aber erst nach einer Pilgerfahrt nach Kamikuishiki bekehrte er sich voll zu ihm. Am ersten Tag setzte man ihn in eine kleine, dunkle Kammer und sagte ihm, nun solle er zwölf Stunden meditieren. Zuerst waren seine Visionen farbenprächtig und glücklich; dann spürte er Angst und Schmerz und begriff, daß seine akademischen Ambitionen der Grund waren. Er hatte eine Vision, in der die Papiere mit seinen Forschungsergebnissen in die Luft geworfen und in alle Winde zerstreut wurden. Er war überglücklich. »Ich fühlte mich, als sei ich zu einer höheren Ebene aufgestiegen«, sagte er. »Ein helles Licht fiel von oben auf mich und drang in mich ein.«[6]

Solche Geschichten zeigen, daß Aum Shinrikyo großen Wert auf die Kontrolle der eigenen Umgebung legte. Diejenigen, die durch Seminare oder durch Einzug in eine der Kommunen in Kontakt mit der Sekte kamen, fanden ihre Freiheit stark eingeengt. Das ist in neuen religiösen Bewegungen nicht ungewöhnlich, aber wenige von ihnen haben ihre Mitglieder so vielen Torturen ausgesetzt wie Aum. Einige der alten Yogapraktiken, die von Asahara befolgt wurden, sind an sich schon ziemlich furchterregend: Bei einer Reinigungsübung mit der Bezeichnung *gaja karani* werden zum Beispiel große Mengen von Wasser getrunken und anschließend erbrochen, um Magen und Speiseröhre zu reinigen. Aber Aum entwickelte bald eigene und noch rigorosere Übungen. Seine Meditationsübungen entwickelten sich zu Phasen erzwungenen Schlaf- und Lichtentzugs, deren persönlichkeitsverändernde Wirkungen durch psychedelische Drogen verstärkt wurden. Für diejenigen Anhänger, die solche Praktiken akzeptierten – natürlich taten viele das nicht und verließen die Sekte –, war die Wirkung vorhersagbar. In den späten achtziger Jahren berichteten Besucher zum erstenmal von Begegnungen mit Mitgliedern, die in jeder Weise dem Stereotyp des zombiegleichen Sektenanhängers entsprachen; der merkwürdige Drahthelm fügte diesem Bild nur noch eine besonders groteske Note hinzu. Aber Asaharas Ambitionen gingen weit über die schlichte Manipulation seiner Anhänger hinaus. Seine Versuche, ihre Persönlichkeit umzuformen, waren nur ein Aspekt des unbezähmbaren Schöpferdrangs eines Größenwahnsinnigen.

1986, als die erste Aum-Kommune in Kamikuishiki gegründet wurde, hatten nur wenige Beobachter Grund zur Besorgnis gesehen. Bei der Eröffnungszeremonie sprach Asahara über die Notwendigkeit, einen sicheren und ruhigen Hafen für seine Anhänger zu schaffen. Über tausend seiner Getreuen waren zugegen; sie antworteten mit dröhnendem Beifall. Die Kommune wurde als »Lotusdorf« beschrieben; sie werde jeden mit allem versorgen, von Nahrungsmitteln, Kleidung und Unterkunft angefangen bis hin zu Stätten für Religionsausübung, Erziehung, Arbeit, medizinische Versorgung, Hochzeiten und Beerdigungen. Erst später wurde veröffentlicht, daß Aum auch Möglichkeiten zur »kreativen Forschung in Medizin, Naturwissenschaft und Ackerbau« schaffen werde. Professor Susumu Shimazono von der Universität von Tokio, Japans führende Autorität für den Aum-Kult, hat die Eröffnungszeremonie von 1986 als für jeden Beobachter neuer Religionen in Japan durchaus vertraut wirkende Szene beschrieben. Die Gläubigen versammeln sich, um ihrer Hoffnung Ausdruck zu geben, dieser heilige Ort werde das Modell eines Himmels auf Erden werden; der Gründer lächelt gütig, weil er den Enthusiasmus der Gläubigen fühlt, und ermuntert sie. All das sei nichts Besonderes, sagt Shimazono; es sei typisch für den Optimismus neuer Bewegungen.[7] Aber nach drei oder vier Jahren verkündete Asahara eine vollkommen andere apokalyptische Botschaft, mit Untertönen von Gewalt und Verzweiflung. Was lag hinter dieser Verwandlung?

Ein Teil der Antwort ist: das Lotusdorf war Lug und Trug. Es war nicht warm und ruhig, sondern ein Ort, wo sich gestörte junge Menschen selbstzerstörerischen Ritualen unterzogen. Und es war niemals als Zweck an sich gedacht, sondern gehörte in den Kontext der messianischen Vision seines Gründers. Während der späten achtziger Jahre, als seine Anhängerschaft wuchs, begann ein selbstbewußt gewordener Asahara öffentlich über dieses sensible Thema zu sprechen. 1988 veröffentlichte Aum ein Traktat, das zum ersten Mal den Plan enthüllte, aus Japan ein Schambhala zu machen. »Dieser Plan, ohnegleichen in seiner Größenordnung, wird die geheiligte Sphäre Aums über die ganze Nation verbreiten, die Entwicklung zahlreicher heiliger Menschen befördern und damit Japan zur Basis für die Rettung der ganzen Welt machen«, kündigte er an. Es ist aufschlußreich, daß die Aum-Sekte diesen grandiosen Plan damit rechtfertigte, daß sie die Aufmerksamkeit auf eine »sehr gefährliche« Situation in Japan und der Welt im ganzen lenkte. »Meister Asaharas Prophezeiungen – sich verschlechternde Handelsbeziehungen, steigende Verteidigungsausgaben, Abnormitäten in der vulkanischen Fuji-Region und in der Pazifikplatte usw. – haben sich bereits bestätigt«, hieß es. Ob Asahara diese Entwicklungen tatsächlich vorausgesagt hatte, ist nicht klar; bis zu diesem Zeitpunkt waren seine Verlautbarungen ihrem Gehalt nach meist optimistisch, ja utopisch. Wichtig ist, daß er sich ab 1988 in der (für Japan keineswegs seltenen) Rolle des Unheilspropheten darstellte. Zudem bestand er darauf, wie solche Propheten meistens, nur er könne die Welt vor einer apokalyptischen Zerstörung retten.

Seit 1988 wurden Asaharas Botschaften von Monat zu Monat düsterer und greller. Sein Grundschema behielt einige buddhistische Elemente bei, wie etwa die Vorstellung (die an sich noch nicht apokalyptisch ist), daß die Welt sich im letzten degenerativen Stadium befinde, bekannt als *mappo*, in dem der Glaube schwach ist und die Gesellschaft zerfällt. Er griff aber zunehmend auf westliche apokalyptische Traditionen zurück, sowohl aus dem Christentum als auch aus dem Bereich des Okkulten. Anfang 1989 veröffentlichte er eine Interpretation des Buches der Offenbarung, in welcher er Armageddon für die nächsten Jahre voraussagte. Aber wie Shimazono zeigt, war das Krisengefühl in diesem Text noch ziemlich vage. Obwohl Asahara voraussagte, der 1996 gewählte Präsident der USA werde die Welt in den Krieg führen, sah er den Zusammenbruch der Sowjetunion erst für 2004 und die Zerstörung Chinas durch Atomwaffen für etwa 2005 vor. Im weiteren Verlauf des Jahres 1989 jedoch veröffentlichte er ein Buch mit dem Titel *Von der Zerstörung zur Leere*, das in einem weitaus drängenderen Ton geschrieben ist und enthüllt, daß nur diejenigen damit rechnen können, den kommenden Holocaust zu überleben, die von Aum geistige Führung empfangen haben. Von heute aus betrachtet, klingt das ziemlich schaurig; aber im Grunde liest sich das Buch nicht sehr viel anders als die entsprechenden Katastrophenszenarien von New-Age-Autoren wie Ruth Montgomery und Sun Bear, für die Überleben im wesentlichen eine Frage davon war, daß man spirituell die richtige Linie hat. »Es wird möglich sein, die Zerstörung in Grenzen zu halten, wenn Aum es schafft, große Zahlen von Menschen hervorzubringen, die *gedatsu* erreicht haben [einen Zustand vollkommenen Glücks]«, führt Asahara aus. »Die Zahl derjenigen, die im Armageddon sterben, wird dann nicht mehr als ein Viertel der Weltbevölkerung betragen ... Im Augenblick aber ist mein Heilsplan in Zeitverzug, und der Prozentsatz derjenigen, die überleben werden, wird immer geringer. Es ist bereits unmöglich geworden, die Zahl der Opfer unter ein Viertel zu drücken.«[8]

Wie verzweifelt auch diese Situation erscheinen mochte, der Aum-Shinrikyo-Kult war in diesem Stadium immer noch davon überzeugt, er könne das Überleben eines großen Teils der Menschheit bewerkstelligen. Nach weiteren ein, zwei Jahren jedoch hatte er jede Hoffnung aufgegeben, die Menschen außerhalb der eigenen Gruppe zu retten. Anfang der neunziger Jahre zogen sich die Aum-Mitglieder in ihre Kommunen zurück, während sich Asaharas apokalyptische Visionen weiter verdüsterten. Es war eine Periode, in der der physische und der theologische Rückzug von der Außenwelt zusammenfielen. In derselben Zeit wurde Asaharas Denken immer eklektischer. In einem bestimmten Sinn war das unvermeidlich. Die östlichen religiösen Traditionen, auf denen es bisher gefußt hatte, konnten kein theologisches Fundament für seine paranoide Vorstellungswelt bieten, wohl die apokalyptischen Traditionen des Westens. Der Buddhismus hat kein Äquivalent für einen übermächtigen Teufel, der nach und nach seine Macht über die Menschheit vergrößert – eine Idee, die Asahara besonders anzog. Und obwohl dem Buddhismus die Vorstellung eines Religionskrieges nicht fremd ist, kann nichts die Hoffnungen und Ängste einer kleinen Gruppe kämpferischer Gläubiger so wirkungsvoll aufgreifen und bestätigen wie die Apokalyptik, indem sie ihr die Zusicherung gibt, daß sie, *und nur sie*, die Zerstörung der Welt überleben wird.

Aber, wie man so sagt: daß jemand paranoid ist, besagt

noch nicht, daß ihm nicht jemand tatsächlich an den Kragen will. Es scheint durchaus so gewesen zu sein, daß die Veränderungen in der Theologie von Aum Shinrikyo zum Teil Reaktionen auf die zunehmende Feindseligkeit der Umwelt gegenüber ihren Aktivitäten waren. Obwohl Aum 1989 von den japanischen Behörden offiziell als religiöse Körperschaft anerkannt worden war, gab es in diesem Jahr auch eine Reihe aufsehenerregender Proteste von Angehörigen junger Sektenmitglieder. Ein vielgelesenes Magazin brachte eine Serie von Artikeln unter dem Titel »Aum Shinrikyos Geisteskrankheit«, in denen es vor allem um die Unsummen von Geld ging, die Neubekehrte der Sekte überschrieben hatten. Dann, im Februar 1990, stellte Aum fünfundzwanzig Kandidaten für die Wahlen zum Unterhaus des japanischen Parlaments auf. Aum war überzeugt, daß alle spielend gewinnen würden; statt dessen wurden sie vernichtend geschlagen. Asahara, der in einem Tokioter Wahlkreis kandidierte, erhielt jämmerliche 1783 Stimmen.[9] Für einen Mann, der mit Enttäuschung immer schwer umgehen konnte, war diese öffentliche Demütigung vielleicht der letzte Anstoß. Viele Beobachter glauben, daß diese Niederlage die Hauptursache für die Verwandlung von Aum in eine geschlossene Sekte war, die nicht mehr versuchte, die Welt zu retten, sondern sich mit der Welt im Kriegszustand befand. Bald nach der Niederlage fand auf der abgelegenen japanischen Insel Ishigaki ein seltsames Treffen von mehr als 12 000 Menschen statt. Das Treffen, offiziell von Aum organisiert, um die Annäherung von Austins Kometen zu feiern, führte dazu, daß viele von Asaharas Anhängern sich zum Leben in Kommunen verpflichteten. Diese Kommunen lebten im Schatten der Apokalypse. Es gab zwar einen kurzlebigen Versuch, das Image von Aum in der Öffentlichkeit durch Vorführungen von »Tanzoperetten« aufzubessern, in denen die Gruppe ihre Lehren darstellte, und Bemühungen, die Sympathie verschiedener Universitätsgelehrter zu erwerben, indem man auf den Kontrast zwischen dem kruden Materialismus einiger neuer Religionen und der differenzierten

Verarbeitung der buddhistischen Lehren bei Aum hinwies. Aber in Wirklichkeit war Asaharas Botschaft zu diesem Zeitpunkt bereits undifferenziert und auf sensationelle Effekte ausgerichtet. In einer Reihe von Vorträgen während des Jahres 1992 sagte er voraus, Armageddon werde bis zum Jahr 2000 stattfinden; nukleare, biologische und chemische Waffen würden neunzig Prozent der Stadtbevölkerung der Welt töten. Er behauptete auch, die spirituellen Praktiken der Aum-Sekte, besonders ihre Atemtechniken, welche die Sauerstoffaufnahme allmählich verringerten, würden ihre Anhänger gegen solche Waffen resistent machen. Das ist ein interessantes Detail: Der Glaube an die eigene Unverwundbarkeit gegenüber Waffen gehört zu den beständigsten charakteristischen Zügen extremer apokalyptischer Überzeugungen, von den Volkskreuzzügen bis zu den millenaristischen Aufständen in Afrika während des 20. Jahrhunderts. Es ist schwer zu sagen, ob Asahara zynisch diese Tradition beschwor, um Anhänger anzulocken, oder ob er selbst an diese wunderbaren Kräfte glaubte. Jedenfalls ist es spannend zu sehen, wie gut sich ein wesentlich östliches Konzept wie die transzendentalen Atemtechniken in ein grelles Endzeitszenarium einfügen ließ, das weitgehend der westlichen Tradition entstammt.

Um 1993 waren bereits alle Aktivitäten von Aum Shinrikyo durch das Gefühl bestimmt, die Katastrophe sei unvermeidbar. Die Kontrolle, die Asahara über seine Umgebung ausübte, war so allumfassend, daß seine Anhänger es schwer fanden, an irgend etwas anderes zu denken. Die Lage seines Hauptquartiers in Kamikuishiki mag er durchaus unter diesem Gesichtspunkt gewählt haben. Die unmittelbare Umgebung des Gebäudekomplexes ist seltsam beunruhigend: Eine sanfte Landschaft von Golfklubs und Bauernhöfen mit grasenden Milchkühen wird vollkommen überschattet von den gewaltigen Umrissen des Fuji, der für die Anhänger der verschiedensten Glaubensrichtungen das religiöse Epizentrum Japans ist. Berge haben für jede Kultur, die auf sie trifft, eine religiöse Bedeutung, und diese Tatsache ist von Endzeitpropheten immer schon ausgebeutet worden. Im Fernen Osten haben die einheimischen Überlieferungen von Mystikern, die sich in die Berge zurückzogen, immer wieder einen Ansatzpunkt für westlich beeinflußte apokalyptische Glaubenssysteme geliefert, sowohl in der koreanischen Pfingstbewegung als auch bei den neuen Religionen Japans. Asahara lehrte, ganz wie die böhmischen Taboriten 1420, und unter Berufung auf die gleichen Bibeltexte, die Auserwählten Gottes würden in den Letzten Tagen in die Berge fliehen und dort Armageddon überleben. Deshalb sollten die Getreuen nahe dem Fuji leben. Jedesmal, wenn sie nach oben schauten, würden sie an das nahende Ende erinnert werden.

Nicht daß sie dieser Erinnerung bedurft hätten. Der Ausdruck »virtuelle Realität« ist überstrapaziert, aber er beschreibt das Leben innerhalb der Lagerkommunen der Sekte ziemlich exakt. Einerseits waren sie von Mauern umgeben wie irgendein mittelalterliches Kloster und benutzten eine fast mittelalterliche Bilderwelt, um die Strafen auszumalen, die Abtrünnige erwarteten; die Wohnquartiere waren mit Bildern der Hölle geschmückt, einer weiteren nichtbuddhistischen Vorstellung, die Asahara sich begierig angeeignet hatte. Andererseits aber war Aum Shinrikyo auch besessen von der neuesten Technologie, besonders der Technologie der Zerstörung, und von dem Propagandapotential der neuen Medien und der populären Kultur. Die Aum-Lager waren mit elektronisch erzeugten Bildern von Meister Asahara und Armageddon übersät. Wie die extreme Rechte in den USA benutzte die Aum-Sekte »Bulletin Boards« im Internet, um ihre Gegner im Auge zu behalten; aber die Mitglieder verbrachten auch eine Menge Zeit damit, offiziell gebilligte Computerspiele zu spielen. Aum nahm Unterhaltung ernst; man produzierte eine Flut von Videos und Comics im modischen »*Manga*«-Stil, um die Botschaft von Apokalypse und Errettung an Eingeweihte und potentielle Konvertiten zu bringen, die erfahrungsgemäß meist unter dreißig waren.

Auf den ersten Blick scheint sich der Reiz, den die populäre

Kultur auf die Aum-Sekte ausübte, schlecht mit ihren apokalyptischen Lehren zu vertragen. In Wirklichkeit ergänzten sie sich. Die Jugendkultur hat sich in den letzten Jahrzehnten oft zu Bildern der Zerstörung hingezogen gefühlt, und das gilt, wie wir noch sehen werden, besonders von Japan. Dies mag ein Grund sein, weshalb Asahara in dem verzweifelten Versuch, neue Anhänger zu gewinnen, zu extremen, fast comicartigen Endzeitprophezeiungen griff. Aber es gab auch andere Gründe für diesen verschärften Ton. Zum Beispiel scheint der Golfkrieg einen tiefen Eindruck auf Asahara und seine Stellvertreter gemacht zu haben, nicht nur, weil er Hoffnungen auf ein Armageddon weckte, sondern auch, weil er das interessante Thema der chemischen Waffen aufwarf. Vor allem aber hatte Asahara keine Zeit mehr: Seine Sehkraft und sein allgemeiner Gesundheitszustand verschlechterten sich, und zugleich rückten die Kalenderdaten näher, von denen er schon lange vorausgesagt hatte, sie würden den Beginn des letzten Gefechts markieren.

Allerdings hat Asahara niemals einen einfachen Zeitplan für Armageddon und alles Folgende erstellt. Bis hin zum Gasattentat in der Untergrundbahn fuhr er fort, einen Dritten Weltkrieg vorauszusagen, aber die Daten änderten sich ständig. Anfang 1995 veröffentlichte Aum ein Buch unter dem Titel *Ein Verhängnis nähert sich dem Land der aufgehenden Sonne*, das aus Transkripten der Gespräche zwischen Asahara und seinen führenden Schülern in Aums eigenem Sender besteht. Dieses Buch, dessen englische Version nur als unveröffentlichtes Korrekturexemplar existiert, ist vielleicht die nützlichste Quelle für Asaharas Geisteszustand zu dieser Zeit. An einer Stelle meint er, daß der Endkampf jeden Augenblick ausbrechen könne, an einer anderen, daß es möglicherweise erst in den vierziger Jahren des 21. Jahrhunderts dazu kommen werde; aber meistens spricht er von den letzten Jahren des 20. Jahrhunderts. Etwas Ungewöhnliches wird 1995 oder 1996 geschehen, sagt er; und »äußerst große und furchterregende Phänomene« sieht er bis zum Jahr 2000 kommen. Er hat eine Vision, daß Tokio »vom Meer verschlungen« wird, während die japanische Inselwelt versinkt. Aber er sieht Japan auch zu »verbrannter Erde« werden, nach einem Atomangriff der USA und der UNO zwischen 1996 und Januar 1998.[10] Man gewinnt den Eindruck, daß diese Visionen Asahara nicht besonders betrüben. Japan, das bei den Wahlen von 1990 die Rettung entschieden zurückwies, hat sein elendes Schicksal vollkommen verdient.

Bezeichnenderweise findet man, trotz aller Widersprüchlichkeit in den Daten, keinen Hinweis, daß die Apokalypse verschoben werden könnte. Andere neue Religionen in Japan, die für das Ende der neunziger Jahre Katastrophen prophezeit hatten, sind beim Nahen des neuen Jahrtausends mit ihren Voraussagen etwas zurückhaltender geworden. Aum Shinrikyo sprach dagegen zu Anfang 1995 immer noch von einem unmittelbar bevorstehenden Weltenbrand, wenn auch auf ziemlich konfuse Weise. Die Einleitung zu dem erwähnten Buch, die eindeutig nach dem Erdbeben von Kobe geschrieben wurde, trägt die Überschrift »Ein Krieg hat schon begonnen.« Der Text, unterzeichnet mit »Die Herausgeber von Aum Press« behauptet, daß Asahara am ersten Januar dieses Jahres ein größeres Erbeben für die Region von Kobe vorausgesagt habe, und unterstellt, das Erdbeben sei durch eine geheime Technologie verursacht worden, die als »Erdbebenwaffe« bekannt sei. Er identifiziert den Schuldigen nicht, deutet aber an, daß die Waffe in den USA mit dem Wissen amerikanischer und japanischer Seismologen entwickelt worden sei. »Werden Sie überleben können, indem Sie weise Entscheidungen treffen?« fragt der Artikel. »Oder werden Sie durch die Strömung der drastischen Veränderungen am Ende dieses Jahrhunderts einfach weggespült werden, und vergebens sterben? Jedenfalls, eine Warnung ist schon ergangen.«[11]

Diese letzte Äußerung, wenige Wochen vor dem Saringasangriff in Tokio herausgegeben, kann man nicht als typische Aum-Übertreibung abtun. In den Mitschriften der Diskussionen zwischen Asahara und seinen Jüngern, von denen die meisten sich als Wissenschaftler bezeichnen, ist sehr viel die Rede von der Verwendung und den Wirkungen chemischer und biologischer Waffen, darunter auch von Sarin. Trotz der Versicherungen eines »Experten«, daß Atemtechniken gegen Strahlung schützen können, kehrt die Unterhaltung außerdem mehrmals zu der dringenden Notwendigkeit zurück, Schutzräume gegen radioaktiven Niederschlag für den kommenden Krieg zu bauen. Es gibt in der Diskussionsrunde viel Kopfschütteln darüber, daß es Japan versäumt habe, sich auf den Ernstfall vorzubereiten, und besonders darüber, daß es keine Untergrundbahnstationen baue, die tief genug sind, um als Schutzräume zu dienen. Aber es gibt offensichtlich eine Ausnahme: Kasumigaseki, direkt vor dem Parlamentsgebäude im Zentrum von Tokio. Diese Station wird von den Sprechern der Sekte mehrfach erwähnt, und wenn man die Sache im nachhinein betrachtet, kann man nicht umhin, sich die Frage zu stellen: Hatten sie diese Station noch aus einem anderen Grund im Kopf? Schließlich war sie das Hauptziel des infamen Sarin-Attentats.

Das Attentat selbst bleibt in gewisser Hinsicht mysteriös. Es kann sehr wohl ein Ablenkungsmanöver gewesen sein; einige Tage früher hatte Aum Shinrikyo durch einen Informanten einen Hinweis auf geplante Hausdurchsuchungen durch die Polizei erhalten, möglicherweise über ein »Bulletin Board« (»Pinnwand«) im Internet. Aber es war wahrscheinlich auch der Test für eine sehr viel ambioniertere terroristische Kampagne. Ein Notizbuch, das bei einem höheren Aum-Funktionär beschlagnahmt wurde, enthielt einen gekritzelten Hinweis auf einen »Krieg im November 1995«, und die Aussagen früherer Mitglieder legen nahe, daß Aum mit dem Gedanken eines Schlags auf nationaler Ebene liebäugelte. Asahara glaubte anscheinend, der japanische Staat sei zu schwach, eine Krise zu überstehen. Er mag dabei an die Reaktionen der Behörden auf das Erdbeben von Kobe gedacht haben, die viele Kommentatoren als schockierend schlecht organisiert empfanden. Aber der genaue Zeitpunkt, zu dem Asahara sich entschloß, der Gesellschaft den Krieg zu erklären, ist nicht festzustellen. Die ganze Episode verweist darauf, daß es rationaler Analyse für gewöhnlich unzugänglich ist, was sich so Tag für Tag im Kopf eines Millenaristen abspielt – wieviel wir auch immer über apokalyptische Glaubenssysteme wissen.

Aber es ist nicht so, daß sich Aum Shinrikyo einer Einordnung entzieht. Der Kult hat Gemeinsamkeiten mit anderen Gruppen, die auf der Suche nach dem Millennium zur Gewalt gegriffen haben. Die wichtigste dieser Gemeinsamkeiten ist der Guru selbst: Zu fast jedem Fall millenaristischen Blutvergießens gehört ein autoritärer Führer mit messianischen Ansprüchen. Im Fall der Aum-Sekte grenzt die Ausgefallenheit des Guru-Kults ans Unglaubliche. Neu Eingetretene wurden gezwungen, sich Videos mit den Gesprächen Asaharas bis zu zwanzig Stunden lang anzusehen, in Einzelarrest.

Sie tranken sein Badewasser und ein Gebräu, indem einige seiner Haare gekocht worden waren.[12]

Weiterhin ist immer wieder festgestellt worden, daß Kulte, die die Außenwelt attackieren, oft solche sind, die auch ihren eigenen Mitgliedern physischen Schaden zufügen; die gefährlichsten Gruppen sind natürlich solche, die tatsächlich ihre eigenen Gruppenmitglieder töten. Das Verbrechen wird dann mit theologischen Argumenten gerechtfertigt, die die allgemein akzeptierten Vorstellungen von Schuld und Tod auf den Kopf stellen. Aum Shinrikyo gehört zu dieser Kategorie. In den frühen neunziger Jahren verbreitete Asahara eine Reihe von geheimen Lehren, die auf dem tantrischen Buddhismus beruhen. Er entdeckte ein Konzept, das als *poa* bekannt ist, nach dem die Geister der Verstorbenen durch Praktiken, die auf der magischen Kraft des Guru beruhen, in einen höheren Status überführt werden können. Shimazono vertritt den Standpunkt, daß »die Verabsolutierung dieser Kraft zu folgender pervertierter Logik führen kann: Wenn jemand mit einem niedrigen spirituellen Status durch eine Person mit *ge-*

*datsu* ermordet wird, dann verbessert sich sein Karma; das macht den Mord zu einer guten Tat.«[13]

Schließlich scheint eine nach außen abgeschlossene und im Inneren streng kontrollierte Umgebung eine Vorbedingung für millenaristische Gewalt zu sein. Um ein berühmtes Beispiel aus den siebziger Jahren zu zitieren: Als es zu einem Massenmord und -selbstmord unter den »Volkstemplern«, den Anhänger des Geistlichen Jim Jones kam, blieb dieser auf sein Dschungellager in Jonestown beschränkt; die weniger strikt beaufsichtigten Mitglieder des Volkstempels in den Vereinigten Staaten dachten unterdessen gar nicht daran, sich selbst umzubringen. Aum Shinrikyo benutzte jede nur vorstellbare Methode, Macht über seine Mitglieder auszuüben: Einzelhaft, Schlafentzug Drogen, und als subtileres Mittel eine Theologie unaufhörlicher Selbsttransformation, die den Kontakt zwischen den Anhängern einschränkte und auf diese Weise die Autorität Asaharas noch weiter stärkte. Es ist unter diesen Umständen nicht weiter verwunderlich, daß die Kommunebewohner den Bezug zur Realität verloren.

Auf Aum Shinrikyo paßt die Beschreibung eines gewalttätigen millenaristischen Kults so gut wie auf viele andere in der Geschichte. Unter vielen Gesichtspunkten gehört die Sekte in die Gesellschaft der Adamiten, der Wiedertäufer von Münster, der Volkstempler und der Anhänger von Charles Manson. Niemand kann voraussagen, wann und wo solche Gruppen entstehen; sie sind wie eine tödliche, aber Gott sei Dank ziemlich seltene Giftpflanze, die über Nacht jedem Boden entsprießen kann. Doch einer der Gründe, warum der Vorfall in der Untergrundbahn die japanische Öffentlichkeit so entsetzte, ist die Tatsache, daß Aum in einiger Hinsicht typisch japanisch war. Als die Nachricht von dem Attentat bekannt wurde, war die internationale Reaktion ein großes Erstaunen darüber, daß ein solches Horrordrama ausgerechnet in Tokio gespielt werden konnte, im Nervenzentrum der bestorganisierten Wirtschaft und der geschlossensten Gesellschaft der Welt. Viele Japaner teilten dieses Gefühl; andere aber fühlten, sie hätten es eigentlich kommen sehen müssen. Denn sobald man den Vorfall in den Kontext der japanischen Gesellschaft am Ende des Jahrhunderts stellt, kann man sich schwer vorstellen, daß er anderswo hätte geschehen können.

Japan ist keine religiöse Nation im westlichen Sinne dieses Wortes. Die meisten Japaner bekennen sich nicht ausschließlich zu einem Glauben; sie sind völlig zufrieden damit, ein gemischtes religiöses Erbe zu besitzen, in denen ein ästhetisch verfeinerter Buddhismus mit den Legenden und den abergläubischen Vorstellungen des Shintoismus koexistiert. In der Theorie ist die Kluft zwischen Buddhismus und Shintoismus ungeheuer groß: der Buddhismus ist an die präzise Formulierung abstrakten Denkens gebunden; der Shintoismus besteht fast ausschließlich aus bodenständiger Folklore und hat keinen Begriff von so etwas wie einem Dogma. In der Praxis suchen die Japaner einfach aus, welches System am besten zu einer bestimmten Gelegenheit paßt. Der Buddhismus paßt – kaum überraschend – am besten zu Begräbnissen, Shinto eher zu Hochzeiten. Die Tatsache, die vielleicht am wichtigsten für das religiöse Leben in Japan ist: Es gibt, anders als im Westen, keine ungebrochene Tradition einer Staatskirche oder vom Staat begünstigten Konfession. Zu verschiedenen Zeiten im letzten Jahrtausend hat die Regierungsgewalt nacheinander verschiedene Arten des Buddhismus durchgesetzt, manchmal durch konfuzianische Elemente ergänzt, und in jüngerer Zeit (bis 1945) den Staats-Shintoismus (Kaiserkult), der nicht mit dem Volksshintoismus zu verwechseln ist.

Die Konsequenzen sind weitreichend. Zunächst einmal sind die ältesten und ursprünglichsten religiösen Traditionen Japans niemals verschwunden; sie bilden die Grundlage des volkstümlichen Shintoismus. Die meisten Japaner wachsen mit Erzählungen von Erdgeistern (*kami*) auf, von denen einige gut, andere böse, aber alle unberechenbar sind. Dieser animistische Glaube ist durch die Verwandlung Japans in eine ökonomische Supermacht praktisch nicht berührt worden.

Keine japanische Firma würde es sich träumen lassen, eine Fabrik zu bauen, ohne vorher ein *jichinsai* abzuhalten, eine shintoistische Zeremonie beim Aufbrechen der Erde. Der Shintoismus paßt in gewisser Weise sogar sehr gut zur modernen Welt. Die Unberechenbarkeit der Wirtschaftszyklen verstärkt einen gewissen volkstümlichen Fatalismus; wie gut die Dinge auch laufen mögen, die Japaner schließen niemals die Möglichkeit plötzlicher Katastrophen aus, die von böswilligen Geistern verursacht worden sind. Die zweite wichtige Konsequenz der vielfach gebrochenen religiösen Vergangenheit ist eine spezifische Begabung der Japaner für religiöse Improvisation und die Aneignung von Elementen fremder Kulturen. Die Japaner sind vollkommen offen für religiöse Vorstellungen anderer Länder, aber sie sind keinesfalls bereit, diese im Ganzen zu übernehmen. Sie bestehen darauf, sie an ihre eigenen anzupassen oder Elemente herauszugreifen, die mit einheimischen Traditionen zusammenpassen. Das ist der Grund, warum die christliche Pfingstbewegung in Japan, anders als in Südkorea, so wenig Fortschritte gemacht hat. In Korea haben fundamentalistische Missionare animistische Vorstellungen geschickt ausgebeutet, indem sie auf die vielen Erwähnungen böser Geister im Neuen Testament hinwiesen. In Japan jedoch hat dieses Vorgehen niemals funktioniert, weil es hier ganz unvorstellbar ist, eine Religion ganz und gar auf einen ausländischen Text wie die Bibel zu gründen. Andererseits haben die religiösen Führer Japans keinerlei Skrupel, vom Christentum auszuborgen: Viele von ihnen eignen sich frohgemut die Worte Jesu an, während andere ihren Philosophien große Stücke aus der christlichen Apokalyptik einverleiben.

Die Bereitschaft zur Erneuerung und das Weiterbestehen des allgemein respektierten traditionellen Aberglaubens helfen auch den auffälligsten Zug des heutigen religiösen Lebens in Japan zu erklären: seine neuen Religionen. Ihre Verbreitung ist verblüffend. Nach Angaben des japanischen Kulturministeriums gibt es 183 470 Gruppen, die als religiöse

Vereinigungen registriert sind; von diesen können 5888 nicht als eindeutig buddhistisch, shintoistisch oder christlich beschrieben werden.[14]

Es gibt also, kurz gesagt, Tausende von hausgemachten neuen Religionen in Japan, von denen man die meisten im Westen als »Kulte« bespötteln würde. In Japan dagegen ist niemand abgestempelt, der einer solchen Religionsgemeinschaft angehört. Religionssoziologen teilen die Entstehung dieser neuen Religionen in vier »Wellen« ein. Es ist kennzeichnend, daß jede dieser Wellen mit einer Periode rascher Veränderung in Japan zusammenfällt. Die erste Wachstumsperiode begann unmittelbar nach der Meiji-Restauration von 1868, als Japan nach Jahrhunderten der Isolation eine forcierte Industrialisierung einleitete. Zur zweiten kam es in den zwanziger Jahren, als Japan im Gefolge des verheerenden Erdbebens von Tokio schwerwiegende soziale Probleme durchlebte. Der dritte religiöse Boom war eine Folge der schweren Leidenszeit nach dem Zweiten Weltkrieg. Von ihm profitierte hauptsächlich Sogagakkai, die mächtige Laienorganisation des Nichiren-Buddhismus, dessen Millionen von Mitgliedern glauben, das Intonieren von *namu myoho rengekyo* (»Ehre sei dem Lotus-Sutra vom Wunderbaren Gesetze«) bereite den Weg für die Erschaffung einer neuen Welt.

Die vierte religiöse Welle begann 1978, als eine Periode schrankenlosen Wachstums zu Ende ging.[15] Sie unterschied sich in vieler Hinsicht von den früheren. Viele der sogenannten »neuen neuen« Religionen, die in den späten siebziger und frühen achtziger Jahren entstanden, sprachen direkt den Glauben an böse Geister, an Wunder und an das Okkulte an. Das Interesse am Übernatürlichen stieg, besonders bei jungen Menschen. Ein weitverbreitete, 1984 entstandene Befragung, die sich auf die Altersgruppen zwischen zwanzig und dreißig beziehungsweise siebzig und achtzig Jahren bezog, fand heraus, daß 57 Prozent der jungen Leute an Ufos glaubten, aber nur 6 Prozent der Alten. Das ist vielleicht nicht verwunderlich; aber als man fragte, ob sie daran interessiert seien, durch

Wahrsagerei etwas über ihre Zukunft zu erfahren, war der Unterschied fast der gleiche: 54 gegen 8 Prozent. 66 Prozent der Jungen glaubten an böse Geister, aber nur 46 Prozent der Alten.[16] Diese Ergebnisse fanden damals viele Kommentatoren rätselhaft; sie ergeben jedoch einen Sinn, wenn wir uns klarmachen, daß die Faszination durch das Okkulte und durch böse Geister nicht einfach die Rückkehr zu überlieferten animistischen Vorstellungen anzeigten, sondern starke Einflüsse aus dem Westen widerspiegelten.

Die neuen Bestandteile dieser Spiritualität stammen aus der amerikanischen populären Kultur, der okkulten Tradition des Westens und aus dem New Age. Die »neuen neuen« Religionen sind ebenso interessiert an dem von Robert Ellwood beschriebenen »unterirdischen Fluß« wie an Buddhismus und Shinto. Sie sind tief in das »kultische Milieu« eingetaucht, in jenen riesigen See, in dem alle Informationen, die von der Gesamtgesellschaft ignoriert oder nicht ernstgenommen werden – Verschwörungstheorien, Astrologie, Wunderberichte und Ufos – sich sammeln und vermischen. Wie wir im Kapitel über New Age gesehen haben, ist das kultische Milieu die perfekte Brutstätte für Apokalyptik: Irgend etwas an der Zurückweisung durch die Gesellschaft provoziert unvermeidlich die Frage, warum gewisse Informationen nur einigen Privilegierten zugänglich sind. (Antwort: Weil sie sich entschieden haben, alleine die kommenden Veränderungen zu überleben, was immer das für Veränderungen sein mögen.) So ist es vielleicht nicht verwunderlich, daß die vierte religiöse Welle in Japan, die einzige, die stark vom kultischen Milieu beeinflußt ist, auch die am eindeutigsten millenaristische ist.

Wir haben schon angemerkt, daß der Aum-Shinrikyo-Kult sich von den meisten Rivalen deutlich in seiner Einstellung zum japanischen Wirtschaftswunder unterschied. Aber in vieler Hinsicht war er doch typisch für die letzte religiöse Welle. Obwohl er als Yogakreis begann, nahm er bald Informationen aus allen möglichen Gebieten des kultischen Milieus auf;

und dadurch wurden seine Lehren immer apokalyptischer im Sinn der westlichen Tradition. Anfang 1995, als Aum »Ein Verhängnis nähert sich dem Land der aufgehenden Sonne« veröffentlichte, war die Bandbreite an obskuren kultischen Theorien, die dem Kult zur Verfügung standen, wahrhaft beeindruckend. Im Verlauf der ziemlich unzusammenhängenden Gespräche, die Asahara und seine »Wissenschaftler« führten, gibt es die unvermeidlichen Verweise auf Nostradamus (in Japan als Nosutorodamusu bekannt); die okkulten Überlieferungen der englischen Freimaurer werden angesprochen, und auch eine merkwürdige Theorie wird erwähnt, die in einigen Außenposten der extremen amerikanischen Rechten kursiert, nach der die britische Königsfamilie im Zentrum einer internationalen Verschwörung steht. Es gibt endlose Diskussionen über Astrologie und über Aspekte des New Age im Westen. Asahara bezieht sich zustimmend auf den schottischen Propheten Benjamin Creme, der seit Jahren vorhersagt, daß aus der Pakistani-Gemeinde in Londoner East End ein Welterlöser namens Lord Maitreya hervorgehen wird.[17] Schließlich, und völlig unerwartet, vertieft sich Asahara in römisch-katholische Folklore. Er zitiert die Prophezeiungen des heiligen Malachias – übrigens korrekt – dahingehend, daß nach Johannes Paul II. nur noch zwei Päpste kommen werden, »sodaß es allenfalls ungefähr zwanzig Jahre bis zum Ende des letzten Papstes dauern kann«. Aber im Gegensatz zu anderen Interpreten dieser Prophezeiungen wertet er sie als Anzeichen dafür, daß das Christentum im Begriff sei, »durch die allerhöchste Weisheit von Aum Shinrikyo abgelöst zu werden.«[18]

Aum steht nicht allein mit seinem genialen Anleihen aus dem Angebot populärer westlicher Apokalyptik: Wir werden sehen, daß Aums Todfeind, ein merkwürdiger Laden namens Kofuku-no-Kagaku (Institut für das Studium des menschlichen Glücks), einem nicht weniger beeindruckenden Eklektizismus huldigt, indem er zum Beispiel die Prophezeiungen von Fatima zur Unterstützung seiner Katastrophenwarnungen zitiert.[19] Aber man sollte nicht annehmen, daß die apokalyptischen Konstruktionen der neuen japanischen Religionen vollkommen aus importierten Materialien bestehen. Diese Gruppen könnten nicht existieren, wenn Katastrophenszenarien nicht irgendwie der Stimmung und den Erwartungen vieler Japaner entgegenkämen. Die Anziehungskraft dieser Szenarien geht offensichtlich weit über einen schlichten Appetit auf westliche Ideen hinaus. Wie bei jedem apokalyptischen Glauben, so spielen auch hier Streß und Veränderung eine Rolle. Wenige Gesellschaften haben so durchgehend Streß-Erfahrungen gemacht wie das Japan des zwanzigsten Jahrhunderts. Obwohl das Land lange vor seinen fernöstlichen Nachbarn industrialisiert worden ist, war wirklich jedes Jahrzehnt dieses Jahrhunderts gekennzeichnet von einem rapiden ökonomischen Wandel. Es gab die traumatische Erfahrung der Niederlage, die völlige Neukonstruktion der offiziellen nationalen Ideologie, einen fulminanten Wirtschaftsaufschwung, die drohende Herausforderung einer postindustriellen Gesellschaft und im Vordergrund des nationalen Bewußtseins stets die erregende, aber flüchtige Vision der Chance, die größte Wirtschaftsmacht des einundzwanzigsten Jahrhunderts zu werden.

Die Bedeutung dieses Ehrgeizes kann man kaum überschätzen. Japanische Intellektuelle sind stark interessiert an den westlichen Theorien über den Aufstieg und Abstieg der Kulturen. Bis heute ehrt die Sokagakkai-Bewegung das Gedächtnis von Arnold Toynbee und benutzt seine Schriften, um ihre Vision vom Aufstieg einer großen Kultur im Fernen Osten zu rechtfertigen. Die Japaner sind verständlicherweise begeistert von der Idee, daß der Geist der Kultur westwärts um die Welt wandert, die in dieser Form zuerst von Hegel vorgebracht wurde, aber im Grunde eine Adaption der Vier-Reiche-Lehre Daniels ist. (Die koreanische Pfingstbewegung vertritt, wie schon gesagt, eine Version dieses Gedankens, in der es der Heilige Geist ist, der westwärts schwebt, in einer Art Großem

Jahr, das in Asien mit einer großen Endzeiterneuerung seinen Höhepunkt und Abschluß findet.)

Der Glaube, daß der Westen im »Abstieg« und der Osten im »Aufstieg« sei, führt, zusammen mit der zunehmenden Orientierung der Japaner am europäischen Kalender, zu der weitverbreiteten Annahme, das Ende des zweiten christlichen Jahrtausends sei der Moment, an dem die Fackel der Zivilisation an den Fernen Osten weitergegeben werde, vor allem natürlich an Japan. Nach typisch japanischer Art sind diese Hoffnungen stets überschattet von der Sorge, es werde nicht nach Plan gehen: außerdem ist in Japan, wie in anderen Ländern des Fernen Ostens die Furcht vor Naturkatastrophen fest in der nationalen Psyche verankert. Aber das trägt nur dazu bei, die Glaubwürdigkeit apokalyptischer Szenarien zu erhöhen, in denen große Veränderungen in der Gesellschaft von ebenso großen Verwerfungen der natürlichen Ordnung begleitet sind.

In gewissem Sinn hat Shoko Asahara sein Bestes getan, um die Vision eines triumphierenden Japan zu unterminieren, das zur Jahrtausendwende sein rechtmäßiges Erbe antritt. Er prophezeite und hoffte, es würde in der Schlacht von Armageddon zu Asche werden. Aber die Gesellschaft, die der Zerstörung anheim fallen sollte, war das alte, korrupte Japan, das seinen Retter zurückgewiesen hatte. Nach diesem Konflikt würde ein vom Meister regiertes neues Japan zum Mittelpunkt des Tausendjährigen Reiches werden. Und die neue Welt würde in den ersten Jahren des neuen Kalendermillenniums (nach dem Anno-Domini-Kalender gerechnet) Gestalt annehmen. Asahara war nicht der erste japanische Prophet, der sein Szenarium um ein Armageddon am Ende des Jahrhunderts herum baute.

Er kannte und bewunderte die in der Vorkriegszeit entstandenen Schriften des japanischen Denkers Katsutoki Sakai, der behauptet hatte, von Gott eine Vision der Zukunft erhalten zu haben. Nach Asahara war der Inhalt dieser Vision: »Armageddon wird am Ende des Jahrhunderts geschehen. Nur ein Geschlecht von mitleidigen Weisen wird überleben. Sein Führer wird aus Japan kommen.«[20]

Obwohl die meisten neuen Religionen Japans Armageddon nicht in ihre Lehren aufgenommen haben, sind ihre Äußerungen über das Ende des 20. Jahrhunderts mehrdeutig. Die Übergangsperiode dahin wird selten als friedlich beschrieben. Interessanterweise machte die in den siebziger Jahren entstandene Übersetzung des Nostradamus ins Japanische einen großen Eindruck auf die neue Generation von Gurus. Besonders beeindruckt waren sie von seinen Hinweisen auf einen großen Krieg im Jahr 1999 und auf eine nicht genannte Macht, die »über alle anderen Mächte des Orients hinauswachsen wird«.[21] In den Jahren nach der Veröffentlichung der *Quatrains* wurde der Seher aus der Provence Teil der populären Kultur in Japan. Er tauchte sogar in Zeichentrickfilmen für Kinder im japanischen Fernsehen auf. Einer dieser Filme handelte von einem Raumschiff, das nicht mehr zur Erde zurückkehren konnte, nachdem sich Nostradamus' Prophezeiung über das Ende der Welt im Jahr 1999 bewahrheitet hatte. Aber für die Mehrheit der neuen religiösen Bewegungen, die an diesem Thema Interesse haben, auch für Aum, sind die von Nostradamus geweissagten Katastrophen nicht das Ende. Sie sind lediglich das Vorspiel einer neuen Zivilisation auf Erden.

Wenn man sie nach einer Rechtfertigung für diese Ansicht fragte, würden die meisten japanischen Gurus auf die berühmten Quatrains verweisen. Für einen dieser Führer aber gibt es eine noch höhere Autorität, Nostradamus selbst; er behauptet, mit diesem das Schicksal der Zivilisation ausführlich diskutiert zu haben. Bei dem fraglichen Guru handelt es sich um Ryuho Okawa, den Gründer von Kofuku-no-Kagaku. Mit Ausnahme von Asahara ist er der berühmteste religiöse Führer, der aus der sogenannten vierten Welle hervorgegangen ist. 1985 war Okawa ein dreißig Jahre alter Börsianer, der für eine japanische Firma in der Wall Street arbeitete. Er gab seinen Job auf, nachdem er in einer Großen Offenbarung erfuhr, er sei eine Reinkarnation Buddhas und ihm sei die Fähigkeit verliehen, mit Hunderten von Geistern zu verkehren, darunter Jesus Christus, Moses, Konfuzius und Nostradamus. (Kritiker haben unfreundlicherweise darauf hingewiesen, daß dieser Nostradamus Übersetzungsfehler in der ersten japanischen Volksausgabe seiner Werke übernommen hat.)[22]

Als Kofuko-no-Kagaku 1986 gegründet wurde, hatte die Gruppe gerade vier Mitglieder. Ihr Ziel war es, die persönliche Weiterbildung durch das ständige Studium der buddhistischen Prinzipien der Liebe, der Weisheit, des Nachdenkens und der Entwicklung zu lehren. In den nächsten vier Jahren entwickelte sie sich aus einem kleinen Studienzirkel zu einer beachtlichen Organisation, die Massenvorträge anbietet und Hunderte von Büchern im Jahr veröffentlicht. 1990 behauptete Okawa, fünfzigtausend Anhänger zu haben; im folgenden Jahr stand er bei seinem Geburtstagsfest vor einer Menge von vierzigtausend Zuhörern und enthüllte seine wahre Identität. Er sei El Cantare, der »höchste große Geist der terrestrischen Gruppe«, der früher schon einmal als Sakyamuni-Buddha und als Hermes wiedergeboren worden sei. »Ich bin es, der alle Macht hat vom Anfang dieser Erde bis zu ihrem Ende«, sagte Okawa. »Denn ich bin nicht menschlich, ich bin das Gesetz selbst.«[23] Im Dezember des gleichen Jahres sprach Okawa auf einer zweiten Massenversammlung, gekleidet in ein goldenes Gewand und mit einer ziemlich wackligen Krone auf dem Kopf. Er verkündete, daß die Zahl der Mitglieder (immer ein etwas unbestimmter Begriff) von Kofuko-no-Kagaku auf fünf Millionen angestiegen sei. 1994, nach drei Jahren unaufhörlich steigender »Mitgliederzahlen«, kündigte der Führer an, das »Zeitalter der wahren Lehre« habe begonnen. Dies ging Hand in Hand mit einer äußerst aggressiven Kampagne gegen Okawas Gegner in der Presse und gegen andere neue Religionen. Kofuko-no-Kagaku entwickelte eine besondere Abneigung gegen Aum Shinrikyo: Am Samstag, dem 18. März 1995 organisierte die Bewegung eine Demonstration von 5000 Menschen in Tokio gegen die Entführung von Kiyoshi Kariya; zwei Tage später fand das Sarin-Attentat statt.

Eine ausführliche Beschreibung der Theologie Okawas würde viele Seiten füllen. Er hat eine hierarchisch gegliederte Kosmologie der Geisterwelt von erstaunlicher Komplexität entwickelt. Hunderten historischer Gestalten sind Positionen in verschiedenen Dimensionen zugewiesen: Einstein und der Erzengel Gabriel sind in der achten Dimension, Chopin folgt in einem Zwischenbereich direkt darunter, während Mozart und Henry Ford sich mit der relativ niedrigen siebten Dimension begnügen müssen.[24] Okawa hat auch eine Geschichte der Schöpfung entworfen, mit der verglichen *You are becoming a Galactic Human* von Virginia Essene und Sheldon Nidle (siehe Kapitel 9) sich liest wie ein Werk zurückhaltender Gelehrsamkeit. Laut Okawa war Venus einst von einer hochintelligenten Lebensform bevölkert, einer Kreuzung zwischen Tier und Pflanze. Ihre obere Körperhälfte sah aus wie eine Lilie, die untere hatte Beine mit Blättern hinten, um die Photosynthese zu erleichtern.[25]

Aber diese netten Details sind nur Verzierungen; sie erklären Okawas Erfolg nicht. Niemand nimmt seine Behauptung ernst, seine Anhängerschaft zähle zehn Millionen, zehn Prozent der Bevölkerung Japans. Aber Kofuko-no-Kagaku kann immerhin 300 000 aktive Mitglieder aufbieten, eine erstaunliche Zahl kaum zehn Jahre nach der ersten Vision des Gründers. Wie konnte das geschehen? Trotz Vorträgen und Werbegags verläßt sich Okawa hauptsächlich auf Bücher, um seine Botschaft zu verbreiten; er hat bisher etwa 60 Millionen verkauft. Dabei handelt es sich nicht um heilige Texte, die kostenlos an die Gläubigen verteilt werden, sondern um Bände, die vermarktet werden und mit Tausenden von anderen Büchern in normalen Buchhandlungen konkurrieren müssen. Dies scheint zu beweisen, daß zumindest in Japan ganz weltliches Marketing eine Rolle dabei spielen kann, Mitglieder für eine religiöse Bewegung zu gewinnen. Aber wichtiger ist die Botschaft selbst, eine Botschaft der Selbstverwandlung in einer Umwelt, die von apokalyptischer Veränderung geprägt ist. Kofuko-no-Kagaku lehrt, daß zu Anfang des nächsten Jahrhunderts Japan das Zentrum einer großen fernöstlichen Zivilisation sein wird; vorher kommen möglicherweise »zahllose Katastrophen«. Tatsächlich hat Okawa davor gewarnt, es könne für den Fall, daß Kofuko-no-Kagaku nicht so schnell weiterwächst wie bisher, ein weiteres Erdbeben von der Größenordnung des Erdbebens von 1923 in Tokio geben, in dem 91 000 Menschen umkamen, oder der Fuji könne ausbrechen.[26]

Okawas Kritiker beklagen sich, er rede genau wie sein Erzfeind Shoko Asahara, wenn er so rede, und es gibt offensichtliche Ähnlichkeiten. Beide sind außerordentlich eklektisch, schamlos apokalyptisch und richten die Aufmerksamkeit ihrer Anhänger klar auf die Person des Führers aus. Aber Aum und Kofuko-no-Kagaku haben niemals um die gleiche Art von Mitgliedern konkurriert. Asahara wandte sich an enttäuschte Studenten oder Linke, die gegen das Wirtschaftswunder waren und alles, wofür es stand, ablehnten. Okawa wendet sich an ehrgeizige junge Männer und Frauen, die an ihrem Arbeitsplatz noch mehr leisten wollen. Obwohl sie Angst haben, daß alles Erreichte durch Naturkatastrophen oder internationale Verschwörungen zerstört werden könnte, vertrauen sie doch auf die Worte ihres Führers: »Während die Wahrheit des Sonnengottes langsam aufgeht, wird ein großes Licht von einem Winkel der Erde leuchten. Dieser Winkel ist das auserwählte Land, Japan.«[27] Mit anderen Worten, die Gefahr, daß ehemalige Mitglieder der Aum-Sekte in die immer noch kraftstrotzende Kofuko-no-Kagaku eindringen, ist ziemlich gering. Ob das beruhigend wirken sollte, ist eine andere Sache; denn es stimmt nun einmal, daß radikalapokalyptische Prediger mit phantastischen Mythen und blutrünstigen Katastrophenwarnungen in Japan zwei vollkommen voneinander unterschiedene Gruppen junger Leute zu ihren Anhängern machen konnten. Natürlich will niemand Okawa mit dem mörderischen Asahara gleichsetzen; aber nachdem dieser nun sicher hinter Schloß und Riegel sitzt und Aum sich aufgelöst hat, sollten wir uns vielleicht die Frage stellen, was sich auf lange Sicht als wichtiger herausstellen wird: der groteske Sarin-Vorfall oder die Tatsache, daß in einer der fortgeschrittensten Gesellschaften der Welt eine bizarre neue Sekte in weniger als zehn Jahren Hunderttausende von Anhängern um sich sammeln kann.

Es ist kein Wunder, daß Japan immer noch mit Aum Shinrikyo beschäftigt ist; schließlich scheint klar, daß das Attentat hätte verhindert werden können, wenn die Vergiftungsfälle in Matsumoto ordentlich untersucht worden wären. Aber dieser Greuel war nicht voraussehbar. Apokalyptische Strukturen sind komplex und veränderlich, und es gibt so viele Gruppen, die Endzeitlehren anhängen, daß kein Staat seinen Bürgern umfassenden Schutz vor physisch bedrohlichen apokalyptischen Sekten zusichern kann.

Aber wenn es eine Lektion aus der japanischen Erfahrung zu lernen gibt, dann wohl die, daß der apokalyptische Glaube im einundzwanzigsten Jahrhundert eine große Rolle spielen wird, zumindest im Fernen Osten. Japan ist möglicherweise in dieser Hinsicht verwundbarer als andere Länder; aber die Erfahrung von Südkorea und die ersten Anzeichen eines Anwachsens der Pfingstbewegung in China zeigen, daß alle Gesellschaften Asiens empfänglich sind für die Anziehungskraft apokalyptischer Botschaften. Denn obwohl sie sich in verschiedenen Stadien der Entwicklung befinden, haben sie doch viel gemeinsam. Japan ist auf der Höhe seiner kreativen Potenz, Südkorea trainiert noch seine Muskeln, China wacht endlich auf (was schon Napoleon prophezeite). Was diese Länder eint, ist die Fähigkeit, die weitreichendsten Veränderungen durchzustehen und sogar einen gewissen Geschmack daran zu finden. Gleichzeitig haben sie alle ihr Erbe von launischen Geistern, Göttern und Dämonen bewahrt, und in der Praxis lassen sich diese leicht mit den grobschlächtigsten Exportartikeln des kultischen Milieus im Westen kombinieren. Aus diesem Gemisch können sehr wohl neue apokalyptische Glaubenssysteme hervorgehen, über deren Gestalt und Farbe man nur spekulieren kann. Die Möglichkeiten sind unbegrenzt.

12

# Waco und der Krieg der Kulturen

Im Juli 1995 berichtete die *New York Times* auf der Titelseite über die mysteriöse Absage einer Veranstaltung namens »*Conference of the States*«. Diese Konferenz, geplant für Oktober in Philadelphia, war dazu gedacht, ein neues Forum zu bieten, auf dem Politiker der amerikanischen Bundesstaaten ihre Beziehungen zu Washington diskutieren konnten – sie wäre also etwa so aufregend und kontrovers gewesen wie eine Versammlung des Deutschen Städtetags. Aber dann zog zum Erstaunen der Organisatoren ein Bundesstaat nach dem anderen seine Zusage zur Teilnahme zurück, bis schließlich nur vierzehn von fünfzig übriggeblieben waren. Die Erklärung war, laut *New York Times*, daß die Staaten vor einer Kampagne von »Rechtsextremisten« kapituliert hätten; diese sähen die Konferenz als eine geheime konstituierende Versammlung an, die grundlegende Rechte der Einzelstaaten abschaffen könnte – vielleicht als Teil einer finsteren Verschwörung zur Errichtung einer totalitären Weltregierung.

Der Bericht fuhr fort: »Verschwörungstheorien, die alte Kunst der Argwöhnischen, sind besonders weit verbreitet seit dem Bombenanschlag auf das Gebäude der Bundesbehörden in Oklahoma am 19. April. Aber selbst vor diesem Datum waren Gerüchte über böse Komplotte so laut geworden im Land, daß sie begannen, in die offizielle Politik und die Regierung einzudringen und in einigen Fällen deren Handlungen zu beeinflussen.«[1] Eine der gängigsten dieser Theorien – die bevorstehende Übernahme der USA durch ausländische Streitkräfte, die den Vereinten Nationen unterstehen – hatte tatsächlich die Verkehrsbehörde in Indiana gezwungen, ihre Straßenschilder zu ändern. Nach Meinung lokaler Protestler waren Zahlen, die auf der Rückseite der Schilder standen, in

Wirklichkeit geheime Signale für Invasionsarmeen. »Leute riefen an und sagten, wir gehörten zu dem Plan einer Machtübernahme der UN«, teilte eine Sprecherin der dortigen Verkehrsbehörde mit. »Und dann sagten sie, daß sie die Zeichen jetzt übermalen würden. Es ging so weit, daß wir es nicht mehr ignorieren konnten.« So wurden die Straßenschilder offiziell ausgewechselt, um »diejenigen unter den Autofahrern zu beruhigen, die einen solchen Verdacht hegten.«

Die *New York Times* berichtete all das in dem verständnislosen und indignierten Tonfall, den die liberalen Medien sich für das aufheben, was in der konservativen Mitte der USA geschieht – genau dem Ton übrigens, den sie in den achtziger Jahren für den Aufstieg der religiösen Rechten übrig hatte. »Verschwörungstheorien durchdringen gemäßigte Politik«, hieß die Überschrift des Artikels, der durchgehend mit mißbilligenden Anspielungen auf den »äußersten rechten Flügel« gepfeffert war. Doch trotz des leicht hysterischen Tonfalls war nicht Tendenziöses in der Behauptung, das traditionelle Mißtrauen vieler Amerikaner gegen die Bundesregierung habe eine neue Dimension gewonnen. Der Historiker Garry Wills, einer der wenigen Experten, die wirklich etwas von der Mentalität der Fundamentalisten verstehen, schrieb etwa zur gleichen Zeit in der *New York Review of Books*, es sei tatsächlich etwas neu an den Gruppen, die nach dem Bombenattentat von Oklahoma entstanden seien: »Wie weit auch immer diese Gruppen voneinander entfernt sind – einige bejahen Gewalt, andere nicht, einige sind religiös, andere säkular, einige millenaristisch, andere pragmatisch – sie alle sind sich einig in ihrer Furcht vor der Regierung, und sie haben eine komplizierte Analyse des Repressionsapparates der Regierung erstellt, eine Analyse, die auch viele Nichtextremisten in dem einen oder anderen Punkt teilen«.[2]

Was die Behauptung anbetrifft, Angst vor der Regierung dringe auch in die gemäßigte Politik ein, so schien auch das unbestreitbar. Im vergangenen Jahr hatten, wie die *New York Times* ausführte, fünfzehn Staaten Resolutionen verabschiedet, die den zehnten Zusatz zur amerikanischen Verfassung bekräftigten. Dieser behält den Einzelstaaten alle Rechte vor, deren Ausübung ihnen nicht ausdrücklich durch die Verfassung der USA untersagt ist oder die nicht durch diese an die Bundesregierung delegiert sind. »Dies dient als Hinweis und Forderung an die bundesregierung [im Originaltext polemisch mit Kleinbuchstaben geschrieben] als unsere Vertreterin, alle Tätigkeiten einzustellen und zu beenden, vom heutigen Tage an, die jenseits der ihr durch die Verfassung übertragenen Machtbefugnisse sind«, donnerte das Abgeordnetenhaus von Colorado.[3] Bisher hat allerdings nur ein Staat ausdrücklich Furcht vor einer Weltverschwörung geäußert und 1994 eine Entschließung verabschiedet, in der er den Kongreß der Vereinigten Staaten auffordert, »jede Unterstützung für die Errichtung einer ›neuen Weltordnung‹ oder irgendeiner Form von Weltregierung einzustellen.« Der Staat war ironischerweise Oklahoma.

Diese Furcht vor einer neuen Weltordnung wird vielleicht von den amerikanischen Medien in der Mitte des Spektrums nicht geteilt, aber häufig von ihnen als Indiz dafür zitiert, daß die USA in ein neues Zeitalter der Angst eingetreten sind. Im Sommer 1995 reiste John Weir, der für das New Yorker Großstadtmagazin *Details* schreibt, auf den Spuren religiösen Eiferertums von Arizona nach Oklahoma. Nachdem ihn Dutzende von *Rednecks* (ländlichen armen Weißen im Süden) vor der heimlichen Präsenz des Tiers der Offenbarung gewarnt hatten (in Gestalt des Präsidenten Clinton, des FBI, der Vereinten Nationen und der Juden), kam er zu dem Schluß: »Es gibt in der Tat einen Kampf um die Seele dieses Landes, einen Kampf, der so konfus und aufregend ist wie er aussieht, und es sind die Paranoiker, die ihn gewinnen.«[4]

Der Kampf, auf den Weir sich bezog, wird oft mit geographischen Metaphern beschrieben: als der einer Elite in den Küstenstädten gegen die Landbewohner der amerikanischen Mitte, die es immer gegeben hat, die aber plötzlich größer und drohender wirken. Das Bombenattentat von Oklahoma, die

Milizen, die wiederentdeckte Leidenschaft für die Rechte der Einzelstaaten und der Triumph der christlichen Rechten in den Zwischenwahlen von 1994, all das paßt in die Landschaft, obwohl es nicht einfach ist, die genaue Beziehung dieser Phänomene untereinander zu beschreiben. Aber eine Landmarke ist klar von jeder Stelle dieser Landschaft aus zu sehen, obwohl sie 1993 von Polizeikräften des Bundes plattgewalzt wurde: die Ansammlung von Blockhütten mit dem Namen Mount Carmel, die außerhalb von Waco in Texas lag. Die Hütten waren von einer wenig bekannten fundamentalistischen Sekte, den »*Branch Davidians*«, erbaut worden. Am 28. Februar 1993 drangen bewaffnete Bundespolizisten in den »Berg Karmel« ein, um ihn nach illegalen Waffen zu durchsuchen. Vier von ihnen wurden getötet. Eine einundfünfzigtägige Belagerung folgte, die abrupt endete, als die Regierung die Geduld verlor, Panzer schickte und CS-Gas einsetzte. Ein mysteriöses Feuer brach aus, und innerhalb von Minuten starben achtzig Apokalypse-Gläubige in den Flammen.

Es besteht weitgehende Übereinstimmung darüber, daß ohne Waco die inneramerikanischen Konflikte einen wesentlich geringeren Umfang angenommen hätten. Die Tragödie hat die neue Stimmung nicht geschaffen, aber sie hat dazu beigetragen, die Haltung der Konservativen auf dem Land zu verhärten, die sich ohnehin bedroht fühlen und in ihren Freizeitmilizen das perfekte Ventil für ihre Aggressionen gefunden haben. (Obwohl verläßliche Zahlen schwer zu bekommen sind, ist es wahrscheinlich, daß sich die meisten der etwa 80 000 Angehörigen von Milizen diesen in den beiden Jahren zwischen Waco und Oklahoma angeschlossen haben.) Und was ebenso bedeutsam ist: Waco steigerte den über die Jahre der Rezession hinweg gewachsenen Argwohn von Millionen normalerweise nicht leicht erregbarer Bürger gegenüber der Regierung. Verschwörungstheorien zu Waco, die von unbeantwortet gebliebenen Fragen ausgingen, fanden in den Vorstädten ebenso aufnahmebereite Zuhörer wie in den rechten separatistischen Kommunen im pazifischen Nordwesten.

Die Unruhe in der Öffentlichkeit, die auf Waco folgte, war komplexer und ging tiefer, als es zunächst aussah. Ihr Hauptmerkmal war eine gesteigerte Feindseligkeit gegenüber den Bundesbehörden. Sie läßt sich teilweise auf die äußerst stümperhafte Behandlung der Angelegenheit durch diese zurückführen, sie wurzelt aber auch in untergründigen Ängsten, die jedem vertraut sind, der sich in der amerikanischen Geschichte auskennt. Es war unübersehbar, daß die Einstellung gegenüber den Opfern von Waco über das Mitgefühl hinausging, das man den Opfern einer Verfolgung durch die Bundesbehörden zollte. Die Erklärung der Bundesregierung, bei den Davidianern handle sich um des Mißbrauchs Minderjähriger schuldige Angehörige eines Kults, die Massenselbstmord im Stil von Jonestown begangen hätten, traf auf einen Widerstand, den man nicht einfach nur als die Weigerung interpretieren kann, irgend etwas zu glauben, das von den Behörden kommt. Aus welchem Grund auch immer, die öffentliche Meinung war einfühlsamer gegenüber den historischen Nuancen als die Regierung. Sie verstand, daß die Kommune auf dem Berg Karmel weniger exotisch und viel amerikanischer war, als die Behörden und ihre Ratgeber aus der Anti-Kult-Bewegung wahrhaben wollten. Und nicht der unwichtigste typisch amerikanische Zug der Davidianer war ihr Glaube an das bevorstehende Ende der Welt.

Der exzentrische Eindruck, den der gitarrespielende »Messias« von Mount Carmel, Vernon Howell (wie David Koresh eigentlich hieß), hinterließ, hat ein bißchen die Tatsache verdunkelt, daß seine Anhänger eindeutig in einer jahrhundertealten amerikanischen Tradition von Apokalypse-Gläubigen standen, die sich in Erwartung des Weltendes zurückzogen. Die Davidianer-Kommune in Mount Carmel, die sich seit den dreißiger Jahren in Waco befand, hätte ihre theologische Abstammung auf etwas verzwickte Weise über die Sieben-Tage-Adventisten und die Große Enttäuschung der Milleriten bis zur apokalyptischen Theologie der Pilgerväter-Kommunen zurückverfolgen können. Um das Bild zu benutzen, das die Gruppe von sich selbst prägte: Die *Branch Davidians* waren ein kleiner und verkümmerter »Zweig« eines Baums, der tief im amerikanischen Boden wurzelt. Die größeren »Äste« sind die blühenden millenaristischen Sekten der USA, die Mormonen, Jehovas Zeugen und die gemäßigten Sieben-Tage-Adventisten; weiter unten am Stamm finden sich jedoch noch Dutzende von kleinen abgestorbenen Zweigen, die einmal kleine millenaristische Kommunen waren.

Vor etwa hundert Jahren waren die USA übersät mit solchen Gruppen. Ihre Atmosphäre wurde in den siebziger Jahren des neunzehnten Jahrhunderts auf brillante Weise in einem Buch von Charles Nordhoff eingefangen, einem gestandenen Zeitungsreporter, der praktisch alle existierenden Kommunen zwischen Neuengland und Oregon besuchte. Sein Buch *The Communistic Societies of America* enthält lange Essays über zwei berühmte Gruppierungen, von denen man sagen könnte, daß sie polare Gegensätze darstellten: die *Shakers*, düstere Spiritualisten, die allen sexuellen Beziehungen abgeschworen hatten, und die *Oneida Perfectionists* von John Humphrey Noyes, die der Meinung waren: »In einer heiligen Gemeinschaft gibt es nicht mehr Grund, den Geschlechtsverkehr durch Gesetz zu regeln, als das bei Essen und Trinken geschieht.« In ihrem Alltagsleben aber hatten diese beiden Gruppen und rund ein Dutzend weitere, die Nordhoff besuchte, viel mehr miteinander gemeinsam als mit der Außenwelt.

Ob sie nun für den vollkommenen Zölibat, für freie Liebe oder einfach für Enthaltsamkeit eintraten, diese Gemeinschaften, wie so viele apokalyptische Gruppen vor ihnen, sie waren sich doch einig darin, daß es wichtig war, das sexuelle Verhalten ihrer Mitglieder zu kontrollieren. Die »Perfektionisten« lehnten heftige sexuelle Gefühle ab und bestanden auf einer Form von Coitus interruptus, die wohl ebenso schwer durchzuhalten war wie völlige Abstinenz. Allgemein bestand ein starkes Interesse an einer korrekten Diät. Viele Kommunen lehnten Fleisch ab, und besonders gegenüber Schweinefleisch herrschte Abscheu. Die Gebäude waren fast überall trist, beherbergten oft viele Familien und, so Nordhoff, »sahen aus wie Fabriken oder menschliche Bienenstöcke«. Und trotz ihres sehr verschiedenen Ursprungs und ihrer unterschiedlichen Theologie neigten die Gruppen zu ähnlichen Ängsten: Angst vor fallenden Mitgliederzahlen, vor Überalterung der Mitglieder und vor ungeeigneten neuen Mitgliedern, durch die sich die Gemeinde spalten könnte. In seinem Kapitel über die *Harmony Society*, eine Ansammlung von idealistischen Zölibatären aus Deutschland, die in ihrem makellos sauberen Dorf *Economy* im Staat Pennsylvania lebten, berichtet Nordhoff die Geschichte eines Abenteurers, der sich Graf Maximilian von Leon nannte. Nachdem er sich eine Unterkunft in *Economy* gesichert hatte, begann der Graf, »seltsame neue Lehren zu verkünden, Heirat, ein abwechslungsreicheres Leben und andere Versuchungen zur Weltlichkeit; und schließlich gelang es ihm, eine ernsthafte Spaltung zu bewirken, welche die Kommune zerstört haben würde, wäre man nicht klug mit ihr umgegangen.«[5] Der Graf reiste schließlich mit über 100 000 Dollars vom Geld der Kommune und mit 250 Anhängern ab. Aber der Versuch, eine neue Kommune zu gründen, scheiterte, und er machte sich heimlich in einem Boot nach Alexandria in Louisiana am Red River davon, wo er an der Cholera starb.

Die »Harmoniegesellschaft« illustriert das wichtigste gemeinsame Merkmal aller dieser winzigen souveränen Staaten, ihren unerschütterlichen Millenarismus. In einigen Fällen war dieser Aspekt nicht direkt formuliert; »kommunistische« Gruppen sahen sich tendenziell als Pioniere einer vollkommenen Gesellschaftsstruktur, deren allmähliche Übernahme durch die Gesamtgesellschaft das Anbrechen eines neuen Goldenen Zeitalters bewirken sollte. Manchmal war er auch explizit in dem Sinn, daß die Gemeinschaft sich als die Übriggebliebenen sahen, als diejenigen, welche die kommende Apokalypse überleben würden. Noch öfter war die Trennungslinie zwischen diesen beiden Vorstellungen verwischt. Die *Oneida Perfectionists* wie auch die *Shakers* glaubten, daß ihre Entdeckung des vollkommenen Lebensstils das Ende der Zeit ankündige. Die Mitglieder der Harmoniegesellschaft hatten von ihrem »Gründervater« George Rapp die Zusicherung erhalten, Christus werde bald am Himmel erscheinen, und die ganze Welt werde erneuert werden. (Rapp hatte gehofft, das werde noch zu seinen Lebzeiten geschehen. Als er im Alter von neunzig Jahren schwer krank darniederlag, rief er aus: »Wenn ich nicht wüßte, daß der Herr wollte, ich solle Ihm Euch alle vorstellen, so würde ich jetzt glauben, mein letztes Stündlein sei gekommen.« Das waren seine letzte Worte.)[6]

Auch wenn man vom apokalyptischen Glauben einmal absieht, ist es bemerkenswert, wie viele charakteristische Merkmale des Lebens in millenaristischen Kommunen des 19. Jahrhunderts sich auch in Mount Carmel wiederfanden. Für den größten Zeitraum seiner Geschichte, bis Koresh es umbaute, glich das Lager mehr einem »menschlichen Bienenstock« als einer Festung. Man redete ständig über die richtige Diät, wie es sich für eine Gruppe gehörte, deren Vorläufer bei den Sieben-Tage-Adventisten den Weg für Kellogg's Cornflakes gebahnt hatten. Und über die Jahre gab es ein paar Machtkämpfe und Auseinandersetzungen um ungeeignete neue Mitglieder, von denen eines, ein total verrückter radfahrender Hippie namens Jesus Amen noch *während* der Belagerung durch das FBI Einlaß in Mount Carmel begehrte. Was die Sexualmoral anbetrifft, so kommen einem die komplizierten theologischen Argumente, die freie Liebe für David Koresh und totale Enthaltsamkeit für alle anderen vorschrieben, ziemlich bekannt vor; sie mögen dem Außenstehenden absurd erscheinen, aber nicht mehr als Noyes Institution der »komplexen Ehe«, die junge Mädchen zwang, mit alten Männern zu schlafen, oder Brigham Youngs[7] Rechtfertigung für seine eigene Polygamie. Eine interessantere Analogie ergibt sich zu dem geheimnisumwitterten Cyrus Teed (1839 – 1908), der nach seinem Militärdienst in der Armee der amerikanischen Nordstaaten und nachdem er behauptet hatte, er habe das Geheimnis der Alchimie entdeckt, sich als siebenten Messias bezeichnete (Jesus war der sechste). Teed, der manchmal die hebräische Form seines Namens, Koresh, benutzte, sah sich selbst als einen »Mann der Sünde«, der aber trotzdem die letzte Erlösergestalt vor der Apokalypse sei. Von eifersüchtigen Ehemännern beschuldigt, weibliche Novizinnen zu verführen, machte er viel Aufhebens von der Tatsache, daß seine Anhänger zum Zölibat verpflichtet waren. Er gründete eine kleine utopische Kommune in Florida, die allerdings dahinsiechte, als er 1908 starb und nicht aus dem Grabe auferstand.

Die unorthodoxen sexuellen Praktiken in Mount Carmel gehörten jedenfalls zur Koresh-Ära. Von den dreißiger Jahren bis zu dem Zeitpunkt, an dem Vernon Howell die Führung in der davidianischen Kommune übernahm, unterschied diese sich nicht sehr von Dutzenden anderer exzentrischer und nicht sehr erfolgreicher Gruppen, deren apokalyptischer Glaube so ziemlich das einzige annähernd Aufregende an ihnen war. Obwohl die meisten dieser Gruppen auf natürliche Weise ausstarben, gab es einige, die sich mit Gewaltandrohungen von Nachbarn oder Polizeibehörden konfrontiert sahen, die ihren Glauben unverständlich fanden. Das passierte zum Beispiel einer der wenigen ausgesprochen erfolgreichen millenaristischen Gruppen, den »Heiligen der Letzten Tage« *(Latter-Day-Saints)*, die von einer Zufluchtsstätte zur anderen immer weiter westwärts vertrieben wurden und deren Gründer 1844 an der Grenze zu Illinois vom Pöbel getötet wurde. Einige der ersten Quäker wurden von Puritanern erhängt, und die frühen Shaker begegneten, so Nordhoff, »heftigem Widerstand von bigotten oder unehrlichen Personen«.[8] Im Ganzen jedoch ist es überraschend, wie wenige dieser Sekten von ihren Nachbarn oder Behörden schikaniert wurden. Viele der Gruppen, die Nordhoff besuchte, kamen aus Nordeuropa, wo sie von der Polizei hart verfolgt worden waren. In den USA ließ man sie in Ruhe.

Nach dem unglücklichen Ausgang der Waco-Affäre hieß es in einigen Kommentaren, ein ähnliches Drama hätte sich sehr wohl in der Kolonialzeit in Salem ereignen können oder in der neuen Republik des neunzehnten Jahrhunderts. Das ist ein faires Argument insofern, als es die Kontinuität zwischen den Davidianern und einer langen Folge von in sich abgekapselten millenaristischen Gruppen anerkennt, die aus ihren Befestigungen auf eine von den Mächten des Bösen beherrschte Außenwelt starrten. Aber Tatsache ist, daß alle diese früheren Gruppen überlebten oder eines natürlichen Todes starben. Die apokalyptischen Radikalen aus dem England des siebzehnten Jahrhunderts fanden Zuflucht und Eigenstaatlichkeit in Rhode Island; die Mormonen, deren Glauben und religiöse Praxis weitaus exotischer waren als die der Davidianer, fanden das gleiche in Utah; und man ließ die *Shakers* in Frieden die langsame Apokalypse solcher Gruppen erleben, die den freiwilligen Zölibat praktizieren. Auch Koreshs Anhänger praktizierten ihn, ob freiwillig, das ist eine andere Frage; aber wir werden niemals wissen, ob die zunehmend grotesken Forderungen, die Koresh an sie stellte, die Kommune gesprengt hätten.

Die fast völlige Zerstörung einer religiösen Gemeinschaft durch Bundesbehörden ist ohne Vorbild in der amerikanischen Geschichte. Auch diejenigen, die das Vorgehen der Regierung bei dieser Belagerung gutheißen, gestehen das zu, erheben aber das Gegenargument, auch die Drohung, die von den Davidianern ausging, sei ohne Vorbild, wenigstens auf amerikanischem Boden. Sie halten daran fest, daß der Sturmangriff auf das Lager am 19. April 1993 im Licht der wahrhaft außergewöhnlichen Umstände gesehen werden muß. Koresh war nach ihrer Ansicht so von der Unvermeidlichkeit apokalyptischen Mordens überzeugt, daß jedes Stillhalten doch in einer Tragödie hätte enden müssen. Wie harmlos die ursprüngliche Gemeinschaft auch gewesen sein mag, sie war unter den Einfluß eines Verrückten geraten, dessen Eschatologie die Zerstörung von Mount Carmel durch Feuer geradezu *erforderte.* Auf der anderen Seite haben Kritiker des FBI immer wieder betont, niemand hätte sterben müssen, wenn die Behörden genügend Aufmerksamkeit auf die Glaubensinhalte verwandt hätten, die das Leben in Mount Carmel bestimmten. In jedem Fall geht die Diskussion ebensosehr um die wahre Natur der Waco-Kommune wie um die Taktik der Regierung. Zu spät wird erkannt, daß der Schlüssel zu der Episode in der fremdartigen – und den Behörden vollkommen unvertrauten – Welt der Endzeittheologie liegt.

Anfang 1993 gehörten zu den Bewohnern von Mount Carmel »Briten und Australier, Leute von karibischen Inseln und aus Hawaii sowie Festlandamerikaner; ein Millionär, diverse Arme, Menschen asiatischer, afrikanischer, indioamerikanischer und europäischer Abstammung, frühere Säufer und frühere Abstinenzler, ein argentinisch-israelischer Jude und ein Paar erwachsener Zwillinge«.[9] Obwohl sie sonst wenig gemeinsam hatten, gab es bei allen außer sieben Bewohnern Beziehungen zu den Sieben-Tage-Adventisten, einer Glaubensgemeinschaft von acht Millionen Mitgliedern, deren biblischer Fundamentalismus von zahlreichen eigenwilligen Vorstellungen über die Rolle Christi und die Struktur der Geschichte überlagert wird. Dies hat sehr viel mit den Ursprüngen des Adventismus zu tun, der in der Nacht der Großen Enttäuschung vom 22. auf den 23. Oktober 1844 entstand, als der auferstandene Christus nicht wie erhofft den Jüngern William Millers erschien. Einer von ihnen, ein Bauer namens Hiram Edson, verließ die nächtliche Wache, um in einer Scheune zu beten, und dort hatte er eine Vision, die erklärte, warum der Herr nicht wiedergekommen war: Es hatte tatsächlich ein großes Ereignis stattgefunden, nicht auf Erden, sondern im Himmel, wo Jesus mit dem »Untersuchungsverfahren bei den Toten« begonnen hatte, zur Vorbereitung für seine Wiederkunft, bei der er Gericht über die Lebendigen halten würde.

Edsons Vision wurde weiterentwickelt durch die denkwürdige Ellen G. White, eine strengblickende Hausfrau, die zur Zeit der Großen Enttäuschung noch ein kränklicher Teenager gewesen war. »Schwester White« verschmolz das »Untersuchungsverfahren« mit dem unorthodoxen »Sabbatarianismus« eines Kapitäns aus Boston, Joseph Bates; dieser lehrte, daß auch die Christen den jüdischen Sabbat beachten müßten. Zu dieser Mischung fügte sie noch ein gewaltiges Konglomerat neuer Lehren, von denen sich viele mit Diät und Gesundheit beschäftigten. Mrs. White betrachtete jeden Fleischgenuß mit Entsetzen und bekämpfte heroisch ihre eigene Sucht nach in Südstaatenmanier gebratenen Hähnchen. Sie war auch leidenschaftlich gegen Selbstbefriedigung. Zum Zeitpunkt ihres Todes mit achtundachtzig Jahren hatte sie 300 Visionen erfahren und mehr veröffentlicht als irgendeine andere Frau in der Menschheitsgeschichte. Damit erhielt der Sieben-Tage-Adventismus ein *Magisterium* von labyrinthischer Komplexität, wovon erfreulicherweise aber nur wenig für die Geschichte von Waco interessant ist.

Aber zwei Ideen sind von großer Bedeutung. Die erste von ihnen impfte den Sieben-Tage-Adventisten ein tiefes Mißtrauen gegen jedwede weltliche Autorität ein, das alle Bewohner von Mount Carmel sozusagen erbten. Ellen White lehrte, das Millennium werde nicht auf amerikanischem Boden stattfinden, weil die Nation mit dem Teufel im Bunde sei. Wahre Sabbatbeobachter könnten nichts als Verfolgung von einer Regierung erwarten, die sie zwingen würde, zwischen den Gesetzen Gottes und denen der Menschen zu wählen. Einmal sah Mrs. White im Zustand der Trance voraus: »Wir alle flohen aus den Städten und Dörfern, aber wir wurden von den Bösen verfolgt, die mit einem Schwert in die Häuser der Heiligen eindrangen. Sie erhoben das Schwert, um uns zu töten, aber es zerbrach und fiel zu Boden, so kraftlos wie Stroh.«[10] Während der Belagerung von Mount Carmel glaubten Koreshs Anhänger, diese Prophezeiung sei dabei, sich zu erfüllen. (Bis heute versuchen übrigens Millionen von gemäßigten Adventisten, ihre Kontakte zu zivilen Behörden so gering wie möglich zu halten; sie betrachten diese zwar nicht als ausschließlich satanisch wie die entfernt verwandten Zeugen Jehovas, aber ihr Mißtrauen in die Politik ist groß genug, um sie von der Teilnahme an der Koalition der Religiösen Rechten abzuhalten.)

Die zweite Lehre, die für die Waco-Episode wichtig ist, ist die, daß Gottes Wille sich allmählich in der Geschichte verwirklicht. Im Adventismus sind Jesu Lehren in keinem Sinn das letzte Wort. Sie werden vielmehr erläutert und sogar überlagert durch die Aussprüche späterer Propheten wie William Miller und Ellen White. Aber dieser Entfaltung der Lehren steht die Entartung der Welt gegenüber, deren Bewohner immer mehr verkommen, indem sie sich dem Satan ergeben.

Im nachhinein ist es nicht schwierig, den Keim vieler Gedanken David Koreshs in diesen Lehren zu finden. Der Adventismus verschärft das traditionelle Mißtrauen gegen die Regierung, indem er erklärt, es liege in der Natur aller Regierungen, die Gläubigen zu verfolgen. Und ihre Vorstellung von einer prophetischen Kette, die sich »von Ewigkeit her in die Zukunft« erstreckt, läßt Raum für künftige Propheten, deren Aufgabe es sein wird, die Lehre weiter zu entwickeln, indem sie Teile der Bibel entschlüsseln, deren Bedeutung bisher dunkel geblieben ist. Genau das versuchte David Koresh mit der Öffnung der sieben Siegel im Buch der Offenbarung. Er tat das als selbsternannter »sündiger Messias«, dessen eigene Fehler ihn von früheren Propheten abgrenzten; diese seine Sündigkeit war übrigens vollkommen systemimmanent, da sie ja mit der fallenden Kurve der menschlichen Moral zusammenfiel, die zuerst von Ellen White bemerkt worden war.

Es wäre unfair, die Schuld für das, was in Waco passierte, den Sieben-Tage-Adventisten zur Last zu legen. Obzwar Koresh und seine Anhänger sich als echte Adventisten betrachteten – bis zu dem Punkt, daß sie Mitgliedern der örtlichen gemäßigten Adventistengemeinde ständig mit der Forderung in den Ohren lagen, die Wahrheit ihrer Behauptungen anzuerkennen –, gehörten sie einer Tradition an, die von der

Kirchenführung schon vor über fünfzig Jahren für häretisch erklärt worden war.

Mount Carmel war von Victor Houteff gegründet worden, einem in Bulgarien geborenen Waschmaschinenvertreter, der sich den Sieben-Tage-Adventisten 1918 angeschlossen hatte, da er sich von ihrer Sauberkeit und ihrer wörtlichen Auslegung der Bibel angezogen fühlte. Er wurde Lehrer an einer Schule der Sieben-Tage-Adventisten in Los Angeles und begann über die Endzeit zu meditieren. Houteff glaubte, ein großer Teil der Bibel sei in einem Geheimcode geschrieben, den nur er entziffern könne. Er beschäftigte sich auch ständig mit den Schrecken der Apokalypse und der bevorstehenden Wiederkunft Christi, Themen, von denen er glaubte, sie würden von der adventistischen Kirchenführung nicht genügend gewürdigt. Um 1930 hatte er sein eigenes Glaubensbekenntnis ausgearbeitet; er verlangte Änderungen in der Lehre der Sieben-Tage-Adventisten und wurde zwangsweise von den Kirchentreffen ausgeschlossen. Überzeugt, das Ende werde in ein oder zwei Jahren kommen, verließ er Kalifornien 1935 mit einem Dutzend Familien und siedelte sich mit ihnen auf einem Grundstück an, das er bei Waco in Texas gekauft hatte. Er nannte die Ansiedlung Mount Carmel, in Erinnerung an den Karmelberg, auf dem Elias mit Baal gekämpft hatte[11], und wartete auf die Apokalypse.

Man kann nicht sagten, daß die Sekte geradezu blühte, aber sie kam gut zurecht. Ein Besucher von 1937 schrieb: »Eines der bemerkenswertesten Dinge hier ist die frohgemute Haltung bei praktisch allen, Jungen wie Alten, gegenüber den Widrigkeiten, die mit der Pionierarbeit verknüpft sind ... Man sollte sich ständig vergegenwärtigen, daß schon der Name des Ortes ›Mount Carmel‹ einen Platz bezeichnet, wo wir ernsthaft geprüft werden, ob wir Gott oder dem Baal dienen.«[12] Wie Generationen von gläubigen Millenaristen vor ihm beschäftigte auch Houteff die Aussicht auf die Rückkehr der Juden nach Palästina. 1942, überzeugt davon, daß die königliche Herrschaft Davids wieder aufgerichtet werde, benannte er seine Gruppe in »Davidianer« um, als Vorbereitung auf die Sammlung der 144 000 Getreuen und die Wiederkunft Christi. Houteff setzte kein apokalyptisches Datum fest, versuchte aber, seine Anhänger in einem Stadium ständiger Bereitschaft für das Ende zu halten: eine Uhr im Hauptgebäude von Mount Carmel stand immer auf elf, um daran zu erinnern, daß die Zeit sich ihrer Vollendung nähere und den Davidianern eine wichtige Rolle bei der Herbeiführung der letzten Stadien der Geschichte zugedacht war.

Die Geschichte der Davidianer von Houteffs Tod 1955 bis zur Machtergreifung durch Vernon Howell in den späten achtziger Jahren ist eine Geschichte des Verfalls, der durch gelegentliche Machtkämpfe unterbrochen, aber nicht gestoppt wurde. 1957 waren die unter Geldsorgen leidenden Davidianer gezwungen, an eine andere Stelle umzuziehen, zu eben dem Gelände, das durch die Belagerung berühmt wurde.

Dort versammelten sich am 22. April 1959 Hunderte von Davidianern und weitere Apkalypse-Gläubige, um die Erfüllung einer Prophezeiung zu erwarten, die Houteffs Witwe Florence verkündet hatte. Laut Mrs. Houteff war dies der Tag, an dem die Gläubigen hingemordet, wieder auferweckt und zum Himmel erhoben würden. Ihre Voraussage wurde in den USA über den Rundfunk verbreitet, und eine große Menge sammelte sich außerhalb von Mount Carmel; einige stellten Zelte auf. Als die vorbestimmte Stunde verstrichen war, so berichtete ein Journalist, war es »ein bißchen mitleiderregend, die massive kollektive Enttäuschung mit anzusehen. Von den Tausenden dort war nur einer mehr oder weniger erleichtert: Ich.«[13] In den nächsten Jahren gab es eine Reihe von Prozessen, in denen frühere Davidianer Land und Geld beanspruchten, das die Sekte angesammelt habe, und die Gründung von Splittergruppen. Die wichtigste dieser Absplitterungen war die von Ben Roden geführte; er nannte sie »Branch Davidians«. Obwohl er sich die Kontrolle von Mount Carmel sicherte, war sein wirkliches Interesse die Rückführung der Davidianer nach Israel. Einige Familien wurden tatsächlich dorthin entsandt, und er hatte einen gewissen Erfolg darin, dem Adventismus Entfremdete aus der ganzen Welt nach Mount Carmel zu ziehen. Nach seinem Tod 1978 ging die Führung auf seine Witwe Lois über, die eine eigene Note zur Theologie der Sekte hinzufügte: Der Heilige Geist, so kündigte sie an, sei die weibliche Komponente in der Dreifaltigkeit. Als sie 1986 starb, ging die Führung kurz an ihren Sohn George, ein inkompetentes, verwirrtes Individuum, das nur wenige Bewunderer fand. Aber zu diesem Zeitpunkt war bereits eine kraftvolle Gestalt präsent: Vernon Howell, ein kaum des Lesens und Schreibens kundiger Rock-Gitarrist mit einer phantastisch ins Detail gehenden Kenntnis der Bibel und einem überwältigenden Drang, ihre Geheimnisse zu enthüllen.

Vernon Howell, so hat man gesagt, »blies Sauerstoff – oder vielleicht Ammoniak – in die Nasenlöcher einer im Ersticken begriffenen Sekte.«[14] Er war eine in jeder Hinsicht sehr ungewöhnliche Persönlichkeit. Die von vielen Kommentatoren benutzte Floskel »charismatisch« trifft die Sache nicht ganz: Er konnte stundenlang aus dem Stegreif predigen, aber in einem umgangssprachlichen, mit Slang durchsetzten Stil, den man normalerweise nicht von einem selbsternannten Messias erwartet. Besucher in Mount Carmel, die einen wildblickenden Propheten erwartet hatten, waren oft von seiner lässigen Art überrascht. Auf einer Tafel über dem Speiseraum hieß es: »Das hier ist kein Restaurant. Wenn Dir das Essen nicht schmeckt, f.d.s.«. Diese Mitteilung scheint in gewisser Weise Howells verächtliche Einstellung gegenüber vielen seiner Jünger zusammenzufassen. Er stand Stunden später auf als alle anderen und trommelte sie dann im Vortragssaal zusammen, damit sie seine Predigt hörten, die bis in den frühen Morgen hinein dauerte. Während er sprach, aß er vielleicht ein Eis am Stiel oder sonst irgendeine Leckerei, die den Gläubigen verboten war. Diese mußten eine vegetarische Diät einhalten, deren Zusammensetzung häufig geändert wurde. Aber das schien ihnen nichts auszumachen. Etwas von Howells lässiger Art färbte wohl auf seine Anhänger ab. Als der texanische Journalist Dick Reavis Überlebende für sein Buch *The Ashes of Waco* interviewte, war er überrascht, daß sie »auch keine Bibelschwinger und Straßenprediger [waren]. Sie forderten mich nicht auf, meine Zigaretten auszumachen, und sie drängten mich auch nicht, ›Jesus Christus als deinen Herrn und Heiland anzunehmen‹. Als ich fragte, warum sie keine solchen Appelle an mich richteten, sagte einer von ihnen zu mir: ›Nun, was wir glauben, ist nicht so einfach, daß man es in einer Viertelstunde erklären kann.‹«[15]

Das ist eine gelinde Untertreibung. Zu dem Zeitpunkt, als aus Vernon Howell ein David Koresh geworden war, hatte er eine so verwickelte apokalyptische Dogmatik ausgearbeitet, daß wohl niemand, einschließlich seiner selbst, in der Lage gewesen wäre, eine vollkommen klare und zusammenhängende Darstellung von ihr zu geben. Als er starb, war er mit dem Prozeß ihrer Weiterentwicklung immer noch nicht zu Ende. Ihre geschwätzige Komplexität ist zum Teil eine Funktion seiner Persönlichkeit: Sie ist das Werk eines armen Jungen aus der Vorstadt mit einer phänomenalen Bibelkenntnis und dem Talent, auch die radikalste Umdeutung noch plausibel klingen zu lassen, jedenfalls für seine höchst aufnahmebereiten Zuhörer. Aber es gibt ein wichtiges Element von Kontinuität mit der verzwickten Theologie von Ellen White und seinen davidianischen Vorgängern. Zum Beispiel: Während der Belagerung erzählte Koresh den Unterhändlern vom FBI, er sei bei einem Israel-Besuch im Jahr 1985 von Engeln in den Himmel erhoben worden, und zwar in einer Art von himmlischer fliegender Untertasse, einem »Raumschiff«, das mit dem »Licht fährt, mit der Brechung des Lichts«. Für das FBI muß das die Bestätigung gewesen sein, daß sie es mit einem Verrückten zu tun hatten, der seine Ufo-Phantasien in seine Theologie aufnahm. In Wirklichkeit lag Koreshs Vision, wenn sie auch bizarr war, vollkommen auf der Linie der davidianischen Tradition, wie Dick Reavis nachgewiesen hat. Sowohl Victor Houteff als auch Ben Roden hatten ihren Glauben an fliegende Untertassen bekundet und ihre Argumente auf Stellen im Alten Testament gestützt, die von Bewegungen der Engel in den Lüften erzählen. Rodens Witwe Lois hatte entdeckt, daß es ein Vorbild für diesen Glauben in der hebräischen Folklore gab: Eine ganze Reihe von jüdischen Visionären der Vergangenheit hatte geglaubt, sie seien zum Himmel und zurück in einem von kriegerischen Engeln gezogenen Thronwagen gefahren worden, der Merkabeh heiße. Koresh kannte diese Tradition, und er wollte den FBI-Leuten nur erklären, daß auch er in diesem Merkabeh aufgefahren sei. Und nachdem er einmal, vielleicht zögernd, mit dieser Geschichte angefangen hatte, fühlte er sich genötigt, sie zu Ende zu bringen: »Ich wurde bis hinter den Orion getragen«, sagte er den FBI-Leuten. »Ich ging da oben hin und fand, daß Gott tatsächlich eine alte Zivilisation war, die vor der Welt war.«[16]

Das riecht nach dem kultischen Milieu, aber es zeigt auch, daß Koresh Ellen White verpflichtet war, deren Visionen sie ziemlich häufig in Raumfahrtabenteuer verwickelten, und die erklärte, wenn die Heilige Stadt einst vom Himmel herabschwebe, dann durch »den offenen Raum im Orion«.

Diese Punkte sind jedoch von geringerer Bedeutung, verglichen mit einer anderen Lehre, die David Koresh mit seinen Vorgängern teilte. Das war der Glaube daran, daß Prophezeiungen sich nicht nur im Heute erfüllten, sondern daß die in der Bibel beschriebenen Ereignisse sich mit zeitgenössischen Darstellern wiederholen würden.

Diese Doktrin, die eine biblische Gestalt als »Typ« etikettiert und die moderne Entsprechung als »Antityp«, ist keineswegs auf die Adventisten und Davidianer beschränkt: Etwas sehr Ähnliches stand hinter der Überzeugung der amerikanischen Pilgerväter, sie seien das Neue Israel. Die Grundlage des Glaubens der Davidianer an ihre Auserwähltheit war eine Stelle im Buch Maleachi, die nach einer Beschreibung des Jüngsten Tages, die voll ist mit Bildern des Feuers (»Denn sehet, der Tag kommt, er brennt wie ein Ofen, und der Tag, der kommt, wird sie verbrennen«, 3, 19 – 20), feststellt, der Messias könne nicht kommen, bevor Elias von den Toten zurückgekehrt sei (3, 23). Jesus impliziert in den Evangelien, daß Johannes der Täufer der wiedererstandene oder antitypische Elias sei; Victor Houteff glaubte, er sei der antitypische Elias der Wiederkunft Christi.

Was genau glaubte David Koresh über das Ende der Zeit? Anders als White, Houteff oder das Ehepaar Roden veröffentlichte er keine Bücher oder Traktate. Er war ziemlich gut darin, Adventisten aus aller Welt zu überreden, nach Mount Carmel zu kommen und dort zu leben, aber wenigstens bis zum letzten Kampf zeigte er keinen Drang, seine Botschaft den Massen zu predigen. So müssen wir seine Gedanken aus ein oder zwei Dokumenten und den Zeugenaussagen beurteilen. Und diese bestätigen, daß Koresh viele seiner Ideen von seinen Vorgängern übernahm. Sogar sein neues Konzept des »sündigen Messias« verdankt einiges den adventistischen Vorstellungen über den Verlauf der Geschichte. Aber trotz dieser Kontinuität kann man nicht leugnen, daß das Leben in Mount Carmel nach Koreshs Machtergreifung deutlich anders wurde, als es vorher war.

Es ist selbstverständlich, daß die Gemeinschaft im Schatten des Endes lebte. Das war zu jedem Stadium ihrer Existenz so gewesen. Aber Koresh intensivierte und radikalisierte das Gefühl, an den Grenzen der Zeit zu leben. In seinem Verständnis war seine eigene Rolle mehr die eines Messias als eines Propheten. Er lehrte, daß das, was er den Christusgeist nannte, zu verschiedenen Zeiten erschienen war – in Melchisedek, in Jesus von Nazareth, und nun, zuletzt, in ihm selbst. Aber er genoß es, verschiedene antitypische Rollen auf einmal zu spielen: Er nahm den Namen »David« an, um an die Erneuerung des davidischen Königtums zu erinnern, und den Namen »Koresh«, um nahezulegen, daß seine Rolle die des persischen Großkönigs Kyros sein würde, der die Babylonier besiegt und den Juden die Rückkehr in ihre Heimat gestattet hatte. (Der historische Kyros gab übrigens einen Zuschuß für den Wiederaufbau des Tempels, ein Projekt, das dem Herzen so manches Endzeitgläubigen teuer ist.)

Vor allem richtete David Koresh die Aufmerksamkeit der Davidianer klarer auf die Unvermeidbarkeit eines titanischen apokalyptischen Kampfes zwischen den Kräften des Guten und des Bösen. Koresh glaubte, daß die Prophezeiungen der »Sieben Siegel«, die im Buch der Offenbarung nacheinander geöffnet werden, sich jetzt erfüllen würden. Das Öffnen des ersten Siegels bringt einen Reiter auf einem weißen Roß hervor, der einen Bogen trägt; er erhält eine Krone und reitet aus, um zu erobern. Diese Gestalt wird normalerweise so interpretiert, daß sie Christus darstellt, aber Koresh glaubte, sie stelle seine eigene geistliche Sendung dar. Das zweite, dritte und vierte Siegel bringt nacheinander einen Reiter auf einem roten Roß, der »den Frieden von der Erde nimmt«, einen Reiter auf einem schwarzen Roß und ein fahles Roß, auf dem der Tod reitet. Wir können nicht sicher sein, wie Koresh die Siegel zwei bis vier interpretierte, aber wir wissen, daß er 1992 von der bevorstehenden Öffnung des fünften Siegels sprach. Der Text spricht dort von den »Seelen aller, die hingeschlachtet worden waren wegen des Wortes Gottes und wegen des Zeugnisses, das sie abgelegt hatten«, und die nach Rache rufen. Ihnen wird »gesagt, sie sollten noch kurze Zeit warten, bis die volle Zahl erreicht worden sei durch den Tod ihrer Mitknechte und Brüder, die noch sterben müßten wie sie« (Apok. 6, 9 – 11).

Koreshs Verständnis der Mächte der Finsternis, wie sie in der Offenbarung und anderen biblischen Texten dargestellt sind, war sehr viel eindeutiger als das früherer davidianischer Führer. Der Gedanke, daß die Getreuen einem Kampf auf Leben und Tod entgegensahen, darum, ob sie dem Willen Gottes gehorchen wollten oder dem der Menschen, dieser Kampf gehörte sozusagen zum Gerüst des Lebens in Mount Carmel. Aber erst unter der Führung von Koresh wurde dieser Kampf ausschließlich unter dem Aspekt des Kampfes mit den Bundesbehörden gesehen. Die Frage ist interessant, was hinter dieser Identifikation der Regierung mit den Kräften der Zerstörung und der Entschlossenheit stand, sie gewaltsam zu bekämpfen. Sie geht über die adventistische Theologie weit hinaus, die trotz ihrer Dämonisierung der irdischen Mächte die Kriegsdienstverweigerung aus Gewissensgründen lehrt; sie ist in ihrem Geist viel näher an der rechtsgerichteten »Überlebensmentalität«, die es in den siebziger und achtziger Jahren in ländlichen Gebieten der USA gab. Wir werden das Phänomen des »*Survivalism*« später untersuchen; für den Augenblick soll es genügen festzustellen, daß sich alle Spielarten dieser Mentalität aus dem Mythos speisen, nach dem »wahre Gläubige« – ob sie nun an die Bibel glauben oder an den amerikanischen Weg – gegen eine Gesellschaft stehen, die durch die Mächte des Bösen vereinnahmt worden ist. Dieser Mythos war jedem *Redneck* in Texas vertraut, der wie Koresh regelmäßig Waffenschauen besuchte. Man fragt sich zuweilen, ob es nicht eher der Einfluß von paranoiden Waffenenthusiasten als seine eigene Bibellektüre war, der Koresh dazu führte, Mount Carmel Ende der achtziger Jahre zu einem bewaffneten Lager auszubauen. Es ist niemals leicht, Koreshs Absichten nachzuvollziehen, nicht zuletzt deshalb, weil er Sinn für Humor und eine Begabung zur Selbstparodie hatte. Erwartete er ernsthaft einen bewaffneten Angriff durch Bundespolizei? Und wenn das so war, ist das der Grund, warum er die Teile anhäufte, mit denen er große Mengen von Gewehren zu Maschinengewehren umbauen konnte – genau die Tat, die der ersten Razzia des *Bureau of Alcohol, Tobacco and Firearms* (Bundesbehörde für Alkohol, Tabak und Feuerwaffen, abgekürzt ATF) vorausging? Bisher hat niemand eine vollständig zufriedenstellende Antwort auf diese Frage gefunden. Aber ein Hinweis mag sich in der Aussage von Graeme Craddock, einem Jünger Koreshs, vor dem Schwurgericht finden lassen. Craddock war im März 1992 durch einen Anruf von Koreshs Stellvertreter Steve Schneider aus Australien nach Waco beordert worden. Schneider sagte ihm, die Endzeit beginne gerade und er solle seine Sachen packen und sofort nach Mount Carmel kommen.[17] Obwohl Craddock gehorchte, war er von der Mitteilung überrascht. Sie widersprach nämlich einer genauen Zeitangabe, die Koresh 1985 gemacht hatte, derzufolge die Endzeit genau zehn Jahre nach seiner »Krönung« als Oberhaupt der Davidianer in diesem Jahr beginnen werde – also 1995.

Warum hatte sich dieses Szenarium plötzlich nach vorne verschoben? »Wir hatten den Eindruck, daß wir von Sozialarbeitern unter die Lupe genommen werden sollten«, sagte Craddock, »und unser Verständnis der biblischen Prophezeiungen ist, daß uns eine lange Belagerung bevorstand.« Mit anderen Worten: Die Bewohner von Mount Carmel waren auf eine Art Belagerung gefaßt gewesen, aber erst 1995. Ihr Mißtrauen gegen die Behörden war jedoch so groß, daß sie die erste Andeutung einer Untersuchung durch die Wohlfahrtsbehörde schon als Anlaß nahmen, ihre Zeittafel für die Apokalypse zu revidieren.

Trotzdem kann man nicht als gesichert annehmen, daß eine gewaltsame Auseinandersetzung unvermeidbar war. Das Anhäufen von Waffenteilen in Mount Carmel allein ist kein so klarer Beweis, wie es den Anschein hat. Koresh mag die Absicht gehabt haben, Gewehre auf automatisches Feuer umzustellen (was illegal war, weil ihm die nötige Lizenz fehlte), oder er wollte vielleicht einfach örtliche Waffenhändler unterbieten, indem er die Waffen für den Verkauf selbst montierte (was nicht unbedingt illegal gewesen wäre). Jedenfalls zeigen die Akten über seine ausgedehnten Geschäfte mit Waffenenthusiasten der Gegend, daß vor 1992 sein Hauptmotiv der Profit war. Das bedeutet natürlich nicht, daß Koresh die Möglichkeit ausschloß, einige dieser Waffen in einem bewaffneten Konflikt mit der Regierung zu benutzen, den er zu irgendeinem Zeitpunkt in der Zukunft erwartete. Aber ein religiöser Glaube an die Unvermeidlichkeit eines solchen Konflikts ist nicht das gleiche wie die Entschlossenheit, einen solchen Konflikt herbeizuführen. Und eine Tatsache bleibt bestehen: Obwohl Koresh und seine Anhänger die Geduld eines jeden Staates sicher auf eine harte Probe gestellt hätten, die Belagerung von Mount Carmel begann mit einer bewaffneten Intervention der Bundesbehörden, nicht der Davidianer.

Es ist kaum ein Wunder, daß bei dem Angriff der ATF-Behörde auf Mount Carmel am 28. Februar 1993 sowohl Bundespolizisten als auch Davidianer starben. In den Wochen vor der Aktion hatte die tolpatschige Strategie der ATF, ihre wenig überzeugend als »Studenten« verkleideten Leute nahe dem Lager zu postieren, Koresh hinreichend davor gewarnt, daß eine Durchsuchung geplant war. Und am Morgen der Intervention selbst hatte Mount Carmel zufällig entdeckt, was im Gange war; die Beamten wußten das, machten aber weiter. Die Aktion, die vier Kollegen das Leben kostete, war katastrophal schlecht geplant. Sie beruhte auf fehlerhaften Erkenntnissen darüber, welchen Zugang zu Waffen die Bewohner hatten, es fehlte ihr das notwendige Element der Überraschung, und sogar ihre Legalität war zweifelhaft, denn der Durchsuchungsbefehl gab den Behörden nicht das Recht, sich mit Gewalt Zugang zu verschaffen.

Der tiefere Grund für das Blutvergießen liegt allerdings darin, daß der gewaltsame Angriff auf das Lager exakt dem Endzeitszenario der Davidianer entsprach. Diese Tatsache erklärt den Einsatz von Gewalt von seiten der Davidianer, wenn sie ihn auch nicht entschuldigt. Diese glaubten, daß sie berechtigt seien, jedes gewaltsame Mittel einzusetzen, um dem Feind Widerstand zu leisten. (Die Frage, wer den ersten Schuß abgefeuert hat, ist allerdings nie geklärt worden.) Dieselbe Tatsache erklärt auch ihre absolute Entschlossenheit während der einundfünfzigtägigen Belagerung, Mount Carmel nicht zu verlassen. Die millenaristischen Glaubensüberzeugungen der Davidianer sind der wichtigste Einzelfaktor für die Entstehung des Dramas von Waco; die Unkenntnis, ja Ignoranz der Behörden, die schon an Entschlossenheit grenzte, diesen Glauben nicht zur Kenntnis zu nehmen, mußte jedoch dazukommen, damit so viele Menschen ums Leben kommen konnten.

Die Geschichte von Konflikten zwischen militanten millenaristischen Gruppen und dem Staat ist kompliziert, aber sie lehrt eine einfache Lektion: Dramatische Machtdemonstrationen der Behörden schüchtern nicht ein, sie provozieren. Dies wurde in einem zornigen Artikel klargestellt, den unmittelbar nach der Belagerung Professor Michael Barkun schrieb, eine in der ganzen Welt anerkannte Autorität in Sachen Millenarismus: »Die Aktionen der Regierung vergrößerten fast mit Sicherheit die Entschlossenheit der im Lager Befindlichen, schüchterten die Zweifler ein und erhöhten Koreshs Ansehen, indem sie seine Voraussagen bestätigten. Versuche nach dem Angriff vom 28. Februar, durch solche Taktiken wie Flutlicht und Geräuschbombardement den ›Druck zu erhöhen‹, scheinen nun ebenso lächerlich wie kontraproduktiv. Sie spiegeln die abwegige Prämisse wider, die Davidianer seien mehr an einer Kosten-Nutzen-Kalkulation interessiert als daran, tiefverwurzelte Glaubensinhalte zu ihrer logischen Konsequenz zu führen. Da die Aktionen der Regierung selbst Koreshs Lehren zu bestätigen schienen, hatten seine Anhänger wenig Anreiz, diese in Frage zu stellen.«[18]

Barkun schrieb natürlich nach den Ereignissen. Aber das Ausmaß, in dem die Regierung die Situation falsch einschätzte, war auch schon während der Belagerung informierten Beobachtern bekannt. Am 11. März 1993 schrieben James Dunn vom Gemeinsamen Komitee der Baptisten und Dean Kelley vom Nationalrat der Kirchen an Präsident Clinton und baten ihn, den Konflikt in Waco zu entmilitarisieren: »Rachedrohungen und der Aufmarsch von Truppen und Panzern sind für die ›Gläubigen‹ nichts als Beweis dafür, daß die Mächte dieser Welt gegen sie aufmarschiert sind, Beweis für ihre Wichtigkeit im kosmischen Kampf, Bestätigung ihrer schlimmsten Befürchtungen und Beglaubigung ihrer liebsten Prophezeiungen«, hieß es in dem Brief. »Ihr Engagement gegenüber ihrem Glauben ist höher als das, was andere Menschen für irgendeine Sache aufbringen, und deshalb bedrohlich für andere. In ein solches Energiezentrum einzudringen ist wie einen Finger in einen Dynamo zu stecken. *Ob er explodiert oder implodiert, das Ergebnis wird tragisch für alle sein* [Hervorhebung des Autors].«[19]

Das FBI versäumte es nicht nur, auf diese Warnung einzugehen; noch schlimmer ist es, daß es einer Initiative zweier Professoren nicht folgte, die sich die Stelle über die Öffnung der sieben Siegel im Buch der Offenbarung noch einmal ansahen und dann einen Plan vorlegten, wie man die Belagerung friedlich beilegen könne. Dr. James Tabor, Professor an der Universität von North Carolina, und Dr. J. Philipp Arnold, ehemaliger Professor an der Theologischen Hochschule von Houston, kamen zu dem Schluß, daß die Belagerung nur beendet werden könnte, wenn man die Davidianer davon überzeugte, das sei der Wille Gottes. Da sie Koreshs Obsession für die sieben Siegel in der Offenbarung kannten, waren sie überzeugt, daß der Schlüssel zu dieser Affäre in der Stelle über das fünfte Siegel liege. Dort wird den erschlagenen Märtyrern gesagt, »sie sollten noch kurze Zeit warten, bis die volle Zahl erreicht sei durch den Tod ihrer Mitknechte und Brüder, die noch sterben müßten wie sie.«

Laut Tabor und Arnold wurde der Überfall durch das ATF vom 28. Februar von den Davidianern als die Tötung der ersten Märtyrer begrüßt. Der Rest der Siegel-Prophezeiung würde in ihren Augen erst erfüllt sein, wenn die restlichen Gläubigen in Mount Carmel getötet worden seien. Danach werde Gott in seinem apokalyptischen Zorn intervenieren. Aber wenn man Koresh überreden könne, Gott habe die »kurze Zeit« so gemeint, daß sie bis zum Ende der Belagerung dauern müsse und ihm Gelegenheit gebe, den Prozeß durchzustehen, um alsdann sein geistliches Amt für die ganze Welt wieder aufzunehmen, dann könne man den Konflikt friedlich beilegen.

Nachdem sich David Koresh ein Tonband mit Tabors und Arnolds neuer Interpretation des fünften Siegels angehört hatte, unterzeichnete er ein Dokument, in dem er versprach, Mount Carmel zu verlassen, wenn er eine ausführliche schriftliche Erläuterung der sieben Siegel beendigt habe.[20] Die Existenz dieses Versprechens ist nicht sehr bekannt. Wenn die Behörden es überhaupt erwähnen, dann, um es als wertlos abzutun angesichts der Neigung Koreshs, seine Verhandlungsposition und sogar die theologischen Argumente, auf die er sie stützte, von einem Tag zum andern zu ändern. Aber wir wissen, daß Koresh tatsächlich begann, an dieser Abhandlung über die Siegel zu arbeiten, und mit dem ersten Siegel fertig war, als die Regierung die Geduld verlor und die Panzer anrücken ließ.

Die Entscheidung der Regierung, das Lager am 19. April anzugreifen, scheint zum Teil eine Reaktion auf die (noch immer unbewiesenen) Anschuldigungen wegen Mißbrauchs von Minderjährigen zu sein, die während der Krise von der »Anti-Kult«-Bewegung vorgebracht wurden. Michael Barkun wenigstens ist überzeugt, daß dieses Netzwerk von »Kult-Experten«, das hauptsächlich aus abgesprungenen Mitgliedern religiöser Gruppen und Verwandten von Mitgliedern besteht, einen großen Teil der Verantwortung für die Tragödie von Waco trägt. Ihr »fragwürdiges und äußerst parteiisches Gutachten«, schrieb er, war für das FBI attraktiv, weil seine Feindseligkeit gegenüber den Davidianern den Zorn und die Frustration der Behörden widerspiegelte.[21] Aber ein anderer Faktor mag noch wichtiger gewesen sein: Nach Wochen pausenloser Verhandlungen fehlte es dem FBI einfach an qualifizierten Verhandlungspartnern, um den Dialog aufrechtzuerhalten. Die Verhandlungsführer fanden, daß es außergewöhnlich anstrengend war, mit bibelkundigen Fundamentalisten zu reden. Viele von ihnen kamen aus einem katholischen Milieu, was sie für spontane Bibelstellen-Exegese schlecht qualifizierte. Und sie waren nicht vertraut mit der Fähigkeit der Religion, menschliches Verhalten an einen Punkt zu treiben, an dem die Gläubigen, die ihr anhängen, alle anderen Bindungen opfern. Die FBI-Leute reagierten, indem sie die Davidianer wie Entführer und Geiselnehmer behandelten. Daher der plötzliche und in seinen Auswirkungen katastrophale Angriff auf das Lager. Die Frage, wie die anschließende Feuersbrunst entstand, wird wahrscheinlich nie geklärt werden können. Man sollte sich aber erinnern, daß nicht alle, die starben, durch Feuer starben. Etwa zwei Dutzend Menschen, unter ihnen Koresh, starben durch Schußwunden. Andere wurden durch die Trümmer zerquetscht. Sechs Frauen starben an Rauchvergiftung, wenige Fuß von einem unterirdischen Notausgang entfernt, der durch einen Tank blockiert worden war. Was das Feuer anbetrifft, so ist die Theorie nicht allzuweit hergeholt, daß es vom FBI unabsichtlich verursacht wurde. Die CS-Gas-Kanister, die sie in das Lager schossen, enthielten Methylenchlorid, eine chemische Verbindung, die, wenn sie in großen Mengen verwendet wird, leicht entzündliche Gas-Luft-Gemische erzeugt und in geschlossenen Räumen als Explosionsrisiko gilt. Auf der anderen Seite läßt sich eine Position zu vertreten, die sich auf die davidianische Theologie stützt, nämlich daß David Koresh selbst das Feuer verursacht habe. Feuer spielte eine große Rolle in den Vorstellungen der Gemeinschaft von der Letzten Schlacht, wie in praktisch jeder apokalyptischen Erzählung der Menschheitsgeschichte. Einige Autoritäten argumentieren, Koresh könne das Feuer nicht gelegt haben, weil die Heilige Schrift sagt, daß es von himmlischen, nicht von einem irdischen Wesen entzündet werde. Aber J. Phillip Arnold weist darauf hin, daß Koresh sich in mehr als menschlichen Begriffen definierte: Am Ende identifizierte er sich nicht nur mit den Königen David und Kyros, sondern sah sich als den Engel der Offenbarung.[22] In Apokalypse 8, 5 heißt es: »Dann nahm der Engel die Räucherpfanne, füllte sie mit glühenden Kohlen, die er vom Altar nahm, und warf sie auf die Erde; da begann es zu dröhnen, zu blitzen und zu beben.« Vielleicht, so Arnold, betrachtete Koresh diesen Satz als eine Prophezeiung, daß es sein letzter Akt auf Erden sein werde, ein eschatologisches Feuer zu entfachen. Er mag sogar die letzten Worte des biblischen David im 2. Buch Samuel im Sinn gehabt haben, die mit dem Satz enden: »Wenn jemand sie [die Übeltäter] anrühren will, rüstet er sich mit Eisen und einer Lanze; sie werden im Feuer verbrannt.« (23, 7) Eigentlich ist der Ursprung des Feuers unwichtig. Selbst wenn Koresh es gelegt hat, entlastet das die Behörden nicht von ihrer Verantwortung für die Tragödie.

Die Möglichkeit, daß Mount Carmel in Flammen aufgehen werde, war eines der vielen Themen, die in den Verhandlungen mit den Davidianern erörtert wurden. Es überläuft den Leser kalt, wenn er im Transkript der Verhandlungen erfährt, was Steve Schneider den FBI-Beamten riet: Wenn sie die Einschüsse an der Tür beseitigen wollten, die nach seiner Behauptung bewiesen, daß es ATF-Leute waren, von denen die ersten Schüsse am 28. Februar abgefeuert wurden, dann sollten sie doch »den ganzen Ort niederbrennen, die Leute alle umbringen«. Später schlug er vor: Wenn sie die Belagerung beenden wollten, dann sollten sie »ein Streichholz an das Gebäude werfen, dann müssen die Leute rauskommen ... Wenn Sie mal die Gelegenheit haben, dann lesen Sie doch mal Jesaia 33 über Leute, die im Feuer leben und durch Feuer gehen und lebend wieder herauskommen.«[23] Es gibt wenig Zweifel daran, daß die Davidianer ein Ende des Dramas im Blick hatten, in dem sie entweder durch die Flammen hindurchgehen oder von ihnen verzehrt werden würden. Sie waren sicher vertraut mit der Geschichte der jüdischen Widerstandskämpfer von Masada im Jahr 72 n. Chr., die ihre Festung in Brand setzten, bevor sie einen freiwilligen Märtyrertod erlitten. Es erscheint unglaublich, daß die Behörden sich weder bewußt waren, was für eine Anziehungskraft ein solcher Märtyrertod auf gläubige Millenaristen ausübt, noch sich über das Ausmaß klar waren, in dem ihr eigenes gewaltsames Vorgehen vom 19. April gegen die Davidianer deren eschatologischen Erwartungen entsprach. Das FBI befragte seine eigenen Experten – Leute, die psychologische Profile von Mördern entwerfen – und diese sagten ihnen, das Risiko von Selbstvernichtung sei gering. Nach allem, was wir wissen, könnten sie recht haben; viele der Tode mögen nicht beabsichtigt gewesen sein. Aber man kann sich schwer ein Detail vorstellen, das mehr über die Einstellung der Behörden gegenüber den Davidianern verrät als die Tatsache, daß sie sich, als es Ernst wurde, nicht an Experten für Millenarismus wandten, sondern an Fachleute für das Innenleben von Serienkillern.

Das Ausmaß der Tragödie von Waco ist ohne Vorbild in der amerikanischen Geschichte; es stellt die Davidianer ganz außerhalb der anderen millenaristischen Gemeinschaften in den USA, denen sie in vieler Hinsicht so sehr glichen. Sie erinnern nun eher an die Gruppen aus dem Mittelalter und aus dem sechzehnten Jahrhundert, deren Erwartung eines blutigen Konflikts sich in eine sich selbst erfüllende Prophezeiung verwandelte, als sich die überlegenen Truppen der Obrigkeit auf sie warfen. Man muß an die Apostolischen Brüder in ihrem Alpental denken, wie sie auf den Letzten Kaiser warten, der die »Fleischkirche« vernichten sollte, und in die Schlacht von Monte Rebello hineingezogen werden, in der die Obrigkeit sie vernichtet; an die Belagerung von Münster im Jahre 1535, als militante Wiedertäufer unter einem »König« mit seinen messianischen Wahnvorstellungen von kaiserlichen Truppen niedergemetzelt wurden. Taboriten, Adamiten, die bäuerlichen Anhänger von Thomas Müntzer – die Geschichte ist voll von Beispielen, in denen Millenaristen durch das Schwert umkommen. Es gibt eine Legende, derzufolge die phrygischen Montanisten des zweiten Jahrhunderts, die älteste millenaristische Sekte des Christentums, auf ein kaiserliches Dekret, das sie in Acht und Bann tat, dadurch antworteten, daß sie sich in ihren Kirchen einschlossen und sich verbrannten.

Natürlich greifen nicht alle Analogien zu Waco gleich gut. Aber in den meisten Fällen, in denen Apokalypse-Gläubige in einer Auseinandersetzung mit den Behörden starben, kann man davon ausgehen, daß sie diesen Konflikt als ein eschatologisches Ereignis begrüßten, als ein reinigendes Martyrium, das ihre Errettung sichern werde, ob sie es nun überlebten oder nicht. In dieser Hinsicht unterscheidet sich Waco nicht von Münster im Jahre 1535. Und es ist unzweifelhaft etwas an der Gestalt von David Koresh, das diese Parallelen nahelegt. Obschon er in so vieler Hinsicht ein Geschöpf seiner Umwelt ist – des bibelgläubigen und waffennärrischen Texas – gibt es Zeiten in Koreshs Leben, in denen er durchaus einem der ernsthafteren millenaristischen Visionäre aus dem Mittelalter gleicht. Seine Überzeugung, das Endzeitdrama, das sich entfalten sollte, entspreche der Öffnung der sieben Siegel, mag seine Gesprächspartner aus dem FBI verblüfft haben; aber der Mystiker Anselm von Havelberg aus dem 12. Jahrhundert hätte ihn sofort verstanden; für Anselm waren die sieben Siegel die Grundlage für die Einteilung der Geschichte in Epochen.[24] Zu anderen Zeiten freilich ergeben sich unfreundlichere Parallelen. Es ist schwer, die ständige Inflation der von Koresh während der Waco-Krise erhobenen religiösen Ansprüche zu betrachten, ohne sich an frühere Messiasgestalten zu erinnern, die ihren Realitätsbezug verloren hatten. Vielleicht bringt etwas an einer Belagerung solchen Größenwahn hervor. Koresh, der vor dem Überfall des ATF lediglich beansprucht hatte, den »Christusgeist« darzustellen, sagte in einem Interview nach dem Überfall, er selbst sei derjenige gewesen, der vor 2000 Jahren mit der Frau an der Quelle gesprochen habe. Er wurde auch zum Engel der Offenbarung, und es ist bemerkenswert, daß er zwei seiner letzten Briefe mit »Yahweh Koresh« unterzeichnete.[25] Alles das gemahnt auf traurige Weise an Jan Bockelson, den Führer der belagerten Stadt Münster, der zunächst ihr König wurde und sich schließlich zum Messias der Letzten Tage erklärte mit Macht über alle Völker der Erde.

Aber wenn man versucht, Waco in den Kontext staatlich sanktionierter Gewalt gegen millenaristische Gruppen zu stellen, muß man sich erinnern, daß die Millenaristen in vielen Fällen diese Gewalt selbst auf sich gezogen haben. Die Erfahrung, in den Letzten Tagen zu leben, kann die Wirkung haben, daß Verhaltenshemmungen beseitigt werden. Was Richard Landes die »atemberaubende Gewalt der apokalyptischen Phantasie« genannt hat, findet, vermittelt durch eine alle irdischen Gesetze verachtende Theologie, ihren Ausdruck in Akten spektakulärer Grausamkeit. Die Millenaristen, die Norman Cohn in seinem Buch »Der Kampf um das Millennium« beschreibt, stellten meist eine ernsthafte Herausforderung für die herrschende Ordnung dar, die sie ihrerseits ohne Gewissensbisse oder Bedauern vernichtete.

Im Gegensatz zur Entschlossenheit früherer Millenaristen war die Drohung, die von den Davidianern ausging, niemals eindeutig. Sie waren vielleicht ernsthafter Vergehen schuldig, wie des Mißbrauchs Minderjähriger oder der Herstellung illegaler Waffen; vielleicht aber auch nicht. In ihrem Tod scheinen sich Elemente von Massenselbstmord, Bestrafung durch den Staat und ein makabrer Unfall zu vereinen. Es gab (und es gibt bis heute) nicht einmal den Ansatz eines Konsenses über diese Tragödie in der öffentlichen Meinung der USA. Dieser Mangel an Übereinstimmung geht viel tiefer als der bloße Streit darüber, wer die Verantwortung für das Geschehene zu tragen habe. Waco rief bei einfachen Leuten Reaktionen hervor, von denen man vermuten muß, daß sie ganz anderer Art waren als die früherer Generationen, die mit dem gewaltsamen Tod gläubiger Millenaristen konfrontiert waren. Millionen von Amerikanern, die nicht eine einzige Lehre hätten nennen können, die sie mit den Davidianern teilten, fanden zu ihrer eigenen Überraschung, daß sie sich die Frage stellten: Auf welcher Seite stehe ich?

Vor dreißig Jahren hielt der Historiker Richard Hofstadter in Oxford eine Vorlesung über einen Aspekt der politischen Tradition der USA, den frühere Generationen von Forschern, wenn sie ihn überhaupt zur Kenntnis nahmen, eher beschönigt hatten. Er beschrieb »einen alten und immer wiederkehrenden Ausdrucksmodus in unserem öffentlichen Leben, der häufig mit Bewegungen von Mißtrauen und Unzufriedenheit verbunden war und dessen Inhalt weitgehend gleich bleibt, selbst wenn er von Menschen mit ganz verschiedenen Zielen angenommen wird ... Er kommt zwar in Wellen von unterschiedlicher Intensität, scheint aber so gut wie unausrottbar zu sein.«[26] Er nannte dieses Phänomen den »paranoiden Stil in der amerikanischen Politik«. Die Charakteristika dieses Stils seien ähnlich denen der klinischen Paranoia. Sowohl der Paranoiker als auch der Vertreter des paranoiden Stils neigten zu aggressivem, argwöhnischem, großspurigem und apokalyptischem Verhalten. Der Unterschied liege darin, daß der Paranoiker glaube, eine feindselige Welt habe sich speziell gegen ihn allein verschworen, während der Vertreter des paranoiden Stils das Gefühl habe, die Welt sei gegen »eine Nation, eine Kultur, eine Art zu leben, deren Schicksal nicht nur ihn angeht, sondern Millionen anderer.«[27]

Hofstadter beschrieb eine aufeinanderfolgende Kette von Verschwörungstheorien, deren Schurken jeweils die Geheimgesellschaft der Illuminaten gegen Ende des 18. Jahrhunderts, die Freimaurer in den zwanziger und dreißiger Jahren des 19. Jahrhunderts, die Katholiken um die Mitte und die »internationalen Goldspekulanten« gegen Ende des 19. Jahrhunderts waren. Sie alle wurden durch Volksbewegungen von beträchtlicher Stärke und in einem Fall sogar durch eine politische Partei unterstützt. In einem Manifest der Populisten von 1895 heißt es: »Jeder Schachzug des Verrats, jeder Winkelzug der Staatskunst, jedes Manöver, das den geheimen Kabalen des internationalen Goldrings bekannt ist, sie alle werden benutzt, um dem Wohlstand des Volkes und der finanziellen und wirtschaftlichen Unabhängigkeit unseres Landes einen Schlag zu versetzen«. Für den »internationalen Goldring« könne man genausogut die Freimaurer, den Vatikan oder auch dem Kreml einsetzen. Eines der Hauptziele der Vorlesung Hofstadters war es zu zeigen, daß man die populistischen Antikommunisten seiner eigenen Generation von Joseph McCarthy zu Barry Goldwater am besten im Kontext dieser paranoiden Tradition verstehen könne. Aber auch sie spiegelten bloß die Ängste eines »kleinen, aber lautstarken Bevölkerungssegments«. Die Vorlesung zitiert aus einem Artikel der *New York Times* vom 21. Juni 1963, der eine Auswahl gerade gängiger Verschwörungstheorien gibt. Zu ihnen gehörten Behauptungen wie folgende:

»35 000 bewaffnete Rotchinesen, die zur Täuschung pulverblau gefärbte Uniformen tragen, stehen an der mexikanischen Grenze bereit, um in San Diego einzumarschieren. Die USA haben (oder sind gerade dabei, es zu tun) ihre Armee, Marine und Luftwaffe dem Befehl eines russischen Obersten bei den Vereinten Nationen unterstellt. Fast jeder bekannte politische Führer der USA oder der Freien Welt ist in Wirklichkeit ein kommunistischer Spitzenagent. Ein von der US-Armee durchgeführtes Partisanenkriegsmanöver in Georgia ist in Wirklichkeit eine Militäroperation der UN, mit der diese ihre Machtübernahme in den USA vorbereiten.«

Das ist genau die Art von Verschwörungstheorien, auf welche die *New York Times* 1995 aufmerksam machte. Einige von ihnen haben ganz unverändert überlebt. Ein gutes Beispiel ist die Geschichte von als amerikanische Soldaten verkleideten UN-Truppen auf Manöver, die, oberflächlich betrachtet, eine im wesentlichen für die neunziger Jahre unseres Jahrhunderts typische Angst vor der postkommunistischen Neuen Weltordnung ausdrückt. Es ist interessant, daß sie auf dem Höhepunkt des Kalten Krieges bereits vollkommen ausgeformt ist. Erleben wir also einfach mal wieder eine neue Welle der Paranoia, auf die Hofstadter 1963 die Aufmerksamkeit lenkte? Es scheint keinen signifikanten Unterschied zwischen den Theorien der neunziger Jahre und ihren Vorgängern zu geben. Sie alle betrachten eine internationale Verschwörung ungeheuren Ausmaßes als die treibende Kraft hinter den geschichtlichen Ereignissen. Es geht um »Geburt und Tod ganzer Welten, ganzer politischer Ordnungen, ganzer menschlicher Wertesysteme«. Sie stellen den Feind, wer immer er sein mag, als einen »amoralischen Supermann« dar, einen Meister der Manipulation, dessen Verführungstechniken selten fehlschlagen. Und sie sind apokalyptisch: Die Menschheit steht immer am Wendepunkt; die Zeit verrinnt, und es ist immer fünf vor zwölf.

Es ist allerdings eine Sache darzulegen, daß die USA ein Wiederanwachsen uralter Ängste erleben, und eine ganz andere Sache, die Menschen zu überreden, daß nichts Ungewöhnliches oder Alarmierendes passiert. Es sind nicht nur die Liberalen, die das Gefühl haben, der paranoide Stil durchdringe die offizielle Politik; auch konservative Beobachter geben zu, das Mißtrauen gegen die Regierung in Washington habe ungeahnte Höhen erreicht. Und das ist nicht länger nur eine akademische Frage oder eine Angelegenheit der Wahlforschung. Haß gegen die Regierung löste den schlimmsten Akt des Terrorismus in der amerikanischen Geschichte aus; den Bombenanschlag gegen das *Alfred P. Murrah Building* in Oklahoma City am 19. April 1995 (dem zweiten Jahrestag des Feuers in Waco), bei dem über 200 Menschen starben. Die Tatsache, daß es sich bei dieser Greueltat um isolierte Einzelne handelte, konnte den Verdacht nicht zerstreuen, daß hier ein neuer und fürchterlicher Strang ultrakonservativen Fanatismus zum Vorschein gekommen war. Denn es war das Bombenattentat von Oklahoma, das der Öffentlichkeit die Augen dafür öffnete, daß es in nicht weniger als achtunddreißig Staaten der USA bewaffnete Milizen gab. Diese Gruppen beriefen sich alle auf den Zweiten Verfassungszusatz, in dem es heißt: »Da eine wohlregulierte Miliz für die Sicherheit eines freien Staates nötig ist, soll das Recht der Menschen, Waffen zu halten und zu tragen, nicht verletzt werden.« Aber trotz ihrer Berufung auf dieses verehrungswürdige Dokument war keine dieser Milizen älter als ein paar Jahre.

Obwohl die Milizen wohl nicht die Bombe in Oklahoma gelegt haben, teilten sie die Verschwörungsphantasien des Attentäters; sie haben sich durch ihre stillschweigende Billigung schuldig gemacht. Die Mischung aus Angst und Abscheu, welche die neuentdeckten Milizen bei den kosmopolitischen Bewohnern von New York und Washington auslösten, spiegelten sich in dem, was die wichtigsten Zeitungen an der Ostküste, das Fernsehen und vor allem die ausländischen Medien über das Thema brachten. Der Londoner *Daily Telegraph* veröffentlichte einen ganzseitigen Steckbrief unter dem Titel »Der amerikanische Fundamentalist« mit der Zeichnung eines affenähnlichen Wesens, das eine Bazooka umklammert: »Er ist frustriert und verbittert, wahrscheinlich bewaffnet und potentiell sehr gefährlich«, hieß es da. »Er hält die Zentralregierung für von Natur aus korrupt, seine Polizeibeamten für staatlich geförderte Terroristen. Er schuldet seiner Regierung keinerlei Loyalität, weil er an höhere Werte und universale Wahrheiten glaubt. Er betrachtet sich als tiefreligiös, kann aber durchaus ein rabiater Rassist und Antisemit sein ... Er ist antisozial und trifft sich nur mit seinesgleichen, denn er verabscheut die dekadente Welt, in der er lebt. Er ist der moderne amerikanische Fundamentalist.«[28]

Es dauerte allerdings nicht lange, bis diese Karikatur in Frage gestellt wurde. Die Milizbewegung stellte sich als keineswegs homogen heraus. Viele Gruppen hatten keinerlei Verbindung mit Leuten, die für die Vorherrschaft der weißen Rasse kämpfen, oder mit Neonazis. Der Befehlshaber der 3. Brigade der Oklahoma-Miliz, die Mitglieder aus dem Stadtgebiet organisiert, ist pakistanischer Abstammung. Bob Fletcher, Sprecher der Montana-Miliz sagte: »Wenn ein Kerl im Schützengraben schießt und er schießt gut, dann ist er auf unserer Seite, ob er Schwarzer ist oder Jude oder sonst was.«[29] Einige Milizen waren, mit den Worten eines angesehenen Kommentators, nicht mehr als »Selbstverteidigungsgruppen aus normalen Menschen, die ihre verfassungsmäßigen Rechte gegen das zu schützen suchten, was sie als Machtmißbrauch durch Washington ansahen«.[30] Aber es war schwierig, eine klare Trennungslinie zu ziehen zwischen diesen legitimen Gruppen und klandestinen Organisationen, deren Ethos ohne Zweifel rassistisch war. Und man konnte auch die Meinung vertreten, daß selbst die gesetzestreuesten Mitglieder einer Miliz schon dadurch, daß sie sich zu militärischen Wochenendübungen trafen, praktisch eine Kriegserklärung abgegeben hatten. Der antirassistische Bob Fletcher, 1995 von einer Rockmusik-Zeitschrift interviewt, zeigte einen Abscheu gegen die Bundesregierung in Washington, die den Rassenhaß rechtsgerichteter Milizionäre in den Schatten stellte:

»Wir arbeiten auf jeder Ebene mit der Armee zusammen, der Marine, der Marineinfanterie, auf jeder Ebene bis zum

Admiral ... Wir wollen eins wissen: Warum richtet die amerikanische Armee zivile Gefangenenlager innerhalb von US-Basen ein? ... In Michigan sind sie schon in die Abwässerkanäle runtergegangen und haben dort Sensoren eingebaut zur Vorsorge, falls sich die Patrioten dort verbergen wollen.«[31] Fletcher sagte, daß er schon seit zehn Jahren so denke. Aber die Milizen sind ein erstaunlich junges Phänomen. Gruppen, die sich Bürgermilizen nennen – im Gegensatz zu den kleinen Gruppen von Rechten, die es schon seit vielen Jahren gibt, scheinen vor dem 19. April 1993 nicht existiert zu haben.

Die Waco-Tragödie war zweifellos ein Ereignis von immenser Bedeutung für die Milizen und ihre Unterstützer. Ihre symbolische Kraft bezog sie aus vielen verschiedenen Aspekten des Dramas: dem schrecklichen Tod der Opfer, dem unvergeßlichen visuellen Eindruck des brennenden Lagers, dem ungeklärten Ursprung des Feuers und vor allem der unerklärlichen Dummheit, mit der die Regierung diese Krise anging, einer Dummheit, die zu Verschwörungstheorien geradezu herausforderte. Tatsächlich waren die für solche Theorien Anfälligen schon vorher auf der Hut. Bereits 1992 hatte es einen schockierenden Vorfall gegeben, der die Behörden in ähnlich finsterem Licht zeigte. US-Marshalls hatten Frau und Kind eines gewissen Randy Weaver erschossen, eines rechtsextremen Aktivisten, der sich in seine Hütte in Ruby Ridge, Idaho, zurückgezogen hatte, nachdem er einer Gerichtsvorladung wegen Verkaufs einer illegalen abgesägten Flinte nicht gefolgt war. Die Parallelen mit Waco waren offensichtlich: Apokalypse-Gläubige hatten sich eingeschlossen in Erwartung eines todbringenden Angriffs durch die Kräfte von Recht und Ordnung, und diese hatten prompt getan, was man von ihnen erwartete.

Aber Ruby Ridge und Waco waren nur Auslöser. Sie feuerten zur Schaffung von Milizen an, indem sie Ängste vergrößerten und Verdächtigungen verstärkten, die sich über eine lange Zeit entwickelt hatten. In den Augen des liberalen Amerika sind die Milizen nur die letzte Zutat zu einer gespenstischen Menagerie von militanten Abtreibungsgegnern, rechtsextremen Talkshow-Moderatoren und erschreckend effektiven örtlichen Aktivisten der »*Christian Coalition*«. Sieht man sie im Ganzen, so stellen sie eine heimtückischere Bedrohung für die liberalen Vorstellungen von Toleranz und Vielfalt dar als die konservativen Regierungen und Fernseh-Evangelisten der achtziger Jahre. Wie Gary Wills zeigt, überschreitet der Argwohn, die Regierung sei zur Feindin der Freiheit geworden, ideologische Linien. Die »Neuen Revolutionäre«, wie sie sich nennen, haben ihren Vorteil daraus gezogen, und die Bundesbehörden haben ihnen in die Hände gespielt, nicht zuletzt durch die Art und Weise, wie sie Waco angegangen sind. Aber letzten Endes kann man das Anschwellen des »paranoiden Stils« zu etwas, das einer nationalen Stimmung gefährlich nahekommt, nicht einfach als das Resultat von Opportunismus oder Fehlern der Regierung erklären. Es gibt eine Anzahl von Langzeitfaktoren zu berücksichtigen, die darauf hinweisen, daß die USA in ein neues Zeitalter der Angst eintreten, einer Angst, die zum Teil auf einer Wiederentdeckung der Vergangenheit beruht.

Der erste dieser Faktoren ist die Annäherung der fundamentalistischen Christen an den »*mainstream*« des amerikanischen Lebens, die in den beiden letzten Jahrzehnten stattgefunden hat. Der bisher überzeugendste Beleg dafür ist der Erfolg der religiösen Rechten in der politischen Arena. Aber er ist keineswegs das einzige Anzeichen für die erneuerte Energie der konservativ-evangelikalen Kreise. Die Übernahme der *Southern Baptist Convention* durch Anhänger der Irrtumsfreiheit der Bibel, der Erwerb beträchtlicher Teile der Unterhaltungsmedien durch wiedergeborene Christen und die weltweite Ausbreitung der amerikanischen Pfingstbewegung sind Aspekte des gleichen Phänomens.

In diesem Prozeß hat sich auch der apokalyptische Glaube näher zur amerikanischen Mitte hin bewegt, als man es vor ein paar Jahren noch für möglich gehalten hätte. Denn das wichtigste Kennzeichen des Fundamentalismus – das, was ihn von anderen christlichen Bekenntnissen unterscheidet – ist seine apokalyptische Orientierung. Obwohl sich konservative Evangelikale oft über die Reihenfolge der Akte im Endzeitdrama streiten, sind sie sich wunderbar sicher in ihrem Glauben, daß die Wiederkunft Christi nahe bevorsteht. Diese Überzeugung ist die Quelle der außerordentlichen Vitalität vieler evangelikaler Kirchen. Und da der Wiederkunft Christi die Herrschaft des Antichrist vorausgeht, erklärt sie auch ihre Paranoia. Richard Hofstadter hatte recht, auf die bestürzende Verwandtschaft zwischen dem »paranoiden Stil« und dem apokalyptischen Glauben hinzuweisen: die Dämonisierung von Gegnern, das Gefühl der verrinnenden Zeit und so manches andere. Aber er ging nicht so weit, eine noch direktere Beziehung zwischen den beiden Phänomenen herzustellen. Er erörterte nicht die Möglichkeit, daß die Paranoia, die er konstatierte, sich tatsächlich vom apokalyptischen Glauben ableiten könne, daß die Menschen, die Gruselgeschichten über Katholiken, Freimaurer, Illuminaten und Kommunisten erzählten, tatsächlich Endzeitgläubige waren, für die eine Verschwörung dieser Art ein Teil des eschatologischen Dramas war. Die Fortdauer eines solchen Glaubens gerade in den USA, viel eher als in Europa, erklärt gewiß, warum der paranoide Stil als so typisch amerikanisch erscheint. (Er ist zum Beispiel in Kanada viel weniger verbreitet, wo der apokalyptische Protestantismus, der Glaube der Pilgerväter, niemals die herrschende religiöse Ideologie gewesen ist.)

Der Grund, warum Hofstadter diese Beziehung damals nicht sah, liegt vielleicht darin, daß zu dem Zeitpunkt, zu dem er schrieb, der christliche Fundamentalismus, die Bastion des Endzeitglaubens in den USA, erschöpft zu sein schien. Über den größten Teil dieses Jahrhunderts hat der Fundamentalismus, zum Teil aus eigener Wahl, in den Randbereichen der amerikanischen Kultur operiert. Seine Anhänger, traditionell unpolitisch und antiintellektuell, schreckten nicht davor zurück, sich als »Außenseiter« zu sehen, die in einem spirituellen Kampf gegen einen bösartigen und übermächtigen Feind standen.

Das änderte sich in den siebziger und achtziger Jahren, als der Fundamentalismus zu neuem Leben erwachte. Er betrat nicht nur die politische Arena, sondern legte auch weitgehend seinen Antiintellektualismus ab. Die Betonung lag jetzt darauf, die liberale Kultur mit ihren eigenen Waffen zu bekämpfen, indem man seine eigenen Universitäten, Schulen, Zeitungsverlage und Fernsehstationen betrieb. Aber wie Walter Capps in seinem Buch *The New Religious Right* ausgeführt hat, bleibt der Fundamentalismus in entscheidenden Fragen eine Gegenkultur.[32] Er hat wertvolle Lehren aus der Beobachtung seines großen Gegners, der Gegenkultur der sechziger Jahre, gezogen, die sich von der Peripherie zum Zentrum des nationalen Lebens und von dort wieder an den Rand bewegte. Fundamentalisten und Hippies hatten sogar einiges gemeinsam: Sie zogen beide Vorteil aus der Desillusionierung durch Vietnam und neigten deshalb zu Verschwörungstheorien, in denen die Regierung die Rolle des Schurken einnahm. Und trotz der sehr verschiedenen Glaubenssysteme, aus denen sie ursprünglich entstanden waren, hat sich der Unterschied zwischen den beiden Gegenkulturen gelegentlich verwischt. Heutzutage tragen nicht alle fundamentalistischen Christen kurzgeschnittenes Haar und Blazer. In seinen Reisen durch Texas und Oklahoma stellte John Weir verwirrt fest, daß »die knallharten Redneck-Frömmler jetzt so aussehen wie die langhaarigen Motorrad-Hippies, die von den knallharten Redneck-Frömmlern in Filmen wie ›Easy Rider‹ umgebracht wurden«.[33] Offensichtliche Überbleibsel aus den sechziger Jahren, die in Rockbands spielten, haben sich in Fundamentalisten verwandelt, die an das »Tier« glauben. Diese kulturelle Vermischung, die typisch für das kultische Milieu ist, gilt mit Sicherheit für jemanden wie David Koresh und auch für die rechtsextremen »Überlebens«-Kommunen, die in Idaho oder Washington neben echten Hippies hausen.

Sogar der gemäßigte Fundamentalismus identifiziert sich, trotz aller seiner Erfolge, noch immer mit dem »Außenseiter«. Konservative Evangelikale haben gemerkt, daß sie am effektivsten arbeiten, wenn sie einzelne Mißstände auf lokaler Ebene ausbeuten. Sie haben aus ihrem mißlungenen Versuch gelernt, mit der Präsidentschaftskampagne von Pat Robertson 1988 die Mitte zu erobern, und seitdem Schritt für Schritt eine Machtbasis auf der Ebene von Stadtverordneten und Elternbeiräten und der Regierung einzelner Bundesstaaten aufgebaut. So kommt es, daß Anhänger von Verschwörungstheorien Eingang in die offizielle Politik finden, wenn auch bisher nur auf der Ebene der Bundesstaaten und darunter; so etwa der Senator von Colorado, Charles Duke, der von der Regierung in Washington sagt: »Sie hatte das Motiv, die Mittel und die Gelegenheit«, die Bombe von Oklahoma zu legen.[34] Dukes Ansichten, das muß man sagen, sind selbst nach den Maßstäben der religiösen Rechten extrem; aber man sollte die Toleranz nicht unterschätzen, die solchen Ansichten in respektablen fundamentalistischen Kreisen widerfährt.

Dem Mythos des gottesfürchtigen Außenseiters, des »echten« Amerikaners, der in der Wildnis lebt, wird von wiedergeborenen Christen in den Vorstädten ungeheurer Respekt gezollt. Viele von ihnen sind begeisterte Anhänger der Waffenlobby. Diese Unterstützung kommt zum Teil aus ihrer Theologie. Millionen von fundamentalistischen Christen glauben, daß die Entscheidungsschlacht zwischen den Streitkräften Gottes und des Satans noch zu ihren Lebzeiten beginnen wird, und obwohl viele von ihnen hoffen, daß sie zum Himmel entrückt werden, ehe der Kampf beginnt, macht sie die Aussicht unglücklich, daß die wahren Christen von einer Regierung entwaffnet werden könnten, die möglicherweise unter der Kontrolle des bösen Feindes stünde. Diese Denkweise erklärt die starke Unterstützung der Fundamentalisten für die Milizbewegung, die in ihren Augen den doppelten Zweck erfüllt, die Amerikaner wieder in Kontakt zu ihren historischen Wurzeln zu bringen und sie gleichzeitig auf die kommende apokalyptische Schlacht vorzubereiten. Sie erklärt auch, warum sich Millionen bibelgläubiger Christen so stark mit den Davidianern identifizierten, deren Theologie weit entfernt war von der fundamentalistischen Orthodoxie, deren Entschlossenheit aber, bis zum Letzten gegen einen übermächtigen Feind zu kämpfen, an ihre tiefsten Instinkte appellierte.

Der zweite Langzeitfaktor, der zu der neuen Stimmung beigetragen hat, ist der Zusammenbruch des Kommunismus und besonders die Art und Weise, wie die religiöse Rechte darauf reagiert hat. Nach Meinung einiger Beobachter hat die Auflösung der Sowjetunion in den USA eine nationale Identitätskrise ausgelöst. »Das Image der Sowjetunion als des monolithischen Bösen hielt das Image der USA als der monolithischen Tugend aufrecht«, schreibt der Kolumnist Lewis Lapham. »Wird der Energietransfer zwischen negativem und positivem Pol unterbrochen, lösen sich die zwei Reiche in ein allgemeines Schwenken nationalistischer und partikularistischer Flaggen auf. Da uns die Beruhigung durch einen ausländischen Dämon fehlt, suchen wir in unserer eigenen Nachbarschaft nach Teufeln von überzeugender Gemeinheit und Größe.«[35] Der Fundamentalist findet sich mit großer Wahrscheinlichkeit bei dieser Suche an der vordersten Front; aber noch immer sucht er den Horizont nach einer wirklich globalen Verschwörung ab. Die riesigen apokalyptischen Gemälde des Buches Daniel und der Offenbarung drängen die Gläubigen dazu, sich ein Drama auszumalen, das ganze Nationen umfaßt. Jahrzehntelang machte die Existenz eines kommunistischen Blocks, der in einen manichäischen Kampf mit der freien Welt verwickelt war, diese Aufgabe lächerlich einfach. Sein Zusammenbruch hat die Fundamentalisten gezwungen, weniger schlichte Modelle zu akzeptieren, in denen die Position der USA in der Vorhut des Heeres der Gerechten, und Amerikas Fähigkeit, den Listen des Satans Widerstand zu leisten, nicht mehr so ohne weiteres als gegeben hingenommen werden können. Die alte Vorstellung von einer Übernahme der Macht in den USA durch Agenten einer »Neuen Weltordnung« ist abgestaubt und mit neuen Details versehen worden. Dieser Prozeß wurde dadurch beschleunigt, daß Präsident Bush in einem unüberlegten Augenblick tatsächlich die Floskel »Neue Weltordnung« gebraucht hat. So verlor er in ein paar Sekunden die Pluspunkte, die er durch jahrelange und offensichtlich nicht aufrichtig gemeinte Pflege der fundamentalistischen Wähler verdient hatte. Ein solcher Fehler wäre Ronald Reagan nicht unterlaufen.

Die frühen neunziger Jahre waren schwierig für die amerikanischen Fundamentalisten. Es war nicht leicht, einen angemessenen Ersatz für eine Endzeittheologie zu finden, die den Kampf gegen den Kommunismus mit prophetischer Bedeutung auflud. Das Problem wird gut veranschaulicht durch Pat Robertson. Einerseits ist er der Architekt der dynamischen neuen Strategie des Aufbaus von Machtbasen im lokalen Bereich, andererseits ist er für die Rückkehr zur Paranoia alten Stils mitverantwortlich. Das Buch, in dem Robertson seine postkommunistische Eschatologie entwickelt, heißt natürlich *The New World Order*, schlägt wild um sich bei der Suche nach zufriedenstellenden Schurken und endet mit der Variation eines uralten Themas: »Kann es sein, daß der Ausdruck ›die neue Weltordnung‹ für den inneren Kreis einer Geheimgesellschaft etwas völlig anderes bedeutet als für einen normalen Menschen?« fragt Robertson. »Es ist in der Tat möglich, daß Menschen guten Willens wie Woodrow Wilson, Jimmy Carter und George Bush, die aufrichtig eine größere Gemeinschaft von Nationen wollten, die miteinander im Frieden leben, in Wirklichkeit, ohne es zu wissen, eine Mission ausführten und Ausdrücke in den Mund nahmen, die von einer eng geknüpften Kabale ausgehen, deren Ziel nichts Geringeres ist, als eine neue Ordnung für das Menschengeschlecht unter der Herrschaft Luzifers und seiner Anhänger.«[36] Seit zweihundert Jahren, so stellt sich heraus, arbeitet diese »Kabale« pausenlos daran, diese neue Welt zu schaffen. Aber wer sind die Mitglieder der Verschwörung? Robertson beantwortet diese Frage, indem er seine Leser auf große Fahrt durch die amerikanischen Konspirationstheorien schickt, und er läßt keinen Buhmann aus, den schon Hofstadter erwähnt hat, mit Ausnahme der Jesuiten. Es fängt an mit »einer kleinen Geheimgesellschaft, Illuminatenorden genannt«, die, wie Robertson sagt, zuerst die Kontrolle über die Freimaurer erlangten und dann darangingen, mit Hilfe von Bankiers, die zufällig alle Juden waren, zuerst die Französische und dann die Russische Revolution zu bewerkstelligen. Er geht soweit anzudeuten (ohne sich ganz festzulegen), daß der Kalte Krieg, der Zusammenbruch des Kommunismus und der Golfkrieg nur inszeniert wurden, um den Globalismus voranzutreiben und Geld zu machen für die »Monopolbanker« und ihre Hintermänner, die Illuminaten.

In einem Artikel, der 1994 in der *New York Review of Books* erschien, schrieb der konservative Autor Michael Lind, die in Robertsons Buch ausgedrückten Gedanken hätten mit der üblichen evangelikalen Theologie wenig zu tun: »Sie wurzeln eher in der Untergrundliteratur des rechtsextremen Populismus, der vorgibt, die Welt als von Juden, Freimaurern und ›internationalen Bankiers‹ beherrscht zu interpretieren.«[37] Vielleicht, aber das ist die Richtung, in welche die religiöse Rechte marschiert. Lind gibt das etwas zögernd auch zu: »Seit Father Coughlin hat kein prominenter weißer Amerikaner so kühn und unverfroren die Katastrophen der modernen Weltgeschichte den Machenschaften der internationalen Hochfinanz im allgemeinen und einigen einflußreichen Juden im besonderen angelastet. Und seit Huey Long mit seiner Bewegung ›*Share Our Wealth*‹ (›Teile deinen Wohlstand‹) hat keine radikalpopulistische Bewegung so viel Macht in der amerikanischen Politik ausgeübt wie Robertsons Christliche Koalition.«

Wie Coughlin und Long ist die Christliche Koalition zu einer Zeit ungeheurer Umwälzung und Ungewißheit im inneren Leben der Nation auf der Bühne erschienen. Die Krise ist weniger schwerwiegend als in den dreißiger Jahren, aber wir sollten die Angst in der arbeitenden Bevölkerung der USA nicht unterschätzen, vor allem in den Industriebranchen, die unter dem Druck der Konkurrenz aus dem Fernen Osten und der Dritten Welt überstürzt umstrukturiert werden. Die Erosion der wirtschaftlichen Sicherheit ist der dritte Langzeittrend, der zu der paranoiden und apokalyptischen Stimmung Amerikas in den neunziger Jahren beigetragen hat. Aber man kann diesen Trend nicht isoliert betrachten; hinzu kommen andere Entwicklungen wie die steigende Einwanderungssrate und die Auflösung der Familie; sie verstärken das Gefühl der ökonomischen Desintegration. Das Ergebnis ist die steigende Furcht, daß die USA sich »in antagonistische ethnische und ökonomische Enklaven balkanisiert«, wie die *Los Angeles Times* es kürzlich ausdrückte. Kein Teil der Gesellschaft ist für diesen Prozeß anfälliger als die Arbeiter und die Angestellten der unteren Mittelklasse. Sie machen jetzt mehr als die Hälfte derjenigen Amerikaner aus, die häufiger ihren Arbeitsplatz verlieren. Zufällig sind sie auch diejenigen, die am wahrscheinlichsten christliche Fundamentalisten sind. Das ist bedeutungsvoll, denn kein Teil der Gesellschaft ist psychologisch besser gerüstet, mit diesem Prozeß der Balkanisierung umzugehen, als der christliche Fundamentalismus, eine Welt, die sich schließlich immer selbst als eine Art Enklave empfunden hat, auch wenn sie diese Enklave »das wahre Amerika« nennt. Die langsame Auflösung der ökonomischen und sozialen Bindungen, welche die Außenwelt – den Herrschaftsbereich des »Tiers« – zusammenhalten, macht den Fundamentalisten überhaupt keinen Kummer, und selbst der Not, die der Gläubige leidet, kann man den Stachel nehmen, wenn man den Agenten des Satans die Schuld dafür gibt. Und wenn zu diesen Agenten die für Wirtschaft zuständigen Bundesbehörden gehören, um so besser.

Die neuen Technologien, die diesen verwirrenden wirtschaftlichen Wandel hervorgerufen haben, sind selbst ein wichtiger Faktor, der zu der paranoiden Atmosphäre beigetragen hat. Wir haben im letzten Kapitel gesehen, wie Aum Shinrikyo jedes verfügbare Medium nutzte – Videofilme, Computerspiele, die elektronischen *Pinboards* im Internet –, um eine apokalyptische »virtuelle Realität« für seine Mitglieder zu schaffen. Etwas sehr Ähnliches geschieht in Amerika, obwohl die Anhänger von Prophezeiungen und Verschwörungstheorien natürlich die Freiheit haben, sich deren Elemente selbst zusammenzustellen. Wie in Japan erleichtern allgemein zugängliche Informationen – wenn sie nur entsprechend gesiebt und in die richtige Ordnung gebracht sind – den Apokalypsegläubigen, eine paranoide Weltsicht zu konstruieren. Es ist wichtig zu begreifen, daß die extreme Rechte in den USA nicht aus Nichtswissern besteht, sondern im Gegenteil aus Informationssüchtigen. Sie verbringen viel Zeit damit, Zeitungen und Zeitschriften, Gesetzestexte und natürlich die Bibel nach Informationsbruchstücken zu durchsuchen, die sie in das ausgewählte Szenario einfügen können; und diese Aktivität ist viel produktiver und auch vergnüglicher geworden seit der Einführung des Internet.

Man kann den Einfluß des Internet auf die Welt des Glaubens an Prophezeiungen und Verschwörungstheorien kaum überschätzen. Die *Newsgroups*, die sich mit Prophezeiungen befassen, gehören zu den lebhaftesten im Internet. Sie erhalten täglich Mitteilungen sowohl von evangelikalen Christen als auch von New-Age-Anhängern und haben infolgedessen schon manchen heftigen Strauß zwischen Vertretern der beiden Lager erlebt. Aber wenn es eine Aktivität gibt, für die das Internet und die elektronischen *Pinboards* wie geschaffen sind, dann ist es die Verbreitung von Gerüchten. Die Schnelligkeit der Verbreitung des Materials, die Leichtigkeit im Informationsaustausch, die Unmöglichkeit, das Internet zu kontrollieren, all das bietet ideale Möglichkeiten für die Lieferanten von Verschwörungstheorien. Sie haben sie rasch genützt: eine erstaunliche Anzahl von Sympathisanten der extremen Rechten sind Internetnutzer; und diejenigen, die nicht »on-line« sind, benutzen die zweitbeste Möglichkeit, das Faxnetzwerk der *American Patriots*. Dr. Stephen O'Leary, ein Professor für Kommunikationswissenschaft an der Universität von Südkalifornien, der sich auf apokalyptische Rhetorik spezialisiert hat, glaubt, daß die meisten Milizen über das Internet untereinander Kontakt haben. Er schaut sich täglich ihre Mitteilungen an. »Es ist faszinierend, den organischen Prozeß zu beobachten, der in dem Augenblick beginnt, wenn ein Schlagwort wie ›Neue Weltordnung‹ im Internet auftaucht«, sagt er. »Das wirkt wie ein Samen, aus dem sich rasch detaillierte Szenarien einer diktatorischen Regierung der Zukunft entwickeln.«

O'Leary sieht eine enge Analogie zwischen den ersten Computer-Netzwerken und der ersten Generation von Druckmedien. In beiden Fällen erwies sich das plötzliche Auftauchen eines neuen Mediums, das vollkommen unabhängig von staatlicher Kontrolle war, als ein Gottesgeschenk für diejenigen, die Material veröffentlichen wollten, das der Staat möglicherweise zu unterdrücken wünschte. Im sechzehnten Jahrhundert führte das zur Herausforderung der religiösen Orthodoxie oder der politischen Mächte. Zu Ende des zwanzigsten Jahrhunderts könnte man sich nun vorstellen, daß die Spannweite des »inakzeptablen« Materials so groß ist, daß christlich-apokalyptische Polemik nur einen winzigen Prozentsatz der Gesamtmenge ausmacht. Das Gegenteil ist jedoch richtig: In den USA macht nichts der Staatsmacht mehr Sorge als die Millenaristen, die ihre Glaubensbrüder dazu auffordern, das Gesetz in die eigenen Hände zu nehmen.

Der letzte Langzeitfaktor, den es zu berücksichtigen gilt, wenn man die neue Stimmung in den USA analysiert, ist vielleicht der interessanteste, aber auch sehr schwer zu bewerten. Es ist die Wirkung der kommenden Jahrtausendwende auf die nationale Psyche und besonders auf Endzeitgläubige. Wir haben die theologische Bedeutung des Jahres 2000 für fundamentalistische Christen und für die New-Age-Bewegung schon diskutiert. Allein schon die Zahlen machen deutlich, daß für beide amerikanischen Bewegungen dieses Datum eine größere Rolle spielt als für die meisten vergleichbaren Gruppen in der übrigen Welt.

Nach den Ereignissen in Waco meinten viele Beobachter, die Behörden müßten sich auf ähnliche Konfrontationen mit Millenaristen gefaßt machen, je näher das Jahrhundertende rücke. Dem lag die Annahme zugrunde, daß nichts Millenaristen so sehr erregt wie der Anbruch eines Millenniums; also würde es in den nächsten zehn Jahren weitere Wacos geben. Tatsächlich gibt es nicht einen einzigen Beweis dafür, daß die Davidianer von der Jahrtausendwende angezogen waren. Bis die ATF-Polizei anrückte, gingen sie von der Annahme aus, die Endzeit werde 1995 beginnen, nach dem zehnten Jahrestag der »Krönung« David Koreshs. Dies bedeutet allerdings nicht, daß für die nächsten Jahre keine Zusammenstöße zwischen bewaffneten Millenaristen und der Regierung zu befürchten sind. Die Vorfälle von Ruby Ridge und Waco zeigen eine neue Bereitschaft von seiten der Staatsmacht, mit drastischen Maßnahmen gegen Apokalypsegläubige vorzugehen, die mit dem Gesetz in Konflikt kommen, besonders in sensiblen Bereichen wie dem illegalen Besitz von Feuerwaffen und Mißbrauch von Kindern; und da solche Maßnahmen den millenaristischen Erwartungen vollkommen entsprechen, besteht immer die Möglichkeit zu gewaltsamen Auseinandersetzungen. Das gilt besonders für die sogenannten »posttribulationistischen« Gruppen, die glauben, daß sie bei der Wiederkunft Christi nicht »entrückt« werden, sondern sich durch die »Große Drangsal« durchkämpfen müssen. In dem Maße, wie die Jahrtausendwende näherrückt, wird das Anbrechen des dritten christlichen Jahrtausends unweigerlich in apokalyptischen Szenarien eine Rolle spielen. Wäre die Konfrontation von Waco fünf Jahre später eingetreten, so hätte der nie um einen Einfall verlegene Koresh die Jahrtausendwende nahezu sicher in seine hochflexible Theologie eingebaut. Jede Gruppe, die das Ende der Zeit für die nahe Zukunft erwartet, wird es schwer finden, der Symbolkraft der Zahl 2000 zu widerstehen, selbst wenn sie vorher kein Interesse an millenarer Arithmetik gezeigt hat.

Es gibt schon Anzeichen dafür, daß verschiedene »posttribulationistische« Gruppen, im allgemeinen als *»Survivalists«* (›Überlebensgruppen‹) bekannt, zunehmend unter dem Bann der kommenden Jahrtausendwende stehen. Die meisten von ihnen operieren in der Wildnis des pazifischen Nordwestens der USA, der seit den siebziger Jahren zum Refugium isolierter Häuflein von Aktivisten der extremen Rechten geworden ist. Sie zerfallen in drei Richtungen. Es gibt einige, meist ältere Neonazis und Bewunderer des Dritten Reichs. Dann gibt es die *»Christian Patriots«*. Diese »christlichen Patrioten« berufen sich auf die Bibel und die Verfassung. Und dann gibt es etwa 20 000 Mitglieder der Bewegung *»Christian Identity«*, deren »christliche Identität« irgendwo in der Mitte zwischen den Nazis und den »Patrioten« liegt. Sie glauben, die weißen Arier seien direkte Nachkommen der Stämme Israels, während die Juden die Brut Satans seien. Die Wurzeln der »Patrioten« und der »Identitäts«-Bewegung sind sehr verschieden. Während die Patrioten im Wesentlichen christliche Fundamentalisten sind, entstand die *Christian Identity* aus einer ziemlich exzentrischen Bewegung des neunzehnten Jahrhunderts, dem *British Israelism*. Der »Britische Israelismus« lehrte, wie der Name schon nahelegt, die Briten seien das wahre Volk Israel. Im Laufe dieses Jahrhunderts überquerte die Lehre den Atlantik, nahm eine amerikanische Identität an und verbreitete einen dezidierten Judenhaß. In der Praxis ist es allerdings nicht leicht, zwischen »Patrioten« und Mitgliedern von »Identität« zu unterscheiden. Ideologische Strenge ist keine notwendige Qualifikation, um sich einer der verstreuten Kommunen im Nordwesten anzuschließen. Was zählt, ist das gemeinsame Gefühl, daß die Letzten Tage im Anzug sind und die Welt dabei ist, dem schlechthin Bösen anheimzufallen. Beide Gruppen zählen zu den *Survivalists*. Michael Barkun hat in seinem 1994 erschienenen Buch *Religion and the Racist Right* (Die Religion und die rassistische Rechte) auf die komplexe Spannung zwischen Rückzug und Engagement aufmerksam gemacht, die entsteht, wenn diese Menschen sich zum »Überleben« in die Wildnis zurückziehen. Sie gehen dorthin, um vor der Welt zu fliehen, aber auch, um sich für einen letzten Ansturm der Mächte des Bösen zu rüsten. Und je vollkommener sie sich zurückziehen, um so mehr sind sie versucht, die Gesetze zu mißachten und zu brechen, von denen die Welt jenseits der Schutzwälle regiert wird – mit voraussagbaren Folgen.[38]

Das labile Gleichgewicht, das es den meisten Überlebensgruppen ermöglicht, ungestört in ihrer ländlichen Festung zu hausen, scheint zum Jahrtausendende hin immer prekärer zu werden. Die neueste Präsenz in dieser Welt ist Oberstleutnant James »Bo« Gritz, ein ehemaliger Kommandeur der »Green Berets«, der zweiundsechzigmal für seine Tapferkeit ehrenvoll erwähnt wurde und angeblich das Vorbild für Rambo abgab. Gritz verkauft Landparzellen in Idaho an *survivalists*, die eine *covenant community (»Eidgenossenschaft«)* bilden, um gemeinsam gegen die Verfolgung durch eine tyrannische Regierung Widerstand zu leisten. »Ich glaube, so ab 1996 werden wir erleben, wie sich den Leuten die Schlinge fester um den Hals legt«, sagt er. Der Oberstleutnant stand 1988 kurz mit der Präsidentschaftskampagne des ehemaligen Ku-Klux-Klan-Mitglieds David Duke in Verbindung und hat *Christian Identity* öffentlich Lob gezollt. Aber wie so viele Gestalten auf der extremen Rechten ist er schwer festzulegen. Gemessen an den Maßstäben der *Survivalists* ist er nicht besonders rassistisch und hat mit einer Vietnamesin eine Reihe von Kindern gezeugt. Für Gritz ist der wirkliche Feind nicht das Judentum, sondern eine Regierung unter der Kontrolle des Antichrist. Er glaubt fest an Schauergeschichten über neue Technologien, die es erlauben, Bürger mit dem Zeichen des Tiers zu brandmarken. Er erwartet Armageddon für bald, allerdings nicht in den USA, sondern im Nahen Osten. Sein Mitteilungsblatt sagt: »Ich empfehle sehr, daß Sie sich einen Platz sichern; eine Zuflucht im Zeitalter Lots, eine Arche im Zeitalter Noahs. Wenn keine dieser Zeichen wahr sind, dann ist die Bibel falsch, und Gott ist tot. Dann haben wir ein herrliches Heim in einer sicheren Umgebung, um die Tage unseres Lebens zu genießen. Rufen Sie Jerry an ... und fragen Sie ihn nach Einzelheiten, Parzellenplänen und Informationen.«[39]

Der Romanschriftsteller William Vollmann, der Gritz 1994

interviewte, fand ihn eindrucksvoller, als er erwartet hatte. »Er war ein Soldat«, schrieb Vollmann. »Er war ein Mann wie ein Baum mit mächtigen behaarten Armen und einem weißen Schnurrbart, mit einem Zwinkern in den Augen wie das Reagans. Bo Gritz hatte den Mut, seine eigene Regierung wegen Lügen, Mord und Gangstergeschäften anzuklagen, und weil er einmal für diese Regierung gearbeitet hat, und weil er etwas zu verlieren hatte, als er diese Anschuldigungen machte, respektiere ich ihn dafür.«[40]

Für den größten Teil der Presse war die Sache allerdings ziemlich einfach: »Rambo macht sich fertig für das Weltende«; »Bo Gritz erwartet Weltende in Idaho«. Was die Medien mehr zu erregen schien als alles andere war der – von Gritz nicht ausdrücklich erwähnte – Gedanke, daß seine Befürchtungen irgend etwas mit dem Ende des Kalenderjahrtausends zu tun hätten. Genauso, wie es noch mehr Wacos geben würde, so würde es mehr Gestalten wie Bo Gritz geben, die in ihren Bergfestungen das Ende der Welt erwarteten. Das alles war wunderbares Material für Artikel über einen etwas verstörenden, aber auch leicht komischen Aspekt des Lebens im *fin de siècle*. Dann detonierte die Oklahoma-Bombe und Amerika entdeckte seine Milizen.

So, wie die Diskussionen über Waco immer wieder auf Ängste vor dem Jahrtausendende hinweisen, so gibt es keine Analyse der Polarisierung innerhalb der amerikanischen Gesellschaft ohne den Ausdruck *fin de siècle*. Es scheint, als genüge die bloße Erwähnung dieses mysteriösen Kalenderereignisses, um die sonst unbegreifliche Paranoia zu erklären, die das Land im Griff hat. Die Wahrheit ist, wie wir gesehen haben, viel komplexer. Es gibt viele Gründe für die neue Stimmung. Das kommende Jahrtausendende ist nur ein Faktor, besonders für jene Fundamentalisten, die in den nächsten drei oder vier Jahren einen Angriff der Regierung erwarten. Es ist auch ein hochwichtiges theologisches Ereignis für gläubige Christen und einige *New-Ager*, obwohl Paranoia bei weitem nicht das vorherrschende Gefühl ist, das es in diesen Kreisen erregt. Jedenfalls können all die beunruhigenden Entwicklungen, die wir diskutiert haben, bis zu einer Zeit zurückverfolgt werden, zu der das dritte christliche Jahrtausend noch in weiter Ferne lag.

Es gibt jedoch eine übergreifende These, die alle diese Entwicklungen zu verbinden scheint. Sie wurde zuerst 1991 von James Davison Hunter, Professor an der Universität von Virginia, in seinem Buch *Culture Wars: The Struggle to Define America* (Krieg der Kulturen: Der Kampf um eine Definition Amerikas) erörtert.

Er verfolgt das Entstehen einer Spaltung im gesamten öffentlichen Leben der USA im Verlauf des Jahrhunderts, einer Spaltung, die politische Parteien, akademische Berufe und religiöse Institutionen betrifft. Entlang dieser Trennlinie wird der »Krieg der Kulturen« um die Kontrolle über die säkulare amerikanische Kultur ausgefochten. Auf der einen Seite finden sich christliche Fundamentalisten, traditionalistische Katholiken, orthodoxe Juden, konservative Republikaner und Demokraten; auf der anderen progressive Protestanten, Katholiken, Juden und das »liberale Establishment« in Politik, Rechtswesen und Universitäten. Hunter konstatiert, daß die Moralbegriffe, die man auf der jeweiligen Seite dieses Grabens antrifft, mehr Gemeinsamkeiten aufweisen als diejenigen, die Angehörige der gleichen Partei oder Konfession verbinden; daß also ein liberaler Jude mehr mit einem nichtreligiösen Humanisten gemeinsam hat als mit einem orthodoxen Juden und ein fundamentalistischer Baptist wie Patrick Buchanan sich in der Gesellschaft eines konservativen Katholiken wohler fühlen würde als mit einem liberalen Baptisten wie Bill Clinton.[41]

Es hat nicht lange gedauert, bis sich der Ausdruck »Krieg der Kulturen« seinen Weg in den öffentlichen Diskurs gebahnt hat. Er ist wirklich sehr hilfreich. Er liefert nicht nur einen Rahmen für die Analyse der Kämpfe, die über Abtreibung, Familie, Erziehung und Recht ausgefochten werden, er wirft auch ein Licht auf die Angstgefühle, die viele Amerikaner in den letzten Jahren überfallen haben. Diese Angst ist nicht entstanden, weil eine Vision der Zukunft fehlte; sie entsteht aus der Tatsache, daß es im Grunde zwei verschiedene Visionen der USA und ihrer Zukunft gibt, eine liberale und eine traditionalistische, und es gibt sehr wenig Gemeinsamkeiten zwischen beiden. Beide Seiten versuchen, die amerikanischen Bürger zu neuen Verhaltensmustern zu zwingen, und zwar sowohl durch Auseinandersetzungen um einzelne Themen wie das Recht auf Abtreibung oder die Aufnahme von Homosexuellen in die Armee wie durch umfassende Sprachregelungen, die der *political correctness* entsprechen. Für die Millionen von Amerikanern, die sich mit keiner der beiden Seiten identifizieren, muß die Drohung, zwischen die Fronten zu geraten und dem Feuer von beiden Seiten ausgesetzt zu sein, eine ständige Quelle der Sorge sein.

Die unermüdliche Energie, die beide Seiten im Krieg der Kulturen für ihre Sache entfalten, resultiert aus gegenseitigem Haß und vor allem gegenseitigem Unverständnis. Liberale und Konservative (um nur eins der Etikettenpaare für die Kontrahenten zu benutzen) betrachten die geistige Landschaft des jeweils anderen als feindliches Territorium, das nur dazu da ist, erobert und zerstört zu werden. Je primitiver die Karikatur des Gegners, desto besser. Das Problem ist nur, daß Liberale und Konservative bei den seltenen Gelegenheiten, wo sie versuchen, Ärger zu vermeiden, aus ihren Rollen nicht mehr herauskommen. Waco ist ein klassisches Beispiel dafür. Die Davidianer und die Bundesbehörden sind vielleicht nicht gerade überzeugende Repräsentanten der konservativen und der liberalen Seite, aber sie gehören zu den gegnerischen Lagern im Krieg der Kulturen zwischen dem Traditionellen und dem Säkularen. Die absolute Ignoranz, die jeder in der Bundesregierung von Janet Reno abwärts in der Frage apokalyptischer Glaubensüberzeugungen bewies, ist vollkommen charakteristisch für das liberale Establishment. Sie hat die Davidianer wahrscheinlich das Leben gekostet. (Es fällt schwer,

Eldridge Cleaver nicht zuzustimmen, der nach der Belagerung schrieb: »Der lautstarke Protestchor der Verteidiger bürgerlicher Freiheiten, dessen Jammern und Schreien bis zum Mars zu hören gewesen wäre, hätte sich dieses Ereignis unter Reagan oder Bush abgespielt, ist merkwürdig still geblieben. Das läßt sich nur durch ihre positive Voreingenommenheit für Clinton erklären und durch ihr Geschleime über die Tatsache, daß Janet Reno die erste Frau an der Spitze des Justizministeriums ist.«[42]

Ruby Ridge, Waco und Oklahoma kann man als Scharmützel in einem langandauernden Konflikt sehen oder als Erdbeben entlang einem Grabenbruch, der sich durch die ganze Nation zieht. Die Metapher ist unwichtig; wichtig ist es, diese Geschehnisse in dem Kontext einer sich verbreiternden Kluft zwischen Weltanschauungen zu sehen. In keiner anderen Nation ist diese Kluft so ausgeprägt; aber schließlich verdankt auch keine andere Nation ihre Entstehung einer apokalyptischen Weltsicht. Die millenaristische Tradition der USA, die durch die Vorstellung eines manichäischen Kampfes zwischen Gut und Böse noch untermauert wird, stärkt und verjüngt die riesige fundamentalistische Wählerschaft, die weitgehend die Tagesordnung für die »konservative« Seite des Kulturkampfes bestimmt. Aber die Fundamentalisten sind nicht die einzigen Erben dieser Tradition. Trotz ihres Abscheus gegenüber der christlichen Apokalyptik hat auch die Linke das Gefühl, in einem Kampf auf Leben und Tod für die »amerikanischen Werte« befangen zu sein, die sicher einiges dem millenaristischen Erbe verdanken.

Es bleibt die Frage, welche Rolle die Morgendämmerung des neuen Jahrtausends in diesem Drama spielen wird. Wir können zuversichtlich voraussagen, daß sie die konservativen Kräfte stärken wird, nicht zuletzt deshalb, weil die Fundamentalisten so machtvolle, wenn auch vage Erwartungen an diesen zweitausendsten Geburtstag Christi stellen. Es wird Elemente in der religiösen Rechten geben, die das Ende des zweitausendjährigen Evangelienzeitalters in jedem Augenblick erwarten und deshalb ihre Anstrengungen verdoppeln werden, der ganzen Welt Heil und Rettung mit Hilfe der Politik zu bringen. Aber das Nahen der Jahrtausendwende wird auch Amerikaner auf beiden Seiten des durch den Krieg der Kulturen aufgerissenen Grabens daran erinnern, daß die »Schlacht um die Definition Amerikas« bis heute unentschieden geblieben ist. Es wird wahrscheinlich einen heftigen Kampf darum geben, wer bis zum Jahr 2000 die Oberhand gewinnt; schließlich ist das Jahr 2000 auch ein Jahr der Präsidentschaftswahl.

*13*

# Das Ende der Zeit

Leiden ganze Gesellschaften am Ende historischer Epochen an Angst? Der deutsche protestantische Theologe Paul Tillich (1886 – 1965) glaubte, daß Angst entsteht, wenn Kulturen im Niedergang begriffen sind. In einer Reihe von Vorlesungen, die er 1952 in Yale unter dem Titel *The Courage to Be* (Der Mut zu sein) hielt, vertritt er die Ansicht, es habe drei größere Zeitabschnitte gesellschaftsübergreifender Angst in der Weltgeschichte gegeben: am Ende des Altertums, am Ende des Mittelalters und zu seiner eigenen Zeit, die er ans Ende der modernen Welt stellte. Zu jeder dieser Zeiten, so Tillich, nahm die Massenangst eine besondere Qualität an. In den Zeiten des Altertums war es vor allem »die Angst vor Verhängnis und Tod«. Von Alexander dem Großen bis zum Untergang des Römischen Reiches fühlten Menschen sich so von der Vorstellung ihrer Auslöschung bedroht, daß sie verzweifelt nach dem Heldenmut suchten, der sie überwinden könne. Im Gegensatz dazu kreisten am Ende des Mittelalters die Angstvorstellungen um Schuld und Verdammnis. Zum Symbol des »göttlichen Zorns« verdichtet und verstärkt durch das Bild der Hölle, trieben sie die Menschen dazu, nach Mitteln zu suchen, ihre Furcht zu lindern, durch Pilgerfahrten, Verehrung von Reliquien, Teilnahme an Messen und übersteigerte Buße. Aber die Wurzeln der Angst waren gesellschaftlicher Art: Das Mittelalter zerfiel, als die neue Ordnung des Territorialstaats die alte Hierarchie des ländlichen Adels ablöste und der Frühkapitalismus den Feudalismus ersetzte. Schließlich sah Tillich die unmittelbaren Nachkriegsjahre als eine Periode großer Angst, die weniger durch die Erfahrung des Krieges hervorgerufen worden sei als durch Sieg und Frieden. Ihre Ursachen seien »der Zusammenbruch des Absolutismus, die Entwicklung von Liberalismus und Demokratie, die Entstehung einer technischen Zivilisation und die ersten Anzeichen ihres Zerfalls« gewesen. Daraus resultierte für ihn das, was er »Angst vor Leere und Sinnlosigkeit« nannte.[1]

Was Tillich besonders beschäftigte, war die Wechselbeziehung von individueller und kollektiver Angst. Die erstere ist potentiell in jedem Menschen vorhanden, wie er nachdrücklich betont, und sie wird allgemein, »wenn die gewohnten Strukturen von Sinn, Macht, Glauben und Ordnung zerfallen«. Das ist fast das gleiche, was Historiker und Sozialwissenschaftler über den apokalyptischen und millenaristischen Glauben sagen: daß er blüht, wenn soziale oder geistige Strukturen zusammenbrechen und die Menschen die Orientierung verlieren. Er ist eine Reaktion auf Veränderung und die Schnelligkeit der Veränderung; und da das Ende einer Epoche im wesentlichen eine Periode beschleunigten Wandels ist, sollte es nicht schwierig sein, eine einheitliche Theorie der Veränderung, der Angst und des apokalyptischen Glaubens zu konstruieren. Aber in der Praxis ist die Geschichte, wie wir gesehen haben, nicht so entgegenkommend. Desorientierung ist eine notwendige, aber nicht ausreichende Bedingung für die Ausbreitung des apokalyptischen Glaubens: Wenige kollektive Erfahrungen sind so desorientierend gewesen wie der Zweite Weltkrieg und der Holocaust, und trotzdem ist aus diesen Erfahrungen keine nennenswerte millenaristische Bewegung entstanden. Der Glaube ans Weltende folgt nicht den zufälligen Konturen der politischen und sozialen Geschichte, noch tritt er in einer klar erkennbaren eigenen Periodizität auf. Wenn wir die Geschichte der letzten tausend Jahre genau genug anschauen, können wir vielleicht Spuren ungewöhnlicher Aktivität zu den Jahrhundertenden erkennen; aber wir finden uns schnell in sehr schwierigen Gewässern, wenn wir versuchen, einen anderen Grund dafür zu finden als die psychologische Wirkung des Kalenderwechsels.

Es gibt jedenfalls keine geradlinige Beziehung zwischen dem Kalender und dem Endzeitglauben. Wenn man bestimmte Leute reden hört, könnte man glauben, diese Beziehung sei klar und einfach: Die Menschen starben gegen Ende des Jahres 999 fast vor Angst; von da an hat jedes Jahrhundertende kollektive Angstgefühle hervorgebracht, und diese werden unweigerlich Ende 1999 wieder auftauchen, nur in größerem Maßstab. Aber diese Sicht der Geschichte, die in den letzten Jahren beunruhigend schick geworden ist, hält einer genaueren Analyse nicht stand. Es ist vollkommen klar, daß Kalender eine tiefgreifende Wirkung auf die Psyche haben. Kalender gehören zu den ersten menschlichen Schöpfungen; sie befriedigen das grundlegende menschliches Bedürfnis, die Zeit zu messen, und dieses Bedürfnis ist nach und nach immer komplexer geworden in dem Maß, in dem Gültigkeitsbereich und Genauigkeit der Kalender gewachsen sind. Aber alle Ordnungen der Zeit, die über ein Jahr hinausgehen, sind notwendigerweise künstlich. Das Jahrzehnt und das Jahrhundert haben in der Natur keine Entsprechung, wenn man von den zehn Finger der Hand absieht. So sollten wir nicht allzu überrascht sein, daß wenn die Angst des Menschen, aus der apokalyptischer Glaube entsteht, nicht einfach mechanisch auf Jahrhundertenden reagiert.

Das Kalendermillennium ist zugegebenermaßen etwas anderes. Es mag künstlich sein, aber es reicht viel weiter ins Gedächtnis der Menschheit zurück als das Jahrhundert, und sein nahendes Ende spielt eine große Rolle in der gegenwärtigen Konjunktur des Apokalyptischen im Westen. Aber wir sollten uns nicht so sehr durch die Zahl Eintausend oder überhaupt durch das Dezimalsystem ablenken lassen, daß wir den starken Einfluß vergessen, den der Himmel und die Jahreszeiten auf unser Verständnis von Zeit ausüben. Es ist schwer, die volle Bedeutung des Millenniums zu begreifen, wenn wir es nicht in dem Kontext allgemeiner menschlicher Annahmen über die Gestalt der Geschichte sehen. Fast immer führen diese dazu, den jeweils gegenwärtigen Augenblick in die Endzeit eines Großen Jahres aus drei, vier oder fünf Jahreszeiten einzuordnen. Wie wir gesehen haben, galt dieser simple Rhythmus durchgehend in den Kulturen der Alten Welt und läßt sich in den meisten säkularen Geschichtstheorien entdecken. Dies ist ein zwingender Beweis dafür, daß die meisten geschichtsphilosophischen Entwürfe ihren gemeinsamen Ursprung in der menschlichen Psyche haben – und das gilt für Paul Tillichs drei Perioden der Angst wie für Daniels vier Reiche, für die Zeitalter des Vaters, des Sohnes und des Heiligen Geistes bei Joachim von Fiore ebenso wie für die vier Klassengesellschaften bei Karl Marx. Bei genauerer Betrachtung geht Tillichs Formel, daß die Höhepunkte der Angst in der Geschichte des Westens mit den Übergängen von einer Epoche zur anderen zusammenfallen, ein bißchen zu glatt auf, um wirklich zu überzeugen. Um diesen Kritikpunkt inhaltlich zu machen: Tillich stützt sich zu sehr auf das dreiteilige Epochenschema Antike, Mittelalter und Neuzeit, das letzten Endes genauso ein Produkt der menschlichen Phantasie ist wie jedes andere Geschichtsschema.

Das Gefühl, die Menschheit sei dem Ende eines Großen Jahrs oder eines Zyklus nahe, ist natürlich nicht genau dasselbe wie ein apokalyptischer Glaube; es ist viel älter als die Vorstellung, der Himmel auf Erden befinde sich gleich um die Ecke. Es scheint aus einem tiefsitzenden Bedürfnis des Menschen zu erwachsen, der Zeit zu entfliehen. In den alten Kulturen gab er diesem Bedürfnis mit dem Traum von einem Goldenen Zeitalter in der Vergangenheit nach.

Die Apokalyptik bot einen radikalen Richtungswechsel, eine Vorwärtsbewegung auf eine Welt der Zukunft, die von Heiligen regiert wird, nachdem der böse Feind besiegt ist. Ihre Anziehungskraft war daher spezifischer als die der älteren Systeme; sie erreichte Menschen, die unter bestimmten Arten von Streß standen und die Vorstellungen von einer Schlacht mit dem Feind, von der Bestrafung der Bösen und der immerwährenden Belohnung für die Gerechten unwiderstehlich fanden, weil diese ihren inneren Konflikten Gestalt und Bedeutung gaben. Aber die Apokalyptik erwuchs aus älteren Systemen und spricht wie diese grundlegende menschliche Anliegen an. Obwohl sie in ihren reinsten Ausprägungen die Zuflucht einer kämpferischen Minderheit ist, ist sie nicht immer scharf von dem zu trennen, was wir als die Hauptströmung des westlichen Denkens betrachten. Ihrer eigenen Einteilung der Welt in Erlöste und Verdammte steht in der Praxis keine klare Trennung zwischen apokalyptischem und nicht apokalyptischem Glauben gegenüber.

Auch moderne säkulare Denker können der Idee des Großen Jahrs verfallen infolge eines in Urzeiten zurückgehendes Bedürfnisses, die Menschheit eher in die Endzeit der Geschichte einzuordnen als an den Beginn der Zeit; aber damit reagieren sie unbewußt auch auf die Strukturen, die das apokalyptische Denken auf diesem Fundament errichtet hat. Wir sehen das an der Art und Weise, wie ihre Zukunftsvisionen zwischen dem Neuen Jerusalem der Offenbarung und der Anarchie und Gewalt während der Herrschaft des Antichrist schwanken. Der Kontrast zwischen optimistischen und pessimistischen Szenarien ist eines der zentralen Merkmale apokalyptischen Denkens; er spielt eine ungeheuer wichtige Rolle in der Geschichte des zwanzigsten Jahrhunderts, obwohl er für gewöhnlich nicht die Form von zwei Denkrichtungen annimmt, die sich bekämpfen. Stattdessen haben wir einen Ruck vom Optimismus zum Pessimismus erlebt; von den Utopien des Kommunismus und der liberalen Demokratie – die man oft als Gegensätze empfunden hat, die aber einig waren in ihrem Glauben, sie könnten Krieg und Armut abschaffen – zu einem Gefühl von Ohnmacht gegenüber drohendem Unheil.

Mit einem gewissen Abstand gesehen, sind die apokalyptischen Wurzeln des Kommunismus und der naiveren Ideologie der liberalen Demokratie deutlich sichtbar. Wir zucken zusammen, wenn wir auf Bücher aus den späten sechziger Jahren stoßen wie etwa *The Coming of the Golden Age: a view of the end of progress* (Das Kommen des Goldenen Zeitalters. Ein Blick auf das Ende des Fortschritts) des amerikanischen Sozialwissenschaftlers Gunther Stent, der damals gerade en vogue war. Stent schrieb: »Der jahrtausendealte Kampf gegen die Natur zum Sieg über die Armut ist fast vorüber. Es war ein harter Kampf; er wurde gewonnen dank dem unbezähmbaren Kampfgeist des Menschen und dank dem gemeinsamen Kampf der Ritter aus Wissenschaft und Technologie.«[2] Zwanzig Jahre später war Francis Fukuyamas gefeierter Essay *The End of History* (Das Ende der Geschichte) zwar weniger plump optimistisch, aber er schlug doch einen zuversichtlichen Ton von Endgültigkeit an. Der Essay erschien 1989, als der Kommunismus in Osteuropa strauchelte und fiel, und verkündete: »Während sich die Menschheit dem Ende des Millenniums nähert, hat die doppelte Krise der autoritären Herrschaft und der sozialistischen Planwirtschaft nur einen Bewerber im Ring übriggelassen, der eine Ideologie von potentiell universaler Geltung darstellt: die Lehre von individueller Freiheit und Volkssouveränität.«[3] Obwohl weniger als zehn Jahre verstrichen sind, seit Fukuyama diese Worte schrieb, kann man sich schwer der Schlußfolgerung entziehen, daß ihn bereits das Schicksal aller Intellektuellen ereilt hat, die in der einen oder anderen Form die Endzeit heraufbeschworen haben: Er ist von den Ereignissen überholt worden.

Aber was sollen wir aus dem neuen Pessimismus kürzlich erschienener Bücher und Artikel mit Titeln wie »Das neue Mittelalter«, »Die Große Abrechnung« und »Die kommende Anarchie« machen? Wenn sie uns ein unbehagliches Gefühl verschaffen, so deshalb, weil ihre erschreckenden Prognosen noch nicht durch die Ereignisse überholt worden sind. Das Gefühl, am Rande des Chaos zu leben, ist zur intellektuellen Orthodoxie der neunziger Jahre geworden. Die Metapher vom neuen Mittelalter, die von dem französischen Intellektuellen Alain Minc geprägt wurde, wird inzwischen von Spezialisten auf verschiedenen Gebieten benutzt, unter anderem von Computerenthusiasten, die daran glauben, daß die Entstehung einer unangreifbaren »virtuellen Gemeinschaft« ihnen ermöglichen wird, das Chaos auszuschließen, wie es die mittelalterlichen Mönche in ihren Klöstern getan haben. Minc behauptet wie Fukuyama, daß die Zivilisation nach Jahrhunderten des Fortschritts einen Gleichgewichtszustand erreicht habe, aber es sei ein Zustand, der an Anarchie grenze. Er belegt dies mit dem Argument, daß in den neunziger Jahren Teile der Großstädte im Westen »graue Zonen« geworden seien, in denen es keine Polizisten, Sozialarbeiter oder auch nur Schulkinder mehr gebe, und in denen die Drogenökonomie die einzige Autorität darstelle.[4] Auf fast identische Weise argumentiert Norman Stone, Professor für Geschichte der Neuzeit in Oxford. Nach seiner Überzeugung stellen sich die Bedingungen des 15. Jahrhunderts wieder her, mit seinen Raubrittern und »konkurrierenden Bünden von Parasiten«, und zwar in dem Maße, wie Nationalität durch Tribalismus ersetzt wird.[5] Zählt man dazu die Bestseller, in denen behauptet wird, daß die Welt demnächst ebenso wehrlos gegen mutierende Viren sein wird wie das spätmittelalterliche Europa gegen die Pest, so erhält man ein Alptraumszenarium, das »apokalyptisch« ist in dem Sinne, wie das Wort in der populären Kultur verstanden wird.

Aber wenn es sich wirklich um eine apokalyptische Vision handelt, das heißt, um eine Projektion uralter Ängste und deshalb im wesentlichen um ein Produkt unserer Phantasie, müssen wir dann allzu besorgt sein? Einige Aspekte des Alptraums, wie die kommende Virenseuche, sind ebenso tendenziös wie die überdrehten Prophezeiungen der grünen Lobby in den achtziger Jahren. Von allem andern einmal abgesehen, zeigt schon die mantraartig wiederholte Phrase »während wir auf das Jahr 2000 zugehen«, daß einige derer, die sich so äußern, selbst der »prämillenaren Spannung« unterliegen, die sie überall wittern. Im übrigen ist es nicht das erste Mal, daß Intellektuelle den Rückfall in einen barbarischen Status quo voraussagen. Oswald Spengler beschrieb ein »zweites Wikingertum«, das um sich greift, nachdem »die hohe Geschichte sich schlafen gelegt hat. Der Mensch wird wieder Pflanze, an der Scholle haftend, dumpf und dauernd. Das zeitlose Dorf, der ›ewige‹ Bauer treten hervor, Kinder zeugend und Korn in die Mutter Erde versenkend ... Mitten im Lande liegen die alten Weltstädte, leere Gehäuse einer erloschenen Seele, in die sich geschichtslose Menschheit langsam einnistet.«[6]

Es ist natürlich beruhigend, daß solche pessimistischen Visionen nicht ganz aus sich selbst heraus entstehen. Man kann sich leichter mit ihnen auseinandersetzen, wenn man erkennt, wieviel sie der apokalyptischen Tradition und der Vorstellung des Großen Jahrs verdanken. Aber damit berauben wir sie doch nicht ganz ihrer Macht, uns zu beunruhigen. Um das zu erreichen, müßten wir sehen, daß sie sich als falsch erwiesen haben, und die Tatsache, daß ihre Verfasser sich unbewußt an uralte Archetypen halten, ist allein noch keine Garantie dafür. Wie wir im Fall von Aum Shinrikyo feststellen konnten, haben selbst Paranoiker Feinde. Ebenso bedeutet die Existenz von Verschwörungstheorien nicht, daß es keine Menschen gäbe, die Verschwörungen aushecken; und Ängste, die von apokalyptischen Glaubensvorstellungen beeinflußt sind, können trotzdem in der Wirklichkeit gegründet sein. Ein langer Essay von Robert D. Kaplan zum Beispiel, der 1994 unter dem Titel »The Coming Anarchy« in der *Atlantic Monthly* erschien, entwirft ein Gemälde des 21. Jahrhunderts, das fast zu schrecklich zum Ansehen ist. Er benutzt das Bild einer vollklimatisierten Großraumlimousine, in der die gebildete Mittelklasse der Zukunft durch eine verwüstete Landschaft reisen wird, in der die Mehrheit der Bevölkerung lebt. Es wird gefährlich sein, diesen Wagen zu verlassen. Das Draußen wird »ein heruntergewirtschafteter, übervölkerter Planet von Skinhead-Kosaken und Juju-Kriegern« sein, die, »aufgewachsen unter dem Einfluß des schlimmsten Abfalls der westlichen Popkultur und angetrieben von uralten Stammesfeindschaften, sich um winzige Stücke ausgelaugten Ackerbodens streiten werden, in Guerillakriegen, die über Kontinente hinweg wogen und sich gegenseitig in einem unerkennbaren Muster überlappen.«[7] Wenn man Kaplans Essay gelesen hat, der sich auf die ausgedehnten Erfahrungen des Autors im Mittleren Osten und in Westafrika stützt, fällt es schwer, die Überzeugung des Autors nicht zu teilen, daß ein Paradigma im Zusammenbrechen begriffen ist, das Paradigma des Nationalstaats, das sich über Jahrhunderte im Westen herausgebildet hat und nun in so weit voneinander entfernten Gebieten der Erde wie Zentralchina und Sierra Leone zusammenbricht. Sein Platz wird nicht von einem einzigen neuen Paradigma übernommen, dem jetzt die Loyalität gilt, sondern von einer ganzen Reihe: kulturellen, religiösen, ethnischen und tribalen. Im Ergebnis ändern Krieg und Frieden ihre Natur. Kaplan zitiert den Militärhistoriker Martin van Creveld, Autor des Buches *The Transformation of War* (Die Verwandlung des Krieges) dahingehend, daß der Krieg wieder zu einem früheren Muster zurückkehrt, das den Konflikten zwischen Staaten vorausging. Die Dreiteilung der Gesellschaft in Regierung, Armee und Gesellschaft existiert nicht mehr, wie der Bosnienkonflikt zeigt, und, was vielleicht noch wichtiger ist, der Unterschied zwischen Krieg und Kriminalität verwischt sich zusehends.

Ob all dies schon das konstituiert, was Tillich »das Ende einer Ära« nannte, ist Ansichtssache; aber es ist überdeutlich, daß die Verhältnisse, die Kaplan beschreibt, der Verbreitung von Massenängsten förderlich sind. Wie er ausführt, wirkt städtische Armut destruktiver auf die Moral als ländliche Armut, und überdies hat sich selbst in den entlegensten Winkeln dieser neuen Landschaft der Kontakt zwischen den verschiedenen Kulturen und das Wissen um ihre Verschiedenheit beträchtlich erhöht. Damit sind Konflikte wahrscheinlicher geworden als in der Vergangenheit. Unterdessen ist das Leben in der Großraumlimousine weder entspannend noch sicher. Die desorientierenden Wirkungen eines plötzlichen Wohlstands sind im Fernen Osten schon spürbar gewesen. In allen hochentwickelten Staaten vernichtet die Computertechnologie die Arbeitsplätze der Arbeiter und zerstört ihre Selbstachtung, ganz zu schweigen von der Unterklasse derer, die nicht auf Arbeitsplätze vermittelbar sind. Ein Gefühl von Angst und Entwurzelung wird wahrscheinlich im nächsten Jahrhundert nahezu universal sein, es sei denn, daß neue Strukturen entstehen, die in der Lage sind, diese Gefühle zu absorbieren.

Und diese Strukturen sind in der Tat im Entstehen; aber sie sind meist nicht die jener harmonischen lokalen Gemeinschaften, von denen die politischen Philosophen träumten. Die Strukturen werden von der gemeinsamen Loyalität gegenüber der Religion zusammengehalten, und sie sind eher im geoffenbarten Glauben als in der Vernunft begründet. Sie reichen in ihren Größenverhältnissen von winzigen Kommunen bis zu landesweiten Theokratien. Die erfolgreichsten von ihnen sind stark genug, zerbrechliche Staatsgebilde zusammenzuhalten oder die politische Ordnung zu stürzen. Der militante Islam ist das klassische Beispiel, obwohl die Verbreitung eines hinduistisch oder buddhistisch orientierten religiösen Nationalismus in der Dritten Welt neue Beispiele hervorbringt. Die politischen Ambitionen des christlichen Fundamentalismus sind weniger weitreichend als die des Islam, aber seine Funktionen sind ähnlich. Er stellt eine Bekehrungserfahrung und ein festes Rahmenwerk aus Glauben und Alltagsleben für Menschen bereit, die sonst wohl vom sozialen und wirtschaftlichen Wandel überwältigt würden. Der islamische wie der christliche Fundamentalismus profitieren enorm von der gesellschaftlichen Fragmentierung, die der liberalen Demokratie den Boden unter den Füßen wegzieht. Beide stehen der liberalen Gesellschaftsordnung feindlich gegenüber; nicht weil diese sie bedroht, sondern weil ihre schlichte Einteilung der Welt in Erlöste und Unerlöste unvereinbar mit liberalen Vorstellungen von Toleranz und Vielfalt ist. Sie ist aber kompatibel mit der Dynamik des apokalyptischen Glaubens. Das soll nicht heißen, der Endzeitglaube sei die einzige treibende Kraft hinter dem weltweiten Vordringen des Fundamentalismus; das wäre eine grobe Vereinfachung. Aber sowohl der militante Islam wie der konservative Evangelikalismus können etwas leisten, was politische Ideologien nicht mehr vermögen. Sie können die Menschen davon überzeugen, daß die Welt doch noch auf wunderbare Weise verändert werden wird.

Wie wir gesehen haben, gedeiht apokalyptischer Glaube am ehesten dort, wo die vertraute Ordnung bedroht ist. Es kann sich um die gesellschaftliche Ordnung handeln, die durch ein Erdbeben oder eine Wirtschaftskrise zerbrochen ist, oder um die Ordnung im Leben eines Einzelnen, die durch den Verlust eines geliebten Menschen oder das Versagen in einer Prüfung zerstört wurde. Man kann kaum zu stark betonen, daß es keine einfache Formel gibt, mit der man die Anziehungskraft des Endzeitglaubens messen und vorhersagen kann. Es gibt auch nicht einen bestimmten Punkt in irgendeinem Glaubenssystem, sei es nun evangelikal, katholisch, marxistisch, islamisch oder New Age, an dem der konventionelle Glaube ins Apokalyptische umschlägt. Aber die klassischen Millenaristen, also Menschen, die in der täglichen Erwartung des Jüngsten Tages oder eines neuen Zeitalters leben, besetzen zweifellos ein Ende des Spektrums. Ihr Glaube ist allumfassend und durchdringt das ganze Leben. Er gestaltet ihr Zeitgefühl und ihre Beziehung zur übrigen Menschheit vollkommen um; er bewirkt oft eine dramatische Persönlichkeitsveränderung, und all das geschieht meist in einer weitgehend kontrollierten Umgebung. So ist es kaum überraschend, daß nur eine winzige Minderheit von Menschen sich einem Endzeitkult anschließt. Obwohl theoretisch jeder Mensch unter bestimmten Umständen zum wildblickenden Millenaristen werden kann, muß es sich da schon um eine sehr ungewöhnliche Kombination von Umständen handeln.

Es gibt jedoch weniger extreme Spielarten des Endzeitglaubens, die sehr vielen Menschen zugänglich sind; es scheint sogar, daß deren Anziehungskraft wächst. Und dabei geht es um mehr als um das Nahen der Jahrtausendwende im Kalender, so wichtig diese auch als Auslöser sein mag. Die gleichzeitige Zunahme des evangelikalen Christentums und der New-Age-Anhängerschaft geschah zu eine Zeit irreversibler kultureller, gesellschaftlicher und wirtschaftlicher Veränderungen, in der uralte religiöse Monopole für immer gebrochen wurden, während gleichzeitig die Computertechnologie Beschäftigungsstrukuren und Lebenszusammenhänge zerstöre. Keine weltliche Ideologie ist mehr in der Lage, den Status quo wieder herzustellen oder stabiles Wachstum zu garantieren; selbst die Gesetze der Physik sind nicht länger unveränderlich. Niemals zuvor sind die Menschen vor solche Entscheidungen gestellt worden oder mit so viel Unsicherheit konfrontiert worden; niemals zuvor sind diejenigen, die nicht über eine gute Schulbildung verfügen, so benachteiligt gewesen. Doch dieselbe Technologie, die das soziale Gewebe aufgelöst hat, erlaubt es paradoxerweise vielen Menschen auch, ihre Zuflucht in apokalyptischen Phantasien zu suchen. Die bemerkenswerte Wandlungsfähigkeit des Endzeitglaubens, die wir so oft feststellen konnten, war nie augenscheinlicher als in ihrem Bündnis mit der Computertechnologie. Dank dem Internet und seinen elektronischen Pinboards ist es nur zu leicht, durch das kultische Milieu zu »surfen« und die künstliche Intimität zu erleben, die so wichtig für die Aufrechterhaltung des apokalyptischen Glaubens ist.

Obwohl sich Endzeitgläubige auf verschiedene Weise von der Welt zurückziehen oder sich heftig gegen sie wenden, darf man ihren oft kraftvollen Beitrag zur Gesellschaft nicht ignorieren. Viele erfolgreiche apokalyptische Gruppen schaffen es, ein prekäres Gleichgewicht zwischen Rückzug und Engagement aufrechtzuerhalten und zwischen den widerstreitenden Impulsen, sich von den Nichtgläubigen fernzuhalten und sie zu bekehren, einen Kompromiß zu finden. Auf der anderen Seite versuchen sie, einen Kurs zu steuern, der die Mitte findet zwischen den überlieferten Idealen von Frieden und Nächstenliebe, die allgemein akzeptiert sind, aber auch ihre Macht zu beeindrucken verloren haben, und den Endzeitlehren, die dramatisch und faszinierend sind, aber zu phantastisch, um leicht akzeptiert werden zu können. Fundamentalistische Christen verstehen es besonders gut, in diesen Meerengen zu lavieren. Sie verwenden einen großen Teil ihrer Energie darauf, die Glaubwürdigkeitslücke zu schließen, die sich bei Themen wie der »Entrückung« oder dem »Armageddon« auftut. Das tun sie auf vielerlei verschiedene Weise: indem sie einer außerordentlich selektiven Bibellektüre ihre unbegrenzte Autorität leihen, indem sie den Neubekehrten mit Glaubensgenossen umgeben und auch, obwohl das nicht immer sofort offensichtlich wird, indem sie es den Gläubigen erlauben, die Prophezeiungen über die Letzten Tage durch das Prisma ihrer eigenen persönlichen Erfahrungen zu betrachten. (So richteten die von Charles Strozier interviewten Fundamentalisten den Zeitaspekt ihrer eschatologischen Erwartungen an ihrer eigenen Lebenserwartung aus.) Und dieser letzte Punkt ist in vielfacher Hinsicht das Geheimnis ihres Erfolgs und des Erfolgs aller großen apokalyptischen Glaubenssysteme.

Der Endzeitglaube spricht nicht nur die Ängste des Alltagslebens an, sondern auch die Conditio humana, die Grundbedingungen der menschlichen Existenz. Apokalyptischer Glaube fällt oft mit einer universellen menschlichen Erfahrung zusammen; deshalb läßt er sich so leicht in den persönlichen Gesichtskreis eines Menschen eingliedern. Das Gefühl der sich beschleunigenden Zeit, das in der Eschatologie immer wieder an die Oberfläche kommt, entspricht der Wahrnehmung der meisten Menschen, wenn sie älter werden. Wir haben das Gefühl, daß die Zeit wirklich schneller abläuft, obwohl wir wissen, daß diese Beschleunigung rein subjektiv ist. Wenn wir auf dieses Jahrhundert zurückblicken, sind wir frappiert durch die anscheinend immer rascher und drastischer ablaufenden Veränderungen auf der ganzen Welt, und diese Beobachtung, die wir für objektiv halten, bricht unseren Widerstand gegenüber Theorien, die uns nahelegen, daß wir uns unaufhaltsam auf eine Krise zubewegen. Die Entwicklung der Atomwaffen und das Abgleiten der Dritten Welt in die Anarchie haben apokalyptischen Alpträumen neue Glaubwürdigkeit verliehen; und andererseits genießen Hunderte Millionen Menschen einen materiellen Wohlstand, der in der Geschichte ohne Beispiel ist. Doch fast niemand hat Vertrauen in die Zukunft. Im Gegenteil, es scheint, als ob die individuelle Angst kollektiv geworden sei, so wie Paul Tillich es für das Ende einer Ära beschrieben hat – und an dieser Stelle genau fühlen wir uns.

Aber was ist zuerst da: die Angst oder das Gefühl des nahenden Endes? Die Antwort heißt, daß dies eine falsche Alternative ist, wie Tillich sehr wohl gesehen hat. Er definiert Angst als die universale Erfahrung der Sterblichkeit, eine Erfahrung, mit der man auf vielfache Weise umgehen kann, nicht zuletzt, indem man Angst in Furcht verwandelt, ein Gefühl, das sich leichter handhaben läßt, weil Furcht sich an bestimmte Objekte und Situationen heftet. Aber man kann die Angst nicht überwinden. Man kann sie sowenig hinwegdiskutieren wie den Tod selbst. Und letztlich ist es der Tod, der das Fortbestehen des apokalyptischen Glaubens erklärt. Alle Endprophetien reflektieren das menschliche Bewußtsein vom Tod. Sie nähren sich aus der Angst vor ihm; sie mildern diese Ängste sogar ab, indem sie erschreckende, aber trotzdem vertrautere Objekte der Furcht heraufbeschwören. Der Endzeitglaube hat einen bestimmenden Punkt am menschlichen Zeitgefühl begriffen, nämlich daß es immer verzerrt ist durch die Aussicht auf den Tod. Der Glaube, daß die Menschheit den entscheidenden Augenblick ihrer Geschichte erreicht hat, drückt die Weigerung aus, sich mit der Vergänglichkeit des menschlichen Lebens und der menschlichen Errungenschaften abzufinden. Unser Drang, das Vergehen der Zeit zu feiern, bemäntelt nur schlecht den noch viel tieferen Drang, der Zeit und damit der Vergänglichkeit zu entfliehen. Deshalb werden unsere Feiern zum Jahr Zweitausend einen bitteren Beigeschmack haben. Das einzige, was wir sicher über das neue Jahrhundert wissen, ist, daß wir in ihm sterben werden, wie Sigmund Freud zu Beginn des zwanzigsten Jahrhunderts sagte. Wenn apokalyptische Gruppen während der neunziger Jahre so prächtig gediehen sind, so zum Teil deshalb, weil sie die Angst riechen, die hinter unseren verwirrten Gefühlen gegenüber dem Millennium lauert. Es bestehen Aussichten, daß sich die Hoffnungen und Ängste, die mit der großen Kalenderwende verbunden sind, nach dem Ereignis rasch wieder legen werden. Aber der Glaube an einen gemeinsamen Tod und eine gemeinsame Wiedergeburt wird so lange bestehen, wie die Menschen sich der Unausweichlichkeit ihrer eigenen persönlichen Apokalypse stellen müssen.

# Nachbemerkung

Viele Menschen haben mir während des Jahres, in dem ich dieses Buch schrieb, außerordentliche Freundlichkeit bewiesen. Vielleicht am meisten verdanke ich zwei hervorragenden Millenarismus-Forschern: Stephen O'Leary, der mich bereitwillig seine bemerkenswerte Bibliothek in Los Angeles durchstöbern ließ, und Richard Landes, der mir erlaubte, seine bahnbrechende Arbeit über das Jahr 1000 zu benutzen und aus ihr zu zitieren, bevor sie veröffentlicht war. Weder Stephen noch Richard hatten irgend etwas davon zu gewinnen, daß sie einen Amateur willkommen hießen, der auf ihrem eigenen Territorium wilderte. Ich war tief gerührt über ihre Selbstlosigkeit und Gastfreundschaft, auch die von Stephens Frau Mary.

Ich kann die Zahl der Forscher, Journalistenkollegen und Freunde kaum noch zählen, die mir Hilfe und Rat anboten. Zu ihnen gehören Eileen Barker und die Mitarbeiter von INFORM, Brenda Brasher, Andrew Brown, Clive Calver und Keith Ewing von der Evangelical Alliance, ferner Susannah Herbert, Peter Jones, Koko Kawanami, Rosamond McKitterick, John Martin, J. Gordon Melton, David Orton, Josh Parr, Michael Walsh, Richard West, Robert Whelan, Dennis Whyte und Alexandra Wyke, die mich zuerst ermunterte, über das Millennium zu schreiben. In Südkorea boten mir die Fratres Bernardin und Patrick vom Kapuzinerorden in Seoul großzügige Gastfreundschaft. Ihr bescheidenes christliches Zeugnis steht in erfrischendem Kontrast zu den Aktivitäten der Pentekostalisten vor Ort. In Japan hatte ich das große Glück, bei Murray Sayle zu wohnen, einem der originellsten Essayisten unserer Zeit; er und seine Frau Jenny gewährten mir viele Einblicke in ihre angenommene Heimat.

Meine engsten Freunde sind geduldig auf meine wiederholten Wünsche eingegangen, das Manuskript zu lesen und zu beurteilen. Tim Wong und Christina Odone boten immer wieder moralische Unterstützung, Brian Brindley merzte gnadenlos stilistische Schnitzer aus, Tony Trowbridge kam mir häufig mit seinem enzyklopädischen Wissen und seinem offenen Rat zu Hilfe.

Ich möchte auch meinem Agenten Simon Trewin danken, ohne dessen Enthusiasmus dieses Buch nicht entstanden wäre, außerdem Benita Edzard, William Miller, Junzo Sawa und Katsuyuki Isoo, und schließlich meinem Lektor bei Sinclair-Stevenson, Neil Taylor. Mit ihm zu arbeiten war für mich eines der größten Vergnügen des letzten Jahres.

# Anmerkungen

## Einleitung

1 Byrthferth's Manual, zit. nach Hillel Schwartz, *Century's End: A Cultural History of the Fin de Siècle from the 990s through the 1990s*, New York: Doubleday 1990, S. 35f.
2 Richard Landes, *Whilst God Tarried: Disappointed Millennialism and the Genealogy of the Modern West*, New York: Basic Books, unveröffentlichte Druckfahnen
3 Hillel Schwartz, Millenarianism: an overview, in: Eliade (Hrsg.), *The Encyclopaedia of Religion*, Bd. 9, New York und London 1987

## 1 Die Wurzeln der Apokalypse

1 Mircea Eliade, *The Myth of the Eternal Return*, Princeton University Press, 1971, S.53-54; (deutsch: *Der Mythos der ewigen Wiederkehr*, Düsseldorf 1953)
2 Chinua Achebe, *Arrow of God*, London: Heinemann, 1964 (deutsch: *Der Pfeil Gottes*, Wuppertal 1994)
3 Nicholas Campion, *The Great Year*, Harmondsworth: Penguin, 1994, S.105
4 a.a.O., S.101
5 a.a.O., S.99
6 Richard Heinberg, *Memories & Visions of Paradise*, Aquarian Press, 1990, S.42
7 Hesiod, *Werke und Tage* (griechisch/deutsch), Stuttgart 1996, Vers 173-179, 111-116
8 Platon, zit. nach Heinberg, a.a.O., S.47
9 Campion, a.a.O., S.318
10 Norman Cohn, *Cosmos, Chaos and the World to Come*, Yale University Press, 1993, S.98f.
11 ebda., S.95-96
12 Eliade, a.a.O., S.134
13 David E. Aune, *Prophecy in Early Christianity and the Ancient Mediterranean World*, Michigan: Eerdman's, 1991, S. 127
14 Campion, a.a.O., S.303
15 David Miller, Chiliasm, in: Andrews, Bosnak und Goodwin (Hrsg.), *Facing Apocalypse*, Dallas: Spring Publications, 1987, S.13
16 E. J. Bickermann, *Chronology of the Ancient World*, London: Thames & Hudson, 1980, S.63

17 Schwartz, *Century's End*, a.a.O., S.19
18 G. C. Brauer, *The Age of the Soldier Emperors*, Noyes Press, N.J., 1975, S.4
19 a.a.O., S.3
20 a.a.O., S.29
21 Richard Landes, Lest the Millennium Be Fulfilled: Apocalyptic Expectations and the Pattern of Western Chronography 100-800 CE, in: V. Werbecke u.a. (Hrsg.), *The Use and Abuse of Eschatology*, Leuven 1988, S.141
22 Augustinus, Brief 199, zit. nach: *Writings of St Augustine*, vol 12, Fathers of the Church Inc, NY, 1955, S.387
23 Augustinus, zit. nach Landes, *Whilst God Tarried*
24 Landes, *Lest the Millennium*, S.147
25 ebda., S.183
26 ebda., S.176
27 ebda., S.191
28 ebda., S.192
29 ebda., S.202

**2 Das Mysterium des Jahres 1000**

1 Raoul Glaber, *Historiae*, Buch III, Kap.3, zit. nach Henri Focillon, *The Year 1000*, London 1970, S.66
2 Charles Mackay, *Memoirs of Extraordinary Popular Delusions and the Madness of Crowds*, London 1852, S.257f.
3 Charles Berlitz, *Doomsday 1999 A.D.*, New York 1981, S. 9-12
4 Jules Michelet, *History of France*, Whittaker & Co., 1844, S. 143-144
5 Ferdinand Lot, Le mythe des Terreurs de l'an Mille, in: *Mercure de France*, 1947, S. 300
6 Abbo, *Liber apologeticus*, zit. nach Focillon, a.a.O., S.54
7 Stephen Skinner, *Millennium Prophecies*, Virgin, 1994, S.69
8 Guy Bois, *The Transformation of the Year One Thousand*, Manchester University Press, 1992, S.1 (deutsch: *Umbruch im Jahre 1000*, Stuttgart 1993)
9 Felipe Fernández-Armesto, *Millennium: A History of Our Last Thousand Years*, New York: Bantam, 1995, S.47
10 Christopher Brooke, *Europe in the Central Middle Ages*, London: Longman, 1987, S. 8
11 Richard Landes, *Giant with Feet of Clay*: *The Arguments against an Apocalyptic Year 1000*, Boston University Press, zit. nach noch nicht veröffentlichten Druckfahnen

12 Glaber, a.a.O., Buch II, S.12
13 Landes, *Giant with Feet of Clay*
14 Focillon, a.a.O., S.63
15 Glaber, a.a.O., Buch V, S.1
16 ebda., Buch II, S.12
17 ebda., Buch III, S.13
18 ebda., Buch IV, S.5
19 ebda., Buch IV, S.4-6
20 Landes, *Giant with Feet of Clay, a.a.O.*
21 ebda.
22 in: Thomas Head und Richard Landes (Hrsg.), *The Peace of God: Social Violence and Religious Response in France around the Year 1000*, Ithaca und London 1992
23 ebda.
24 Richard Landes, Popular Participation in the Limousin Peace of God, in: Head und Landes, a.a.O., S.190
25 Glaber, a.a.O., Buch IV, S.5
26 zit. nach H. Daniel-Rops, *The Church in the Dark Ages*, J. M. Dent, 1959, S.544
Eine deutschsprachige Übersicht über Häresien um die Jahrtausendwende findet sich in: Malcolm D. Lambert, *Ketzerei im Mittelalter. Häresien von Bogumil bis Hus*, München 1981, S.47-65. Vgl. ferner: Arno Borst, *Ketzerei und Massenwahn*, in: *Barbaren, Ketzer und Artisten. Welten des Mittelalters*, München 1988, S.232 ff.
27 Thietmar von Merseburg, zit. nach Brooke, a.a.O., S.226
28 Schwartz, *Century's End*, a.a.O., S.28

**3 Das Ringen um das Tausendjährige Reich**

1 Bernard McGinn, *Visions of the End: Apocalyptic Traditions in the Middle Ages*; Columbia University Press, 1979, S.92
2 ebda., S.35
3 ebda., S.115
4 Marjorie Reeves, *Joachim of Fiore and the Prophetic Future*, SPCK, 1976, S.10
5 Vgl. Lukas I,1 (A.d.Ü.)
6 Der Begriff »fleischlich« erscheint hier im Gegensatz zu »geistig, geistlich«. Im System Joachims und vor allem seiner Nachfolger unter den radikalen Franziskanern ist die Kirche in ihrer nach deren Auffassung nun zu Ende gehenden Phase noch an äußere, sinnliche Zeichen gebunden (Sakramente, Liturgie), während die »Geistkirche« der Zukunft solche sinnlichen Elemente nicht mehr benötigt. (A.d.Ü.)

7 McGinn, a.a.O., S.208
8 Norman Cohn, *The Pursuit of the Millennium: Revolutionary Millenarians and Mystical Anarchists of the Middle Ages*, Pimlico, 1993, S.129 (deutsch: *Das Ringen um das Tausendjährige Reich*, München 1961)
9 »jener großen Hure Babylon«, in Offenbarung 17,1 Hinweis auf Rom (A.d.Ü.)
10 McGinn, a.a.O., S.152
11 Robert E. Lerner, Medieval Prophecy and Religious Dissent, in: *Past and Present* Nr.72, S.18
12 McGinn, a.a.O., S.173
13 ebda., S. 174-75
14 ebda., S.267
15 Offenbarung Kap. 6, 8-9 (A.d.Ü.)
16 Matthäus 25,6 (A.d.Ü.)
17 Reeves, a.a.O., S.85
18 ebda., S.88-89
19 ebda., S.91

**4 Ein Neues Jerusalem**

1 Bockelson wird in der deutschsprachigen Literatur meist als »Johann von Leiden« aufgeführt. (A.d.Ü.)
2 Cohn, *Das Ringen um das Tausendjährige Reich*, S.249-268
3 Allerdings nur für Männer, vgl. Cohn, ebda., S.263 (A.d.Ü.)
4 Arise Evans, An Echo to the Voice of Heaven (1653), zit. nach: Christopher Hill, *The World Turned Upside Down: Radical Ideas During the English Revolution*, Harmondsworth: Penguin, 1991, S. 93
5 Ruth Bloch, *Visionary Republic: Millennial Themes in American Thought, 1756-1800*, Cambridge University Press, 1985, S.6
6 vgl. Christopher Hill, *Antichrist in Seventeenth-Century England*, Verso, 1990
7 Keith Thomas, *Religion and the Decline of Magic*, Harmondsworth: Penguin, 1991, S. 167
8 John Saltmarsh, The Smoke in the Temple, zit. nach: Hill, *The World Turned Upside Down*, S.103f.
9 Hill, a.a.O., S.322
10 Keith Thomas, a.a.O., S.170
11 Eine Art Ältestenrat mit Befugnissen zur Gesetzgebung und Rechtsprechung in Judäa zur Zeit der Römerherrschaft. (A.d.Ü.)
12 B. S. Capp, *The Fifth Monarchy Men*, London: Faber & Faber, 1972, S.116

13 Christopher Hill, *Some Intellectual Consequences of the English Revolution*, University of Wisconsin Press, 1980, S.58
14 ebda., S.59
15 Cotton Mather, Magnalia Christi Americana, zit. nach: Garry Wills, *Under God: Religion and American Politics,* New York: Simon & Schuster, 1990, S. 208
16 Michael Grosso, *The Millennium Myth: Love and Death at the End of Time*, Quest Books, 1995, S.130
17 Stephen D. O'Leary, *Arguing the Apocalypse: A Theory of Millennial Rhetoric*, Oxford University Press, 1994, S. 105
18 ebda., S.107
19 ebda., S.108
20 William H. Alnor, *Soothsayers of the Second Advent,* Fleming H. Revell Co., NJ, 1989, S.58

**5 Fin de Siècle**

1 *Fun,* Januar 1901, S.22
2 *Atlantic Monthly,* 67, 1891, S.859
3 Schwartz, *Century's End*, a.a.O., S.58
4 ebda., S.93
5 ebda., S.104
6 ebda., S.114
7,8 ebda., S.141
9 ebda., S.143
10 ebda., S.149
11 Shakers: millenaristische Sekte, gegründet von Ann Lee, die 1787 ihre erste amerikanische Gemeinde im Staat New York errichtete und nach 1840 den Höhepunkt ihrer Entwicklung erreichte (A.d.Ü.)
12 Schwartz, a.a.O., S.135
13 Reeves, a.a.O., S.93
14 Al-Hakim regierte bis 1021 n. Chr. Der islamische Kalender datiert von der Übersiedlung Mohammeds von Mekka nach Medina im September 622. Der vermeintliche Zeitunterschied erklärt sich dadurch, daß der islamische Kalender ein reiner Mondkalender ist. (A.d.Ü.)
15 Adrian Gilbert und Maurice Cotterell, *The Mayan Prophecies*, Element, 1995, S.130
16 Campion, a.a.O., S.425
17 Harold Bloom, *The American Religion*, New York: Simon & Schuster, 1992, S.61
18 Das neulateinische Bedeutungsspektrum von »saeculum« läßt beide Deutungen zu. (A.d.Ü.)

19 Max Nordau, zit. nach: Holbrook Jackson, *The Eighteen Nineties,* Pelican edition, 1939, S.16
20 a.a.O., S.27
21 Karl Beckson, *London in the 1890s: A Cultural History,* W. W. Norton, 1992, S. IX
22 Schwartz, a.a.O., S.169
23 Jackson, a.a.O., S.16
24 Beckson, a.a.O., S.IX
25 Todd M. Johnson, *Countdown to 1900, AD 2000,* Birmingham, Alabama, 1988, S.32
26 Der »spätere Regen«, auf den Person hier anspielt, bezieht sich auf eine Stelle beim Propheten Joel, 2,23, in der es heißt: »Er schickt Euch den Regen, Herbstregen und Frühjahrsregen, wie in früherer Zeit.« Diese Stelle steht in einer Schilderung gottgesandter Fülle, auf die in Kapitel 3 die »Ausgießung des Geistes« folgt. Auf die Stelle bei Joel nimmt Petrus in seiner Predigt nach dem Pfingstwunder (Apostelgeschichte 2), bei dem die Anwesenden »mit dem Heiligen Geist erfüllt wurden und begannen, in Zungen zu reden«, ausdrücklich Bezug. »Latter Rain Movement« war der Name eines Vorläufers der Pfingstbewegung in den USA. (A.d.Ü.)
27 Nils Bloch-Hoell, *The Pentecostal Movement,* New York: Allen & Unwin, 1964, S.23
28 Akbar S. Ahmed, *Millennium and Charisma among the Pathans,* London 1976, S.109
29 José Maria Bello, *A History of Modern Brazil,* Stanford 1966, S.155
30 Mario Vargas Llosa, *The War at the End of the World,* Faber & Faber, London, 1985, S.5 (deutsch unter dem Titel: *Der Krieg am Ende der Welt*, Frankfurt am Main 1987)

**6 Das apokalyptische Jahrhundert**

1 J.A.Cramb, *The Origins and Destiny of Imperial Britain,* zit. nach Campion, a.a.o., S.437
2 Diesen vier Welten (und den »Reichen«, in denen sie sich geltend machen) entsprechen allerdings drei Zeitalter (die griechische und die römische sind als zweites Zeitalter gesehen), vgl. Hegels »Vorlesungen über die Philosophie der Weltgeschichte«. (A.d.Ü.)
3 Campion, a.a.O., S.437
4 Oswald Spengler, *Der Untergang des Abendlandes*, München 1923, Band 1, Tafel »Gleichzeitige Geistesepochen« u.a.
5 Adolf Hitler, *Mein Kampf*, München 1939, S. 60
6 Interview mit dem Autor, in: *Sunday Telegraph,* 7. Januar 1995

7 Campion, a.a.O., S.449
8 Campion, a.a.O., S.451

## 7 Dein Reich komme

1 *The Independent*, 21.6.1994
2 *The Times*, 2.7.1994
3 Patrick Dixon, *Signs of Revival*, Kingsway, 1994, S.258-259
4 Brief von Daniel Rowland an George Whitefield, zit. nach: Guy Chevreau, *Catch the Fire: The Toronto Blessing*, Marshall Pickering, 1994, S. 209
5 Charles B. Strozier, *Apocalypse: On the Psychology of Fundamentalism in America*, Boston: Beacon Press, 1994, S.6
6 Alnor, a.a.O., S.29
7 1611 veröffentlichte Bibelübersetzung, die unter der Schirmherrschaft König Jakobs I. von England von 47 Gelehrten verfaßt wurde, auch *Authorized Version* genannt. (A.d.Ü.)
8 »Berg von Armageddon«: Nach dem Neuen Testament Schauplatz der Entscheidungsschlacht am Zeitenende, im heutigen Sprachgebrauch auch diese Schlacht selbst. (A.d.Ü.)
9 Grant R. Jeffrey, *Armageddon: Appointment with Destiny*, Toronto: Frontier Research Publications, 1988, S.178
10 Strozier, a.a.O., S.10f.
11 ebda., S.117
12 Mission Frontiers, Pressenotiz des US Center for World Mission, Pasenda, Kalifornien, Mai/Juni 1995
13 ebda., März/April 1995
14 Richard Gott, The Latin Conversion, in: *The Guardian*, 10.6.1995
15 David Martin, *Tongues of Fire: The Explosion of Protestantism in Latin America*, Blackwell, 1990, S.285
16 Nigel Scotland, *Charismatics and the Next Millennium*, Hodder & Stoughton, 1995, S.1
17 Roger Forster und John Richard (Hrsg.), *Churches That Obey: Taking the Great Commission Seriously*, Carlisle: M Publishing, 1995, S. 104
18 ebda., S.68
19 ebda., S.69
20 Irving Hexham, The Evangelical Response to the New Age, in: James R. Lewis, J. Gordon Melton (Hrsg.), *Perspectives on the New Age*, State University of New York Press, 1992, S. 156
21 Der Autor war Zeuge dieser verstörenden Szene bei einem Besuch in der Kirche 1991.

22 Graham Kendrick, *Make Way Song Book,* zitiert nach Scotland, a.a.O., S.121
23 Ian Cotton, *The Hallelujah Revolution: The Rise of the New Christians,* Little, Brown, 1995, S.85

**8 Das Große Jubiläum**

1 Papst Johannes Paul II., Apostolisches Schreiben Tertio millennio adveniente. Von der deutschen Bischofskonferenz approbierte deutsche Übersetzung der amtlichen vatikanischen Fassung vom 10. November 1994, Stein am Rhein: Christiania, 1995, IV, S.27-43
2 ebda., III, S.23
3 ebda., II, S.13
4 ebda., II, S.14
5 ebda., II, S.17/18
6 ebda., II, S.18
7 ebda., III, S.20
8 ebda., IV, S.39
9 Thomas W. Petrisko, *Call of the Ages*, Queenship, Santa Barbara, Ca., 1995, S. XXI
10 Johannes Paul II, *Die Schwelle der Hoffnung überschreiten*, Bergisch Gladbach 1996, S.153
11 ebda., S.233
12 *Queen of Peace*, Pittsburgh Center for Peace, Frühjahr 1995
13 John Cornwell, *Powers of Darkness, Powers of Light: Travels in Search of the Miraculous and the Demonic,* Viking, 1991, S.184
14 Petrisko, a.a.O., S. 375
15 Desmond Seward, *The Dancing Sun: Journeys to the Miracle Shrines*, Fount, 1994, S.201
16 Petrisko, a.a.O., S.442
17 Ann Marie Hancock, *Wake Up America!: The Inspirational Story of Marian Apparitions, Healing and Faith in Conyers, Georgia*, Hampton Roads, 1993, S.76
18 Petrisko, a.a.O., S.XXI
19 Janice T. Connell, *The Visions of the Children*, New York: St Martin's Press, 1992, S.17
20 Petrisko, a.a.O., S.121
21 Ralph Martin, *The Catholic Church at the End of an Age*, San Francisco: Ignatius Press, 1994,S.31
22 *Katechismus der katholischen Kirche* 1994, S.31, München, Wien, Oldenburg 1993, Art. 675, S.155
23 Petrisko, a.a.O., S.122

24 Morris West, *The Clowns of God*, Coronet Books, 1982, S.25 (deutsch: *Die Gaukler Gottes*, München 1984)
25 Skinner, a.a.O., S.75
26 Martin, a.a.O., S.300

**9 Ein neues Zeitalter**

1 Paco Rabanne, *Has the Countdown Begun?*, Souvenir Press, 1994
2 Robert Ellwood, *How New is the New Age*, in: Lewis and Melton, a.a.O., S.59
3 Gedachte Linien, die wichtige Punkte in der britischen Landschaft verbinden, etwa Berge oder alte Kirchen, und als Orientierung für uralte Wege gedient haben sollen. (A.d.Ü.)
4 Interview mit dem Autor, Oktober 1995
5 Botschaft, »gechannelt« von Benjamin Creme, in: *Share International*, Juni 1995
6 Ruth Montgomery im Gespräch mit Joanne Garland, in: *Ruth Montgomery, Herald of the New Age,* New York: Fawcett Books, S.250-274
7 Marilyn Ferguson, *The Aquarian Conspiracy: Personal and Social Transformation in Our Times,* Paladin, 1982, S.19
8 ebda., S.30
9 ebda., S.442
10 Suzanne Riordan, *Channelling: A New Revelation?,* in: Lewis und Melton, a.a.O., S.107
11 ebda., S.123
12 Gilbert und Cotterell, a.a.O., S. 173-177
13 Strozier, a.a.O., S.230
14 Montgomery und Garland, a.a.O., S.267
15 Strozier, a.a.O., S.233
16 ebda., S.231
17 New Age Religion, in: Rosemary Goring (Hrsg.), *Chambers Dictionary of Beliefs and Religions,* 1992, S. 367
18 Strozier, a.a.O., S.230
19 Lewis und Melton, a.a.O., S. 205
20 Alnor, a.a.O., S.68
21 Montgomery und Garland, a.a.O., S. 264
22 Rabanne, a.a.O., S. 181
23 Virginia Essene und Sheldon Nidle, *You Are Becoming a Galactic Human*, Santa Clara, Cal.: S.E.E. Publishing, 1994
24 Ferguson, a.a.O., S.198f.
25 Matthew Kalman und John Murray, New-age Nazism, in: *New Statesman & Society,* 23. Juni 1995

26 Kalman und Murray, The Icke Man Cometh, in: *New Moon*, November 1995
27 Jean-François Mayer, *The Templars for the Age of Aquarius*, Forschungsbericht vorgelegt beim Studienzentrum für neue Religionen (CESNUR), Turin
28 ebda.
29 Russell Miller, Bonfire of Insanity, in: *Sunday Times Magazine*, 1. Januar 1995
30 Dokument mitgeteilt von CESNUR
31 Graham Hancock, *Fingerprints of the Gods*, London: Heinemann, 1995, S.492
32 Gilbert und Cotterel, a.a.O., S.211

**10 Seoul: Die apokalyptische Stadt**

1 Peter Hillmore, Apocalypse Now, in: *Observer Magazine*, 25. Oktober 1992
2 Im Buddhismus ist es möglich, für eine gewisse, von vornherein begrenzte, Zeit Mönch oder Nonne zu sein. (A.d.Ü.)
3 Interview mit dem Autor, Seoul, Mai 1995
4 ebda.
5 David Yonggi Cho, *Daniel: Insight on the Life and Dreams of the Prophet from Babylon,* Word Publishing (UK), 1990, S.31
6 ders., *Revolution: Visions of Our Ultimate Victory in Christ*, Word, 1991, S.94
7 Einführungsgespräch für Besucher der Full Gospel Church, Mai 1995.
8 Dokumente im Aktenbestand von INFORM (Informationen über religiöse Bewegungen), London School of Economics
9 Interview mit dem Autor, Nationaluniversität Seoul, Mai 1995
10 George D. Chryssides, *The Advent of Sun Myung Moon: The Origins, Beliefs and Practices of the Unification Church,* Macmillan, 1991, S.90
11 Einführungsgespräch, siehe Anmerkung 7
12 Übersichtsartikel Südkorea, *The Economist,* 3. Juni 1995

**11 »Ein Verhängnis nähert sich dem Land der aufgehenden Sonne«**

1 Andrew Marshall, The Nazi Nerve Gas Mystery, in: *Esquire*, April 1995
2 Pressemitteilung der Aum, INFORM

3 James Dalrymple, The Day Mighty Japan Lost its Nerve, in: *Sunday Times Magazine*, 13. August 1995
4 Terror in the Heart of Japan, Sonderbericht in *Japan Times*, Juli 1995
5 Susumu Shimazono, In the Wake of Aum: The Formation and Transformation of a Universe of Belief, in: *Japanese Journal of Religious Studies*, Frühjahr 1996, S.395
6 Terror in the Heart of Japan
7 Shimazono, a.a.O., S.397
8 ebda.
9 Terror in the Heart of Japan
10 Shoko Asahara, *A Doom is Nearing the Land of the Rising Sun*, unveröffentlichtes Korrekturexemplar, 1995, S.71
11 ebda., Einleitung
12 Shimazono, a.a.O., S.405
13 ebda., S.406
14 Sadao Asami, *New Religions in Japan Today*, Informationspapier für das Zentrum der ausländischen Presse in Tokio, April 1995
15 Mark R. Mullins, *Japan's New Age and Neo-New Religions*, in: Lewis and Melton, a.a.O., S.236
16 Asami, a.a.O.
17 Asahara, a.a.O., S.19
18 ebda., S.32f.
19 Ryuko Okawa, *Buddha Speaks: Discourses with the Buddha Incarnate*, Tokio: IRH Press, 1995, S.89
20 Shimazono, a.a.O., S.395
21 Erika Cheetham, *The Final Prophecies of Nostradamus*, Futura, 1989, S.533
22 Trevor Astley, The Transformation of a Recent Japanese New Religion: Okawa Ryuho and Kofuku no Kagaku, in: *Japanese Journal of Religious Studies*, Frühjahr 1996, S. 377
23 ebda., S.360
24 ebda., S.366
25 Ryuho Okawa, *The Laws of the Sun: The Spiritual Laws & History Governing Past, Present & Future*, Element, 1996, S.16
26 Okawa, a.a.O., S.95
27 Astley, a.a.O., S.363

**12 Waco und der Krieg der Kulturen**

1 *The New York Times*, 6.Juli.1995
2 Garry Wills, The New Revolutionaries, in: *The New York Review of Books*, 10. August 1995

3 Die Resolution ist in einem altertümlichen Stil gehalten, der bewußt an frühe Verfassungskämpfe über die Rechte von Einzelstaaten und Bundesregierung erinnern will. (A.d.Ü.)
4 John Weir, Gods, Guns and Country, in: *Details,* August 1995
5 Charles Nordhoff, *The Communistic Societies of the United States,* Dover 1996, S.79
6 ebda., S.86
7 Brigham Young (1801-1877) war zweiter Präsident der Mormonenkirche und führte die Mormonen nach Westen. (A.d.Ü.)
8 Nordhoff, a.a.O., S.132
9 Dick J. Reavis, *The Ashes of Waco: An Investigation*, New York: Simon & Schuster, 1995, S.49
10 ebda., S.56
11 Vgl. 1 Könige, 18,20-45 (A.d.Ü.)
12 Reavis, a.a.O., S.60
13 ebda., S.62
14 ebda., S.83
15 ebda., S.15
16 ebda., S.96
17 ebda., S.184
18 Michael Barkun, Reflections after Waco: Millennialists and the State, in: James Levin (Hrsg.), *From the Ashes*, Rowman & Littlefield, 1994, S.44
19 Brief von James Dunn und Dean M. Kelley an Präsident Clinton, in: *From the Ashes*, a.a.O., S.23
20 Jay Phillip Arnold, The Davidian Dilemma: To Obey God or Man, in: *From the Ashes,* a.a.O., S.237
21 Barkun, a.a.O., S.43
22 Arnold, a.a.O., S.28f.
23 Reavis, a.a.O., S.271
24 Anselm von Havelburg, *Dialogi,* zit. nach McGinn, a.a.O., S.114ff.
25 Arnold, a.a.O., S.29
26 Richard Hofstadter, *The Paranoid Style in American Politics and Other Essays*, University of Chicago Press, 1979, S.6
27 ebda., S.4
28 Stephen Robinson, The American Fundamentalist, in: *Daily Telegraph*, 24. April 1995
29 William T. Vollmann, Inside the Militia Movement, in: *Spin*, September 1995
30 Ambrose Evans-Pritchard, A Holy War, in: *Sunday Telegraph*, 23. April 1995
31 Vollmann, a.a.O.

32 Walter H. Capps, *The New Religious Right: Piety, Patriotism and Politics*, University of South Carolina Press, 1990, S.10
33 Weir, a.a.O.
34 *The New York Times*, 6. Juli. 1995
35 Lewis Lapham, *Hotel America: Scenes in the Lobby of the Fin-de-Siècle*, Verso, 1995, S.137
36 Pat Robertson, *The New World Order,* Word Publishing (UK), 1992, S.37
37 Michael Lind, Rev. Robertson's Grand International Conspiracy Theory, in: *The New York Review of Books*, 2. Februar 1994
38 Michael Barkun, *Religion and the Racist Right: The Origins of the Christian Identity Movement,* University of North Carolina Press, 1994, S.251f.
39 Vollmann, a.a.O.
40 ebda.
41 James Davison Hunter, *Culture Wars: The Struggle to Define America*, Basic Books, 1991, S.46-47
42 Eldridge Cleaver, Waco: Bill Clinton's Bay of Pigs, in: *From the Ashes*, a.a.O., S.236

**13 Das Ende der Zeit**

1 Paul Tillich, *The Courage to Be*, James Nisbet & Co., 1952, S.53-59
2 Gunter S. Stent, *The Coming of the Golden Age: a view of the end of progress,* Natural History Press, 1970, S.127
3 Francis Fukuyama, *The End of History and The Last Man*, The Free Press, 1992, S.42 (deutsch: *Das Ende der Geschichte*, München 1992)
4 Interview über »The New Middle Ages«, in: BBC2 *Late Show*, Sonderbericht 1994
5 ebda.
6 Oswald Spengler, *Der Untergang des Abendlandes*, Band 2, München 1923, S.542f.
7 Robert D. Kaplan, The Coming Anarchy, in: *The Atlantic Monthly*, Februar 1994

## Ausgewählte Literatur


Pierre Barret, Jean-Noël Gurgand, *Der König der letzten Tage. Die grauenvolle und exemplarische Geschichte der Wiedertäufer zu Münster 1534-1535*, Hamburg 1981

Guy Bois, *Umbruch im Jahre 1000*, Stuttgart 1993

Nicholas Campion, *The Great Year*, Harmondsworth 1994

Claude Carozzi, *Weltuntergang und Seelenheil. Apokalyptische Visionen im Mittelalter*, Frankfurt am Main 1996

Norman Cohn, *Das Ringen um das tausendjährige Reich. Revolutionärer Messianismus im Mittelalter und sein Fortleben in den modernen totalitären Bewegungen*, Bern und München 1961

Mircea Eliade, *Geschichte der religiösen Ideen*, 6 Bände, Freiburg 1994

Mircea Eliade, *Der Mythos der ewigen Wiederkehr*, Düsseldorf 1953

Malcolm D. Lambert, *Häresien von Bogumil bis Hus*. München 1981

Richard Landes, Lest the Millennium Be Fulfilled: Apocalyptic Expectations and the Pattern of Western Chronography 100-800 CE, in: *The Use und Abuse of Eschatology*, V. Werbecke u. a. (Hrsg.), Leuven 1988

Richard Landes, *Whilst God Tarried; Disappointed Millanialists and the Genealogy of the Modern West*, New York 1997

Bernard McGinn, *Visions of the End; Apocalyptic Traditions in the Middle Ages*, Columbia University Press, 1979

Hillel Schwartz, Milleniarism; an overview, in: Eliade *(Hrsg.) The Encyclopedia of Religion*, vol. 9, New York und London 1987

G. J. Whitrow, *Die Erfindung der Zeit*, Hamburg 1991

## Personenregister

## Sachregister